詳伝 松田喜一

部落解放同盟西成支部［編］

解放出版社

松田喜一、西浜関連地図

松田喜一書店
鶏鳴会（反水平団体）
全国水平社無産者同盟本部
全国水平社青年同盟
全国水平社大阪府連栄町支部
今宮水平社
北井正一宅
今宮水平社
泉州鶏鳴会（反水平団体）
全国水平社本部
北井正一宅
西浜水平社
大阪府水平社
大阪府水平社本部
全国水平社木津支部
大阪府水平社
全国水平社総本部
全国水平社大阪府連合会
少年水平社
難波水平社

戦前の松田喜一（年代不詳、天王寺動物園？）

中塩製靴争議解決記念、左に高松結婚差別裁判闘争本部の看板、右に大阪皮革労働組合の看板が見える、後列左から４人目が北井正一（1933 年３月）

出典：『社会運動通信』〔復刻版〕不二出版より

大阪市同和事業促進協議会主催の運動会にて
（1960 年４月24日、西成区長橋小学校）

部落解放同盟大阪府連合会の決起大会、議長団中央の左３人目が松田喜一（1964年10月19日）

松田喜一委員長を先頭に扇町公園を出た部落解放同盟大阪府連合会のデモ隊（1960年６月４日、安保粉砕、岸内閣打倒国会解散６・４大統一行動）

1960年安保闘争の最中のメーデー、中央に上田卓三、その右が松田喜一
（1960年５月１日、大阪城公園）

松田喜一、1人おいて左に西岡智、その左が永田勇、松田の右に卒田正直、福井由数、2人おいて岡田繁治、吉田信太郎　（年代、場所不詳）

三池闘争支援で福岡に行き、現地の公民館にて交流、中央に松田喜一、その左に西岡一雄、1人おいて上田卓三（1960年5月9日）

出典：『松田喜一――その思想と事業』より

部落解放同盟第15回全国大会の会場（1960年9月）

大阪市同和事業促進協議会主催の同和促進大会、右から2人目が中谷淑昌、その左に松田喜一（1960年11月28日、中之島中央公会堂）

郭沫若（右端）と面談する松田喜一訪中団長（左端）
（1961 年 3 ～ 4 月）

内蒙古自治区を視察する松田喜一（左端）
（1961 年 3 ～ 4 月）

周恩来総理（左端）と面談する松田喜一（左から 2 人目）
（1961 年 3 ～ 4 月）

部落解放同盟第1回訪中団、中央左に周恩来総理とその右横に松田喜一訪中団長、左から 3 人目、上杉佐一郎（1961 年 3 ～ 4 月）

部落解放同盟第19回全国大会会場、左から吉岡弥市、此上芳一、松本治一郎、森田茂、松田喜一（1964年3月3日、福岡県農協会館）

吉岡育子さんと松田喜一
（選挙事務所、1963年4月）

左から松田慶一、松本治一郎、松田喜一
（年代不詳、栄小学校校長室）

松田喜一と女性たち
（年代・場所不詳）

松田喜一の告別式、右から松田雪重（弟・喪主）、
酒井富三郎、松田昌美ら（1965 年 2 月 10 日）

松田喜一部落解放同盟葬
葬儀委員長の松本治一郎
（1965 年 3 月 2 日）

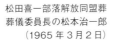

松田喜一部落解放同盟葬、左から酒井富三郎、1 人おいて吉田信太郎、岡田繁治と松田喜一の 4 人の娘たち
（1965 年 3月2日）

部落解放同盟西成支部婦人部第 2 回大会（1965 年 5月22日）
中央に下川文子、前列に小林好野、本村スズヱ、後列に松田昌美、島千代里、村畑花子、住沢恵、松村玲子、松井ヒデノ、寺本千鶴子、平田千代子ら婦人部役員たち

発刊にあたって

部落解放同盟西成支部支部長
寺本良弘

本書の執筆にあたり、ご苦労いただだいた「西成・松田喜一研究会」の皆様、また、多くの資料をご提供いただいた方々にもお礼を申し上げます。

本書を発刊するにあたり、松田喜一先輩の運動に対する思いや、差別に対する怒り、糾弾闘争を闘ううえでの戦術等、今の運動に責任を持たなければならない私にとって感動的なものでした。西成の部落解放運動の父と言われ、大阪の運動をけん引した松田喜一さんに改めて敬意を表します。

そして、松田喜一研究会のスタートに際し、松田喜一さんとの思い出を語ってくださった大賀正行先輩が、松田喜一さんの本を西成支部として発刊しようとしていることに「いつか西成でやってほしかった」と言ってくださったことも忘れられません。松田さんと話したこともない私にとって、西成の部落解放運動の原点を改めて教わった気がしています。

水平社創立と、西浜を舞台に多くの労働組合運動とかかわり、戦後は焼け野原の西浜で、戻ってきた多くの人びとの生活の立て直しや住宅要求闘争に奔走。地域に暮らす人びとの要求をまとめ成果を生み出す運動は見事だと思いました。また、三三年間続いた同和対策事業は「大阪府同和事業促進協議会」「大阪市同和事業促進協議会」がけん引しましたが、松田喜一さんは「同和対策審議会答申」が出る一年前に亡くなっています。もっと言えば、同和対策事業が始まる前にそのことを見越したかのように「同促協」をつくっています。確かに、大規模な同和対策事業が始まる前から、部落解放国策樹立を求める全国大行進をおこなって、大阪市の住宅要求闘争などの運動は始まってはいましたが、大衆運動を組織するために運動と事業を分離させて全体の運動をつくったことは、のちの運動に大きな役割を果たしたと思います。

さて、われわれは今「水平社一〇〇年」を迎えて新たな運動の旗印を立てるときだと思っています。三三年間続いた同和対策の特別事業法が失効して二〇年、部落解放同盟の組織は小さくなっています。社会がインターネットの普及によりこれまで考えられなかった変化のなか、人権問題や差別の形態も大きく変わってきています。また、社会全体がデジタル化することで高齢者や文章を読んでも理解できない人、生活に困窮している人など部落に暮らす多くの人の上を一般行政施策が通り過ぎていく状況になっています。新たな識字問題化かもしれません。インターネット上で発生する差別事象の問題を解決できる法の整備、差別禁止法、人権委員会設置法などを強く求めるとともに、デジタル社会において損をしない部落大衆の要求を組織するなどの運動を進めなければならないのかもしれません。

今もさまざまな形で部落差別は起こっています。われわれは差別に対してもっと怒り、多くの人の賛同を得て運動を展開することを松田さんによって教えられた気がしています。部落解放同盟西成支部はこれからも絶えることのない運動を進めることを誓って、発刊にあたってのご挨拶にさせていただきます。

二〇二三年二月

発刊に寄せて

部落解放同盟大阪府連合会執行委員長
赤井隆史

『詳伝 松田喜一』の発刊にあたり、部落解放同盟大阪府連合会を代表してあいさつ文の依頼を受けたわけではありますが、小生も部落解放同盟西成支部の所属であり、大先輩が戦前から取り組まれてきた全国水平社青年同盟や皮革争議、無産者運動、さらには経済更生会運動など、すぐれて水平運動・社会運動の牽引《けんいん》役を務め、大阪はもとより、全国の部落解放運動のリーダーとして活躍されてきたということぐらいは、理解しているつもりではありますが、あらためて〝松田のおっちゃん〟の人生を振り返りながら西成の歴史を今の部落解放運動と重ね合わせてみて、そこから導き出される示唆と教訓をわたしなりに運動の糧《かて》にしたいと思っています。

とはいうものの現実の松田喜一と時間をともにはしておらず、直接知っている世代ではありません。〝松田のおっちゃん〟を偲んでというテーマから思い起こせるのは、一九八三年二月八日の西成支部創立三〇周年記念集会での出来事です。いままさに解体中である市民交流センター（旧の青少年会館）の体育館でおこなわれた記念式典で、構成劇「西成の解放の父、松田のおっちゃん物語」を当時の西成支部執行部の役員が熱演したことを昨日のことのように思い出されます。わたしも役をもらい舞台に立ちました。

松田のおっちゃんと風貌が似てるからと当時の加藤信夫副支部長が演じ、支部発足のひとりでもある吉岡弥市さん役を息子の吉岡のせいやんが、その後長きにわたり支部長を続ける岡田繁治さん役には、村田の兄ちゃんが演じるなど、それこそ地域あげた取り組みとなったことを懐かしく思い出されます。

執行部をあげた一大演劇となり、大人数の人たちがさまざまな役を演じ、短期間の猛練習を積み重ねてきました。支部の創設、文化温泉や出城第二住宅の建設、教育闘争、婦人部の活動などなど〝松田のおっちゃん〟を中心としながら厳しい差別に立ち向かう日々を描いた構成劇でした。

あれから四〇年もの月日が流れ、たぶんこの構成劇に携わった人の半数以上は、亡くなっているというのが現実だと思います。良くも悪くもこうした経過を経て、西成支部結成から七〇年が経過しようとしているのです。

あらためて水平社の運動から一〇〇年。部落解放同盟西成支部としての活動から七〇年という歴史は、多くの人たちが〝額に汗して〟西成支部の隊列に加わり、鍋釜をさげ、子どもをおんぶし、ゼッケンをつけプラカードを掲げてきた歴史そのものです。それをベレー帽をかぶりいつもニコニコとやわらかい口調で、語りかける〝松田のおっちゃん〟の姿が、わたしが想像する焼土の街から立ち上がってきた西成支部の原点であるように思えてなりません。

バラック小屋が建ち並び、十三間堀川が流れていた当時の西成地域から、市営住宅が建ち並び、内職するお母ちゃん連中の元気な笑い声が集う西成地域へ、そこからは、靴の底付けのシンナーの匂いとミシンの音、なんともいえない骨粉の匂いへと受け継がれていく歴史が、西成支部七〇周年の歳月そのものです。

「みんなで力を合わせ、みんなで工夫をこらし、合意形成に時間を費やしながらも決まったことは、とことんやり抜く」という大衆運動の基本こそが、部落解放同盟西成支部の原点であることを忘れず、おごることなく突き進んでいきたいと思います。一家六人がいまもなお支部員である小生からの一言です。

凡例

一、本文の記述は原則として常用漢字・現代かな遣いを用いた。ただし、固有名詞や引用史料についてはこの限りではない。また、読みにくい漢字には、章の初出に限りルビを付した。

一、年月は原則として西暦で示した。ただし、引用については和暦を記した箇所もある。

一、引用文中の（　）は、すべて級数を落とした。

一、引用は、数字を漢数字に、旧漢字は新字に、俗字・異体字・略字は正字に改めた。また、読みやすさを考慮して、句読点・濁点をつけたり、文章を直した箇所もある。

一、参考文献は巻末にまとめ、五〇音順に掲載し、略年表を付した。

一、人名は敬称等は略し、必要な場合は役職・肩書きを示した。

一、団体や組織の所在地、地名・人名（差別事件の当事者、運動関係者、知事・市町村長・議員）については伏字にせず、わかる範囲で記した。

一、本文や引用では、現在では差別的と見られる用語や記述をあえて使用した場合がある。

一、巻頭グラビアおよび本文中の写真で、出典のないものはすべて部落解放同盟西成支部提供である。

詳伝　松田喜一　もくじ

第一部　水平運動と戦争

第一章　共産主義派水平運動のリーダー

第二章　西浜の皮革労働運動

第四章　総力戦体制と経済更生会

第二部　戦後の部落解放運動と松田喜一

第六章　住宅要求期成同盟

第七章　部落解放運動の再建と発展

おわりに

序章　にんげん・松田喜一

はじめに

松田喜一は、一八九九年に奈良県二階堂村嘉幡《かばた》に生まれ、幼少の時に大阪の西浜部落に移住しました。喜一幼少期の西浜は、貧困者を中心に人口が急増し近隣の木津北島地区に拡張していました。喜一一家族はその貧困世帯群にありました。その頃喜一は、「チマ（ン）」と呼ばれ、奈良の訛《なま》りの残る少年でした。家庭の貧困のため、木津第二尋常小学校を五年で中退し、煙草専売局職工、ガラス工場職工など職を転々としながら有隣《ゆうりん》小学校の夜間部に通い、同校の第一期卒業生となりました。

青年期の松田喜一は、西浜の合阪《あいさか》皮革製造所や辻本秀一が経営する革鞣《かわなめし》工場などで働き、一九歳頃には、西浜で岸野重春らと共産主義を学習する小グループを組織していたようで、その縁で一九二二年の二月、西光万吉《さいこうまんきち》と引き合わされています。そして三月三日、西浜の青年たちとともに全国水平社（全水）創立大会に出席し、その半年後の八月五日には大阪府水平社創立の先頭に立ちました。

翌二三年一一月、松田喜一は、高橋貞樹や木村京太郎、中村甚哉らとともに全国水平社青年同盟（全水青年同盟）を結成し委員長に就任しました。青年同盟はマルクス主義の影響を強く受けた組織で、全水の現状に満足せず、階級闘争史観や中央集権的組織論で、時に水平運動を活性化させましたが、また時に水平運動に分岐を持ち込みました。松田喜一は、その後の全国水平社無産者同盟

（全水無産者同盟、一九二五年結成）でも議長に就任し、押しも押されぬ水平社内共産主義者グループのリーダーとなりました。この頃、松田は水平運動だけでなく、労働組合運動や無産青年運動、共産主義運動にも積極的にかかわりました。一九二七年には日本労働組合評議会の大阪一般労組執行委員となり、山本正美らとともに、西浜の皮革共同工場に大阪一般労組西浜支部を結成し、労働争議と地域環境改善を結び付けて闘いました。大阪一般労組は朝鮮人の刷子《ブラシ》工による鶴橋支部も結成しました。松田喜一はその年に日本共産党に入党しましたが、一九二八年には三・一五事件で治安維持法違反容疑で検挙され、五年二カ月勾留されました。

松田喜一勾留中の西浜では、北井正一らが大阪一般労組が灯《とも》した皮革労働運動を引き継ぎ、一九三三年に大阪皮革労組を結成し、阪南労働自助会という朝鮮人労組との日朝皮革労働者の組織統一も実現しました。この勢いもあって、三五年五月には全水大阪府連西成支部が結成されました。出獄した松田喜一は、休む間もなく、高松結婚差別裁判闘争や兵庫県氷上《ひかみ》郡の松茸山入会権闘争、佐藤中将事件など差別糾弾闘争に全国を奔走し、卓越した現場指導を展開しました。また、この時期、松田喜一は大阪府議選と市議選に立候補、反ファシズム統一戦線に奔走しました。

しかし、一九三七年七月からの日中全面戦争によって、全水は現実的な戦局・政局への対応を迫られ、次第に戦争協力に舵《かじ》を取っていきました。松田喜一は思案の末に一方で融和運動に参画し、大阪で経済更生会運動を展開し、もう一方で右翼団体との連携を画策し、部落厚生皇民運動を組織しますが、こちらは頓挫し、松田は四〇年八月全水本部から除名処分となりました。まさに「大転換」と言われる一連の行動でした。全水本部を離れた松田は、経済更生会の大阪連合組織と靴修繕業者の全国組織結成に奔走し、四五年三月の大阪大空襲直後にも革資材の拠出を軍と交渉するなど、終わりのない闘いを継続しました。

日本の侵略戦争は、西浜の皮革産業と西浜の部落に壊滅的な打撃を与えました。原皮の輸入路は途絶、皮革工場の生産設備は破壊、統制経済によって生産活動は完全に停止、西浜の皮革産業は瀕死《ひんし》の状態に陥りました。また、西浜の浪速区部分は空襲で全壊状態となり、西成区部分は半壊でしたが、バラック・スラム化して深刻な飢餓状態が訪れました。

露店（不法営業）とバラック（不法占拠）の強制排除に仁王立ちしたのは松田喜一でした。戦後間もなく、松田は御堂筋などに林立する靴修繕など露店商を組織し、強制撤去を進めるGHQ（連合国軍総司令部）、行政当局に激しく抵抗しました。また、五五～五九年頃、出城五丁目の蔑称「ジプシー部落」住民や三開地区住民らとともに、共同水道設置から共同浴場建設、そして住宅闘争を指導して闘いました。松田は、戦後早々に部落解放全国委員会結成に参画しましたが、西浜や皮革産業の激しい陣地戦が優先で、部落解放運動の戦線に本格的に復帰するのは敗戦から五年経った五〇年以降のことでした。

露店商禁止反対闘争や住宅闘争を展開しながら、松田喜一は敗戦後の部落解放運動の再生に独自の構想を思案していました。そして一九五二年五月、大阪市立南中学校での差別事件を引き金に、大阪市同和事業促進協議会（市同促）結成へと突き進みました。松田の戦後の部落解放運動再生構想は、①部落民一人ひとりが参画する部落解放運動団体、②部落単位、階層単位の代議員によって構成される同和事業推進団体、③運動団体も事業団体も関係機関も参画する町づくり団体、という三つの構成からなる組織体だったと思われます。市同促は、未だ運動団体が未成熟だった五〇年代には、事業団体でもあり運動団体でもありました。そして、部落解放同盟が大衆的影響力を拡大して市同促と役割を分担できるようになることを見越して、松田は五七年頃から「全町的協議会」や「生活立て直し運動」による「町づくり」運動を思い描いていきました。

松田喜一は市同促事務局長を足場にしながら、部落解放同盟大阪府連合会（大阪府連）の委員長などを歴任し、部落解放同盟中央本部では、松本治一郎委員長のもとで副委員長を担いながら、地元西成で府議選、市議選に三度挑戦し、その活躍で地元では、「ベレー帽の松田さん」「松田のおっちゃん」と慕われ続けました。

一九六五年二月八日、松田喜一は突然死去し、葬儀委員長は松本治一郎が務めました。松田の死後、「同和対策審議会答申」が出され、同和対策事業特別措置法が制定されると、松田の「市同促方式」は同和事業執行の第三者機関として機能していきました。

1　出生そして幼少期

二階堂村嘉幡

松田喜一は、一八九九年二月二〇日、奈良県磯城郡二階堂村嘉幡に生まれました。現在の奈良県天理市西部に位置します。嘉幡は一九一五年当時で戸数八九戸・人口四五七人だったようです（『改訂天理市史』）。

『大和同志会回顧録』（大和同志会、一九四二年五月）に嘉幡の沿革が記述されていますので、原文の旧字を改めて紹介します。

「昔古は不詳人皇二四代仁賢天皇六年（紀元一一五三年）、難波日高氏高麗（朝鮮）に渡り、工匠、須流根《するぎ》、奴流根《ぬるき》の両者革田に献じられたるによりこの地に帰る。「額田村熟皮《かわおし》高麗の人即ち之也」と文献に現はる如く嘉幡は「革田」という。なお「嘉幡村皮工邑《むら》と云い額田部邑と相隣」とある「人皇五五代文徳天皇（紀元一五一〇年）仁壽三年四月丙辰三位従四位下橋朝臣百枝卒す」、この人は

「従四位下綿裳《めそ》の子にして延暦一八年舎人《とねり》となり弘仁一五年四月従四位に叙せらる。百枝は文書を解せず鷹犬を好む、年八〇らして猟漁やまず薙髪して僧となり以来革肉を食せず」とあり、嘉幡大洪水の式全滅せしも百枝は木梢に上り唯一一人助かる。天正の頃（三六〇餘年前）嘉幡対馬守茲に拠り、慶長の頃（三四〇餘年前）徳川氏の所領となった寛永六年（三一〇餘年前）柳生但馬守之を領した。七反九石一斗の領地で東西七丁十間七代前宇治薬師町御天寓宮城家より入婿に来た（新右衛門と云う人）宮城家の系圖は宇治町上ノ町宮城米吉氏宅にある」と述べられた。

嘉幡の産業は雪駄《せった》業が主で、親方衆は裕福で、職人層は貧困だったようです。また、水平社関係の記録では、『創立期水平社運動資料』全四巻・別冊一（不二出版、一九九四年）に「嘉幡・社員五名」という記録がありました。

家族

松田喜一の家族構成について、松田が一九二八年の三・一五事件で逮捕された際の検察の訊問《じんもん》調書をもとに記述します。

父は中本勇蔵で、古靴の再生販売を業としていましたが、喜一が二〇歳の時に死亡しています。母は小ウノです。事情は不明ですが、戸籍では父欄は空欄で、母方の松田姓が記述されています。訊問調書では弟二人、妹三人に喜一の六人きょうだいとなっていますが、実際は女五人、男三人の八人きょうだいで、喜一は二番目で長男でした。喜一には六歳上の姉ミツエ（一八九三年八月一九日生まれ）がいましたが、訊問調書には妹しか出てきませんので早逝《そうせい》したと推定されます。妹は四人で、ユキエが一九〇六年四月二六日生まれ、末子は不明で、コスエは一九〇九年九月二五日生まれ、シズエは一九一三年生まれとなっています。二人の弟のうち一人は雪重で一九〇一年一〇月一〇日生まれですが、もう一人の弟・計雄《かずお》の生年月日は確認できませんでした。雪重のことは後述します。

松田家一族が嘉幡から大阪西浜に移り住んだ年月日は不明ですが、一九〇〇年代の初期は間違いなく、一九〇六年四月に喜一は西浜の木津第二尋常小学校に入学しています。この時代、「西浜に行けば、何とか食ってはいける」と言われて、われ先にと西浜に流入してきた頃で、大阪府内の部落から三割、あるいは近畿他府県の部落から七割の移住者の一群に喜一家族もいたわけです。

今井の借家

松田喜一家族が移り住んだのは、木津北島町ですが、正規の住所は浪速区栄町三丁目一八番地で、ここは「今井の借家」と呼ばれた家でした。「今井の借家」は一九三五年頃の西浜地図と一致し(「浪速部落の形成発展史」部落解放浪速地区総合一〇ヶ年計画推進委員会編刊『差別をなくする運動の前進のために』一九七四年)、家主は今井蝦造《えびぞう》だと思われます。岸野重春によると、「西浜でも一番貧しい」一帯で、「今井の借家いうたら、西浜の端で、四畳半一間がずらっと並んでいるアパート」で、「道は傘さしたら二人通れまへん。水道も路地に一ヶ所、二畳と四畳半が裏住まいの人の家の大きさ、飯炊きは表」という状態でした。

のちに松田は、栄町四丁目二二番地の借家を借りて住み、そこは全水本部でもあったのですが、この栄町四丁目一帯は、西浜の中心からは離れていて、南側に煉瓦《れんが》工場があり、砂が舞い込む砂漠を連想させた悪環境で、人びとは「エチオピア」と呼んでいました。この一帯の貧困は相当なもので、「五〇軒長屋」「一〇〇軒長屋」とも「一〇〇番地」とも呼ばれていました。路地で飯を炊くのですが、煉瓦工場の煤煙《ばいえん》が舞い降りてせっかくの白米もゴマに敷き詰められてしまったそうです。

このことは、後述する爪屋労働争議にも出てきます。

有名な村島帰之《よりゆき》の『ドン底生活』（文雅堂、一九一八年）には、北島町方面で細民が最も密集している場所は「北島二丁目、三丁目、四丁目」であり、三丁目、四丁目には「通称百軒長屋及び台湾と称する細民窟」があったと書かれています。「台湾」というのは当時の栄町六丁目で、その由来は、日本と台湾の位置関係、つまりそれぐらい離れた飛地という意味と、栄町六丁目が十三間堀川とどぶ川に囲まれていた状態という意味の二つの説があります。

「チマ」と呼ばれた少年

松田喜一は、木津第二尋常小学校に五年通うも、経済的事情で中退しています。この頃の西浜の子どもたちは、マッチ工場や紡績工場、煙草専売局、ガラス工場、石鹸《せっけん》工場の職工や鼻緒直し、下駄《げた》直しなどの内職など、いまでは法が禁じている児童労働で家族を支えていました。喜一少年もそうした子どもたちと同じように、小学校を中退せざるをえなかったようです。

この頃、喜一少年は「チマ（ン）」と呼ばれていました。また、父姓の「中本」でも呼ばれていたようです。

喜一少年は一九一〇年、一二歳の時、木津第二尋常小学校を中退し、難波煙草専売局の職工となっています。そして、一九一一年六月一五日に有隣小学校が開設されると、そこに入学し四年次に編入されました。有隣小学校は、木津北島町に開設された私立の夜間小学校です。難波警察署長の天野時三郎（のちに大阪市社会部長に抜擢《ばってき》された）が、新田帯革《たいかく》製造所の新田長次郎に働きかけて設立されました。治安対策の面もあったのでしょうが、新田長次郎からすれば、皮革産業からの先行的教育投資の意味もあったのでしょう。有隣小学校は木津北島町二丁目の民家三戸を借り受けて開設されましたが、半年後の一九一二年三月には、栄町二丁目四四番地に新校舎を建設しています。

敷地二六〇坪、建物面積一二二・七五坪でした。

有隣小学校の「有隣」とは、論語に出てくるもので、徳のある人はけっして孤立しない、きっと理解し協力してくれる人が出てくるという意味でした。同校では、学用品はすべて寄付でまかない、半紙、草紙、練習帳などは給与され、教科書、硯《すずり》、裁縫道具などは貸与されたそうです。春夏に二回の遠足、夏期休暇中には二週間程度の夏季林間学校もあったようです。反面、同じ西浜、栄町の他の子らからは偏見の眼差《まなざ》しが向けられ、「有隣学校、ただ学校、机にもたれてシラミ取り」と差別的な歌もあったようです。

ともかく、松田喜一は働きながらこの夜間小学校に通い、第一期卒業生となりました。同窓の卒業生は松田を含め男三人、女三人で、卒業式は三月二六日午後六時半から開催されたと、当時の『大阪毎日新聞』(三月二七日)は報じています。

2 青年期と職歴

「ゴーリキの母」小ウノ

松田喜一少年の成績はすこぶる優秀で、新田帯革製造所から就職の誘いを受けたほどでした。しかし理由は不明ですが、喜一少年は新田帯革へは行きませんでした。その頃西浜では、最も近代的な仕事として注目されていたのが製靴の仕事でした。同じ村の福井由数《よしかず》家では、長男の佐一、弟の綱蔵、光男、由数をはじめ、中川誠三や松田喜一も、皆こぞって製靴工をめざしましたが、福井由数によると、一番覚えの早かったのは中川誠三だったそうです。

その福井由数と中川誠三が語った松田喜一母子の話があります。福井は、「松田さんのお父さんはバクチ打ちで、長男の喜一さんはそのことで小さい時から苦労した人です。当時の融和事業で建てられた有隣小学校に通っていました。昼間は下駄のハマ（鼻緒）入れに歩き、夜は学校に通っていました。有隣学校は部落の中でも最も貧しい家の子どもが通う学校でした。お母さんはそれはもう苦労して大勢の子どもを育てました。車にまな板をのせ、その上におかずを並べて商う仕事をしていました。松田喜一さんは、あの貧しい苦しい生活の中で、部落差別や階級差別を知り、活動家に育つ素地を身につけたと私は思います」と語っています。また、中川誠三は「松田君のお母さんはゴーリキの「母」（ロシア革命でツァーリ支配に抵抗した母子を描いたゴーリキの小説『母』のこと）みたいな人だ。松田君をああいう革命運動の活動家に育てたのはお母さんの力やったと思う」と述べています。母小ウノは、またある時は家で芋を蒸し、「芋ほっこり、芋ほっこり」と行商していたこともあったようです。

また、刑事が松田を尾行し、自宅内にまで入ってきた時に小ウノが座布団を差し出すと松田は、「そんなもんほっとけ、上手することあらへん」と突き放したそうです。何度ともなく芦原署に検束された松田でしたが、小ウノは「一（いち）を返せ！」と怒鳴り込んだそうです。「一」とは喜一のことです。そして釈放されると、貧乏世帯なのに小ウノは大層なご馳走《ちそう》を振る舞ったのだそうです。全水の本部には、時折「うちのアニイいまっか」と訪ねてくる小ウノの声が響いたそうです。

労働そして夜店

有隣小学校に通いながら、松田喜一は、煙草専売局の職工として一年ほど働き、その後、その裏にあった森川ガラス工場にも一年半ほど勤め、日本電球株式会社には会社が解散するまでの約三年勤務しました。その後、有隣小学校を卒業すると、合阪皮革製作所をはじめ西浜の皮革製造会社を転々とし、このなかに辻本秀一、通称ブツ秀が経営する革鞣工場もありました。西浜土地建物会社が所有する共同工場の二〇号あるいは二二、二三号にあったようで、八人ぐらいの従業員で、操業間もない頃で過酷な業務だったようです。

松田はこのブツ秀の工場にいた頃、東京へ行ってマルクス主義に傾倒したようですが、これは本章で詳述します。

当時の西浜の青年たちのようすを紹介します。明治末から大正年間にかけて、西浜の皮革職工たちは、月のうちの一日と一五日の休みを最高の楽しみにして、「風呂は都で、酒はいでぎ、魚は夜店の天ぷら屋」に通ったようです。「都」は都《みやこ》湯《ゆ》のこと、「いでぎ」は評判の酒屋のことで、休みの日は、「朝風呂に入って、帰りに酒と天ぷらを買って、ゆっくり昼ご飯を食べてから、午後は新世界をぶらつく」のが数少ない楽しみだったようです。時には芝居の見物にも行きましたが、部落民だとわかると入れてもらえないこともあったようです。

西浜では年に一度、七月二二～二三日に盛大な祭りが催されました。また、正宣寺北側の通りには、毎晩雑多な露店が並んで賑《にぎ》わったようです。「我勝に並べた品々は、古着だ、小間物だ、唐物だ、莫大小《メリヤス》だ、古道具だの古本だの関東炊きだの焼芋だのと何だかんだの大繁盛である。西浜部落の民はこれを素見《ひやかし》ながら三々五々笑い興ずるのを、無情の極楽として、昼の疲労と煩悩を慰《い》籍《しゃ》する」と当時の新聞が報じています。この露店の賑わいは大正期、昭和期にも続いたようです。

JR芦原橋駅南側にあったなにわ生野病院（旧芦原病院）跡地南側あたりでは、松田喜一ら全水平青年同盟の機関紙『選民』が売られていたようです。「冗談めいて大きな声で話しかけると、人通りがいっぱいいなのですぐ止まる。いつでも逃げられるように何かの上に立つということはない。簡単に話して『選民』を売る。グズグズしていると巡査が来る。「何してんねん」言われたら「へい」と言うてすぐに逃げた。演説言うたかて「この新聞見てくれ」いう程度だった」と岸野重春は述べています。

若い頃の自慢話

これは戦後のことですが、盛田嘉徳《もりたよしのり》が松田喜一から聞いた「自慢話」が遺《のこ》っています。

「若いころ、運動やってるというので、女学生にはもてましたね。いつもコーヒーをおごってもらったもんです。そのころ、男と女が話のできる場所いうたら、喫茶店ぐらいしかなかったからね。少しづつ飲みながら、長いことねばって話をしていましたけどね。何せ、運動理論なんか、かたい話ばっかりで、女は感心して聞いとるだけで、まあ、それだけのもんでしたがね」と、松田喜一は昔を懐かしむように話したんだそうです。盛田は、「運動の面では、執拗な粘り強さを見せる松田さんも、日常の生活ではまことに恬淡《てんたん》としていました」とつけ加えています。「恬淡」とは「物事に執着しない」という意味です。

松田の次女昌美によれば、戦前の松田は酒は飲まなかったようです。そのぶんコーヒーだったんでしょうか。盛田は、「松田さんは、（戦後も）意外にコーヒー愛好家でした。酒を呑んだ後、きまってコーヒーを飲もうと言い出し、アベノから西成にかけてのコーヒー店をよく知っていて、中野次夫さんも私も、よくつきあわされました。注文する時、「わしの分は特別に濃くしてくれよ」と頼んだりしていました。濃いコーヒーに砂糖をたっぷり入れて、かき混ぜながら少しづつ飲むのが好きでした」と回想しています（『解放新聞大阪版』第四三五号、一九八〇年一一月一日）。

3　辻尾一枝と結婚

漬物屋の娘

松田喜一が辻尾一枝を見染め、所帯を持つのはいつだったか、ちょっと定かではありません。結婚届は一九四一年三月一四日提出となっていますが、松田喜一四二歳の時ですから、これはちょっと遅いです。実は、一九三三年六月の頃だと思います。なぜなら、高松結婚差別裁判闘争のちょっと以前に、皮革の労働組合や全国水平社の仲間が集まって会員制の結婚祝賀会を催したと椿繁夫（第二章で紹介）が証言しているからです。ともかく、籍を入れる七〜八年前に結婚していたようです。

さて、辻尾一枝のことです。当時の西浜は漬物が名物で評判が良かったようです。「イジ川と言うて一番西浜の南の方にドブ川があって、そこの左側にお母さん一人でやってる漬物屋があった」、それが辻尾一枝の母イエがやっていた漬物屋でした。戦前の西浜・栄町の地図（一九三三年頃）には、西浜と西成側の北開、中開の境に「イジ川」が確認でき、南側の辻尾宅のある栄町四丁目と一致します。この漬物屋の一枝の兄は辻尾政一で、全国水平社木津支部や栄町支部役員に名前が出てきます。また、栗須七郎らの皮革労組「皮革労友会」の役員にもなっています。当然、松田と辻尾政一は知り合いだったと思います。

辻尾のおばあさん

一枝は、辻尾家の一番末っ子で、松田喜一とはひと回りほど歳が離れていました。一九一三年頃の生まれで、松田と所帯を持ったのは一枝二〇〜二一歳、喜一三三〜三四歳だったと思われます。松田の共産主義運動の知人に日本労働組合全国協議会（全協）活動家の野崎弥八と岸和田紡績争議（一九三四年七月、高知県の部落出身の女工たちを中心にした差別待遇の改善を求めた争議）の中心の女工だった野崎春喜という夫婦がいました。戦前の一時期、辻尾家に居候していた松田喜一家族宅に、「居候の居候をしていた」のですが、この春喜が、こんな楽しい証言をしています。「松田さんは、よう、あちこち行ってましたやろ、松本治一郎さんなんかと一緒に、ほんまに東奔西走という調子でね。だからほとんど、朝からうちにいるということがなかった。で、一枝さんは、そういう運動してないでしょ、年も若いでしょ。せやからどうしても、よくふくれてね。すると辻尾のおばあさん、一枝さんのお母さんがよく怒ってね」。「一度、こんなこともありました。一枝さんがようふくれるから、松田さんが「一枝を困らすからな、ちょっと子どもをあずかってくれ」いうて、娘を連れてきて、私がまた、その子を預かってたわけですねん。そないしてたら、辻尾のおばあさんに見つかって、階段の下に隠したおしめを見つかった、えらい怒られましてね。まあ、松田さんにしたら、年齢の差もあるし、細君の機嫌もとらんならんし、いろいろ苦労があったと思うね」。「それでも、松田さんは家では子煩悩やし、奥さんを大事にしてましたで」。「一枝さんのお母さんがエラかったわね。自分が苦労しているから、人にはすごくもろい面があるわけ。松田さんを居候させ、私らまで居候させてくれて。娘には厳しい言うけど、松田さんには、ぜったいに尊敬してましたからね」（『解放新聞大阪版』第四八七号、一九八二年一月四日）。

一枝の内職

ところで松田喜一は、一九三七年に「松田喜一商店」の開設届を出しています。業種は「屑物《くずもの》商」で、場所は「浪速区西浜北通四-六〇」でした（大阪日本実業商工会編刊『日本実業商工名鑑』、一九三九年）。現在の浪速区久保吉で大阪府立難波支援学校の南側あたりです。想像するに、日中全面戦争突入の年ですから、いよいよ水平運動では生活はできないと考えて、屑物商で生計をたてようと考えたのでしょう。しかし、三八年には浪速区経済更生会を設立して会長になりますから、果たして屑物商を続けていたのか誰かにまかせていたのかはわかりません。

松田喜一と一枝の間には、一九四二年に急死した早智子を真ん中に、恵美子（一九三六年生まれ）、昌美（一九三八年生まれ）、紀代美（一九四〇年生まれ）、真弓（一九四三年生まれ）の娘五人がいました。この頃、松田喜一商店で屑物商をやったかどうかは不明ですが、三八年からは浪速区経済更生会会長として多忙を極めていたと思われます。野間宏の『青年の環』に出てくる「島崎」（松田喜一がモデル）は、それこそ寝る時間もなく奔走しています（もちろん、小説ですが）。この頃、一枝が縫い物の内職をしながら生計を支えていたようです。次女の昌美は「母も父の収入を求めてなかっただろうし。母のさとが漬物屋で、おばあちゃんとこ、よく母娘とも世話になったんです」と思い出しています。

ずいぶん苦労した一枝ですが、一九五〇年九月に三七歳で亡くなっています。恵美子一四歳、昌美一二歳、下の二人はまだ一〇歳と七歳ですから、母を亡くした家族の生活は一転してしまいました。

戦後のこの頃、大阪府庁に勤めていた茨木市道祖本《さいのもと》の小北由蔵《よしぞう》（第四章で紹介）は、こんな逸話を語っています。「大阪府庁にいた頃ね、松田さんがよく三人の子どもを預けにきました。奥さんを亡くしたすぐ後でね。朝預けて夕方連れて帰るんです。子どもがぼくによく慣れてね。ぼくには子どもがなかったから、「ひとりくれ」と言ったが、松田さんは「ようやらん」言うてね」（『解放新聞大阪版』第三七一号、一九七九年八月六日)。三女昌美は記憶にないと言っていますので、下の二人だったのかもしれません。

4　実弟・雪重

昔気質の博徒

松田雪重(一九〇一～一九六九)は、一九〇一年一〇月一〇日生まれ、松田喜一の二つ違いの弟です。この雪重が松田組を興《おこ》すのは一九四五年秋、敗戦直後のことです。松田組の主な資金源は「違法賭博」つまり「盆」と呼ばれる私設賭博《とばく》場の経営だったようです。

飯干晃一『戒厳令下の山口組』(角川書店、一九九〇年)には、「松田組の初代組長は松田雪重という名物男だった。奈良県吉野の出で(これは飯干の誤認だと思われます)、西成界隈の博打《ばくち》打ちだったが、四五年暮れに登場した四二歳の松田雪重は、若い者を集めて松田組を結成、飛田遊郭のすぐ横にバラックの賭博を開設した」とあります。「ヤミ市焼け跡といわれたあの疾風怒濤の時代に、松田組は地盤を固め成長する」と続け、「松田雪重を知る人は口々に「器量が大きく、度量がひろかった」と賞賛こそすれ悪口はない」と評しています。「じっさいに人望があった親分で、賭場にありがちなトラブルには、頭を低くしながらも是非のケジメはちゃんとつけたというから、昔かたぎのひとかどの人物だったのだろう」と書いています。そして、「次第に全国の博徒には「できた親分」として知られ、尊敬を払われるようになった。だから、松田組はかって抗争をひきおこしたこともなく、流血の事件とは無縁であった。一代だから名門というわけではないが、松田雪重の率いる松田組は地下の世界では名門扱いを受けた」と記しています。「一九六九年三月、松田雪重は六七歳で生涯を閉じる。その頃所有する賭場は大阪で三〇ヶ所といわれた」とも書いています。組員は五〇〇人規模だったようです。富も成した大親分だったようです。

法曹界の大家として著名な向江璋悦《てるよし》（一九一〇～一九八〇）の著書『無罪の記録』（法学書院、一九七七年）には、広島ヤクザの裁判にまったく無関係な雪重が証人として出席したことが記述されていますが、その行動はこの世界では渡世の義理を果たすもので、雪重はヤクザでも器量の大きな人物だったとの評価があります。一九五八年に松葉会二代目会長本田仁介の結縁披露芳名録の見届人は、その世界の実力者だけが名を連ねたらしいですが、松田雪重の名前もあります。

三阪の乾児

また、『博徒侠客系統調査表』によると、戦前、雪重が二六歳の時には、木津勘助が興したとされる有田組二代目三阪こと有田円太郎の直属配下乾児《こぶん》（子分という意味）となり、浪速区栄町三丁目に住居を構えていたようです。一九二二年夏、木津水平社結成の直前、「三阪親分」が「水平社をぶっ潰す」と言っていたと聞いた石田秀一と本田左之助が親分宅に直談判《じかだんぱん》に出向き、逆に三阪親分の支持を取り付け、富築清一（三阪親分は叔父）宅の木津水平社創立演説会には「三阪の子分も大勢きた」ようです。雪重が三阪親分の傘下に入るのはこの五年後ですが、演説会場にいたのかもしれません。前述の飯干晃一が「（戦前の雪重は）西成界隈の博打うちだった」と書いた頃のことです。

兄・松田喜一は特高警察に終始尾行され、何度も予防拘禁されていますが、弟・松田雪重も戦前何度も芦原警察署に連行されたようです。野崎春喜は、もともと警察に警戒されている松田喜一も野崎弥八も雪重に面会するのを嫌ったようで、春喜が雪重の差し入れに行ったと証言しています。この頃は、賭博はトランプなど些細《ささい》なものでも厳しく取り締まられた頃で、とくに西浜の若い者はちょっとしたけんかや酔っ払っただけでも連行されたと、坂市巌の私小説『育ち行く雑草』にも出てきます。雪重は些細な賭博行為や喧嘩などで連行されていたと思われます。ただ、一九二六年一一月一五日の雪重宅家宅捜査は、同年の「福岡連隊爆破陰謀事件」の容疑で兄・喜一に連座したものでした。

松田組といえば山口組との大阪戦争が有名ですが、これは一九七五年から七八年のことで、松田組の組長は二代目の樫忠義（雪重の甥《おい》）でした。松田雪重は、兄・喜一の死去から四年後の一九六九年に没しています。

できたヨメ

松田喜一の生活が最も窮地にあったのは、一九五〇年に妻一枝に先立たれた後の頃だったと思われます。アベノの露店も一九五二年の頃には潰れて、定まった仕事もなく、収入の道が絶たれていました。盛田嘉徳の証言によれば、「生活の上では、弟（雪重）さんの援助を受けることが多かった」ようです。日頃、盛田に私生活を話すことは少なかったそうですが、ある時、「弟のヨメ《ママ》はようでけたオナゴ《ママ》でして、おかげで娘どもも、どうにか高校に行ってま」と話していたそうです。盛田は、弟雪重から「月々に一定の金をもらっていたわけでなく、必要のたびに、娘さんたちに借りに行かせたようです。娘さんにしてみれば、たびたびのことで辛いことでした」と述べています。ただ、次女昌美は「自分の判断で行った」と語っています。

5　娘・昌美の追憶

竹傘に手錠

松田喜一と一枝の間には五人の娘がいましが、そのうちの昌美は、一九六〇年代には部落解放同盟西成支部（西成支部）婦人部の役員も務め、文化温泉を支えてくれた人です。いまも（二〇二三年）西成地区に居住しています。

昌美の脳裏には、強烈な父のイメージが残っていました。一九四二年四月二三日、はしかで急逝した昌美の妹早智子の葬儀の折、竹傘を頭から被《かぶ》せられた男がやってきました。その姿は異様でしたが、昌美はその男が手錠をかけられていたことに目を丸くしました。まだ四歳だった昌美に、「あれが、父親だ」と「いとこのお兄ちゃんが教えてくれた」と、しみじみと語っています。

松田喜一は一九四二年四月一四日に治安維持法違反容疑で逮捕され、拘禁されていましたので、その直後だったわけです。この頃松田は、靴修繕業者の全国組織の結成に奔走していました。同じ頃なのでしょうか、昌美にはもうひとつの記憶がありました。その日、母の一枝が昌美を連れて、「今日、いいとこ連れて行ってあげる」と言って、大阪中之島の拘置所に父との面会に出向いたのだそうです。淀屋橋の橋の欄干《らんかん》から母と並んで見た景色がとてもきれいだったと語っています。

大空襲の松田家

昌美の追憶には、一九四五年三月一三日の大阪大空襲の日のこともありました。

松田喜一一家は、西浜の共同工場にあった煉瓦工場の防空壕《ぼうくうごう》に避難しました。昌美は、「防空壕があまりに熱くなってきたので、父が「出ろ」と言いました。あらかじめ誰が誰と手をつないで逃げるか決めていました。防空壕を出たら、あたり一面火の海、牛馬が斃れ、子どもを抱えたまま焼け死んだ母子の姿など、阿鼻叫喚《あびきょうかん》でした。私は、おばあさん（一枝の母イエ）の手を引いて避難しましたが、いつのまにかはぐれてしまいました」。幸いイエは十三間堀まで歩き、あまりの熱さに川に足をつけていたそうです。

空襲で松田家族は一時散り散りになりましたが、全員無事でした。そして、和歌山、昭和町と親戚を頼って疎開し、八月一五日の敗戦の日は向野《むかいの》の糸若柳子《いとわかりゅうこ》宅（全水青年同盟結成の会場だったこともある）で迎えたそうです。その後、松田家族は、西成区飛田《とびた》にあった喜一の弟雪重の息子の家の二階に居を移しています。

父の家出

戦後になって一九五〇年に、母一枝は亡くなりました。途端に松田家の生活は困窮し始めました。早智子も病死し、家族は父と女きょうだい四人になっていました。昌美と長女の恵美子は、上二人だけなら何とか生きていけるから、下の二人の妹は施設にお願いしたほうが良いのではないかと思案したそうです。「施設に入れば妹たちはご飯食べれるしね」と話していました。しかし、父がいたんでは施設には入れません。昌美と恵美子は意を決して、娘四人並んで、父親に「お父さん、運動をとるか、娘をとるか、どっちや」と詰め寄ったそうです。

松田喜一死後から二〇年近く経った一九八三年に部落解放同盟西成支部創立三〇周年集会が催され、そこで『松田のおっちゃん物語』という劇が上演されました。そこで「運動をとるか、家族をとるか」と詰め寄るシーンが再現されましたので、この話を知る人は多いです。

それで、その結末はどうなったか。昌美は語っています。「そりゃ、いまでも父はすごい運動家だと思いますが、その時はあたまにきましたね」。「『大の虫をいかすためには、小の虫をころす』と言って、家出したんですから。それから二ヶ月ぐらい帰ってきませんでしたよ」。壮絶なシーンですが、昌美は「親父もすごいが、娘たちもすごいでしょ」と嘆息《たんそく》しました。「こどもたちがどうしてご飯を食べたか心配じゃなかったのかなって考えますよね」。気丈夫な昌美は父親によく噛《か》みついたそうです。「あんたは霞を食って生きていけるだろうけど、わたしたちは霞では生きていけない。家のこともちょっとは考えてくれ」、よくけんかになったそうです。昌美のきっぷのいい啖呵《たんか》です。

ここのところを松田はどう言っていたのか、盛田嘉徳は聞いていたようです。「運動を捨てるか、娘たちを捨てるか」と昌美らに詰められた松田について、盛田はこう言っています。「後日、私の家を訪れた松田さんが、まるで人のことを話すような調子でこの話をして、『どっちと言ったって、どうにもならんしね』と呟いていました。松田さんには運動のほかに何もできぬことが、自分でもわかっていたのでした」（『解放新聞大阪版』第四二三号、一九八〇年九月一日）。

昌美のアルバイト

「一九五〇年に母を亡くした後は、すごく生活に困ったんです、経済的に、ほんとに困ったんです」と昌美は述懐しています。でも、気丈夫な昌美は「私も、中学生の時からアルバイト、アルバイトですね。簡単にアルバイトもなかった時代ですから、母方の叔父が鶴見橋でうす皮を扱ってましたから、それをさわったり。姫路まで革の買い出しにも行ったり、ブローカーみたいな仕事もしましたし」。親から、中学校までは世話するが、高校は自分の甲斐性《かいしょう》で行けと言われていたので、高校時代もアルバイトしながら、学費もきょうだいの生活費も支えていたそうです。

昌美たちきょうだいは、何度か松田雪重に支援してもらっていました。いつも恵美子じゃなくて昌美が雪重に会いに行ったそうです。

作家の野間宏も松田家の生活ぶりを心配して、夜に電話をかけてくれ、昌美が応対したそうです。野間の話が長かったと笑っていました。野間宏の深夜の長電話は有名だったようですが、昌美の語る思い出はとてもおもしろいです。「夜中に電話かかってくると、また野間さんかなぁとね（笑）。「野間です」と声あったら、ワーッ、えらいこっちゃ、また長い電話になるわぁ（笑）と。冬なんかやったら、寝間着で布団から出て来て、寒いから「ちょっとお待ちください」と上着きやんことにはね（笑）」。

昌美はしみじみと語っています。「つらいことが多かった。家庭も顧みることのない父でした。でも、部落差別への怒りから、自分の命をかけたすごい運動家でした。それは誇りです。私たちが飢え死にしたわけでもないしね。父が信念を貫き通して生きたということは、幸せなことじゃないですか。そう思えるようになりました。いまでも、あの人の娘で良かったなぁと思います」。

話し下手な父

ちょっとしんみりしましたが、昌美は、屈託のない笑顔でこんな話もしてくれました。「まぁ、うちのおやじは話し下手やったと思います。なにしろ、何を言っているのかわからない、難しい言葉がズラズラ並んでいるようなね。それにアノ、ソノ、そして、というような合いの手ばかり入れましてね、話がどこまで続くのかもわかりません。もう、そういうことはホントに下手やったと思います」。

松田の話し下手については別の逸話もあります。松田喜一は、一九二五年に大阪市の香蓑《かみの》小学校の差別事件の糾弾闘争を指揮するのですが、演説のなかに何度も「いわゆる」が出てきて、加島の村の子どもたちのなかでは、松田は「いわゆるさん」で通っていたのだそうです。

松田の再婚話

これは余談です。盛田嘉徳の証言によれば、松田喜一が五〇歳の半ば頃、一枝が亡くなってちょっとした頃か、松田に縁談話があったそうです。「広島の人で、なかなかの働き手だという話で、気持ちも動いたようでしたが、けっきょく断りました。年頃の娘さんたちに対する、父親のせめてもの配慮であり、親らしくしてやれぬことへの償いでもありました」と盛田は言っています。それ以上のことはわかりません。その後にも、部落解放運動関係者から縁談話もあったらしいという噂《うわさ》は伝わっていますが、松田は一枝死去後はずっと単身でした。

物は潰せても、人は潰せない

昌美の証言の締めくくりは、やはりこの話です。

西成支部では出所不明で語り継がれてきた格言で、吉田信太郎の松田語録「返す練習して借りよ」と同じぐらい、いやそれ以上有名なのが「物は潰せても、人は潰せない」という松田語録です。結局出所は娘に松田が語っていたことを、昌美が伝えてくれていたようです。詳しくは、「自分が死んでも、二〇年は大丈夫、それだけの人材がいる。これ（部落解放運動）は、賽の河原の石積みといっしょで、ひとつ、ふたつと積んでは崩され、だんだん山も大きくなってきて、いつかは成し遂げられるんだから。そんなに急に改善されることはない。三百年かかって作られたものは三百年かかるんだから、自分の目の黒いうちは、部落が解放されることは絶対ありえない。これは三百年、四百年の運動だ」という話と、「物は潰せても、人は潰せない」の二つが昌美が伝える松田語録でした。

また、昌美のこんなひと言は、父松田喜一を言い当てていて感嘆させられます。「父は指導者でした。何かを創るひとですね。ベタベタした感じはなくて、厳しかったですよ。おかげで、どこ行っても私は、大きな顔してもの言えた（笑）」。この人（昌美）は、「ベタベタした感じ」と言ってのけられ、「何かを創るひと」だったと締めくくれる人でした。

6「融通無碍」の人

軽い言葉の深い意味

水平運動に専念した松田喜一の足跡は次章以降で詳しく書いていきます。ここでは、運動時代のちょっとした逸話を紹介し、松田喜一の人となりにふれてみたいと思います。

前述した野崎春喜は、こんな逸話を残しています。連れ合いの弥八が検挙された時のことですが、「おまえら、悪いことするから、連れていかれんねん。わしみたいな、御国のためにしてたら、行かれへんねん」。春喜は、松田はそう「えらそうに言うてましたわ」と続け、「そない言うてた松田さんがおそおそにひっぱられましたわな」と語っています。「悪いこと」は「（全協など）非合法活動」で、「御国のため」は「（経済更生会運動という）合法活動」のことでしょう。「ひっぱられた」のは、太平洋戦争末期の予防拘禁で野崎が拘禁され、松田も、日本靴修理業組合連合会結成の直前の一九四二年四月一四日に拘禁されたことを指しています（『解放新聞大阪版』第四八七号、一九八二年一月四日）。

松田喜一の「転向の証拠」と読む人もいるでしょう。しかし本研究会では、松田流の「同志への心配り」に思えて、「軽い言葉」の、実は「深い意味」だったと読みました。春喜夫婦が松田には「大変な世話を受けた」と語るように、一枝の母娘も含めた家族ぐるみのつきあいでした。春喜の回想は、戦前の時代を生き抜いた共産主義者のたくましさから出た、ある種の「ブラック・ジョーク」に思えます。松田喜一は、激動の時代をしたたかに生き抜いた人でした。そして友人を、大衆をかばい、守り続けた人でしたが、話し下手で、表現の仕方はなんとも「大阪人」に見えます。

松田の思想を顧みるに「融通無碍《ゆうずうむげ》」という言葉を思い浮かべます。「融通」は「滞りなく」、「無碍」は「とらわれない」、つまり「自由で、のびやかな」ものの考え方という意味でしょう。本書で追いかけることになる松田の「転向」あるいは「大転換」、融和団体への参画、右翼団体への傾斜など、この時代の一連の言動は、現代人には読み解きにくい深さ、大胆さが感じられます。それを「融通無碍の人」と比喩してみました。ある学者は、松田の言動は「プラグマティック（実際的）」で、ファシズムに屈したと評しました。どちらが、松田喜一を言い表しているかは、本書を読み進めながら想像してほしいと思います。

無聊を託つ全国水平社の闘士

戦後のある時期、一九四九年から一九五一年ぐらいの時、松田喜一は、難しく言えば「無聊《ぶりょう》を託《かこ》つ」、簡単な話、暇を持て余していました。その頃の松田をよく知る盛田嘉徳の回想です。

盛田は、一九四九年末頃か一九五〇年の前半の頃のある日、石田秀一の家で松田喜一と初めて会ったそうです。松本治一郎公職追放反対闘争をどう展開するかという相談の会で、その時の逸話です。その日はいつもと違い、かなりの人数が集まり、表と奥の二部屋がぎっしりと詰まって話し合いが始まりました。闘争資金を集めることが中心で、議事の進め方の事前の取り決めがなかったようで、いくつかの群れができて議論したのですが、「しばらくは収拾もつかぬ混乱状態となってしまいました」。その時突然、「馬鹿にするな」とどなってたち上がり、さらにふたことみことどなりつけて、憤然と出ていった人がありました。急に一座がひっそりとなってしまい、私はあっけにとられて眺めていました」。その日の会合はまとまりのないまま散会となったようです。帰りがけに、盛田が石田秀一にたずねたら、石田はこともなげに、「あの男、松田喜一でんがな。更生会で儲けたんだから、不足の分ぐらい一人で出せ、と言われて怒りよったんですわ」という返事だったそうです。

浪速・西成経済更生会を四九年末に結成したものの、地域に浸透する間もなく役員間のトラブルで失敗した、その混乱の余波だったのでしょう。盛田は「石田さんは、独特の笑顔で、そんな経緯を説明してくれました」と回想しています。

その頃の部落解放委員会大阪府連も、「府連と称しても少数の役員がいるだけで、事務局もなく、石田秀一さんの家は連絡場所にすぎませんでした」と盛田が回想しているような状態でした。盛田は、四七年に結成しても「一年半ばかりは府連の活動は停滞していた」と回想していますが、停滞はもう少し長く一九五一年頃までの数年間だったようです。

そして、一九五一年四月に松田喜一は府議選に落選します。その直後から松田は毎日のように石田秀一の家にやってきて、雑談して、またフラッと立ち上がって帰っていったようで、盛田は、「その頃の松田さんは、どうしようもなく手持ちぶさたな状態だった」と回想しています。

松田喜一の酒

松田喜一は、一九五一年から一九五二年の頃には、阿倍野で靴修繕の露店をやっていました。近鉄百貨店の南側の通り、三菱銀行の横に簡単な棚を立てかけ、そこに靴を並べ、その一方の端で雇いの職人が修繕をやっていて、屋根もない露店でした。それも一年も経たずに畳んでいます。

盛田嘉徳がおもしろい逸話を遺しています。「私が勤めからの帰りがけに寄ると、その頃にはいつも松田さんが（露店の靴修繕に）来ていて、職人とは反対の端に、まるでお客のような顔でイスにかけていました。前に私が立つと、松田さんも立ちあがって、格別に話すこともないから「じゃあ、いきまひょか」と歩き出し、二人で大通りを横切って、旭通りの安飲み屋に行くのが決まりになっていました」。

この頃には、松田喜一は「しんから酒好き」になっていたようです。盛田は、「酒のためにいろいろ失敗を重ねた」と証言しています。松田が亡くなった後、松田の評価は大きく分かれるのですが、松田を非難する方はほとんど酒がらみだったと盛田は述べています。「何かで集めた金の残りを松田さんに預けていたら、いつの間にかなくなっていたというようなことがありました。酒好きの松田さんは我慢できなくなって、少しづつ何回にも分けて呑んでしまったわけです。もちろんほめたことではありませんが、松田さん自身がそのことを情けなく思っていた気持ちが私にはわかるように思います」（『解放新聞大阪版』第四二三号、一九八〇年九月一日）。

多分、松田喜一が無聊を託っていた時期だと思いますが、小北由蔵がこんな逸話を語っています。「松田喜一の酒ではなく、鰻《うなぎ》の話です。「豊川村（茨木市）の小学校の土俵びらきに元横綱の照国に来てもらった。金が足らん分阿倍野で興行やろうとなって奔走してたら、当時の貝塚市助役の西野秋一さんが、「損したらどないすんや、それよりうちも金出すから市町村回って寄付を集めたら」と助言してくれて、相撲はつぶれて（中止になって）、相撲協会に謝りに行くことになった。誰が行くねんとなったら松田喜一さんが役引き受けてくれた。心配してたけど、向こうは歓待してくれてね、鰻ご馳走してもらって、土俵の砂かぶりで相撲見せてくれて宿までとってくれた。松田さんえらい喜んで帰ってきたことがありました」(『解放新聞大阪版』第三七一号、一九七九年八月六日)。

無類の構想力

「機嫌の良い時には、松田さんはしばしば全水三〇年の経験を自慢し、いかにも得意そうでした」と盛田嘉徳は回想し、そこで聴いた昔話と、その後の松田喜一の活動をダブらせて、次のように語っています。

「冗談好きな私は、松田さんの自慢をいつもまぜっ返していました。しかし実際は、運動についてのカンの鋭さには、早くから敬服していました。問題が起こると、松田さんの心はすぐに、それを収拾した時点での具体的な形がまず浮かんでいたようでした。どんな形で結末をつけるかということだけが頭にあって、そこに至る途中の経過はなりゆきまかせに、あわてず呑気にかまえていました。一見、ずぼらなやり方ですが、あらかじめ予定した線まで持っていく考え方ですから、途中で進行状態を修正したり強引な駆け引きをやったりと、ときには意外な妥協をしたり、というあんばいで、はたの人たちから誤解を招くこともありました。けれども、松田さんにとっては、計画した結末へ運ぶための過程にすぎないから、周囲の思惑など平気でした。「センセ、見てなはれ。けっきょく、こんな具合にゆきまっせ」などと、まだ先に予想もつかないころから、笑いながら自信ありげに話していました。よほどのことがない限りは、ほとんど予言通りに持っていきました」(『解放新聞大阪版』第四三一号、一九八〇年一一月三日)。

盛田は松田のこの指導力を「全水三〇年の経験」から身についたもので「無類のものだった」と語っています。また、盛田はこうも語っています。「おおざっぱで、だらしのないように見えた松田さんには、外見とは違ってたいへん細心な一面があり、人の話から取るべきところは取り入れ、新しい判断、動向などにもすこぶる敏感でした」と評しています。

そこから、当時の部落解放運動あるいは大阪府連の停滞についての松田喜一の思考を教訓的に語っています。「大阪という土地がらのせいもあって、生活、経済と結びつけた視点を、戦時中から松田さんは重んじ、日常活動の必要性をいつも鋭く説いていました」。「その観点をはなれては大衆運動は伸びないと強く考えていたようでした。そのために、解放委員会という運動形態に、早くから疑問を抱いていて、大衆組織による同盟でなければならないと考え、さらに青年、婦人の組織を育てることに熱心でした」。

ちなみに、のちに日本共産党・全国部落解放運動連合会（全解連）に走った中西義雄は、「松田氏が本気で運動にとりくむのは五〇年頃からです」と、盛田の回想を反復していますが、「野間宏の『青年の環』で英雄的なモデルにしたてられている松田喜一、北野実などは、靴修理統制組合のボスになってしまって、会議では革命議論で煙にまくのですが、それだけにとどまっていた」（中西義雄『部落解放運動の歴史と理論』部落問題研究所、一九七四年）と、盛田と正反対の評価をしています。

活動家のくらし

それから、盛田はこんな話もしています。大阪府庁勤めから解放委大阪府連の専従になり、のちに書記長にもなる米沢正雄と松田喜一の酒を飲みながらの雑談を、盛田が紹介しています。米沢が、「解放運動といったって、こんなに生活に困っていては、自滅するだけのことで、ロクな成果も上がらない。まず、自分自身のくらしを安定させることが第一だ」と不平をこぼしたようです。その時、松田喜一は、「米沢君、それはまちがっている。なるほどおたがいに、いまはその日の生活にも困っている。だがね、運動が盛り上がってくれれば、かならず活動家のくらしが成り立つはずだ。全水運動が盛んだった頃は、活動家の生活はそれなりに成り立っていた。ようするに大衆的な組織ができ、大衆の信頼が得られれば、活動家のくらしは大衆が支えてくれるものだ」と、キツい調子で米沢をたしなめたそうです。

　松田喜一は、しばしば部落大衆が運動の必要経費を捻《ひね》り出すものだとの「楽観」を語り、「カンパ」「スポンサー」を想像させています。しかし実のところ、松田はもっと深く「運動（社会的活動）」が「経済（社会的経済）」を呼びよせ、その経済と運動が「合体」していく「社会（運動）モデル」を構想していたように思えます。松田の経済更生会運動は、靴修繕業や副業など「戦時授産事業（協同事業）」としてギリギリで部落の生活を防衛し、水平運動を継承しました。また、大阪市同和事業促進協議会など「新しいスタイルの部落解放運動」もまた戦後民主化の下での生活再建・協同経済を志向し、部落の生活を変え、部落解放運動を大衆化させていきました。そして、その構想を「（未だ）見果てぬ夢（の途中）」と遺して、松田は生涯を終えるのです。

　ここまでが序章です。これから「融通無碍の人」松田喜一の波乱万丈の部落解放運動私史をご体感ください。

第一部

水平運動と戦争

はじめに——西成部落の歴史と概観

西浜部落の拡張

現在の大阪市浪速区と西成区にまたがる戦前の西浜部落の起源は、近世において数度の強制移住を経た「穢多《えた》」身分の人びとが定着し、渡辺村と呼ばれていました。江戸時代の渡辺村の人口は約三〇〇〇人で、明治期の渡辺村は西浜と地名を変え、一八七九年時点での人口は四八〇〇人でした。一九一七年の『部落台帳』によれば一万四二四六人に急増しています。これは、西浜の中心地域栄町から東部に隣接する木津北島地区が、九〇〇戸・約二八〇〇人から一九二〇年には約二〇〇〇戸・約一万人に拡張したからでした。さらに同じ一九二〇年頃、西浜地区と十三間堀川を隔てて隣接する津守村の一部に四八二戸・二〇七三人が居住しました。その西側で西浜地区に隣接する北開、中開、南開（通称三開）、出城あたりにも多数の人びとが流入し、さらに南の通称「赤壁」地区（鶴見橋あたり）にも流入しました。「今宮町中開鶴見橋釜ヶ崎其他には特殊部落民多数居住するも其戸口明ならず」と言われる状況でした。

一九二五年の大阪市域拡張によって、西成郡の今宮町、玉出町、粉浜町、津守町が大阪市に編入されて西成区が誕生しました。これで西浜部落は浪速区と西成区に分かれました。これはたんに地域区割りの事情です。西成部落から多くの皮革産業従事者が西浜部落に通っていたこと、一九一〇年に当時の今宮村に屠場《とじょう》が開設されていたことによって賤視の対象とされ続けたという事情が重なっていきました。なお、屠場は三九年に今宮近隣の津守町に移転、戦後は大阪南港に移転します。

西浜部落から分立して西成部落が形成されて以降、西成部落にも水平運動や融和運動が登場します。西成では融和団体の大阪公道会傘下団体が先行しました。遅れて一九三五年に全国水平社大阪府連合会西成支部（全水西成支部）が結成されますが、その活動は小さいものでした。結果、西成部落の融和団体と水平社が糾合されるように一九三八年に西成区経済更生会が結成されます。その背景には、西浜から、はたまた近畿各地から皮革つながりで移住した皮革産業の従事者の西成への転居があり、屠場と牛骨粉など食肉関連の従事者などの西成への移住がありました。

松田喜一は、「西浜の人」として水平運動を興《おこ》しましたが、のちの「西成の水平運動」は北井正一や高畑久五郎らが中心でした。しかし、時代はすでに戦時下、皮革産業も統制経済に押しとどめられます。松田は、靴修繕業者という限定された分野ですが、統制なるが故のメンバー固定の流通域、人脈をたどって組織を大阪、全国へとつないでいきました。

皮革産業陣地戦

西浜部落の人口増加や西成部落への拡大をもたらしたのは皮革産業でした。渡辺村時代から有数の皮革生産地だった西浜は、いわば斃牛馬《へいぎゅうば》処理および皮革産業の「先発市場」でした。しかし、明治以降、資本主義的自由経済による部落外資本との激しい市場陣地戦にさらされていきました。日本皮革や新田帯革など五大企業を頂点にしたピラミッド型のヒエラルキー（階層秩序）と、軍事国家を急ぐ政治の皮革統制という「前門の虎、後門の狼」との攻防戦でした。一九一八年頃には西浜の就業者約五〇〇〇人のうちの約半数の二五〇〇人は皮革産業従事者でした。まさに西浜の経済と部落民の生活を支え続けました。第一次大戦の活況で一時的な潤いを得ても、瞬く間に恐慌に翻弄され、統制化に封じ込められてしまう苦闘の歴史でした。それでも西浜は、第二次大戦で戦火に見舞われるまで、原皮生産と皮革流通の中心地として繁栄を維持していました。このなかで西浜には靴職工から皮革製造経営者や皮革商に成長した部落民もありましたが、拡張した西成部落の人のほとんどは靴職工や底辺の労働者でした。本書が皮革労働運動に相当数の頁を割いたのは、西成部落の生成を「ひと」に着目して史実化できないかとの問題意識からです。また、ともすれば誤解されてきた、その後の松田喜一の経済更生会運動を皮革市場の陣地戦として史実化し、正当な評価を遺《のこ》したいとの思いでもあります。西浜皮革労働運動最盛期には少なくとも一〇〇〇人は超える労組員を擁し、経済更生会時代には大阪で二五〇〇人、その過半は西浜の靴修繕業者だったと推計すると、規模も大きくまた激しい陣地戦を闘ったのです。

　同時に、皮革産業の陣地戦において忘れてはならないことは、植民地支配、侵略戦争との関係です。日本は軍需としての皮革需要を、朝鮮から牛皮を安値で収奪し輸移入することで賄ってきました。一八九二年から一九四二年までに約六〇〇万頭の牛皮が朝鮮から日本に持ち込まれ、その仕向先は一九三六年で大阪三八・四％、東京三七・八％でした。最大集散地であった西浜では、朝鮮原皮（牛皮）の輸移入が増大するにつれ、原皮を掌握した新田帯革や井野商店、西森商店、岩田商店、荒木商店、岩岡商店などの皮革関連資本の力が増していきました。一九一〇年の韓国併合による朝鮮の植民地化以降、朝鮮からの移入は牛皮だけでなく、一九一〇年から一九四二年までの三三年間に一四七万頭の朝鮮牛（生牛）が移入されました。その結果、朝鮮の農業は疲弊し農民は困窮してしまいました。朝鮮牛（生牛）は日本船で釜山などから下関などに搬送され各地の家畜市場へ、牛皮は皮革工場へ、牛肉は売買され牛肉店に分配されました。なかでも牛肉缶詰は、広島市内の被差別部落などの屠殺場から仕入れた牛肉が使われて、戦地や大阪（西浜など）にも売買されました。朝鮮や満州を相手にした「鮮満《ママ》貿易」は、政府商工省の後ろ盾、斡旋《あっせん》を受けたもので、大阪、西浜の皮革業界でも、代理店を朝鮮、満州に置くなど、財を成す者も少なくありませんでした（皮革産業沿革史編纂委員会編『皮革産業沿革史』〈下巻〉、東京皮革青年会、一九八九年）。

また、現在のJR芦原橋駅近くに大阪出張所を持つ朝鮮皮革株式会社がありました。この会社は、韓国併合後翌年の一九一一年九月二四日に朝鮮総督府の全面的な後援で創立され、朝鮮総督府の政策を推進する企業として経営は一進一退を繰り返しますが、海軍指定工場（一九二八年）、陸軍兵器本廠の指定工場（一九三二年）となることで、工業用革ベルトでは、新田帯革、日本皮革、大阪帯革と並ぶ四大メーカーのひとつとなった企業です。この会社の「内地総代理店」として西浜では渡辺鴻一郎商店があり、朝鮮皮革株式会社と西浜は植民地支配期を通じて密接な関係にあったようです。

さらに、日本でも一九〇六年四月に屠場法が公布されていましたが、朝鮮総督府は一九〇九年八月に屠獣規則を公布、そして朝鮮総督府は一九年一一月に屠場規則を制定し、屠殺の管理が厳しくなり、朝鮮内では私設屠場が急速に減少し大規模な公営屠場へと変貌していきました。一五年に一三八六カ所もあった私設屠場も三八年にはゼロになり、この時期は、日中戦争勃発、皮革統制令の時期にあたります（一九三八年）。この変遷、収奪過程で、旧「白丁《ペクチョン》」である被差別民は仕事を奪われ困窮化してしまいました。旧「白丁」の人びとは衡平社《ヒョンピョンサ》（一九二三年創立、一九三五年に大同社《テドンサ》に改称）という解放団体を組織して、四二年に組織が消滅するまで闘いました。

後述（第八章）することになりますが、松田喜一は、「西浜では、封建時代から朝鮮など外国から皮革を輸入していたが、それは部落の特権だった。明治以降何の保護政策も採らないで資本家育成に力を入れたので、せっかく皮革の特権も奪われ、資本家に収奪された」と述べています。「特権」とは適切な表現ではないと思いますが、実際に、西浜の皮革貿易は盛んで、戦時下においてすら植民地朝鮮からの原皮移入で西浜の経済は潤っていました。しかし、戦争の進展とともにその権益も失うことになるのですが、植民地朝鮮あるいは東アジア地域全体と西浜は、経済的にも人的にも密接につながっていました。侵略戦争に経済活動の面でも深く関与したと思われる皮革産業および西浜の歴史的検証は、さらに深められなければならない問題だと思われます。

この稿は、割石忠典「皮革は朝鮮半島からもやってきた―西浜の皮革業と牛皮」（〈シリーズ宗教と差別 第三巻〉、磯前順一・吉村智博・浅居明彦監修『差別の地域史―渡辺村からみた日本社会』法藏館、二〇二三年）を参考にしました。

一九二〇年代に入ると、日本による植民地支配の結果、多くの朝鮮人が来住し、一九三七年の頃には西浜部落に人口の一割ほど、数百人の朝鮮人が居住し、皮革産業および都市生活産業などに従事しました。また、近畿各地、あるいは全国の部落からの西浜移住は続きました。この割合は戦後になっても変わらないどころかむしろ増加しており、西浜、西成は朝鮮人の多住地域でした。

また、西浜、西成部落が隣接する東関谷町、広田町、下寺町、日東町、釜ヶ崎などは、貧民層が多く住むいわゆる都市下層社会でしたし、水平運動が組織されてもおかしくない被差別地域も存在しました。そして、土地が地続きだっただけでなく、社会の賤視観もまた地続きの眼差《まなざ》しが向けられていきました。

戦争被害の破滅的影響

敗戦間際の大阪大空襲は、西浜部落の浪速区部分をほぼ全焼し尽くしました。西成区部分は半焼でしたが、これが両部落への、想像を超える甚大な「人災」に連座しました。浪速区部分には戦災復興事業として転用、仮設住宅が建てられますが、これがかえってスラム化のもとになりました。西成区部分は、焼土の大阪、近畿各地から移住者が殺到し、一九四九年時点で三五九〇世帯・

一万六八九四人と爆発的に膨れ上がりましたが、戦前からの劣悪な住環境はますます悪化していきました。

戦後に西浜が拡張した地域のことを「この浪速、西成の開（地名）の、地続きの部落でないところ、津守町、勘助町などを、世間では、四っ半といってまんのや」と、「某夫人がこの四っ半という私の知らない言葉を教えてくれた」と、一九六七〜六八年頃西成支部婦人部を訪問した野間宏が書いていています。そういう「変則型」の蔑視の眼差しがありました（野間宏「被差別部落は変ったか」『野間宏全集』第一三巻、筑摩書房、一九七〇年）。「四っ半《よっつはん》」という差別語の意味は、皮革や食肉産業に従事する部落民は人間ではないという「四つ・ヨッツ」の差別用語をもじって、西成の津守町などはもともと部落ではないが、部落の血が混じっているというような侮蔑の意味での比喩だと思われます。

一方、皮革産業は、戦前すでに統制経済で瀕死《ひんし》の状態でしたが、戦災で家屋さえ失い、靴修繕業者は露店にしがみついて生きていこうとしました。しかし、ここも露店商禁止条例で追い込まれました。松田喜一は、大阪の露店で部落皮革産業の最期の陣地戦を指揮しながら、同時に、人口が暴発した西成部落のバラックでも「生きる闘い」を指揮し、住宅闘争を展開しました。その頃、大阪では同じように戦災で家を失い仕事を失った人びとが、差別表現ですが「ジプシー部落」「アパッチ部落」「バラック部落」と呼ばれながら、ゲリラ戦のような闘いを挑んでいたのです。

西浜部落から分立した戦前の西成部落でしたが、戦争はその西浜、西成部落に壊滅的な打撃を与え、戦後の差別行政は、西成部落を「バラック部落」に変貌させ、「不法占拠」の悪罵を投げつけたのです。松田喜一の戦後の部落解放運動の再建は、他の部落とは一風変わったものになっていきました。いわば「戦災部落」に部落解放運動を「一から興す」という壮大な挑戦となりました。これは松田が死去した後にあっても、「同対審」答申に基づく同和対策法においても「西成地区を除く」

とされ、老朽住宅密集市街地として、その改善策に苦慮する都市問題として残り続けたことにも通底していました。その根元には、部落差別と戦争、都市における排除があったのです。

都市社会からの排除

全水西成支部が、西浜部落の周縁に、大海の小舟のように彷徨《さまよ》った戦前の孤立感は、焼土の街と化した戦後においても変わることはありませんでした。西浜部落からはみ出した西成部落は、今度は、「境界のない部落」として戦後都市復興から抜け落ちていきました。それは、戦後民主主義を「建前の公共」として窒息させながら、包摂しつつ排除されて形成され、隣接の釜ヶ崎地域や大阪市のインナーシティなどとともに、都市政策の空転、変転に翻弄され続け、今日にいたります。

西浜時代から西成時代を駆け抜けた部落解放運動家、社会運動家松田喜一は、マルクス主義に強く傾倒するなど、いつの時もどこか「孤高」であり、また、右翼と思われる団体とも連携するなど「規格」を外れた言動、行動が曲解されることもありました。また、戦後、松田組を興し山口組とも激しく争った実弟の松田雪重を連想させ、松田への曲解が増幅させられることもあったようです。しかし、松田兄弟は良好な仲でしたが、兄弟関係が松田喜一の運動史に与えた直接的影響を発見することはありませんでした。こうした松田喜一の人物、思想、行動は、西成部落の歴史と概観とも深くかかわっていました。

部落解放運動という社会運動が、西成部落においていかに歴史の欠くことのできない歯車であったかということを、本書は、松田喜一に焦点をあてて綴《つづ》っていくものです。

第一章　共産主義派水平運動のリーダー

1　独学のマルクス主義

社会主義に目覚める

松田喜一は、二一歳の一九二〇年に、日本社会主義同盟に参加したようです。その経緯について、「大阪西浜の岸野重春君が、大阪薬学校を中途退学して東京で堺利彦氏の売文社で寄食していたんですが、ぼくも工場労働者になりたいと思って上京し岸野君の紹介で、堺利彦氏などと交わり社会主義同盟に加盟した。そのとき山川均さん宅に居た高橋貞樹君と初めて出あった」と松田本人が回想しています（『部落』第六八号、一九五五年九月）。

後述する一九二八年の三・一五事件での検察訊問《じんもん》調書を見ると、この頃からほぼ独学で社会主義を学んでいます。「実際職工として労働に従事し、ついで水平社運動に関係するようになりましたが、其の間に於いて、マルクス主義、労働者、大衆、労農、社会思想、無産者新聞等の新聞や雑誌を読み、猪俣津南《つなお》雄訳『金融資本論』、レーニン著『何を為すべきか』、レーニン全集、パンフレット『共産党宣言』、其の他思想問題、社会問題等についての単行本を読み、種々研究している内、マルクス主義に共鳴し、現在日本の如き資本主義的《（ママ）》の国家は之を倒して、労働者及び農民の独裁政治を樹立し、無産大衆解放をせねばならぬという思想を持つに至ってからのことであります」と述べています。

この「独学」とは別に、検察の訊問調書には、「三田村四郎に私淑《ししゅく》し、同人主宰の社会主義研究会に出席研究し」ともあります。あるいは、岸野重春らとサンディカリスト（労働組合主義者）の小グループを組織していたという説もあります。いずれか、あるいはいずれも可能性があります。

日本が朝鮮を植民地化した韓国併合の一九一〇年は歴史のひとつの分岐点でしたが、この年には大逆事件もあり、社会主義運動はほぼ壊滅して「冬の時代」を迎えていました。しかし、一九一七年のロシア革命を契機にして、日本の社会主義者は大同団結を目的として結集し、運動の再建をめざそうとしていました。そして、一九二〇年八月に、山川均（一八八〇〜一九五八）らを中心にして、労働組合や学生団体、社会運動家の思想団体を網羅して結成されたのが日本社会主義同盟でした。加盟申込者が一〇〇〇人を超え、同年一二月九日、創立準備会を開いた後、結成を宣言しました。しかし、激しい弾圧で関係者が次々と検挙され、一九二一年の第二回大会後の五月二八日に結社禁止の処分を受けて解散してしまいました。期間は短く有力な活動もありませんでしたが、社会主義者が大同団結したことは意義あることでした。日本社会主義同盟には奈良の西光万吉《さいこうまんきち》（一八九五〜一九七〇）や労働運動家の三田村四郎（一八九六〜一九六四）なども参加しました。また、一九年に大阪で青十字社を結成していた木本凡人《ぼんじん》（一八八八〜一九四七）と岡部よし子（一八九六頃〜一九四八頃）も、借家人同盟など大阪の社会運動の先駆けであった逸見直蔵（一八七七〜一九二三）の勧誘で加入しました。

西光万吉と相談した

この頃、一九二〇年五月一五日には、奈良の柏原で阪本清一郎（一八九二〜一九八七）、西光万吉、駒井喜作（一八九七～一九四五）らの燕会《つばめかい》が、同月大阪の堺では泉野利喜蔵《いずのりきぞう》（一九〇二～一九四四）らによる舳松《へのまつ》村青年同志会がつくられ、大阪の和泉では南王子青年団の機関誌『国の光』が部落問題を論じていました。

全国水平社創立の動きが大阪に伝わってきたのは一九二二年一月頃でした。二月二〇日には、西光万吉らと連絡を取っていた木本凡人の青十字社の後援によって、部落解放大講演会が平野の部落にいまもある恵浄寺《えじょうじ》で開かれています。この講演会にどれぐらい集まったのかはわかりませんが、当日は雨天だったことなどが平野の部落では語り継がれています。木本凡人は部落外の人でしたが、同志の岡部よし子は部落出身でした。西浜から徒歩で約二時間の恵浄寺に松田喜一や西浜の人びとが出向いていたかはわかりません。

翌二月二一日に、融和運動家らによって中之島中央公会堂で大日本平等会の同胞差別撤廃大会が開かれました。西浜の石田正治らが全水創立大会のビラを撒《ま》き、大会は水平社宣伝の場のようでした。松田喜一もこの会場にいました。この大会の関係者だった大阪時事新報社社会部長の難波英夫（一八八八～一九七二）はこう回想しています。「平等会の創立大会があるという数日前のことだった。私の梅田の社宅に三、四人の部落の青年がやってきて、今までの差別撤廃運動や部落改善運動はけっきょく部落を喰い物にしてきたと、見るからに真剣な態度で、この青年たちが起こそうとしている水平社運動について代るがわる語り出した。部落の解放は部落民自身の手でやるという、これこそ本当の差別撤廃運動の道である。私は青年たちに約束した。平等会はやめる、そして創立大会会場は水平社の宣伝に使うということを」。訪問者は、西光万吉や駒井喜作、米田富（一九〇一～一九八八）などでした（『部落』第三一号、一九五二年三月）。

松田喜一は、「東京からかえって二二年の二月三日頃、三田村四郎か太田博君だったかの紹介で西光万吉さんと会い、水平社をつくる相談を受けた。二月二一日に大阪中央公会堂で開かれた平等会の「差別撤廃大会」に西光、阪本、駒井、泉野、近藤（光・一八八七〜一九六一、埼玉県出身・旧姓成塚、本名は惣右衛門）などの諸君と共にぶっこわしにいった。そして、水平社の宣伝をやったんだが、もちろん、三月三日の創立大会には大阪の中川誠三君なんかと大ぜいで京都へ行った」と回想しています（『部落』第六八号、一九五五年九月）。三田村も太田も一九二五年頃から共産党系の日本労働組合評議会（評議会）の大阪評議会の中心になるメンバーで、一九二二年頃から松田と知己の間柄だったのでしょう。ひょっとして松田の労働運動へのかかわりは、水平社創立以前だったのかもしれません。

そして、一九二二年三月三日、京都岡崎公会堂で全国水平社（全水）創立大会が開催されました。大阪から何人が参加したかは明らかではありませんが、松田喜一、同じ西浜の石田正治、福井佐一、中川誠三（一九〇二〜一九三〇または三五）らが参加しています。大阪から泉野利喜蔵と、女性を代表して青十字社の岡部よし子が演説しています。余談かもしれませんが、創立大会を開くには多額の資金を必要としましたが、南梅吉が奔走し、必要な四〇〇円のうち、任侠団体の国粋会の増田伊三郎が一〇〇円、大阪出身のサドル工場経営者浅田義治が一〇〇円、京都市会議員らが一五〇円を分担し、南梅吉と阪本清一郎で五〇円を用意したそうです（朝治武『全国水平社 1922-1942』筑摩書房、二〇二二年）。

なお、松田喜一が一九三七年六月の大阪市会議員選挙に立候補した際の選挙公報の「候補者の闘争略歴」を見ると、「大正七年（一九一八年）五月労働運動に入り大阪皮革労組を組織す」とあります。松田喜一が二〇歳になったかならないかの頃で、確かに皮革職工であったことは間違いありませんが、労働運動に入っていたかの裏づけは取れません。また、同じく「候補者の闘争略歴」には、

「大正一一年（一九二二年）三月全国水平社創立準備委員として全国的に活動す」ともありますが、これも裏づける他の資料は見当たりませんでした。西光万吉と会った際、準備委員を頼まれたのかもしれません。

長髪にルパシカ

大阪府水平社の創立大会は、五カ月後の一九二二年八月五日のことで、天王寺公会堂に一五〇〇人が集まりました。天王寺公会堂始まって以来の入りだったそうです。圧巻は奈良の飛騨《ひだ》水平社の消防団の一隊が、信貴山詣での法衣姿のまま五〇人ぐらいで陣取ったことだったそうです。楠川由久《くすかわよしひさ》がそう書いています（全水機関誌『水平』第二号、一九二二年一一月）。この大会は、西浜水平社の創立大会を兼ねていたようで、松田喜一は、この時点でもう西浜の栗須七郎（一八八二～一九五〇）、中川誠三らとともに運動の中心人物になって、大会を成功に導きました。本田左之助によると大阪府水平社結成の頃の中心人物は「松田喜一君と石田正治君、石田秀一君、北山十兵衛君、長尾君、そして本田左之助の六人」だったそうです。また、富築《とみちく》清一はこの頃活動していた人として「大西遼太郎君、西尾喜衛門君など沢山いました」と付け加えています（「全国水平社の創立と闘い」『解放新聞大阪版』第四九一号、一九八二年二月一日）。

松田は大会の弁士として、西浜水平社の結成の報告をしたようで、木村京太郎（一九〇二～一九八八）が証言しています。「その大会会場で忙しげにあちこち歩き回り、あれこれと指図している色の黒い、頭の毛を長く伸ばした、そしてうすぎたない菜っ葉服をまとった逞《たくま》しい男に私は注意を引かれた。それが松田喜一君であった。大会が始まると彼は西浜水平社が結成されるまでの経過を報告した。その話ぶりは、とつとつとして余り上手ではなかったが熱がこもっていた」。木村京太郎は、大正村小学校差別事件の体験と真相を報告しましたが、報告の途中、臨席の警官から中止を命ぜられ、検束されようとしたところ、泉野利喜蔵、松田喜一ら大ぜいの大阪の青年がかばって難を免れたそうです。

その夜、天王寺公園北門前にあった木本凡人の青十字社で懇談会が持たれ、松田喜一や楠川由久、松井憲水、岸野重春、中川誠三、泉野利喜蔵・三男三《みおぞう》の兄弟なども参加していました。大阪府水平社の事務所は西浜の富村吉五郎宅に置かれました。

木村京太郎は、松田喜一ら大阪府水平社創立大会に集った若者たちを「それらの人たちは、髪を長く伸ばし、黒いルパシカ（ロシアの民族服）を着て、革命歌を歌った。何ものもおそれないその元気な行動に、私ははじめビックリしていたが、その後いつの間にか、同じように着物をルパシカに、草履を靴にはきかえ、髪を伸ばして、赤旗やインターを歌うようになっていた」と回想しています（木村京太郎『水平社運動の思い出』〈上〉、部落問題研究所、一九六八年）。

この「長髪にルパシカ」という出立ちについて、こんな証言もあります。時は三年後の二五年、大阪の香蓑《かみの》小学校差別事件で同盟休校を闘った少年の回想です。「だいたい、水平運動やっている人いうたら、頭はオールバックにしてましたな。どういうわけか、ちょっと長いわけですな。栗須七郎さんなんか一番長う髪をのばして、まるで神様みたいでしたな。それにこれもどういうわけか、黒い服が多いわけですな。まあ、髪といい、服といい、当時運動やるもんのハヤリだったんでしょうな」（「この人に聞く五三」『解放新聞大阪版』第五六七号、一九八三年九月五日）。

西浜では、七月二二日に栗須七郎が奈良から山田孝野次郎《このじろう》少年（当時一四歳）を呼んで初めての街頭演説会を開催しました。西浜の沼田嘉一郎《かいちろう》（一八七八〜一九三七）配下の反水平社の一団の妨害で会場が決まらず、沼田宅の南向かいの徳浄寺裏の路傍が演説会場でした。その後、二四日から五日間、山本弥太郎宅、木村源次郎宅、都製靴工場、川田忠夫宅、富村三吉宅などで演説会を開催しました。

楠川由久は全水機関誌『水平』第二号（一九二二年一一月）にこう書いています。「一日一日と聴衆は増えていった。せまい家、せまい街路に文字どおりに「すしづめ」になっているのだから、暑いことこのうえなかった。しかし僕たちはそれを問題にしなかったし、聴衆も問題にしなかった。僕たちも緊張した。聴衆も緊張した。演説は白熱化してゆく、いちぶのスキさえなかった。そこにはなにものも恐れない力が満ちあふれている。所轄署ではもうどうにもできなくなった」。

一方、これに対抗するように八月四日に徳浄寺で、当時大阪市会議員の沼田嘉一郎を団長とする栄連合青年会が反水平社演説会を開催しましたが、栗須七郎らが押しかけ、賛成反対入り混じって混乱し、解散となりました。翌八月五日は栄町一丁目森源兵衛方で約一二〇〇人、八月六日は栄町二丁目星島為助方で約一三〇〇人を集めて、反水平社演説会が開催されています。この頃、西浜は騒然としていました。

西浜の六つの水平社

西浜地域では、①西浜水平社（一九二二年八月五日、浪速区栄町：栗須七郎、松田喜一、中川誠三ら会員数一四二名）、②今宮水平社（一九二二年一一月六日、西成区北開町：富築清一、鈴鹿久明、山本保ら会員数七〇名）、③木津水平社（一九二三年四月二日、浪速区鴎町：石田正治、石田秀一、西村庄之助、本田左之助、吉川金次、北山重平、中尾常次郎ら会員数一〇二名）、④難波水平社（一九二三年九月九日、浪速区小田町：金田茂寿、小西富三郎、新井磯次ら会員数三四名）の四つの地域水平社が結成されました。同一部落に四つも水平社ができたのは、栗須七郎が出身地和歌山からの移住者を熱心に勧誘した西浜水平社や、兵庫県姫路市の高木部落の出身者などのつながりでできた難波水平社など、「縁故の水平社」という面もあったようです。これに、⑤少壮水平社（一九二三年八月二一日、浪速区栄町・筒井金之介、中川誠三ら会員数五名）と⑥西浜水平社青年同盟（一九二三年三月一七日、浪速区栄町・松田喜一、中川誠三ら会員数二〇名）を加えた六つで西浜連合水平社を名乗り活動しました。⑦西浜少年少女水平社もありましたが、創設者は松井保晴という人で、当時一九か二〇歳でした。一九二九年六月二日に若くして二六歳で死去しています。「二三年奈良県での国粋会との争闘事件には自ら進んで飛び出して大いに息《ママ》を見せた。前途を期待されていただけに彼の病死は痛く惜しまれた」（『水平新聞』第八号、一九三〇年一一月二五日）との記録が遺っています。

　このうち、木津水平社について本田左之助が語っています。「二二年夏、木津勘助町の中尾勝次郎さん、この人は一般民でしたがとても熱心な支持者で、そこの家に集まって木津水平社をつくる相談をした。その時富築君の叔父さんになる三阪親分が「水平社をかたっぱしからぶち壊してやる」と言われたというんで、みんな尻込みしたが、私と石田秀一さんが三阪親分宅へ乗り込んで「犬猫同様に扱われ差別されているから人間並みに扱えという運動をしているのに同じ部落民のあんたが何故反対するのか」と座り込んだんです。すると三阪親分は「警察に頼まれたからああ言うたんやが、アニお前たちは年が若いんやからやるんやったらやれ」ということだった。さっそく富築さんの二階を借りて創立演説会をひらいたら、三阪の子分もおおぜい聴きにきた」。

　いまの西成区に一番近い地域が今宮水平社ですが、ここについては富築清一が証言しています。「私は当時、浦上といって木津や西浜と溝一つ隔てた、西成郡今宮町に住んでいたが、私が中心になって、今宮水平社をつくりました」（「全国水平社の創立と闘い」『解放新聞大阪版』第四九一号、一九八二年二月一日）。

兵庫県姫路市の高木部落から西浜に職工として来ていた新井磯次（一八九四〜一九八一）は、「西浜駅前の金田靴店を溜まり場にして難波水平社をつくった」。松田喜一がどこの水平社かとの質問に新井は「栗須七郎さんと松田はあわんから西浜（水平社）とは違うかも。汽車道超えた向こうの石田秀一の自転車屋が松田の寄り場やなかったかな、そうすると木津水平社や」と語っています。たぶん松田は西浜水平社創立に参画（一九二二年八月）し、木津水平社の創立（一九二三年四月）にも参画していたようです（「新井磯次聴き取り」一九七七年六月一二日）。阪本清一郎はこの金田靴店のことを、「当時西浜停留所前の金田鞄屋とか何とかいう太鼓屋さんなど（水平社の）協力者も多かった」と言っています（「全国水平社の創立と闘い」『解放新聞大阪版』第四九一号、一九八二年二月一日）。

縁故に階層が重なって、栗須七郎の人間主義から松田喜一らの共産主義まで思想的にも多元的で、西浜の水平運動は重層的だったようです。しかし、皮革産業における前近代的徒弟制度と資本主義的労使関係も混在する西浜では、沼田嘉一郎など有力者も多く、水平社に反対する力も根強いもので、相対的に水平社は少数派だったようです。

また、大阪府水平社創立の熱気は朝鮮人にも伝わったようです。泉野利喜蔵を中心に、大阪朝鮮人組合と連携して、一九二二年一二月六日の関西朝鮮人連盟結成に協力しています。その日、泉野利喜蔵は、水平社宣言、綱領、決議を朗読し、「鮮人《ママ》解放運動は水平運動と趣意を同じくし以って本会は吾水平社の姉妹団体として提携努力せんことを望む」と述べました（内務省警保局『水平運動状況』、一九二二年）。その直前一二月一日には、大阪朝鮮労働総同盟の創立大会が、西区九条市民殿で三〇〇人で開催されましたが、制服巡査二〇〇名が厳重に警戒しました（大阪社会運動協会編『大阪社会労働運動史』〈戦前編・上〉第一巻、有斐閣、一九八六年）。なお、二二年七月二四〜二八日、大阪では連日的ヶ浜部落焼打ち事件の報告集会を大分から僧侶篠崎蓮乗を招いて開催していますが、西成区の津守町でも開催されたとの記録があります（『大阪の部落史』〈史料編 近代2〉第五巻、解放出版社、二〇〇三年）。

2 社会運動、曙の時代

三悪法反対運動

全国水平社が結成された直後の一九二二年四月には、賀川豊彦（一八八八～一九六〇）や大阪の杉山元次郎（一八八五～一九六四）を中心に日本農民組合が結成され、さらに七月一五日には日本共産党も創立されました。労働組合の連合組織結成の運動も展開されています。

そして、翌二三年の第四六回帝国議会において過激社会運動取締法案、労働組合法案、小作争議調停法案の「三悪法」制定が画策されました。結局は上程断念あるいは審議未了で廃案となりましたが、三悪法反対運動は大きく盛り上がりました。反対運動の中心になったのは労働組合で、当時、アナ（無政府主義）派とボル（共産主義）派の対立などいくつにも分立していましたが、悪法を前にしてさすがに共闘が進み反対運動を全国化させました。また、結成間もない日本共産党も、山川均が指揮を執り、それまで政治否定であった日本の社会主義運動を、政治運動へ積極的にかかわるよう転換させ、散在していた社会主義グループも反対運動に加わりました。全水も第二回大会で反対運動に参画する決議を上げ、農民組合、朝鮮労働同盟も参加して、これで三悪法反対運動は、無産者諸組織の大半が総結集する、史上稀《まれ》な統一行動に発展しました。

この運動は、確かに華々しい緒戦の運動でしたが、いまから振り返ると問題点も残したようです。一つは、三悪法とくに過激社会運動取締法案というのは、労働者だけでなくすべての人びとの政治的自由にかかわる大問題でしたが、政治的自由獲得という観点は薄まってしまい、その後の運動の広がりへとはつながらなかったようです。もう一つは、この反対運動が「直接民主主義的行動」だったのは良かったのですが、それを誇示するあまり、議会政治という「間接民主主義」からはかえって遠のく結果になったとも評されています（渡部徹・飛鳥井雅道編『日本社会主義運動史論』三一書房、一九七三年）。「政治的自由」への世論喚起、「議会闘争」の活用という反省点は、とても重要な論点でした。

普通選挙論争

一九二三年三月二、三日、京都市で開かれた全水第二回大会は、前年の創立大会が「記念碑的」大会であったのに対し、運動方針を定める初めての実質的な大会となりました。

議論の一つが、当時帝国議会で議論が始まっていた普通選挙法への対応でした。「無産階級にも参政権を要求することは必要なり。故に水平社の一事業として普選運動を起したし」という積極意見の決議案が出されました。しかし、「無産者独裁の期日を一日も早からしむるを以て足る」との共産主義信奉の反対意見も出ました。結局採択できず、保留となりました。

全水の大会進行で特徴的なのは、本部からの提案だけでなく、各地水平社から自由に決議案を提案できたことでした。そして、決議案の可否を決めるだけではなく、可否半ばと見ると保留として、次の大会に審議を継続させたのです。少数意見にも配慮した運営でした。

この大会の感想について、のちに全国水平社青年同盟（全水青年同盟）の中心になる高橋貞樹（一九〇五～一九三五）は、「普通選挙は水平運動を堕落させる」との感想を書いています。この頃の高橋の政治運動進出とは、「直接的政治行動」という理解だったのでしょう。高橋はボル派に属することになるのですが、「堕落させる」という認識は、アナ派に属する平野小剣も同意見で、また西浜の重鎮栗須七郎も同意見だったようです。けっして、女性排除の選挙制度に反対とかではなく、選挙そのものが支配者の思うように利用されるということへの警戒だったようです。

大会終了後の三月二八日、天王寺公会堂で全水第二回大会報告演説会が催されました。前日に奈良で水国争闘が勃発したこともあって、入場料三〇銭にもかかわらず聴衆二〇〇〇人、場外に数百人が溢《あふ》れる盛況でした。また、同一九二三年七月二一日、栄町四丁目今宮停車場横の空地での大阪府水平社一周年記念演説会は、大阪府、今宮、木津水平社と全水青年同盟西浜支部が共催しましたが、一〇〇〇人以上が参加し、府特高課の禁止命令を押し切って開催され、警察三〇〇人が実力行使、乱闘騒ぎとなり七人が検束されました（『大阪朝日新聞』、一九二三年七月二二日）。

続・普通選挙論争

そして、一九二三年一〇月一五日には山本権兵衛内閣が普通選挙（普選）実施を宣言しましたから、翌二四年三月の全水第三回大会でも、普選問題は争点となりました。この大会では、いくつもの普選問題への対応についての決議案が提案されました。結成間もない西浜の難波水平社も「普選に関する件」で「我々は可能性のある議会政策をとる事は、水平運動の目的を達する捷路《しょうろ》である。我々は団体的の訓練によって、選挙権を有効に行使せねばならぬ」と積極的な政治参加を提案しました。

しかし、第三回大会でも賛否は分かれてしまいます。でも、普選は運動を「堕落させる」という認識は影を潜めて、目の前に迫った初の普選に対して、さまざまな立場から政治参加の方途をめぐる議論へと発展していきました。難波水平社の提案は、結成されたばかりの全水青年同盟が、普選反対から賛成に転じたことを物語っていたのでしょうか。それでも全水としては、普選について態度を明確にしないということで第三回大会の議論は決着しました。

　普通選挙法は一九二五年に加藤高明内閣によって制定されましたが、満二五歳以上の男子にしか選挙権はなく女性は排除されました。普通選挙法というのは通称で、正確には衆議院議員選挙法（一九〇〇年三月二九日、法律第七三号）を全面改正して成立した法律です。

関東大震災と社会運動

　二悪法反対運動の興奮冷めやらぬ一九二三年六月五日、日本共産党に対する弾圧事件が起こりました。これで党組織はほぼ崩壊し、日本共産党は結党間もなく解党してしまいます。

　そして、同年九月一日には関東大震災があって、社会主義運動を取り巻く情勢も一変します。関東地方は地震によって壊滅的な被害を被りましたが、内務省は戒厳令を宣告し、「混乱に乗じて朝鮮人が暴動を画策しているので注意せよ」と各地の警察に下達し、その過程で朝鮮人への大虐殺が起こりました。無政府主義者の大杉栄や伊藤野枝、橘宗一らが虐殺された甘粕事件、社会主義者一〇人が犠牲となった亀戸事件も起きました。また、九月六日には、香川県の部落からの行商団一五人が自警団の襲撃を受け九人が死亡するという福田村事件（千葉県野田市）も起こりました。当時水平社はこの事件を知る由もありませんでした。事件は半世紀以上経た一九七九年に明るみになりました。

　関東大震災を契機にした恐怖政治は、戒厳令の発令から、九月七日、「治安維持ノ為ニスル罰則ニ関スル件」緊急勅令の交付へと続きました。「共産主義パージ」が社会運動内にも瞬く間に浸透し、「左翼」たる人びとには、自分は共産党員・共産党シンパでないことを弁解しなければならないという圧力がかかりました。そして、社会運動内でも、共産主義者は排除されても仕方がないことだという風潮が支配的になっていました。

3　アナ・ボル論争

労働組合のアナとボル

普通選挙法への対応をめぐる論争は、水平社だけのことではなく、労働運動、農民運動、社会主義運動も同じで、いわゆるアナ・ボル論争として展開されていきました。

アナ派とは、アナルコサンディカリズムの略で、「無政府主義」と説明され、それに対してボル派は、ボルシェヴィキズムの略で「革命主義」あるいは「レーニン主義」と説明されます。政治闘争については、アナ派はほぼ全否定で、ボル派は全肯定と対照的でした。労働組合の組織論においては、アナ派は「自由連合論」を、ボル派は「中央集権的組織論」を主張しました。ロシア革命やソビエト連邦に対する評価も相違がありました。ボル派はソ連共産党の「プロ独裁」を容認し、アナ派はこれに懐疑的、あるいは否定しました。しかし、一九二〇年代の日本での両派の論争は、労働組合などの組織論が主で、プロ独裁論は深められませんでした。また、アナ派とボル派だけが労働運動論を論じていたわけでなく、どちらにも属さない考え方もあり、三悪法反対運動などを挟んで、対立が激化したり緩和されたりしました。

しかし、ロシア革命の影響もあって、ボル派が思想体系化していたのに対し、アナ派は混沌《こんとん》としていました。そのぶん、日本の一九二〇年代からの社会主義運動においては、ボル派優位に進行しました。アナ派は、労働組合や農民組合、水平社が「主」で政党は「従」であるのに、ボル派はその道で、しかも「前衛党」まで主張しました。

この主として労働組合論をめぐるアナ・ボル論争は、二一～二三年に展開されるのですが、これが一九二五年以降に水平運動をめぐっても展開されることになるのです。その対立軸は、ボル派側では全水青年同盟―全水無産者同盟―全水労農党支持連盟となり、アナ派側では全水青年連盟―全水解放連盟となります。つまり、考え方の違いが組織の違いにまでなったのです。アナ派とボル派は、部落問題を階級問題と捉え、労働運動や農民運動との連帯を唱える点では同じでした。しかし、政治闘争を重視し革命までめざすボル派に対し、アナ派は経済闘争に限定し、無産政党すら拒否し政治闘争に否定的だったのです。

社会主義者の部落問題論

ボル派を構成する社会主義者たちは、部落問題についての理論活動を先駆けました。

佐野学（一八九二～一九五三）は、一九二一年七月に「特殊部落民解放論」を『解放』に発表し、部落解放の原則は、部落民の自主的努力と労働者との「結合」だと提唱しました。しかし、部落問題を民族問題と誤って認識していました。堺利彦（一八七一～一九三三）も、民族問題と捉えていたのは同じでした。しかし、部落解放運動は「労農水」の無産階級運動として発展すると予測しました。山川均は、身分闘争を階級闘争に従属させる認識でした。しかし、水平社の人権主張を高く評価しました。櫛田《くしだ》民蔵（一八八五～一九三四）は、部落問題を日本の資本主義の後進性と関連づけて水平運動を価値化しました。しかし、現実的な課題を軽視してしまいました。こうした社会主義者の部落問題への理論活動は、水平運動に良いことも、悪いことも影響を与えました。ただ、水平社内のボル派と言われる人びとがすべて社会主義の影響を受けていたわけではなく、もっと多様でした。同じくアナ派といわれた人びとも多様で、むしろ思想的にはまとまりのあるものではありませんでした。

そんななかで、日本共産党は、一九二三年二月四日に第二回党大会を開催し、いくつかの委員会を設置しますが、そのなかに「水平運動を総括せんがための部門」として「水平部」も設置しました。この水平部は、「水平運動より優秀な分子を結集して、①水平共産党という特殊な秘密結社をつくり、②日本共産党と密接な連携を保つこと、③水平運動発展を助けること」を目的とするものでした。高橋貞樹が委員長、山川均、佐野学が委員となりました（前掲『全国水平社 1922-1942』）。「水平共産党」とは、ずいぶん物騒な話です。それにしても、高橋貞樹はこの時まだ一八歳です。

高橋貞樹『特殊部落一千年史』

さて、日本共産党の水平部委員長となった高橋貞樹ですが、一九二四年に一九歳で名著の『特殊部落一千年史』を出版したという傑物《けつぶつ》でした。一九三五年一一月に早逝《そうせい》してしまいます。

『特殊部落一千年史』では、日本社会の現状を「老いたる封建的鎖国的な風と、若い近代的ブルジョアジーの風」という二つの風（潮流）が併存していると表現しています。そして、資本主義という現代の社会にありながら「執拗な根強い徳川期の精神に圧倒され、何等存在理由なかる可き歴史的伝統も有力なる存在力を持続する」とし「部落民賤視の観念は不測の発達をした資本主義によって助長され煽動された」と指摘しました。また、「奴隷的な地位にある部落民は常に二重搾取に面して居る。部落民の観念を無産中産の一般市民の間に保っておくことは、支配階級にとって絶好の階級闘争緩和の手段である」と分裂政策を喝破しました。さらに、「社会革命はプロレタリア階級の解放のみを以って終わるものではない。部落民はこの革命的行動に有力な礎石の一たる可きものである。その活動によって部落民は選民として再生し得る」と宣言しました。何とも鋭い洞察です。

お互い拘禁されていた期間もあったので、高橋貞樹とは短い交流でしたが、松田喜一は強い影響を受けたようです。「高橋貞樹君が『特殊部落一千年史』を書いたのは、一九歳の春だった。今から見れば部落史として不十分さはあるがしかし、あのきびきびした文章にわれら青年は若い血をたぎらせたものだった」（『部落』第六八号、一九五五年九月）と回想しています。

当時、高橋貞樹は小宮山富恵（一八九五～一九八六）と結婚し、泉野利喜蔵の世話で堺の舳松に住んでいました。松田喜一、中村甚哉《じんや》（一九〇三～一九四五）、岸野重春ほか各地の青年活動家を結集して、舳松の高橋宅で毎週のように学習会が開かれました。高橋は英語やドイツ語をよくし、マルクス・エンゲルスやレーニンの著書を直訳して、解説、講義しました。まだ二〇歳過ぎたばかりの青年高橋貞樹のドイツ語と日本語が交じる講義に聴き入る松田喜一の姿が目に浮かびます。松田二六歳前後、多分参加者では、泉野利喜蔵とともに少しだけ先輩格でした。小宮山富恵も、とても雄弁でスターのような女性弁士として有名でした。

4　全国水平社青年同盟

颯爽と登場した全国水平社青年同盟

話は遡《さかのぼ》って、一九二三年三月三日の全水第二回大会に戻ります。この大会には、少壮水平社という長幟《ながのぼり》を掲げた一群がありました。「私は松田君ら大阪の青年とともに少壮水平社の長幟を先頭にして、雨の中を京都駅から岡崎公会堂までデモ行進をした」（『部落』第一八七号、一九六五年四月）と木村京太郎が証言しています。「少年」水平社ではなく、「少壮」水平社ですから青年組織で、この組織は、全水青年同盟の前身組織だったようです。松田喜一は、全水第二回大会が終了すると、木村京太郎、中村甚哉、石田平一郎らを西浜のジャパン食堂に誘って、ライスカレーを食べながら青年同盟結成について語り合ったようです。しかし、直後の三月に奈良県で水国争闘事件が起こり、松田らも現地に赴いたために、青年同盟の結成は遅れてしまいました。ただ、西浜水平社青年同盟は、一九二三年三月一七日に結成されています。

そして、同二三年一一月一日、大阪向野《むかいの》の糸若柳子《いとわかりゅうこ》宅で全水青年同盟が結成されました。糸若宅には松田喜一、高橋貞樹、岸野重春、中村甚哉、木村京太郎ら大阪、奈良、京都などから青年三十数名が集いました。ここで松田喜一は中央委員長に就任しました。中央委員には高橋、岸野、木村、中村が就きました。本部事務所を西浜北通に置き、機関紙『選民』の発行を決めました。「糸若さん心づくしの赤飯を共にいただいたときの、みんなの笑顔が目に浮かぶ」と木村京太郎は回想しています（『部落』第六八号、一九五五年九月）。糸若宅が会場となったのは、奈良と大阪、京都の中間ぐらいだったからでしょうか。木村京太郎は、この全水青年同盟結成に先立って、「大阪の松田喜一、岸野重春、中川誠三、福井佐一、泉野三男三、中野次夫《つぐお》などの諸君らと連絡がついたので」（前掲『水平社運動の思い出』）と書いていますので、福井由数《よしかず》の兄佐一も結成大会に参加していたようです。

「当時の水平社は自由連合的なもので、部落民で水平社の趣旨に賛同するものは誰でも加盟することができ、会員といわずに同人と呼んでいた。その人たちによって各部落に水平社がつくられ、それが連合して府県水平社、さらに全国水平社というように、かなりルーズな組織であった」。「いろとりどりの人々が、部落差別をなくするという同一目的によって結合されていたので、差別問題が起こったときは、一致の行動をとるが、常日頃は名のみの存在のものが多かった。こうしたばく然とした大衆団体である水平社の組織を強化し、その中にあって前衛部隊の役割を果たそうというのが水平社青年同盟であった」。「どうすれば部落が完全に解放されるかの理論的究明と、それを実践するための行動組織がなければならないとして、各水平社内部の青年活動家によって支部をつくり、府県連合会、中央本部というような民主的な集中形態をとることにした」（木村京太郎『水平社運動の思い出』〈下〉、部落問題研究所、一九七三年）。木村京太郎は、このように全水青年同盟結成の経緯を説明しています。

『選民』は原藤七宅から

全水青年同盟の目的は、「全青年に水平運動の意義を浸透せしめ、運動の前線に立って活動せしむること」でした。思想的にはマルクス・レーニン主義の立場に立って、水平運動の主な担い手たる部落青年を、階級的に組織・訓練することを主目標とし、水平運動を民主集中制による「堅き組織の下に」、「教化と訓練によって質的に猛進」させようとしました。青年らしい気負いを感じさせる理念でした。

また、在郷軍人会に従属させられた官製青年団に対し「資本主義の麻薬にかかれる無産青年を明白な階級意識に引戻し、階級的自覚へ導く」活動、即ち青年団民主化運動に取り組み「部落内青年団を大衆的に指導し訓育することは吾が水平社青年同盟の使命である」と主張しました。言葉は過激ですが、青年団民主化運動というのは新鮮な主張だったのでしょう。

全水青年同盟は、実践よりどちらかというと、「選民デー」とか「レーニン祭」など啓蒙《けいもう》中心のカンパニア組織のようなものだったようですが、それが功を奏したのか瞬く間に、全水内に共産主義グループ（ボル派）を形成しました。西浜からの参加者には、松田喜一や岸野重春、中川誠三や福井佐一らがいました。『選民』の発行所は、西浜北通り二丁目（現在の浪速北公園）の原藤七《とうひち》宅（原藤七は戦後、部落解放同盟西成支部副支部長を務めた吉岡弥市の妻の父親で青年同盟役員）だった時期もありました。西浜の「夜店通り」では『選民』の立ち売りもあり、最高時は三〇〇〇部ほど発行したようです。

ところで、当時は新聞雑誌など月刊発行のものは保証金が取られましたが、大阪市内だと五〇〇円と高額だったために、半額の二五〇円で済む奈良県三郷村立野の本田伊八宅や、大阪府南王子村の中野次夫宅に届け上の発行所を置き、実際は便利な西浜の岸野重春宅や原藤七宅を発行所としていたようです（前掲『水平社運動の思い出』）。したがって、原藤七宅や岸野重春宅は『選民』の「発行所」ではなく「事務所」が正確だと思われます。

『選民』を拾い読みしてみます。「過渡期における水平運動は必然的に組織を要求し訓練を要求している。青年同盟は大阪、奈良、和歌山の先駆者によって組織された。部落青年は速やかに加盟して吾々の陣営を完備して欲しい」（『選民』第一号、一九二四年二月一五日）。「第三回全国水平社大会雑観―この大会に四名の婦人代議員が出席せられたことは嬉しい」（『選民』第二号、一九二四年三月一五日）。「南王子支部のHは尋常小学校一年を修了した後全国を放浪し社会の辛酸を嘗めエタとして迫害され、今日に至るも新聞を読むことすら困難であった。所が『選民』を教科書にして勉強に努め、読書百遍、意自ら通ずで遂には全く読みこなすそうである。そこいらの坊ちゃん学生よ！爪の垢《アカ》でも割引しようか」（『選民』第四号、一九二四年五月一五日）。

全水青年同盟は、あくまで全水の組織のなかで、部落青年たちを水平運動、無産運動へと導くための教育、訓練をしていこうとしたようです。

また、松田喜一と木村京太郎のこんな回想もあります。松田「その当時は岸野君宅（一時『選民』発行所にもなっていた）に渡政（渡辺政之輔—筆者注、以下同じ）や徳球さん（徳田球一）がよくきたね」。木村「徳球さんは当時布施辰治さんとこで弁護士をしていた。小岩井浄、細迫兼光氏らと共に水平社青年同盟の法律顧問としてよく御世話になった」。松田「徳球さんに青年同盟の座談会で唯物史観などの話をよくしてもらった。話は荒削りであったが魅力があった。話がすんでから西浜の夜店へみんなでビールを飲みによくいった」（『部落』第六八号、一九五五年九月）。ジャパン食堂だったのでしょうか。渡辺政之輔（一八九九〜一九四五）も徳田球一（一八九四〜一九五三）も苛烈な闘士というイメージですが、多分、大衆的な人だったのでしょう。

『水平線』巻頭言

実際の全水青年同盟の影響力はどうだったのでしょうか。全国的には短期間に一〇〇〇人以上の青年を組織し、大阪、奈良、京都、福井、兵庫、和歌山、広島、福岡、熊本などの一〇余の府県に支部または支部連合会を持つ全国組織となっています。短い期間によくここまでというほど浸透していったのは間違いないようです。

では、大阪ではどうだったかというと、大阪府水平社と全水青年同盟は良好な関係だったようです。当時、大阪府水平社は、華々しく結成されたのは良いのですが、地域水平社を統括する機能をほとんど果たせてはいませんでした。ようやく、一九二四年九月一五日の大阪府水平社委員会を開催して、組織整備を図っていきました。

この会議で松田喜一は規約起草委員になっています。同年一〇月一日には、初めての大阪府水平社大会（委員総会）が開催されました。ここで「大阪府水平社規約」を全水本部に先駆けて決定していますから、「無組織」状態の克服に取り組んでおり全水青年同盟の主張が取り入れられています。この委員総会には、府下水平社から駆けつけた代議員約五〇人が参加しました。堺市耳原の泉野利喜蔵が開会を宣言、新堂村の北井正一（一九〇一～一九三八）が「細密に組織の必要性を説き」、松田喜一が規約起草委員会の規案を説明しました。そして、松田、北井、泉野らが執行委員に就任しました。北井正一も泉野利喜蔵も全水青年同盟ではありませんので、全水青年同盟が突出しているというより、大阪府水平社のなかでうまく役割を果たしていたと推測されます。

また、何よりも、西浜、大阪の水平運動で存在が大きかったのは栗須七郎でした。栗須は和歌山出身ですが、当時西浜に居住し、親鸞への信仰もあって、独特の風貌と演説で「水平の行者」と呼ばれて、全国でもとても有名人でした。栗須は皮革争議にも深くかかわり、労働運動、農民運動との連帯を主張する人でした。全水とは距離を置いた活動をしましたが、松田喜一ら全水青年同盟との関係は良好だったようです。

大阪府水平社の組織整備、維持会員登録についての『選民』のこんな記事があります。「維持員募集の第一歩として西濱連合会の維持会員を募集することに成功した。二五年三月一一日午後六時より同本部に於いて発会式を挙行した。会費は一人宛二〇銭集めることとし、毎月厳重にこれを徴収して回ることになった。今まで有名無実なりし西濱連合会なるものが、完全に身のあるものになったのは何より結構なことである」（『選民』第一五号、一九二五年四月一五日）。

なお、同じ『選民』第一五号には、梅田水平社が、一九二五年三月一六日、町民大会を約一〇〇人で開催し、出産葬費、結婚費に関する件を決議し、水平運動費を毎月一〇銭から二〇銭にすることも決定したことを報じています。

また、同号で、新堂村においては、「水平運動は男子のみに任しておいては、私達婦人は何時までも解放されない」との思いで婦人水平社が創設したことも報じています。新堂婦人水平社を結成したのは、山谷敏子、北井初、桜井富子らでした（河内水平社創立六十周年記念誌編集委員会編刊『最後のひとりの立場に―河内水平社の歴史』、一九八三年）。

この時点での大阪府の地域水平社は、大阪市内一四、北摂七、河内六、泉州一の二八でした。大阪府水平社は差別糾弾闘争を各地で展開し、その件数は一九二三年一〇五件、一九二四年一〇九件、一九二五年一〇四件でした。一九二二年一一月二一日の今宮町での差別事件で、今宮警察署が差別した者を擁護したため、大阪府水平社は警察署に抗議しています。

大阪府水平社の機関紙『水平線』は、一九二四年一一月二一日に創刊されました。その第一号巻頭言は松田喜一が書いています。「今吾々は過去の運動によって得たる成果を一層発揚せしめ完き解放を期する為に、部分的差別観念の現れに対して糾弾をなす運動から、差別観念を増長せしめ、此れを支持し部落民を今日の如き生活に圧しつけて居る一切の根本問題を解決する為めの運動へと推し進めなければならぬ」と主張しています。また「吾々は演壇から降りて各自所属の水平社の結束を固め、同人の教化と連絡を完全にし、第二期運動の第一歩たる組織化と教化の完成に努めねばならぬ」としています。差別の根本に迫れと明快な主張です。「演壇から降りて」は水平社幹部への批判でもあるのでしょうが、気の利いた表現だと思います。

全国水平社本部に進出した全国水平社青年同盟

一九二四年三月三～四日に全水第三回大会が開催されました。この大会では、「過激社会運動取締法案反対」「労農露西亜即時承認」「朝鮮衡平社との連絡」「水平運動があらゆる社会運動に参加」などの議案が可決されました。

同時に、水平社内に排日移民法反対運動などで、国家主義的傾向が台頭し、組織の分散的傾向も顕著となり、全水青年同盟と松田喜一はこれに反発しました。また、差別事件の糾弾によって警察の介入、検挙も増えていましたが、軽挙と妄動は警戒すべきだとも感じていました。そして、水平社の無産階級の政治闘争への合流と水平社の中央集権的組織への脱皮を主張し、「今や水平運動は初期たる部落民の「人間的自覚」の時代を経て「質的に結合」せんとする第二期に入っている」（『選民』第二号、一九二四年三月一五日）と述べました。

そこに、一九二四年一〇月に遠島スパイ事件が起こりました。遠島哲男は情報ブローカーで警視庁のスパイとなり全水の南梅吉委員長や中央執行委員の平野小剣、米田富らとの関係が問題となり、全水青年同盟はこれを機として、水平社の内部抗争を展開し、南梅吉らを追い落とし、その勢いで全水本部の一角にまで進出しました。京都市の南梅吉宅にあった全水本部事務所は、大阪市北区梅田町の舟場に移転し、全水理事に、全水青年同盟関係者から木村京太郎、中村甚哉が就任しました。

翌二五年三月三日、大阪府立実業会館で開催された大阪府水平社第四回大会では、全水第三回大会のようすを次のように報告しています。「我々が身命を賭して運動の為にスパイ連中を埒《らち》外に投げ出した。最初の間は我々の此の精悍な態度を悪宣伝するものもあったが、今では、最初我々が望んだ通り、水平社の内部の中に完備せる組織を希う聲《こえ》が興っている。我々はここ一番奮起せねばならぬ」。

なお、この大会では「治安維持法に反対する決議」が提案されましたが、突然、「我々は命懸けでやっているのだから何度牢獄に下ろうと構わない」との反対案が出るというちょっとしたハプニングがありましたが、決議は可決されています。また、「他の無産者団体と提携する件」も提案されましたが、こちらは時期尚早として保留となっています（『選民』第一四号、一九二五年三月一五日）。

全国水平社第四回大会の松田提案

一九二五年五月七～八日の全水第四回大会では、全水青年同盟提案の中央集権的組織への規約改正が採択されました。「徹底的糾弾から封建的かつ資本主義的な差別観念の基礎と闘う無産階級の政治運動に進出する」という宣言案も提案されました。提案説明は松田喜一でした。しかし大会では、「理論的ではあるが、文言があまりに過激」と保留となりました。

この宣言案は高橋貞樹が書いたと思われます。なかなか歯切れの良い文章ですが、ちょっと過激です。「吾が国資本主義は殊に順調な発展段階を経ずして未熟なままに資本帝国主義に推移し其の内部には幾多の封建的要素を含んで居る」と日本資本主義の特質を言い当てています。そして「これは、吾が国の一般無産階級運動の進展を阻害するものであり、又吾等特殊部落民に對する差別の感情も一部はかような吾が国資本主義の封建的性質に支持さるものである」と部落問題の背景を述べています。しかし「従って先づ吾々は全国水平社を真実の基礎の上に組織し直さなければならぬ。即ち真に大衆の意思を完全に代表した戦闘力集中の組織によって一切の不純分子をその幼虫を掃討し全国部落民を真実の解放の目標に指導することである」と、高いトーンでいかにも過激です。そして「吾々は今まで封建的資本主義的観念に対する闘いを続けてきたが、今やかかる差別的観念の基礎に対して闘わねばならぬ。そしてこの闘いは資本に對する労働階級の闘争を度外視しては不可能である。従って又政治的の戦線へ即ち無産階級の政治運動に進出せずしては、真実の解放を得ることは出来ぬ」と結論づけました。共産主義の色彩が濃厚でした（『選民』第一四号、一九二五年三月一五日）。

この大会以降、全水の中央委員長は松本治一郎（一八八七～一九六六）が就任し、事務所は西浜に移りました。松田喜一、木村京太郎、中村甚哉が中央常任委員に就任し、本部を守りました。木村京太郎は回想しています。「苦しい生活の中で、水平新聞の定期刊行、無数に起こる全国各地の差別問題の処理、各地の演説会、大会など各種の研究会、講座などへ、弁士や講師の派遣あっせんなどに寝食を忘れた。全国本部の常任理事として、その仕事に専念したが、きまった手当をうけず、その生活費は自らの努力によって得なければならなかった。そのため私たちは、暇をみては、水平新聞や選民、無産者新聞、その他の雑誌やパンフをかかえて、梅田駅などによく街頭販売に出かけた。そして、夜おそく、水平歌をうたいながら、六キロ余りを歩いて、西浜までに途中、何度も巡査にとがめられながら帰ったことがある」(『部落』第一八七号、一九六五年四月)。梅田駅から芦原橋駅まで徒歩なら約一時間半弱、夜道を急ぐ松田や木村らが思い浮かびます。

一方、全水青年同盟に反発するように、一九二五年五月一五日、全国水平社自由青年連盟(全水自由青年連盟)が発足、前述したアナ・ボル論争に火が着くことになりました。松田喜一はボル派のリーダー格として、西浜の中川誠三や岸野重春、福井佐一・由数兄弟らとともに活動しますが、同じ西浜の石田正治らはアナ派の全水青年連盟に参加しました。このアナ・ボル論争は、一九二九年一一月の全水第九回大会まで続きました。

5 全日本無産青年同盟と全国水平社無産者同盟

日本共産党の青年運動対策

一方、日本共産党の青年運動対策について追いかけてみます。

日本共産党は一時解党していましたが、一九二五年一月から共産党再建運動が活発になっていきました。その主眼は青年の組織化でした。「青年運動を為すについては、どうしても非合法的な秘密組織があって、合法的な青年運動を指導する必要がある」（「北浦千太郎予審調書」齋藤勇『日本共産主義青年運動史』三一書房、一九八〇年）と考えていました。とくに徳田球一は、共産青年同盟（ユース）結成に尽力したようです。「大阪においても水平社青年同盟の中に我らの古い同志高橋貞樹、岸野重春らがおりましたので、同人らと連絡をとって、大阪の青年運動の組織準備を遂行」したそうです（「徳田球一調書」前掲『日本共産主義青年運動史』）。

一九二五年七月、徳田球一、渡辺政之輔、北浦千太郎（一九〇一〜一九六一）に片山久と岸野重春が会合し、北浦、片山、岸野によるユースの中央ビューローが結成されました。松田喜一は、このユースにおいて、一九二五年八〜九月の頃に、高橋貞樹、木村京太郎とともにメンバーとなりました。

ユースは、東京を中心に拡大しました。そして、機関紙『選民』を発刊していた関西中心の全水青年同盟に注目し、働きかけました。当時、全水青年同盟は、「もっともまとまりのある青年独自の団体」であり、「無組織の組織」と言われた「全水の前衛部隊」であり、その指導部はコミュニスト・グループに接触していました。そこにユース中央ビューローが注目したわけです（前掲『日本共産主義青年運動史』）。

徳田球一は、『選民』の編集にも関係を持ちました。戦後、志賀義雄は「徳田球一は部落問題に熱心に注目した。そして徳田はそのために『選民』の編集を指導した。これは徳田の功績のなかの最大のものの一つである」（志賀義雄『日本共産党史覚え書』田畑書店、一九七八年）と評しています。

全国水平社青年同盟の突然の解体

一九二五年九月一八日、大阪市で全水青年同盟創立第二回大会が開かれました。ところが、この大会で、高橋貞樹の指導によって全水青年同盟の解体が決定され、青年運動としては、結成をめざしていた全日本無産青年同盟に合流し、水平運動としては全国水平社無産者同盟（全水無産者同盟）に改組することを決めました。それ以前に、全水青年同盟は、一九二五年八月一五日付『選民』第一九号を『青年大衆』と改題しており、岸野重春が事実上編集責任者となっていました。

なぜ、全水青年同盟を解体したのでしょうか。この疑問に、一九二五年九月一八日の全水無産者同盟「創立大会議案」で次のように述べています。「吾々は部落青年の強化訓練と全国水平社の刷新という二重の使命を、一つの局限された青年同盟の組織によって行おうとしたが、二つの任務を共に十分に闘いえざることを証明した。この時に当って著しく吾々の運動の形態を変化せしめたものは、最近に勃興した全国的な無産青年同盟の運動である。水平社青年同盟はこの拡大された新運動と新同盟とに、その組織を解いて参加せねばならぬ。同時に吾々は、水平社内部における刷新運動をあくまで敢行すべき責務を有する。旧い水平運動は今や事実上消滅した。全国水平社無産者同盟は、水平運動を無産階級の階級闘争にまで引き上げるために、水平社内部における一切の無産者階級的勢力を結集した新たなる組織である。吾々は今やこの同盟によって、現在の水平社運動を終結して、無産部落民の解放運動と、一般無産者の階級的闘争とを合一せんとするものである」（「創立大会議案（九月一八日）」前掲『日本共産主義青年運動史』）。「旧い水平運動」を終結させて「一般無産階級運動」に合流しようという思いが強かったようです。

全日本無産青年同盟の結成

全日本無産青年同盟結成の動きはとても活発に進んでいきました。結成準備会の行動綱領には、「労組内青年運動が青年運動の本質的任務をはたすことができないばかりでなく、少数派運動としても十分に功を奏することが難しい」と指摘し、「間断なき闘争によって、学校に、工場に、農村に、いたるところに青年大衆を組織せよ」と訴えています。現代に照らせば、日本共産党は全日本無産青年同盟は民主青年同盟の「前身」と言っていますが、一九七〇年代に社会党と新左翼党派が主導した時代の社青同（社会主義青年同盟）運動にもよく似ています。なお、この行動綱領は、高橋貞樹著のパンフレット『無産青年運動』に収録され、一九二五年一一月初版から二六年七月までに八版を重ね、広範に読まれました。

さて、機関紙『青年大衆』第一九号にこの行動綱領案が掲げられると、東京の一〇〇〇名強をはじめ、大阪、静岡、神戸などで合法的青年同盟結成の機運が高まりました。こうして、青年運動の全国同盟への気勢は盛り上がっていきました。ユースは、九月六日の政治研究会全国集会を利用して青年運動研究会というものを計画し、そこに、東京の北浦千太郎、片山久ら、大阪の岸野重春、高橋貞樹、松田喜一らユースメンバーを出席させました。当時松田らとともに大阪一般労働者組合をやっていた佐川忠一は「無産青年同盟が同盟員の募集をはじめたので、私は、大阪一般労組の青年たちに加入を勧める一方で「読書会」の学生たちを、次々と大国町の事務所に連れて行って加入を促しました」と語っています。全日本無産青年同盟は、片山久報告によれば、まだ正式に結成を見ていない一九二六年三月現在で、同盟員はすでに一二府県一万二六〇〇余名、構成要素は、労働青年八〇％、農村青年一二％、水平社青年一四％、学生青年四％でした（前掲『大阪社会労働運動史』第一巻）。

そして、一九二六年八月一日、全日本無産青年同盟創立大会が開催されました。評議会や全水無産者同盟、日本農民組合、大学の社会科学研究会など、日本共産党系の青年団体が参加しました。松田喜一も高橋貞樹らとともにこの組織の中心人物となりました。その政策は、「無産階級青年の政治的社会的経済的自由の獲得」のための「一年兵役制の実施」「一八歳以上の男女の選挙権獲得」「言論集会結社の自由」「教育の機会均等」「封建的徒弟制度の撤廃」「同一労働に対する同一賃金」「深夜業の撤廃」などでした（前掲『大阪社会労働運動史』第一巻）。しかし全水青年同盟の比重が大きいのに、基本政策に「部落差別の撤廃」がないのはなぜでしょう。階級差別の撤廃も部落差別の撤廃も、社会主義社会の建設の課題と信じていたからでしょうか。

アオネンと呼ばれた全日本無産青年同盟大阪府支部

全日本無産青年同盟の大阪府支部（大阪青年同盟）も同時期に結成されました。委員長は沖縄県人会の真栄田《まえだ》（松本）三益《さんえき》（一九〇四〜一九九八）で、大阪の大正（沖縄人）と、西浜（部落民）と、鶴橋（朝鮮人）は大阪青年同盟の拠点だったようです。「沖縄から働きにきている労働者は差別がひどくて、劣悪な条件なので、大阪の沖縄県人会というのが、ごく自然に一種の労働組合のようになっていた」ようです（山辺健太郎『社会主義運動半生記』岩波書店、一九七六年）。

また、大阪では大阪青年同盟の連中が、組合幹部を「組合主義者」と非難すると、組合の幹部が「アオネン同盟」とやり返すという具合で、あまりシックリいかなかったそうです（前掲『大阪社会労働運動史』第一巻）。現在でも、組合幹部を非難する時に「ダラ幹」なんて言いますが、この言葉はこの頃、東京の無産青年同盟の人たちが言い始めたそうで、それが大阪にも伝播してきたそうです（前掲『社会主義運動半生記』）。

大阪青年同盟の創立委員は、松田喜一、岸野重春、木村京太郎、岡島千里、栗木一夫、佐川八、山辺健太郎、真栄田三益らで、設立直後に中村甚哉、服部敏夫、千石竜一らも加入しました（前掲『大阪社会労働運動史』第一巻）。

これに先立って一九二五年五月六日、西区九条市民殿で政治研究会大阪評議会が結成されています。浪速区栄町一丁目の中村甚哉宅の大阪青年同盟内に事務所を置き、岸野重春らが中心となりました。これは、大阪においても無産政党を結成していこうという準備会みたいなものでした。入会した組織は、評議会、革進会、農民組合、全水青年同盟、官業労働総同盟、日本労働総同盟の大阪合同労働組合の一部と朝鮮労働総同盟でした。

全国水平社無産者同盟の結成

一方、全水無産者同盟は、「水平社内部の反動主義、日和見主義に対する執拗な闘争を続け、進んで資本に対する無産部落民の政治的、経済的な全闘争を指導し、また部落内部における階級闘争を激成し、現在の水平運動を終えて、無産部落民の解放運動を一般無産者の階級闘争に合流させようとするものである」と、社会主義革命路線を水平運動に持ち込むことをあからさまにしました。

さて、これは困ったことになりました。全水青年同盟の場合、組織する対象に「対立」はないのですが、無産者同盟の場合どうしても「無産部落民」とそうでない人の「対立」を起こしてしまいます。事実、無産者同盟は「不純分子及日和見主義の一掃」「部落内の階級闘争の激成」というスローガンを掲げていました。高橋貞樹を中心とした「きびきび」はしていても、排他で危険な理論だったようです。

松田喜一は、この組織の中央委員会議長に就任しました。しかし、全水青年同盟と違う意味で、この組織の舵《かじ》取りは難しいものとなりそうでした。見方を変えれば、松田喜一にしかできない舵取りだったのかもしれません。全水青年同盟は全水無産者同盟へと発展解消されましたが、それは本部の話で、地方的にはいくつもの青年同盟地方組織が、もうしばらく活動を続けていくことになりました。果たして全水青年同盟を全日本無産青年同盟に解消すべきだったのか、全水無産者同盟結成は正しかったのか、疑問は残ります。

全水無産者同盟と対抗するように、全水青年連盟も、一九二六年九月一日に全水解放連盟に改称しました。岐阜の北原泰作（一九〇六～一九八一）や静岡の小山紋太郎（一九〇三～一九七九）らが中心で、関東、東海地方などに支持を広げましたが、大阪にも活動家がいました。

6　無産政党結成と労働農民党

乱暴だった左翼三団体

一九二三年一〇月一五日に山本権兵衛内閣が普選実施を声明してから二年足らず、一九二五年三月二九日、ついに普通選挙法が成立しました。そこから、全国的な無産政党をつくろうという動きが起こりました。一九二五年八月一〇日、中之島中央公会堂で無産政党組織準備委員会が発足しました。全水からも、「水平社有志」枠で松田喜一、木村京太郎、大西遼太郎、「全水青年同盟」枠で岸野重春、高橋貞樹が準備委員会に参加しました。

ところが準備委員会は、最初から議論が紛糾しました。同年九月一七～一八日の第一回綱領規約調査委員会には、評議会から渡辺政之輔、政治研究会から佐野袈裟美《けさみ》（一八八六～一九四五）、全水青年同盟から高橋貞樹が、「左翼三団体」側として参加したのですが、その論争的態度に、出席者は反発してしまいました。

「我々の見解によれば、無産階級運動に従う者が資本家及び官憲と妥協することの可否は言うまでもないが、無産階級運動陣営内の味方同志は、出来るだけ妥協しなければならぬのである。然るに左翼派の人々は、採決の結果、少数で敗れるならそれに服するが、その代りに議論の上では徹底的に相手をやり込めなければおかぬという勢いであった。すなわち、議論で相手を征服するか、然らずんば採決によって自らが屈服せしめられるか、二者その一をとらんとするのであって、その間に懇談的に協定するという方法を排斥して、これを以てブルジョア的であり、四畳半式であるとなしていたようである」（『官業労働新聞』、一九二五年九月二九日）と論じられました。これは、公務員労組関係の穏健な論調の新聞ですが、ずいぶん憤慨しています。なるほど多数を制するか、さもなくば論破してしまえ、なんて態度で無産政党結党の議論に臨むとは、確かに乱暴ですし、「四畳半式」なんて人をくった物言いです。

また、その後、労農党書記長になった弁護士の三輪寿壮《じゅそう》（一八九四〜一九五六）は、「私の解するところでは、全国的単一無産政党とは、無産階級の代表的政党の意味で、何でもかんでも一つの政党でなければならぬという意味ではない。そしてかくの如き政党の成立をそれ程急ぐ必要もあるまい。そして差当たり、可能性のある地方政党の問題も、此目的に達する準備段階と更に考え直す要があると思う」（『社会思想』、一九二六年一月号）と書いています。これはなかなか含蓄ある主張です。無理して単一政党にしなくても、二つでも共同戦線党のようにやれば良かったのではないかという見解です。

しかし、日本共産党の影響下にあった左翼三団体は、「全国単一無産政党」の「単一」は「真実は一つ」と解し、どちらが「正しい」か、さもなくば、どちらが「多数」かと短絡させたようです。

結果、自派の主張に固執し、時に常軌を逸する態度でかえって溝を深めました。そもそも、「全国的単一無産者政党」そのものがドグマ（至上命題）と化していました。

また、もう一つ疑問なのは、当時、なぜ、普選（国政）だけに議論が集中して、それ以前の地方選挙への対応は議論されなかったのかということです。一九二一年の市町村制の改正で国税納入資格が廃され、市町村税を一銭でも納入した者まで選挙権は拡大し、有権者は大幅に拡大しました。その翌二二年、府県制の改正で、「直接国税三円以上納入する者」から、金額を廃し、「国税を納入する者」に拡大されました。その結果、少なくとも市町村会議員選挙については、事実上普選に近いものになっていました。府県会議員選挙は一九二三年秋に執行され、市町村会議員選挙は一九二四年秋から一九二五年上半期に多くの自治体で実施されました。どちらも普通選挙法施行前のことです。ただ、何もなかったわけではありません。農民組合はいち早く地方選挙に取り組んだ地域もあり、労働組合にもわずかですが取り組んだ地域もありました（前掲『日本社会主義運動史論』）。いきなり全国政党でなくても、地方政党も同時並行であっても良かったのではないかというのが三輪の見解でした。

さて、もう一つ、無産政党組織準備委員会の難問は、全水および結成間もない全水無産者同盟の取り扱いでした。会議では、全水側の上田音市（一八九七〜一九九九）と日本労働総同盟（総同盟）の西尾末広（一八九一〜一九八一）らがやりとりしていますが、そもそも西尾らは水平社をほとんど理解していませんでした。そこにさらに全水ではなく全水無産者同盟が加盟するというのですから、西尾らの頭はこんがらがってしまいました。上田は「無産者同盟は水平社内の無産階級を以って組織した経済闘争を主たる目的とする団体で、職能としてはストライキもやります。又組織の基礎を職場に置いております。組織には地主階級は入れない」と説明しましたが、なかなか理解を得られませんでした。その半知半解がのちにまで影響を与えました。しかし、上田の説明も、水平運動はストライキもやる、基礎組織は職場というのですから、唐突なものでした。ですから、これはもう少し後になってからのことですが、全水無産者同盟は、非同盟員も糾合して全国水平社労農党支持連盟という別組織をつくり、労農党入党の道を探っていきました。このほうがわかりやすいものでした。

西浜水平社の市議選ボイコット

さて、一九二五年六月一日の大阪市会議員選挙の際、東成区では「農民組合、官業労働、水平社、総同盟等が協議し、一二名ほど候補者を押し立てようと相談」したようです。しかし、「時期を失したため沙汰《さた》やみ」になっています（『官業労働新聞』、一九二五年五月一三日、二八日）。大阪府水平社のなかでも、地方選挙に対応して行動したところがあったのです。

では、この同じ大阪市議選について、西浜はどう対応したのでしょうか。

誰が言い出していたのかわかりませんが、西浜からも市会議員の水平社側の候補者を出す計画が持ち上がっていたようです。前述の西浜連合水平社の維持員制度発会式（一九二五年三月一一日）で話題になりました。そして、直後の三月一五日、西浜から市会議員を立候補させる件について討議がおこなわれました。「是とする者、非とする者二派各々自説を固辞して譲らず委員付託となった」ようです。激論だったのでしょうか、芦原署の警官が中止解散を命じて騒然となったようです。次いで三月一七日、再び演説会が開催され「満場割れんばかりの盛会」だったようです。結局、「我々の議会行動は必ずしも議会に入ると言うのではない。無産階級的意識を持って闘争に臨まなければ無用である。市会議員選挙なども余程考えて行わないと堕落する恐れがある」との理由で、「司会者が立候補中止の宣言を為す」と決定しました（『選民』第一六号、一九二五年五月一五日）。さらに五月三一日の投票日前日、西浜連合水平社は、西浜共同工場第二工場九号に五〇〇人を集めて、翌日の大阪市議選を「資本党にボイコットする」と決めました。「現在の市議候補の中に無産者の利益を代表する者は皆無で、皆資本主義の養犬共であるという許に、一致を以て棄権することにした。そして同時に「我々は我々の中から、正当に我々の利害を代表する者を次期から選出することに努力しよう」と申し合わせた」（『選民』第一七号、一九二五年六月一五日）とあります。西浜水平社の大衆的な議論のやり方はなかなかのものですが、この段階での大阪市議選への意思形成は、棄権というものでした。でも、次は候補者を出そうと議論していたのです。

労働農民党の結成と分裂

普通選挙法の公布は一九二五年五月で、同年四月には治安維持法が抱き合わせで公布されました。また、社会政策立法として、労働組合法案が再三にわたって帝国議会で審議されますが成立しませんでした。小作法案は提案さえされませんでした。一方部落問題については、水平運動や融和運動に押された内務省が、同年九月に府県融和団体の統括機関として中央融和事業協会を成立させ、融和運動の国家的な統制に乗り出しました。

普通選挙法によって労働運動、農民運動なども活発化しますが、分岐も起こりました。水平社が広がると対抗するような融和運動も起こり、全水内にも分岐が生まれることになるのです。

一九二五年一二月一日、いろいろ軋轢《あつれき》はありましたが、無産政党結成準備会を経て、無産者を代表する全国的単一政党として「農民労働党」が結成されました。ところが、共産主義とつながっているとの嫌疑から即座に禁止命令を受けて、その日のうちに解散させられました。全水からは上田音市が中央執行委員に指名されていましたが、活躍できずじまいでした。

そして、その翌日の一二月二日には第二次無産政党準備会が着手され、今度は「労働農民党」（労農党）として、結成が試みられます。

翌二六年二月一三日、東京で開催された第二回準備懇談会では、「評議会、政治研究会、無産青年同盟、水平社青年同盟は、その幹部たると平会員たるとを問わず、共産主義的色彩のある者は全体に入党を拒絶すること」を決議しました。大阪で、同年三月三～四日、中之島中央公会堂で創立委員会が開催されました。「入党拒絶」を聞きつけて、傍聴席には評議会や無産青年同盟、水平社関係者が多数参加し見守りました。入党資格をめぐって、排除派の労働組合と加入を認める農民組合が論争しました。結果、排除から一転加入を認めることで落ち着きました。

これで、同年三月五日、やっと労農党が結成されました。中央執行委員長は杉山元治郎（日本農民組合委員長）、書記長には三輪壮寿（弁護士）が就任しました。水平社から西光万吉が中央執行委員に就任しました。排除派の総同盟本部、西尾末広らの総同盟大阪府連などの組織は、初めから「単一無産政党」には反対はしないが消極的だったこともあって、不満を残したままの出発となりました。

さっそく、同年七月二六～二七日の労農党第三回中央執行委員会で、総同盟委員から「四団体員（評議会、政治研究会、無産青年同盟、水平社青年同盟）加入排除の件」の緊急動議が提案されました。この場で、賀川豊彦が共産主義を、①無産階級の独裁専制を主張し、②言論の自由を暴力に依って拘束し、③少数の意見を重んじず、④議会政策を否認するもの、と定義して、排除の理論を述べました。結果、満場一致で排除が決議されました。ただ、全水無産者同盟については「尚考慮すること」となりました。これに対して、山川均や左翼的労働者、農民の反発は大きく、労農党は混乱していきました。その結果、同年一〇月には、総同盟の西尾末広や安部磯雄（一八六五～一九四九）、賀川豊彦らが辞任し、三輪壮寿書記長も責任を取って辞任しました。

杉山元治郎委員長ら、西光万吉も含めた農民組合関係者九人の中央執行委員は残り、新たに細迫兼光（一八九六～一九七二）書記長（弁護士）を推挙するとともに、水平社労農党支持連盟の加入も承認し、陣営を立て直そうとしました。

この頃、松田喜一の地元では、一二月四日に、大阪一般労組、朝鮮労働組合、水平社など六八〇人で労農党大阪府連南大阪支部が発会しています。

一方、労農党を飛び出したかたちになった右派は、同年一二月六日、社会民衆党を結成し、委員長に安部磯雄、書記長に片山哲を選びました。また、中間派は日本労農党を結成しました。結局、無産政党は三分裂してしまいました（前掲『大阪社会労働運動史』第一巻）。

全国水平社労働農民党支持連盟の活躍

水平社側の対応を見てみます。まず、全水青年同盟および全水無産者同盟への労農党の門戸が閉鎖されてしまったことから、一九二六年一〇月二二日、全国水平社労働農民党支持連盟（全水労農党支持連盟）を結成しています。党の門戸開放、党中央委員への選任、党政策への部落問題の挿入などを決めて全国各地に支持連盟の支部をつくりました。

一九二六年一〇月一〇日、水平社全九州連合会執行委員会は、「水平社無産者同盟除外についての質問書」を出しています。そこには「労農党第三回中央委員会において全国水平社所属の水平社無産者同盟が外二団体と共に加盟を拒否されたのは何故か、また特に考慮の余地ありと保留されたのは何故か。我が水平社は全国大会において労農党支持の件を討議し、現下の水平社の状勢に鑑み、その採決を保留したが、個人の加盟は拘束していない。同じ無産階級の一員として労農党に好感を持っている者が多数ある。然るに、水平社内部の無産階級分子を組織されている水平社無産者同盟員の入党を拒否されることは、部落民の党加盟に重大な考慮を要することとなる。無産者党創立に際し無産部落民を代表して採りたる行動に対し、共産云々の名を冠せられる行為を実に遺憾に思う」と書いています。

また、一〇月一一日の全水労農党支持連盟創立準備協議会への招待状にはこうあります。「尚、今日の労農党は婦人、朝鮮人に対して政策綱領を掲げ乍《なが》ら部落民問題にその綱領を見出しません。我等はこの意味に於いて積極的に参加して我等の政治的欲求を掲げさせ、労農党を真に単一無産者政党ならしめるべく努力すべき。一〇月二二日中之島公会堂にて第一回会合を開きます。発起人は阪本清一郎、西光万吉、下阪正英、菱野貞次、山田清之助、大西遼太郎、各水平社有志連盟。連絡先は大阪府南河内郡北八下村野遠　秋島霊太郎方」。この招待状に基づく協議会では、単一無産政党の積極的支持、労農党に関する門戸開放の欲求、労農党に部落民に対する政策綱目挿入の欲求など九項目の運動方針を可決し、常務委員長に下阪正英、常務委員に阪本清一郎、西光万吉、菱野貞次、松田喜一らが選出されています。

一〇月一三日、全水福岡県連は「水平社無産者同盟除外反対声明」で、「労農党は我が国に初めて生まれた最初の無産階級政党であると共に全無産階級の共同戦線党である。ところが、労農党第三回中央委員会において評議会、無産青年同盟、大衆教育同盟の三団体に門戸を閉鎖せるのみならず、水平社無産者同盟員に対しも党参加を拒否せんとするは裏切り行為である」と厳しく断じています（渡部徹・秋定嘉和編『部落問題・水平運動資料集成』補巻一、三一書房、一九七八年）。

ようやく一〇月二四～二五日の労農党第四回中央委員会で、全水労農党支持連盟の入党が認められました。全水から下阪、大西、菱野らが党中央委員に選出されました。なお、労農党は、一九二六年一二月一二日に第一回党大会を開催し、第四号議案で「人間的差別観念に対する糾弾権の確立を政策中に加へる件」を提案し、可決しています。出発時点の労農党は部落問題を欠落させていましたが、排除から加盟承認の論争の過程で、水平社側の提案を受け入れたからでした。これは画期的なことでした。

結局、労農党は、大山郁夫（一八八〇～一九五五）委員長、細迫兼光書記長のもとで左派政党として再出発することになりました。しかし、右派が抜けたぶん、ますます日本共産党の影響を強く受けることになりました。その日本共産党は、一九二六年一二月四日の第三回大会（再建大会）で、いわゆる福本イズムが指導理論となり、一九二八年頃の福本イズムの清算まで、日本共産党は極左的に偏向していきました。

全水労農党支持連盟は、一九二七年一一月九日、役割を終えたとして、これ以上は全水の統一にむしろ妨害になるとして、みずから解散しました。賢明な判断でした。

そして一九二八年二月には、いよいよ第一回普通選挙が実施されましたが、労農党は約一九万票を獲得し二人の代議士を国会に送りました。水平社からは、西光万吉（奈良）、三木静次郎（岡山一区）、松本治一郎（福岡一区）が立候補しましたが、いずれも落選しました。

時の田中義一内閣から見ると、労農党は予想外の躍進でした。そのぶん警戒して、弾圧的になりました。そして、選挙の直後の一九二八年三月一五日に三・一五事件がありました。四月には労農党は解散させられています。全日本無産青年同盟も、評議会も、大阪一般労働者組合も解散させられました。

「幻《まぼろし》」の農民労働党から、「片翼《かたよく》」の労働農民党、全国単一無産政党構想は、わずか三年未満で頓挫してしまいました。全水福岡県連が指摘したように「労農党は我が国に初めて生まれた最初の無産階級政党であると共に全無産階級の共同戦線党」でした。そこに水平社が参画し、部落問題を政策課題にしたことは意義深いことでした。全水福岡県連が賢明に動いたのは、みずから立候補もした松本治一郎の手腕だったのでしょう。しかし、労農党の結末は残念でした。

無産政党の統一問題において、松田喜一は、全水労農党支持連盟、全水無産者同盟の両方で中心的役割を担いました。部落問題を初めて政党の政策課題に位置づけることができましたが、一方で共産主義グループによる独善主義的な対応にも身を置くという功と罪がありました。

7　日本共産党員の一斉検挙

綱領改正に挑んだ全国水平社第五回大会の松田喜一

一九二六年五月二〜三日、福岡市で全水第五回大会が開かれました。この大会では、綱領改正や無産政党支持をめぐって、アナ派（無政府主義）とボル派（共産主義）が激突しました。

全水無産者同盟中央議長の松田喜一は、綱領と宣言の改正を発議しました。「私たちの運動が新しい闘いに入るためには、ぜひとも旗印をハッキリとさせねばならない。過去の漠然としたブルジョア的な綱領に代えて、明確な無産階級意識の上に立った行動綱領が必要」と述べました。しかし、アナ派の小山紋太郎は「綱領は、変えるべきものはない」、北原泰作も「敢て綱領を改正する必要はない。水平運動は民族意識の上に立って徹底的に闘ったらよい」と反対意見を述べました。

賛否、種々の討議を経て、西光万吉が両派の主張を取り入れて、次のような「第二次綱領」が採択されました。

一、特殊部落民は部落民自身の行動に依って絶対の解放を期す。
一、我等特殊部落民は絶対に経済的自由と職業の自由を社会に要求して以って獲得を期す。
一、我等は賤視観念の存在理由を識るが故に明確なる階級意識の上にその運動を進展せしむ。

「明確なる階級意識の上にその運動を進展せしむ」との文言は、松田喜一らボル派の本意でした。弁護士の布施辰治（一八八〇〜一九五三）は、「今回の綱領改正によって階級闘争に進出したのは歓迎だ。なぜなら水平運動の根本的な精神は、言うまでもなく被支配階級と被搾取階級の階級的反逆運動だからだ」と評価しました。しかし、この綱領改正は唐突なもので、批判も強く、のちに一九三一年に「第三次綱領」となり、さらに三八年の「第六次綱領」まで五回にわたって綱領は改正されることになります（前掲『全国水平社 1922-1942』）。

日本共産党に入党

正確な日付は定かではありませんが、一九二六〜二七年に松田喜一は日本共産党に入党しています。評議会幹部でもあった国領《こくりょう》伍《ご》一郎《いちろう》（一九〇二〜一九四三）の勧誘でした。この頃の日本共産党の関西地方委員会は、コミンテルンの二七年テーゼが出て、ようやく福本イズムが反省された頃で、国領伍一郎、春日庄次郎、小野源之助、伊東猪《い》三次《さんじ》らが幹部でした。

松田喜一は検察訊問調書で、日本共産党入党のことを述べています。「私は、直接労働に従事し、労働運動や水平運動に関係するようになってから、社会問題や労働問題に関する著書を読み、又其の方面の先輩や友人等の話を聞いている内、我々無産者の解放は、現在の合法団体の運動によって到底達成されるものではなく、何《ど》うにしても非合法組織マルクス主義者による、即ち共産党の必要を痛切に感じておりました」。前述したように、この訊問調書で松田喜一は、一九二〇年に日本社会主義者同盟に加入してから、特別に師を持たない独学のマルクス主義者だったことを述べています。国領伍一郎の勧誘もありましたが、まったく自分の意思で、むしろ遅すぎたかのように入党を即断したようです。

さて、松田喜一は、日本共産党員として、東洋紡績四貫島工場のストライキ応援のビラ配布、大阪市電春日出車庫での工作などにも参加しました。また、一九二七年一〇月頃から日本共産党全国水平社総本部フラクション・ビューローにも属しました。一九二六年の福岡連隊爆破陰謀事件では、水平社フラクでこの闘争の全国展開を討議しています。委員長は木村京太郎、委員は岸野重春、西光万吉と松田喜一でした。このビューローでの松田喜一の組織名は「清川」でした。

逮捕と拷問

一九二八年三月一五日、いわゆる三・一五事件（日本共産党員一斉検挙）で、日本共産党員の松田喜一も逮捕されました。ここまでに松田は「各地の水平運動に関する紛議等に介在し検挙せらるる事数十回に及ぶ」と記されています（大阪地方裁判所検事局思想部「被告人身上調査書」、昭和三年一〇月調）。この三・一五事件の検挙者は一六〇〇人で、うち共産党員は四分の一程度の四〇九人で、なりふり構わぬ弾圧でした。一九二九年には一年間で四九六二人が治安維持法違反、思想犯、政治犯として拘束されました。大阪関係（大阪の警察が逮捕したという意味）でこの事件で検挙され起訴されたのは、水平社では西光万吉、木村京太郎、中村甚哉、松田喜一、無産青年同盟では岸野重春、千石竜一、服部敏夫、労農党の中山基明、評議会の中村義明、鍋山貞親、国領伍一郎、河田賢治、大阪　般労組の栗木一夫、宮城雄太郎、大阪印刷労組の三田村四郎、泉州紡績労組の山田六左衛門などでした。

当日、松田喜一は、浪速区栄町四丁目二二番にあった全水本部事務所に、木村京太郎、中村甚哉、鈴鹿円三郎父子などと居住していました。木村京太郎は「国鉄今宮駅の北踏切りを西へ二〇〇米、古い長屋の一角、木造二階建ての茅屋」「階下は六畳と四畳半で事務所と台所、二階は十畳一間」と記述しています。そして、一九二九年二月、松田喜一は懲役四年の判決を受け収監されました。

木村京太郎は三・一五事件当日のことを語っています。

「朝五時頃、表の戸を叩く音に眼をさました私は、二階の窓から「どなた?」と声をかけると四〇才位の厚司姿の男が二人立っている。「おかしいぞ!」と思った私は、寝巻きの上に着物を重ね、さっそく便所へ降りた。隠していた文書を肥壺に投げ込んでから、表戸の錠をはずすと、十数名の者が乱入し、私の両側を捉えてそのまま外へ出した。二階で松田君の「逃げへんわい」という大声が聞こえる。屋上を見ると正服の警官がうずめていた……そして、松田君と共に朝食もとらずに芦原警察署につれてゆかれた」

「私と共に逮捕された松田喜一君も同じく拷問をうけた。わたしとちがって一々抵抗するものだから、刑事も持て余し、ついに「ドエッタはしぶとい」という罵言《ばげん》を吐いた。この声を聞いた松田君はいきなり前にあったいぶし用の火鉢を持ち上げ、「さあもう一ぺんいってみろ」と仁王さんのように立上った。さすがのゴロツキ刑事も顔をまっ青にして「アヤマル、アヤマル」と平身低頭三拝九拝、他の刑事達も寄ってたかってなだめるという一幕があった」(前掲『水平社運動の思い出』)

かくして、日本共産党員松田喜一は、水平運動の表舞台から一時退場しました。

岸野重春訊問調書から

治安維持法下にあったこの時代の被検挙者の訊問調書などは必ずしも事実ではありませんし、被疑者となった社会主義者なども真実を語っていない場合が多いものです。しかし、三・一五事件直後のこの一時期、日本共産党は訊問調書や裁判記録に自分たちの主義主張を遺しておこうという戦略だったらしく、組織的な秘密事項以外は積極的に供述せよという指示を出していたようです。

そこで、西浜関係者の被検挙者の訊問調書を紹介します。松田喜一や高橋貞樹、岸野重春は三・一五事件で、福井由数や中川誠三は翌年の四・一六事件で検挙されました。

岸野重春は三・一五事件で逮捕された当時二七歳、本籍は南区難波新地、出生地は浪速区宮津町で、逮捕時の住所は西成区中開町、職業は薬剤師でした。父は元貿易商で相当の資産があったようです。一九一九年に大阪薬学専門学校別科を卒業し、翌年四月に上京し、北星会および暁民会に加入、山川均、荒畑寒村、堺利彦らと交わり、社会主義運動に参加。一九二二年の共産党事件で検挙されたが釈放され、翌二三年に帰阪し、中開町に布袋《ほてい》薬局を開業しました。一九二三年一一月頃、徳田球一の勧誘で日本共産党に入党するとともに、全水青年同盟にも参加、『選民』や無産青年同盟の『青年大衆』発行に携わりました。一九二七年一月頃、日本青年共産同盟（ユース）の関西委員会の責任者になっています。同年五月には合法政党の労農党に加入し大阪府連常任委員となっています。三・一五事件後、運動を離れていますが、地方選挙に立候補しています。

福井由数訊問調書から

福井由数は一九一三年生まれで三・一五事件当時は一五歳、本籍は浪速区鷗《かもめ》町、住所は浪速区栄町。すでに検束二〜三回、警察拘留二〜三回。兄佐一は今宮水平社の執行委員をしており、小学校四年の時西浜少年水平社に加入し、兄に連れられ河内方面から奈良方面まで水平社の遊説に出かけ、少年闘士ともてはやされました。一九二七年九月頃、全日本無産青年同盟大阪府支部に加入し、中村甚哉指導で青年同盟西浜住居班を組織し、杉岡繁一が班長、西岡貞介が委員、福井は書記でした。一九二七年頃から西浜町内の親睦団体「親友会」に入会するとともに無産青年同盟にも入会し、中村甚哉を指導者にした秘密の研究会を催しました。戦前戦後、松田喜一と行動をともにしましたが、最後は袂《たもと》を分かちました。

中川誠三訊問調書から

中川誠三は三・一五事件ではなく一九二九年二月二一日に逮捕され、実刑三年半の判決を受けて堺刑務所に投獄され死去しました。没年は一九三〇年二月一四日とも、一九三五年二月一四日とも伝えられています。逮捕当時二六歳、本籍住所とも浪速区栄町で靴工。栄小学校一年生の時家族全員で鳥取県米子市に移住、父親は靴店を開きます。米子市の啓成小学校から米子中学校に進み、一年生の終わり頃父親の靴店が失敗し再び栄町に戻ります。米子時代に部落差別を受けました。叔父前田隆吉のところに靴工見習いにいき、二〇歳の頃から父親と一緒に靴製造に携わります。水平社創立頃から西浜水平社に加入、『水平新聞』を辻売りしたり、全水青年同盟の『選民』の発送を手伝い、メーデーにも水平社として松田喜一と一緒に参加しました。『特殊部落一千年史』や『マルクス主義』『社会問題研究』を読んでいます。この頃の同志は、松田喜一、泉野利喜蔵、高橋貞樹、岸野重春、栗須七郎、栗須喜一郎、木村京太郎、西光万吉、水平社ではないが総同盟神戸連合会の藤原某でした。この藤原某の勧めでロシアに渡り、モスクワの東洋勤労者共産主義大学（クートベ）に留学、一九二五年一一月から一九二八年四月までロシアに滞在し、高橋貞樹や山本正美（第二章で紹介）らとも知り合っています。検察訊問調書において中川誠三は、「労働者が社会主義の社会が来なければ解放されぬと同様、水平部落も社会主義の社会が来なければ解放されぬという信念を抱いていたので、明らかに共産主義の意識を持つようになったのは、ロシアにおいて教育を受けた時からであります」と述べています。

中川誠三は靴工の覚えも早く、画才もあり、木村京太郎は、『選民』を「毎号飾ったさし画は、はじめ西光万吉を煩わせていたが、その後大阪西浜の中川氏その他に画いて頂いた」と語っています。クートベで同窓だった山本正美は「中川誠三は闘士タイプではなかったし寡黙だったが、非常に誠実な人間だった」と証言しています。

第二章　西浜の皮革労働運動

1　労働運動との遭遇

日本楽器争議での差別事件を糾弾

皮革職工から無産運動家に転じた一九二五年から、三・一五事件で検束される一九二八年までの三年間、松田喜一は水平運動家、社会主義者として奔走しながら、労働運動にも参画しました。

この頃大阪では、労働組合、農民組合、水平社、無産政治団体が一体となって活動していました。労働組合は、日本労働組合評議会（評議会）の大阪評議会、農民組合は、全国農民組合大阪府連、そして全国水平社（全水）、それに全日本無産青年同盟、労働農民党（労農党）です。西浜は、その統一戦線のような活動の中心地でした。

評議会は一九二五年に、有名な日本楽器争議を闘いますが、松田喜一や朝田善之助、地元静岡の小山紋太郎らは、この渦中で起こった差別事件の糾弾闘争を指導しています。松田と朝田は、四〇日間天竜川沿いの部屋に泊まり込んで闘いました。

この差別事件は、一九二六年五月一八日、スト破りに動員された相愛会という団体と日本主義労農同志会という団体が争議団本部を襲った際、争議団の一人が「朝鮮人の癖に生意気な、出してしまえ」と朝鮮人差別の発言をしました。するとスト破り側の暴徒は「何ッ俺達を特殊部落民扱いする」云々との差別言辞を返したというものでした。日本主義労農同志会は差別言辞をそのまま挿入したビラ五〇〇〇枚を浜松市全市に撒《ま》きました。静岡県水平社の要請に基づいて、松田喜一など全国から応援が駆け付けました。結局、日本主義労農同志会は謝罪し、東京・大阪の『朝日新聞』に謝罪広告を掲載しました（部落解放研究所編『部落問題事典』解放出版社、一九八六年）。

この闘争を松田喜一は、「差別問題だけを取り上げて、先方の誠意ある謝罪で解決しようとするものと、差別事件は争議団と部落民とを対立させようとする資本家の分裂策であるから、むしろ争議団と協同して差別糾弾を徹底的に闘うべきだとの二つの意見が分れ、アナ派の諸君も、ぼくたちの主張に同調して資本家糾弾闘争を徹底的に闘った」と回想しています。争議団側の朝鮮人差別はどう処理されたのか、史実は残っていません。また、木村京太郎は「その時、京都から応援に行ったA君がブック・ケースにダイナマイトを入れた風呂敷包を手にして、浜松に出かけたということである。勿論、未使用に終わったが」との「物騒な」エピソードも語っています（『部落』第六八号、一九五五年九月）。

新田帯革製造所批判決議の顚末

一九二六年四月四日、大阪府水平社第五回大会で、栗須喜一郎（一八八九〜一九七三）は「新田帯革で部落民を採用していないことを糾弾しよう」と提案しました。「新田だけでなく、他工場でも多くあることだから、部落民が職業自由を獲得するため、また失業を調停するために一括して、先の失業者対策委員会に託して調査した結果糾弾してはどうか」という修正意見が出て、こちらが満場一致で可決されました（『大阪水平新聞』第六号、一九二六年四月一五日）。ここで注釈ですが、栗須喜一郎と前述の栗須七郎は、苗字も和歌山出身も西浜在住も同じですが、二人に縁戚関係はありません。

新田帯革《たいかく》製造所（新田帯革）および新田長次郎（一八五七〜一九三六）について、当時労働運動の先駆的リーダーであった鈴木文治は、「資本家工場主が進んで其職工待遇改善設備整へる」べきと論じ、「資本家の人道的精神」によって達された実例として新田帯革を称賛しています。一九一九年に大阪工業会は工場委員会法制化の要望書を政府に提出していますが、新田帯革は工業会の主要企業の一つで、一九二一年に「協親会」という工場委員会をいち早く設置しています。ただ、工場委員の半数は労働者から選出していますが、残りの半数は使用者が指名するという不完全な面も持っていました。そして、新田帯革は、「品性修養を奨励」し、多額の賞与金、勤続慰労金、終身恩給、負傷手当などを支給し職工を優遇しています。その点、日本型労務管理を先駆けていたことは注目されます（福原宏幸「都市部落民の労働＝生活過程」杉原薫・玉井金五編『大正 大阪 スラム』新評論、一九八六年）。

また、第一次大戦後の一九一〇年代、大戦景気で膨大な増益を得た新田帯革では、幹部社員が工場増設と増産体制を主張しましたが、長次郎は大戦終結後の不況を考慮して、剰余利益の保有継続を貫き、減産による合理化、人員削減を最小限に食い止め、それどころか土木建築費の市場価格下落を先読みし、工場増設という積極経営をおこなったという見事な経営手腕を発揮しました。また、新田帯革で同盟罷業《ひぎょう》（ストライキ）の前兆があった時、スト決行は会社だけでなく職工自身を苦境に立たせ、さらなる皮革不況に陥ると説得し、職工全員を復業させたという史実もあります。しかし、新田帯革が労務、争議対策に敏で、労働運動、水平運動には警戒的だったとも思われます。一方、創業者新田長次郎は、皮革業に対する社会の眼差《まなざ》しを「賤業の如く侮蔑」していると嘆き、賤業観や侮蔑観を克服するには、近代的な工場労働者としての資質を研鑽《けんさん》しなければならないと考えていたようです。それは、私財を投じて、西浜でも貧困者の多い木津北島町に有隣小学校を創設した（一九一一年六月）こととも通底していたと思われ、貧困層への「積極投資」を感じさせます（吉村智博『近代大阪の部落と寄せ場―都市の周縁社会史』明石書店、二〇一二年）。

ただ、この新田帯革の積極経営、積極社会投資が、西浜の皮革市場に「良質な」労働力を生じせしめ「差別の克服」の意図をも射程に入れたものだったのか、これは定かでありません。大阪府水平社第五回大会は「新田糾弾決議」提案を「失業対策委員会に付す」と返しました。では、新田帯革に積極雇用を求めたかといえば、その形跡は見当たりません。

部落解放同盟西成支部が発行した『焼土の街から』は、こんな証言を記録しています。新田帯革は工場用のベルト（主に紡績用）をつくっていましたが、「残った皮革をよそへまわさんと、なめしたりして売っていた。それが私ら皮革屋の生活のもとになってたんです（中略）逆に言えば私らは、新田帯革に、ものすごく貢献してきたということですな。新田の工場は相当大きかったが、従業員を西浜界隈から雇ってたという話は聞いたことがありません。（中略）新田は別もんだったんやろねえ。それに西浜の人たちは貧乏しながらも自分で生活を築き、独自の力で生きてきたんじゃないやろうかなあ」（出口弥兵衛「苦しんだ昔の皮革業界」部落解放同盟西成支部編刊『焼土の街から』、一九九三年）。新田帯革と西浜の皮革工は「別もん」に進んだようです。

大阪で日本労働組合評議会第三回全国大会

一九二七年大阪で開かれた評議会第三回全国大会は、評議会の絶頂を示す大会で、「工代会議運動」を提案しました。傍聴者は二〇〇人にもなりました。水平社からは松田喜一、大西遼太郎、泉《いず》野利喜蔵《のりきぞう》、山田竜平、阪本清一郎、西光万吉《さいこうまんきち》、栗須喜一郎らの名前が記載され、山宣こと山本宣治《せんじ》

（一八八九～一九二九）の名もありました。

そもそも、日本で労働組合法が成立するのは敗戦直後の一九四五年一二月で、戦前は再三労働組合法制定の運動がありましたが、遂に実現しませんでした。だから、この頃の労働組合は労友会とか労働者組合とか皮革工組合とかバラバラな名称になっています。また、企業単位に争議が起こって争議団ができても、終結すると大半が地域支部になっています。争議にもスト権なんてないので職場放棄、占拠という戦術で、どうしても一過性になります。組合員や組合役員の届出も不必要なので、従業員でない役員とか臨時雇、請負とかも自由に加入できました。「朝鮮労働組合」というのもありました。共産党系とか社会民衆党系とかアナ系とかでそれぞれ組合ができましたが、分裂というより「林立」という状況だったようです。ただ、東洋のマンチェスターとも呼ばれた工業地帯大阪では、この時代、労働組合運動がとても活発で、とくに西浜界隈《かいわい》は盛んでした。

そこで、評議会が採用した活動方針が工場委員会・工場代表者会議方式でした。巷《ちまた》に「工代会議運動」と知られています。工場委員会というのは、後述する部落委員会活動とも似たところがあって、労働組合の有無にかかわらず、工場委員を選出して職場の問題点を改善していこうという趣旨で、争議になる前に活動する組織です。工場代表者会議は、地方または産業的に、組織未組織あるいは所属組合にかかわらず、当面の具体的な経済的利害の一致によって、各工場委員会の代表者によって結成されるもので、こちらは部落代表者会議とよく似ています。

北海道小樽港の港湾労働者の企業を超えた長期のゼネスト（一九二七年）は、工代会議運動の数少ない成功例として有名です。しかし、大阪の場合、ほとんどが日本共産党の誇大煽動《せんどう》でした。ただ、朝鮮人中心の刷子《ブラシ》工、ゴム工、そして西浜の皮革工の争議で、一部、工代会議運動が実際に試みられます。これは、朝鮮人労働者が同胞同士の分裂にならないように、あるいは、西浜の皮革共同工場で足並みを揃《そろ》えたいとの思いが工代会議運動にうまくつながったからでした。

２　大阪一般労働者組合西浜支部

西浜支部と鶴橋支部

評議会の大阪の拠点の一つが、一九二五年八月に設立され、中小企業労働者を組織した大阪一般労働組合（大阪一般労組）でした。松田喜一は、一九二六〜二八年にこの労組の執行委員を務めました。松田喜一が執行委員になったのは、一九二六年七月一五日の大阪一般労組第二回大会でした。委員長は松葉清継で、他の執行委員は、山本正美、中村鈴子、鍋山歌子、小宮山富恵、山辺健太郎（一九〇五〜一九七七）、田井為七、栗木一夫、佐川八《わかつ》など二四名でした。ほとんどが日本共産党の党員あるいはシンパでした。

大阪一般労組は、西淀川区の日本染料や西浜の松本製靴、岩橋皮革などで組合を結成、争議を展開しますが、皮革工を企業を超えて加入させた大阪一般労組西浜支部も結成しました（最初は南支部という名称でした）。松本製靴所（栄町の共同工場内で従業員は二九人ほど）の争議（一九二五年一一月六〜二〇日）が、西浜部落の初めての労働争議となりました。松本製靴所は、工場ではなく自宅で職工に請負作業に従事させていました。そこに突然一週間の臨時休業を申し渡したことから、大阪一般労組による争議となったものでした。

なお、前述したように、松田は「大正七年（一九一九）五月労働運動に入り大阪皮革労組を組織」したと、一九三七年六月の大阪市議選の候補者の闘争略歴にはありますが、これは事実か不明です。しかし、同じ「候補者の闘争略歴」に「大正一四年（一九二五）八月、総同盟と評議会の歴史的分裂に際し、評議会を支持して大阪一般労働組合政治部長に推《お》る」ともあり、大阪一般労組が一九二五年に結成され、松田が翌二六年の第二回大会で執行委員となった史実と符合します。また、一九三七年の大阪市会選挙のビラに栗須七郎が「松田落すな」との推薦文を寄せていますが、そのなかで「松田君は大阪でも、かなり古い無産者解放運動家で、友愛会時代から既に労働運動に参加しており、日本労働総同盟を経て日本労働組合全国評議会に入り」と書いています。鈴木茂三郎《もさぶろう》（一八九三〜一九七〇）も「松田君は大阪に於いても最も古い労働運動家で、中途で水平運動に入り」と書いています。

話を戻して、大阪一般労組は、一九二五年一一月に鶴橋方面の刷子工で東支部を結成し、すぐに鶴橋支部と改称しています。この地域一帯には当時刷子工場が多数あって、朝鮮人が刷子工として相当数働いていました。そこに、大阪一般労組鶴橋支部が、西浜支部とほぼ同時期に結成されたわけです。この鶴橋支部所属の刷子工三〇人が中心になって、翌二六年一〇月に大阪刷子工組合という職能組合を結成しています。これは、工場に通勤するが雇用関係のない「自営業者」の刷子工三〇〇人を組織したことによるものでした。そして、一九二七年恐慌が起きると、工賃値下げに反対し、工場内自営業者刷子工四〇〇人が四月一二日同盟罷業に突入し、一四日に工賃値下げを取り消させて解決しています。さらに一九二八年一月には「職種最賃」を求めて同盟罷業を決行しましたが、残念ながら二月一五日惨敗宣言を出して終結しています。一九二六年一月には、現在も西成区橋にある共和護謨《ゴム》などによる津守支部も結成されました（大阪社会運動協会編『大阪社会労働運動史』〈戦前編・上〉第一巻、有斐閣、一九八六年）。

岩崎皮革（栄町四丁目共同工場内）の争議は、臨時工一人の解雇に端を発しました。大阪一般労組西浜支部長山本正美（一九〇六〜一九九四）による抗議で多額の解雇手当支給を余儀なくされたと感じた会社側が反転し、全職工に誓約書を求めました（一九二五年五月二〇日）。内容は、勤務怠慢、職工煽動は解雇、経営上の理由での賃金減額などには異議を申し立てず不当な要求をおこなわないというものでした。これに対し、職工は西浜支部の指導のもとに調印を拒否し、逆に待遇改善を要求、結局二九日、誓約書を撤回させて解決を見ました（大阪市社会部『労働運動調査報告（一九二五年）』）。同じ五月、西成区南開の伊東琺瑯《ほうろう》器製造所第一工場（二〇〇人）では、六三人が一般労組に加入し、賃下げ撤回を求めて二〇日からストに入りましたが、これは失敗しました（前掲『労働運動調査報告（一九二五年）』）。

大阪一般労働組合西浜支部長・山本正美

ここで、大阪一般労組西浜支部長として登場する山本正美について記述します。

山本正美は、高知県幡多《はた》町中村の部落出身で、一九二一年に高知市で水平運動に参加しました。同郷の幸徳秋水《こうとくしゅうすい》（大逆事件の被告）の母親が、幸徳処刑前の面会の後自死した真相を知った衝撃を短文で書いていますが、ヒューマニズムが際立った文章です。その後、大阪に出て皮革工となり、全国水平社青年同盟（全水青年同盟）や全国水平社無産者同盟（全水無産者同盟）の活動に参加、全日本無産青年同盟の執行委員にもなっています。松田喜一は「山本正美君が高知県の中村から大阪府水平社へ出てきたのは一九二五年頃で一八歳だった。その当時はまだ自由主義の意見を盛んに吐いていた」（『部落』第六八号、一九五五年九月）と回想しています。山本は、一九二五年八月の評議会大阪一般労組の結成に参加し、常任執行委員、政治部長、教育出版部長を務め、仕事をする傍ら西浜方面の皮革工を組織し西浜支部支部長となりました。その後、大阪港内労働者の組織にも取り組み港湾支部長となりました。現代の全港湾労組の先駆けみたいなものです。

大阪一般労組は関西では大阪金属労組に次ぐ勢力に発展し、そのなかから大阪化学労組、大阪紡績労組が巣立ちました。山本は浜松の日本楽器争議の時は、入露準備中で大阪に居残り応援していたと語っています（一九三三年一〇月二〇日の訊問《じんもん》調書から）。

山本正美は、一九二五年には大阪府水平社本部を離れて、無産者同盟本部に住みこみ、生活の必要上からパッキング工場に通い運動を継続しています。そして、一九二六年五月まで「水平社無産者同盟で働いていた」ようです。そして、一九二六年八月には高橋貞樹や岸野重春に勧められてロシアのクートベ（東洋勤労者共産主義大学）に学び、ソ連共産党にも入党しています。一九三二年テーゼの執筆にもかかわった理論家でした。一九三二年には日本共産党の再建に参画し、一九三三年日本共産党中央委員長になりました。一九三三年一月に就任しましたが、同年五月には検挙されてしまいました（『山本正美治安維持法裁判陳述集』刊行委員会編『山本正美裁判関係記録・論文集』新泉社、一九九八年）。

『選民』の皮革争議観

さらに大阪一般労組は、一九二六年一〇月、西成区鶴見橋の大平工業所で待遇改善要求で組合を結成、一割賃上げ、臨休は日給の六割支給、解雇手当制などを獲得しました。同じ頃、西成区今宮町の大阪製錠《せいじょう》所、西成区北開町の大谷製造所などでも争議が起こっています。また、西成区出城町の帝国鋼管製造所（五二人）では大阪一般労組の二五人を組織し、一九二七年一〇月一六日に三割賃上げを要求しストに突入、二五人の解雇者への五五〇円支給で終結しています。帝国鋼管製造所はつい最近まで操業していましたが廃業し、その跡は現在「ニトリ」になっています。この頃、西浜あるいは西成で頻繁に労働争議が起こっていたことがわかります（前掲『大阪社会労働運動史』第一巻)。

　ちなみに全水青年同盟の機関紙『選民』は、「皮革工組合の話」という論説を掲載しています。「産業別インターナショナルには皮革労働者の国際同盟がありその数三七万人。英国には、合同皮革労働者協会、鞍師《くらし》及一般皮革労働者組合、全国靴工協同組合などがあるが、此等は何れも保守的である。革命的戦闘的なのは露西亜《ロシア》の皮革工組合、二五万人以上の組合で、全無産者の階級的利害に立脚し、職別的乃至地域的小利害に禍されない。哲学者ヨセフディーツゲンは獨逸《ドイツ》の一鞣工だったし、露西亜の皮革工には有名な革命的指導者になった者が少なくなかった。我々も眠って居ては不可ない」(『選民』第一七号、一九二五年六月一五日)と、国際的な皮革労働運動を紹介しています。これは、中村甚哉の文章だったと木村京太郎は証言していますが、当時にしてはずいぶん博学でした。

　しかし、全水青年同盟が、皮革労働運動をどう見ていたかについて、気になる記事もあります。これは、前掲『近代大阪の部落と寄せ場』での紹介による「資料紹介・全国水平社青年同盟中央委員会報告書集」(『部落問題研究』第一一六輯、一九九二年五月)の記述です。「皮革工は元来手工業で近代的労働者ではないから組合を作っても大した期待を持つことが出来ない(中略)皮革工は手工業者だから決して近代労働者を組織するようなことはないが、その組織する中によい分子を引き抜くことが出来る。それだけでも我々は進んでやらなければならない」。労使関係より階級分子獲得が目的だったのか。しかし、「部落の産業形態のためこれをそのまま組合に組織することは至難であるが、この組合への努力・訓練との間に成果を得なければならぬ」(『選民』第一六号、一九二五年五月一五日)とも書いていますので、もう少し、大阪一般労組と松田喜一の皮革労働運動の曙の時代を注意深く見ていく必要があります。

爪屋争議は地域共闘で

一九二六～二七年のことと推測されますが、西浜の共同工場内の爪屋争議では、大阪一般労組と西浜水平社が職場改善と地域環境改善を結合して闘っています。爪屋という会社は、米田という親方が経営していました。爪屋は西浜の共同工場内であることは間違いないのですが、職種は不明です。争議の日時も定かではないですが、福井由数《よしかず》は「西浜の共同工場の爪屋の労働争議をやったが、評議会の一般労組の班として組織された共産党の指導を受けて闘った。山辺健太郎や鍋山貞親らも来ていた。搾取の根元は何かと、階級的な問題を正しく位置づけ、大衆の要求を組織しての闘いやった。組合の方は前借金、労働条件の改善、労働組合を認めよという要求、ぼくら地域の方は汚水を垂れ流しにするな、煙突を高うせえという要求を、共同で闘ってその両方ともかちました」。「共同工場のたれ流した汚水が長屋にじかに流れてきよる。裏の炊事場で釜のふたをとったらまるでごまをふったのようになる。親方をいじめても仕方がない。ここは土地会社の工場や。長屋の家主は会社の社長や。爪屋や皮屋の親方やのうて、家主に交渉しようやないかと、西浜の財閥荒木の家におしかけた。遂に、荒木は要求をのんでコンクリートの塀をつくり、高い煙突を立てた」（『部落』第二八九号、一九七二年七月）と述べています。福井は爪屋の労働者ではなく、地域住民の立場で争議にかかわっていたようです。当時、福井は鋳物職工だったようで、もしかすると爪屋は鋳物工場だったのかもしれません。

大阪一般労組西浜支部には、企業単位あるいは居住地域に班もあったのでしょうか。それとも、福井由数の言う「班」は大阪無産青年同盟の班だったのでしょうか。当時の大阪無産青年同盟の主な班には、日本染料班、専売局班、東ブラシ班、日出ブラシ班、印刷合同班、鯰江《なまずえ》沖縄班、舳松《へのまつ》班、市岡沖縄班、南王子農村班、栄町第一街頭班、栄町第二街頭班、鶴橋班、南地区班などがありました（前掲『大阪社会労働運動史』第一巻）。福井由数なら、栄町第一街頭班か栄町第二街頭班に属したはずです。この班を見ると、大阪無産青年同盟の中心が水平社と朝鮮人、沖縄、大阪一般労組だったことがわかります。

別の証言もあります。西浜の製甲職人だった坂市巌《いわお》は、戦後の一九七〇年頃、自伝的私小説を書いていています。そこには、大阪一般労組の皮革争議の爪屋争議と松田喜一の活動を想像させるシーンが出てきます。「福本（福井由数がモデルと思われる）は甲皮職であった。丸顔でロイド眼鏡をかけていた。頭が素晴らしく切れて、優しい顔に似ず剃刀のような言葉が吐き出された。一四、五才の頃よりマルクス主義を学び共産党に入党。まだ子供の彼は、西浜の靴職人のストライキと、共同工場のストライキを杉田（「水平社本部の杉田喜太郎」とあるから松田喜一のことと思われる）と共に指導していた。ところが、一九二六年の三・一五事件の大弾圧で検挙され、杉田と共に新聞の写真に大々的に乗せられた。泣きつく母に説得され転向したのである」（坂市巌「育ち行く雑草」『部落問題文芸・作品選集』第二七・二八巻、世界文庫、一九七六年）。「共同工場のストライキ」は爪屋争議だと思われます。

西浜皮革産業の生産構造

爪屋争議で登場する西浜の皮革共同工場を少し解説します。

西浜の南に隣接する西成区今宮町には、今宮村時代の一八八七年に西浜の橋本兼次郎、沼田勇吉、泉原古兵衛などによる大阪屠畜株式会社が建設した屠畜場がありました。これが、一九〇六年の屠畜法発布にともなって村営となっていました。ここから原皮が調達されていました。

その原皮の良質なものから新田帯革などに納められ、それ以外の屑革《くずかわ》が西浜の皮革工場に販売されます。主要な皮革工場は、新田、日本皮革、合阪《あいさか》製革、三菱製革、松下、鈴鹿皮革、中井フェルト、川崎クローム、篤田《とくだ》製革、小林製革、山森、桝谷クローム、由本《よしもと》製革などでした。さらにその下に八〇ほどの共同工場があり、ここで製造、加工されることになります。

一九一一年に大阪府警は、衛生上の問題から皮革工場の大阪市外移転を打ち出しましたが、これを受けて一九〇四年に設立されていた大阪皮革商同業組合は、一九一五年にその代替案として、北島町三丁目に共同工場を建設すべく、西浜土地建物会社を設立して、一九一七年に共同工場を完成させました。この共同工場内に約八〇以上の工場があり、一工場あたり数人から最高三〇人程度の職工、職人が働いていました（福原宏幸「都市部落住民の労働＝生活過程」前掲『大正 大阪 スラム』）。一五〇〇人ほどの職人、職工が共同工場に働き、そのうち漉師《すきし》という技術職人は一〇〇人ほどで愛和会という親睦会をつくり、これがのちに大崎皮革の争議の中心になるわけですが、これは後述します。

衛生組合評議員選挙に

この爪屋争議の直後と推測されますが、松田喜一は、一九二七年一一月一日、栄連合衛生組合評議員選挙に立候補し、最高得票で当選しました。労農党大阪府支部連合第四回ニュース（一九二七年一一月七日以降）には、「衛生組合に対する闘争起こる！　労農党南大阪支部においても、栄町三丁目より松田喜一君、四丁目より宇野（能哉）君、五丁目より中川（誠三）君が、①コエの汲取料は市から出せ！　②水道端や下水を改善しろ！　③衛生費を家主と市当局で負担しろ！　をスローガンに、何れも最高点で当選した。衛生組合に評議員を送れ！　衛生組合を通じて、市民の中に党の基礎をつくれ！」とあり、衛生組合評議員選挙への立候補は、労農党の統一方針でもあったことがわかります。

松田喜一の最初の「選挙」は、評議員選挙だったようです。

さて、一九二六年の大阪一般労組第二回大会報告書によれば、わずか一七人で発足した一般労組は一年で一八〇〇人にまで拡大し、その過半は皮革など化学産業でした。ただ、組合員の定着性に乏しく半数は離散したようです。争議件数は一六件、参加人員五七三人、勝利一件、妥協三件、敗北一件でした。大阪一般労組は、当時の大阪評議会では最大組織でした（前掲『大阪社会労働運動史』第一巻）。

そして三・一五事件

一九二五〜二八年に西浜で皮革労働者を組織して闘ったのは、松田喜一が参加した評議会大阪一般労組でした。大阪一般労組西浜支部は、争議一辺倒ではなく、生活を守るための労使の利害調整を地域改善と結び付けて取り組もうとしていたようです。その意味で先駆けであり、その先を見たいと思いますが、この組合は、前述したように、三・一五事件の直後に強制的に解散させられてしまいました。評議会も大阪一般労組も、そして全日本無産青年同盟も解散させられてしまいました。三・一五事件で解散させられた時点での組織の実勢は労働農民党（党員一万七〇〇〇人）、日本労働組合評議会（組合員二万二〇〇〇人）、全日本無産青年同盟（同盟員四五〇〇人）でした。

この時期（一九二五〜二八年頃）の評議会大阪一般労組および西浜支部、鶴橋支部の背景には、第一次大戦後の労働組合をめぐる状況の変化がありました。まず、前述したように、大阪一般労組より少し前ですが、新田帯革は一九二一年に協親会という工場委員会をつくるのですが、これは「労働組合なき労使協議制」というべきもので、一種の「懇談会」的「団体交渉機構」でした。新田帯革は資本の側において先見的だったのです。次に、一九二四年には、ＩＬＯ（国際労働機関）に初めて正式な手続きで日本の労働者代表として全日本労働総同盟会長の鈴木文治が出席し、日本政府も海軍工廠《こうしょう》などにおいて労働組合を法律はありませんが行政的に一部承認しました。そして、一九二六年四月九日に労働争議調停法（農業でも小作調停法が同時期に制定されました）が公布され、労働者の団結権と争議権が部分的に認められ、「集団的な労使関係」を行政的に承認していきました。あくまで、財閥独占企業などにおける集団的労使協調体制による国家の介入でしたが、実は、この間隙をぬって全国で中小企業労働争議が激化していくのです。日本共産党は、こうした状況下で日本労働組合評議会を結成し、一九二六年の大阪での第三回大会で工場委員会・工場代表者会議運動を方針化するのですが、あまりうまくいかず、中小企業労働争議は盛り上がっても敗北が多かったわけです。そんななかで、大阪一般労組と西浜支部、鶴橋支部は、西浜の皮革工場団地や鶴橋の刷子工場で、地域単位の業種別支部を組織し、産業別集団的団体交渉をめざしていくのです。この大阪一般労組の先見は、山辺健太郎や山本正美、そして松田喜一らだったと思われます。

この労働運動の変化と農村における農民委員会運動や、その影響も受けたと思われる部落委員会活動との関係はどうだったのかは未解明ですが、無関係だったとは思えません。実際、この時期、三重県など近畿地方などで小作料減免を部分的に実現し、地主的土地所有と闘っています。また、後述しますが、松田喜一は部落委員会活動を進取して兵庫県・松茸山入会権闘争を勝利させていきます。しかし、一九二七年の昭和恐慌から逆流が生じ、一九二八年の三・一五事件によってこの社会的運動は中断させられ、さらに一九三〇年の昭和恐慌で逆流に拍車がかかります。それでも西浜では、椿繁夫や北井正一らによって、一九三〇～三五年皮革労働運動が継続されていきます。

前述しましたが、一九二三年の三悪法反対運動やその後の普通選挙運動は、選挙権という政治的自由の獲得という面では前進しましたが、人身の自由とか言論出版の自由、集会結社の自由という市民的権利獲得の運動にはつながりませんでした。逆に、普通選挙法は治安維持法と抱き合わせで公布されてしまいました（一九二五年五月）。その負の要因が労働運動、農民運動、水平運動の前進を押しとどめ、普通選挙権も「市民的権利」より「国家の一員としての政治参加」に変質させられていきます。松田喜一は、この歴史の転換点において、皮革労働運動や差別糾弾闘争を闘い、挙国一致路線にも抗していくのです。

3　西浜の五つの皮革労働組合

西浜界隈の皮革労働組合

松田喜一が検挙され、大阪一般労組も解散させられた後、一九二八年から西浜の皮革産業には、五つの労働組合が存在しました。

一つ目は、大阪皮革工組合です。一九二八年一二月一〇日に創立大会を開催し、組合長に坂本孝三郎、主事に浜田孫吉を選出、日本労働組合総連合関西連合会に加盟しています。役員に水平社関係者は見当たりません。翌年八月に日本皮革（現ニッピ）に百数十名を組織し、浪速支部を発会し、以後、浪速支部が中心になって活動しました。浪速支部発会式は「市電日本橋四丁目下車の五会倶楽部」でおこなわれています。この組合の指導方針は労使協調主義で、争議は極端に少ないものでした。組合内には部落出身者もおり、一九三一年二月に「栄町支部設立準備会」を組織して、三月上旬に西浜で発会式を挙行することになったと機関紙で報じられました。栄町支部とありますので、この組合は皮革大手だけでなく西浜の共同工場にも組織を伸ばしていたようです（大串夏身「一九三〇年代の全国水平社と労働組合運動」部落解放研究所編『水平社運動史論』解放出版社、一九八六年)。

二つ目は、皮革労友会です。一九二九年一二月二〇日に結成され、会長は池本千代吉で、水平運動関係者では栗須七郎と金田茂寿が顧問、赤根岩松が幹事長に就任、辻尾政一も役員でした。辻尾はのちに松田喜一と結婚する一枝の実兄です。きっかけとなったのは山森皮革工場争議(一九二九年一一月、浪速区栄町、共同工場内)でした。「栄・三開・西浜・西成一帯の皮革産業労働者」一〇〇人が結集し、同年九月に椿繁夫(一九一〇〜一九九一)らによって結成された大阪全産業労働組合に加盟しました。この皮革労友会を組織した大阪全産業労組ですが、一九二八年九月五日に結成されますが、前述の評議会が解散させられたことから、これを継承し再建しようとするもので、無産政党系の合法的左翼労働組合でした。一九三〇年四月の第一回大会では「植民地労働者及水平社同人に対する差別待遇反対に関する決議」を採択しています。また、「夏期時間延長反対に関する決議」も採択していますが、提案理由は以下の通りです。

当時、浪速西成地方一帯の皮革労働者は毎年四月より九月にいたる半年間、三〇分の時間延長を強いられていると抗議し、「工場主はこの三〇分の労働を盗って、無手当で平然としている」と告発しました。「この時間延長の問題は、全皮革労働者の不平不満の重要な一つになっている」と問題を取り上げて、山森工場争議の要求条項でもこれを重視し、その後開催された工場代表者会議でも撤回要求を決議したと経過を述べています。争議後、皮革労友会創立大会でも決議したほど、この要求は当面の切実な全皮革労働者の要求でした。「この横暴な搾取方法撤回を全皮革の兄弟の解放の前哨戦」として、大阪皮革同業組合を相手に猛闘争を実行すると宣言しました。おそらく、同業組合つまり経営者団体への初めての集団交渉の申し入れでした。その実行方法は、①夏期時間延長反対工場代表者会議の組織、②皮革支部の組織拡大、③演説会の開催、④対策委員会の設置とあります。

その後、大阪全産業労組は分裂し、椿繁夫らは新たに結成された関西労働組合総連盟に合流し、皮革労友会も分裂し、関西皮革労働組合が結成されます（前掲『大阪社会労働運動史』第二巻）。

二つ目は、西浜製靴工組合です。結成日時は不明です。こちらはアナキスト系の関西労働組合自由連合会に加盟しました。大阪合成労組（一九二六年秋結成で、水平社同人が多く加盟していた）が、一九二七年六月八木福メリヤス（北区長柄町）で城北水平社同人の女性が休職させられたことに抗議し、水平社と協力して待遇改善を要件として争議を起こしました。この大阪合成労組は、その後、西浜方面に運動を展開し、西浜製靴工組合結成を助けました。同年八月二七日、西成区中開町の由本皮革工場に賃上げを要求しましたが拒絶され、四人が解雇されました。それから三七日間、演説会、デモ、路傍宣伝、同盟罷業も闘いましたが、解雇手当計二〇〇円で敗北してしまいました（前掲『大阪社会労働運動史』第二巻）。

四つ目は、大阪皮革労働組合で、一九三三年一月一六日に結成されました（最初は大阪皮革工組合という名称でしたが、結成直後に改称しています）。ここは、全水大阪府連が深くかかわり、北井正一が組合長を務めました。主事は中川重吉、常任書記は李《イ》鐘錫《ヂョンソク》と成川義男（一九〇七～一九五一）でした。椿繁夫が書記長である関西労働組合総連盟に加盟しました。一二の工場を拠点に、四〇〇人ほどの組合員を擁しました。この組合は、のちに大阪一般化学労組に合体し、皮革工支部連となります。

最後に、五つ目は、阪南労働自助会です。一九三二年一二月結成で、西成区中開町に事務所を置きました。「住吉、天王寺、浪速、西成、以上の四区に亘る皮革産業に従事する朝鮮人労働者を中心にした組織」で、組合員四三八人。「三・一五、四・一六弾圧を潜って果敢な闘争を続けた全協が解消した後、取り残された分子が朝鮮人独自の大衆的労働組合を組織する必要ありと結成されたもので、構成は皮革一七二名、ナット七〇名、住吉支部四〇名、化学一般一五六名で、組織工場は日本皮革（三七名）、澤井製靴（五〇名）他。役員は委員長朴、常任権漢輝君等」（『社会運動通信』第一二六〇号、一九三四年一月二七日）とあります。

日朝皮革労働組合の統一

なお、関西労働組合総連盟は、大阪皮革労組から北井正一、岸沢、竹田、青木、阪南労働自助会から権、金、徐らが出席した統一準備会を開催します。皮革産業で重複している両組合を合体して大阪一般化学労働組合結成大会を一九三四年四月一日に開催することを決め、大阪一般化学労組皮革工支部連という皮革業種支部を設置しています。

「西成区三開地方及び今宮方面並に住吉方面に五百の会員を有し、その影響数千人に及び当該地方に隠然の勢力を有する阪南労働自助会は、一昨年暮れ吾が大阪皮革労組と前後して結成されていたものであるが、現在組織勢力の八割迄が皮革産業であり、同一地方に大阪皮革労組と併立している事の不利を双方の組合員が悟るに至り、昨冬頃より合同の機運熟し遂に一月一七日、自助会は関西（労働組合）総連盟に正式加盟を決定した。依って本部は選任された産業別整理促進委員会を招集、開催の結果、愈々来《いよいよきた》る四月一日、大阪化学一般労組としてははなばなしい合同大会を挙げることとなり目下準備を急いでいる」（『社会運動通信』第一二七四号、一九三四年二月一三日）と紹介されています。朝鮮人と部落民の皮革労働者が一つの組合に合体する歴史的な出来事でしたが、その後の情報を知ることはできません。

この頃の朝鮮人の労働組合運動は活発だったことが背景にありました。一九二七年九月時点で会員二四〇〇人の大阪朝鮮労働組合が活動し、一九二九年秋には、済州島出身者が大多数を占めた東成区のゴム工場群で約一〇〇〇人の大阪ゴム工組合を結成し、一九三一年一月には東成区猪飼野《いかいの》の七工場を中心にゴム工場約九〇〇人のゼネストが一週間闘われています（前掲『大阪社会労働運動史』第二巻、『社会運動通信』第四八〇号、一九三一年五月二二日）。

関西労働組合総連盟の結成

また、大阪皮革労組の上部組織だった関西労働組合総連盟（関西総連盟）は中小企業の労働者を組織し、水平運動や朝鮮人労働運動との共闘を先駆けました。この組合は一九三〇年五月に結成され、七月に大阪全産業労組が合流、一九三四年七月には全国労働組合同盟大阪府連合会と合同しますが、それまでの間（一九三〇～三四年）、皮革労働運動に積極的にかかわっています。

かつて一九二〇年代後半には、水平社と全日本無産青年同盟、評議会の大阪一般労組は「一体となって」活動して、合法の労農党、非合法の日本共産党の影響下にありました。松田喜一はここに位置しました。三・一五事件を経て一九三〇年代になると、今度は、合法無産政党が合同した全国労農大衆党となり、労働組合は関西総連盟、そして、松田喜一拘禁中で北井正一が中心の水平社大阪府連の三者が、「密接な関係」で西浜を拠点に活動しました。「松田の時代」と「北井の時代」は、三・一五事件を挟んで連続しており、その舞台は無産運動のメッカ西浜だったのです。関西総連盟は、民族的・封建的差別反対を掲げ、傘下に多くの部落民、朝鮮人、琉球出身者を組織しました。そして、関西総連盟は、一九三五年四月からの大阪港南地方（現在の大阪市南部の大阪港沿い）の労働組合の全的合同へと合流していき、反ファッショ闘争を担いました。いまでも語り継がれる港南労働運動活性期です。大阪皮革労組組合長の北井正一は組合員四二〇人を引き連れてその渦中で闘いました。その一カ月後に全水大阪府連西成支部も結成されたのです。この港南労働運動は、その後大阪無産者団体の統一戦線へとつながり、関西総連盟書記長の椿繁夫は一九三七年の大阪市議選に港南地方の港区から立候補し当選します。リーダーは椿繁夫で、労働運動の後、大阪市議に転出、戦後は、日本労働組合総評議会全国金属労組中央委員長、参院議員、大阪護憲連合議長などを歴任しました。江田（三郎）派の重鎮でした（椿繁夫『水脈遠く』新時代社、一九八三年）。

この時代の大阪の労働組合を類別すると、①右派は総同盟系で、右派社会民主主義系でもありました。皮革工組合は大企業の皮革工場を組織してこのグループに属しました。②中間派は関西総連盟ですが、労農党が解散させられた後にできた労農大衆党、社会大衆党に属する左派社会民主主義系です。西浜の中小企業の皮革工場を多数組織しました。皮革労友会や大阪皮革労組はこのグループに属しました。③左派は日本共産党系ですが、評議会は解散させられ、一九二八年一二月に日本労働組合全国協議会（全協）という新しい組織を結成しましたが、これも短命でした。松田喜一の大阪一般労組や朝鮮人の阪南労働自助会がこのグループに属して、中小企業の皮革工場を組織しました。④アナ系の労組も一部皮革工場を組織しました（前掲『大阪社会労働運動史』第二巻）。

これらは分裂ではなく、労働組合の林立です。正確ではないですが、それぞれの組合員を合わせるとピーク時で三〇〇〇人近くが西浜および周辺の皮革産業にいたと推測できます。ほとんどが中小企業の皮革、製靴工場ですから、組合員は大手を除いて、多くが西浜および西成居住だったと思われます。現代も含めて、浪速、西成でこれほど労組員率が高い時代はなかったと思われます。

4　あいつぐ皮革労働争議

北中皮革争議支援

そこで、西浜の皮革労働争議に立ち入ってみたいと思います。

一九三一年末に、兵庫県姫路市の北中皮革で大規模な争議が起こりました。全水大阪府連と関西総連盟が救援活動に乗り出しました。争議は、常勤を制限する輪番休業制の導入がきっかけでした。これは従業員全員、その家族、ひいては高木部落全体にもかかわることから、激烈な闘争に発展し、高木部落の人びとが村を挙げて参加しました。一二月一七日、夜の高木での争議演説会では、三〇〇人の村民と警察官がにらみ合い、警察隊は抜刀し、村民は竹槍《たけやり》で応戦するという惨事になり、双方負傷者は三〇余人になってしまいました。争議団は、関西総連盟所属の播州一般労働組合姫路支部北中分会を組織しました。全水兵庫県連の要請を受けた全水本部は、一九三一年一二月一七日中央常任委員会で応援を決議しました。全水大阪府連と西浜支部は、翌三二年一月三日に栄幼稚園で数百人の演説会を開催し、北井正一、高畑久五郎、成川義男、栗須七郎、椿繁夫などが参加しました。姫路からも原上坑、山崎京などが参加しました。閉会後三〇人が北中争議団派遣の五名を囲んでデモ行進して、社長の北中巳之吉《みのきち》宅へと押しかけました。

高木部落の出身者が西浜でつくっていた播高郷友会《ばんこうごうゆうかい》が、同郷の北中巳之吉社長と争議団との調停に乗り出しましたが失敗しました。高木から来た新井磯次は調停失敗直後に、「わしの力が足らなんだ」と言って小指を切り落としました。

大阪、西浜の争議団支援組織は、栗須七郎が代表となり、北井正一が総連盟の椿繁夫とともに再三にわたって姫路に赴《おもむ》きました。椿繁夫は「こりゃ、いよいよ革命だなぁ、と思ったもんだ」と書いたほど盛り上がったようです。争議は一九三二年一月二四日、三六人の解雇を承認、犠牲者家族見舞金および解雇手当、争議費用として金七〇〇〇円という高額の解決金を支払うことで妥結しました（新井磯次『北中皮革争議史』同和通信出版部、一九五九年、前掲『水脈遠く』）。

松本製靴争議

関西総連盟は西浜の皮革労働者の組織活動に努め、浪速区恵比寿町の戎製革工場で、一九三二年九月二六日、賃金の三割カットに反対しストに突入しました。一〇月二〇日には、浪速区栄町の製革所岡野兄弟商会の工場閉鎖に反対して争議が起こりました。これらの会社は、原皮を鞣《なめ》して加工する業種です。また、同年一二月二三〜二四日には松本製靴工場でも争議が起こりました。ここは西浜南通り二丁目の共同工場内にあり、三二人の職工が働いていました。

松本製靴の争議の原因は、閑散期になると従業員の過半が臨時休業となり一文の収入もなくなり、会社から生活費を借金するのが慣習となっていたことでした。これは、西浜部落の労働者の共通の問題でもありました。関西総連盟は皮革組合準備会を設立し、一二月二三日、①一カ月二五日以上就業を保証すること、②公休日を明示すること、③勘定日を決定して実行すること、④健康保険未加入者を即時加入せしむること、⑤甲釦《こうきん》は三〇足以上出すこと、⑥ワイヤ甲釦、甲釦巻縫《まきぬい》を平等に分配すること、⑦争議のために解雇せぬこと、⑧争議費用は会社全額負担の八項目を要求してストに突入しました。そして、労組側は大半の要求を実現しました。交渉委員は、北井正一、中川重吉、成川義男らでした（『社会労働通信』第九五九号、一九三三年一月一九日）。

ここで注釈ですが、⑤の「甲釦は三〇足以上出すこと」とは、現在は一般に「釣り込み」と呼ばれる作業三〇足分を、一人当たり一カ月分の仕事量として保障せよ、という意味になります。

「⑥ワイヤ甲釣、甲釣巻縫を平等に分配すること」については、「ワイヤ甲釣」とは、一般的には釘で革を固定するのを、ワイヤーで固定する方法です。作業負担が減ります。「甲釣巻縫」とは、釣り込みの後に、革の端を糸で縫う「からげ縫い」も施す作業のことと推測されます。これは作業負担が増えます。「ワイヤ甲釣」は作業の負担が軽く、「甲釣巻縫」は作業の負担が重くなるので、それらを平等に分配して職人の作業量を均《なら》せ、という要求と思われます。また、当時の職人の報酬は出来高制なので、作業負担を均さないと賃金差が生じかねない事情がありました。

大阪皮革労働組合の結成大会

一九三三年一月一六日午後二時、浪速区栄町六丁目の浪速市民会館で、関西総連盟大阪皮革労働組合の結成大会が催されました。スローガンは「物価は上った給料を上げろ！」「戦争予算を止めて、失業手当を出せ！」「首切り・賃下げ給料反対！」「解雇、退職手当を即時制定しろ！」「民族的・封建的差別撤廃！」「閑散期の生活を保障しろ！」であり、大会議長は北井正一でした。

北井正一は経過報告で、一二工場、約三〇〇人が組合員になったことを発表しました。祝辞は、社会大衆党浪速支部の栗須喜一郎、関西総連盟の下田義光、大阪府水平社（この時期、「大阪府水平社」と「全水大阪府連」が並立していました）の栗須七郎、播州一般産業労組の山崎京でした。提出議案は、閑散期生活保障、請負制度に関する件、民族的封建的差別撤廃など一四項目。しかし、帝国主義戦争反対の件は臨席していた警察が不許可としました。

役員は、組合長北井正一、主事中川重吉、会計福田清吉、前広一、会計監査岩波長兵衛、常任書記季鐘錫、成川義男（争議部長）、執行委員池田末吉、竹田兼助（政治部長）、北岡春吉（青年部長）、岩田正一、巽繁太郎、西村正司（組織宣伝部長）、松田清吉（調査部長）、孫判弘、椿繁夫（教育部長）、金基男、顧問栗須七郎、栗須喜一郎、安倍隆一。財政部長は福田兼吉、書記局員は成川義男、李鐘錫でした（『社会運動通信』第九六一号、一九三三年一月二二日）。

大会に来賓《らいひん》として参加した栗須喜一郎の社会大衆党は、一九三二年七月に右派の社会民衆党と中間派の全国労農大衆党が合同してできた政党で、西浜は大きな拠点（浪速支部）でした。栗須喜一郎は、全国労農大衆党から社会大衆党に参加し、関西総連盟の椿繁夫や全水大阪府連の北井正一らも参加しました。この頃には、反共産主義を鮮明にして、反ファシズムと並べて掲げ運動を進めました。

一九三三年三月に発行された「大阪皮革労働組合ニュース」（謄写版A4裏表）が手もとにあります。「執行委員会開催通知、四月二日午後七時、皮革労働組合本部事ム所、於北井宅」「松本製靴賃金値上要求貫徹！ 団結の威力、穏健な交渉で」の見出しで、〈刀を抜かずして勝つことこそ労働組合の使命、明日と言わず、今日から直に組合に這入《はい》れ！〉。「茨木の帯革工場に組織のぶ、皮革労働戦線拡大」との見出しで〈三島郡茨木町平尾帯革の兄弟四〇名、外《ほか》井上帯革、落田帯革、合計約一五〇名が吾が大阪皮革労働旗の下に組織すべく手段をつくした結果、大多数獲得される模様である〉。「因襲と屈辱から覚めよ！ 諸君は生血を搾られて居るのだ！」の見出しで〈松本製靴、戎製靴、中塩製靴等に於いては組合の力により閑散期に於ける生活と平常に最低収入が保護されているのだ〉。「暴圧の播州滞在記―組合代表派遣闘士中川重吉」の見出しで〈各職場の闘士諸君と協力して先ず検束者釈放闘争に全力を集中した。その結果十八日午後二時に至り山崎克君一人を釈放せしむるに成功した〉。「メーデー五月一日は近いぞ！」。「出版部だより」では〈これからは月二回は確実に、出来れば三回以上出したい〉とあり、皮革労組は、西浜にとどまらず、茨木などへ皮革職縁や部落人脈で伝播していったのでしょうか。

なお、関西総連盟の一九三三年三月の常任執行委員会の任務分担を見ると、組織部長中川重吉、争議部長椿繁夫、政治部長山崎京、教育出版部長洞ヶ瀬菊雄、財政部長下田義光、青年部長山中与三吉、婦人部長香川初一のほか、調査部長北井正一、宣伝部長成川義男の全水大阪府連常任委員が任命されています。

中塩製革と澤井製靴の争議

一九三三年三月一日から栄町三丁目の中塩製革商会で争議が発生しました。「二月中旬頃まではペーパーかけは他の工場に一足三銭で発注していたが、最近これを常傭《やとい》にやらせることを発表したが、この分の仕事に少しの手当も出さぬため交渉に入った」とあり、次の要求項目を提出しました。①閑散期の生活保障、②臨時休業の場合は日給の八歩を支給せよ、③最低生活の保障。甲釣大を一日二〇足以上、訓練靴は大を一〇足以上出すこと、アリアンかけは三円以上の仕事を出すこと、④ペーパーかけを本人にさせる場合は一足につき工賃三銭、⑤エナメル甲きんは一五銭にされたし、⑥就業時間は一日一〇時間とす、⑦食堂の設備をすること、⑧争議費用、争議中の日給は会社側の全額負担。

三月四日には、北井正一、中川重吉、成川義男、椿繁夫と争議団二〇人全員が並んで、翌朝九時まで延々一八時間の交渉の末妥結し、ほぼ組合側の完全勝利となりました（『社会運動通信』第九九八号、一九三三年三月七日、第一〇〇二号、一九三三年三月一一日）。

中塩製革商会では、その年の八月にも九人の解雇撤回、解雇手当制度の制定を求めてストライキに突入しました。この時は、高松結婚差別裁判糾弾闘争の真っ只中で、西浜の高松結婚差別裁判糾弾闘争大阪府委員会はこの争議団本部と同じで、北井正一宅でした。

また、同年七月、西成区出城通り七丁目の澤井製靴工場（代表澤井利平）でも争議が発生しました。これは、利平の弟利一郎名義の新工場ができて仕事を分譲したことで請負で働いていた職工たちの仕事が減ったために、職工二三人が仕事を発注せよと要求したものです。「今宮署特高係では双方の代表者を招致し解決に努めた結果、工場主は争議費用金一封を支給し生活を脅かさない程度に仕事を与ることを約し円満解決した」とあります。この時代、差別事件と同じで、争議の和解にも警察が立会する事例が多くありました。この澤井製靴争議を指導したのは前述の阪南労働者自助会という朝鮮人の労働組合でした（『社会運動通信』第一一一七号、一九三三年七月二八日）。

5　大崎皮革の大争議

漉師・前田政吉の解雇

大崎皮革争議は、戦前の西浜最大の争議となるのですが、一人の漉師《すきし》の解雇反対から地域皮革工場、製靴工場の工場代表者会議にまで発展しました。

一九三四年一月一四日、浪速区栄町四丁目にある第二共同工場二〇号の大崎皮革工場（大崎重保社長、従業員一九人）で、前田政吉という漉師が突然解雇されました。前田政吉は熟練の漉師で、業界で表彰されたこともある有名人でした。相談を受けた漉師の親睦団体愛和会は、ただちに復職交渉を持ちましたが、要領を得ません。そこで、大阪皮革労組に協力を求めました。一月二一日、成川義男と愛和会五名による交渉が持たれました。その場で、工場主大崎重保が興奮して、焼ごてで成川義男の前額部を殴りつけたのです。成川は近くの大野病院にかつぎ込まれました。

漉師の団体一糸乱れず

これで愛和会会員は激高し、翌二二日早朝より、二二工場九〇人が一斉にストライキに突入しました。愛和会九〇人は栄町四丁目の三浦方に集まり、争議団を結成、要求書を作成しました。争議団は谷本政太郎を団長、竹林助一を副団長に選び、行動隊三班三〇名、糧食隊一〇名、会場係五名、対策委員二五名、交渉委員五名、伝令五名を組織しました。大阪皮革労組からは北井正一、椿繁夫、中川重吉らが出向き、総連盟、大阪皮革労組を挙げた支援態勢をつくりました。

漉師というのは、革素材の厚みを調整して水平に分割する漉割《すきわり》という作業を担う職人で、皮革工場にそれぞれ三～四人いて、二二工場で九〇人ほどいたわけです。その人たちが、工場の壁を超えて、職能的に団結して長期争議に突入したのです。

争議団は翌二三日夜、北井正一を先頭に工場に押しかけ、九項目の要求書を手交しました。①前田政吉の復職、②健康保険加入、③解雇手当、退職手当の制定、④臨時休業の際は日給全額支給、⑤閑散期の生活保障、⑥日給算出方法は事故より一年遡《さかのぼ》り賃金全額支給を就業日数で除したもの、⑦便所、脱衣所、食堂の設置、⑧職工雇入に対しては愛和会に相談すること、⑨争議中の日給全額支給などでした。

寄付と調停の西浜町内

二三日夜、争議真相報告発表演説会を五〇〇人の参加のもと開催しました。二四日には糧食米を争議団へ運搬する際、米挽きデモ（大八車に米俵を乗せ、何台かで町内をねり歩く）を実施、西浜の町内会からも醤油《しょうゆ》、味噌、炭などが寄付されました。この日、仲買人の原藤七《とうひち》（吉岡弥市の妻の父親）

と楠根《くすね》亀吉、伏見屋商店店員の和田正堯《まさたか》が調停に入ったのですがもの別れに終わりました。楠根、和田は播高郷友会の人物でしょうか。

高木部落出身の新井磯次の証言があります。「大崎皮革の工場主は高木出身で播高郷友会の人達が調停に入ったんだが、その過程で争議団が郷友会の人々は大崎の犬だというビラを撒いたので調停から手を引いたという経緯があった。とばっちりを受けたのは北井正一君で、それまで西浜で消費組合をやって生活の足しにしていた。そのバックは播高郷友会だったから消費組合も解散してしまった」(『荊冠の友』第六三号、一九七一年九月)。消費組合はサカエ消費組合だと思われます。

話を戻して、争議団や愛和会が配布したビラにはこう書いてます。「西浜、栄町、三開の町民諸君に訴ふ！ 今回我々全スキ師一同は、総罷業を決行し、町民諸氏に御心配を相かけ、且つ町内を御騒がせせざるを得なくなった事情に就いて、親愛なる諸氏に御諒解を得たいのであります」「大崎皮革工場主大崎重保は、製革組合から表彰された模範職工前田君を無理難題な言いがかりをつけて、無手当で解雇したのであります。我々全スキ師の会合の決定で、代表者を選んで穏便に交渉に行ったにかかわらず乱暴至極にも、十数名の暴力団を雇入れ酒を飲ませて威かくしています」(『社会運動通信』第一二六三号、一九三四年一月三一日)。

争議は長期化し、組合側も内部に動揺の兆しが見えたので、組合側は、東成区森小路の全国農民組合本部に立て籠る戦術を採用しました。業界組織である皮革同業組合側も皮の不足に困って、和歌山に皮を運び漉《す》いてもらうことを考えました。ところが、すでに争議団の「伝令」を受けていた和歌山の漉師たちは、これを断固拒否しました。「中谷のスキ皮がトラックに積んで和歌山にはこんだが兄弟達は大阪の皮は絶対にスクなとことわって山のように積んだ車が、其のまま西浜に帰って来たのもウレシイ便りだ！」(「争議団ニュース」『社会運動通信』第一二六八号、一九三四年二月六日)

と述べています。

皮革工場はゼネストへ

争議団は、一九三四年二月五日大会を開き、次の方針を決定しひとまずストライキを解きました。①従来の解決案は不承認して、要求書通り主張する、②一時同盟罷業の形態を解散して持久戦の準備に移る、③其の方法は就業する者各人より一〇銭宛醵金《きょきん》して残留争議団三名の米代を保障する、④争議対策委員会は毎日午後五時から本部に集合する、⑤愛和会会員は争議対策委員会の決定を絶対守る（『社会運動通信』第一二七二号、一九三四年二月一〇日）。

争議は関西総連盟の強力な指導のもとに進められ、地域の未組織労働者を次々と組織し、二月二四日、二二の皮革工場、一三の製靴工場の工場代表者会議を開催しました。皮革工場から製靴工場へと皮革労組は進出していたわけです。しかし、大阪府特高課と芦原署特高係の二〇余人が「工代会議は左翼の働きあるものとみなし一応取り調べを行った」として会場に突入し、一七名の活動家を検束しました。中川重吉や成川義男ら中心メンバーが検束されてしまいました。続いて、「皮革工代会議検束者釈放」との見出しで、「検束当夜六名、二十六日には櫻井君外三名、翌二十七日に山中君、越えて本月一日中川、成川君両組合常任外二名がそれぞれ芦原署を釈放され、残留者は二名となった」（『社会運動通信』第一二九二号、一九三四年三月六日）とも報じています。その後も、争議団は強硬な姿勢を崩さず、三月二日に交渉を持ちましたが、この日も決裂しました。ただ、その後のことは『社会運動通信』でも不明です。

大崎重保の行動

のっけから大崎重保社長の暴行から始まって、労働争議はどうしても労組側が善で企業側は悪とイメージしがちですが、この争議から三年後の一九三七年に皮革統制令が出されると、大崎重保は皮革産業防衛に奔走しています。大阪では、北中巳之吉が理事長、大崎重保が専務理事になって大阪皮革工業組合がつくられ、大阪の鞣業者をまとめて皮革防衛に活動します。二人とも姫路の高木部落出身でした。この大阪皮革工業組合が先駆けとなって、皮革産業工業組合連合会という全国組織がつくられていきました。大崎重保らが皮革産業の命運をかけて動いた事実も記しておきます。

6　北井正一のこと

労働組合の友、椿繁夫語る

椿繁夫はこんな証言をしています。「水平社の北井正一君やのちに徳島に帰った成川義男君は、水平運動のかたわら私と一緒に皮革労働組合の結成などに参加して二九名の監獄行き犠牲者を出した姫路市外の北中皮革の争議など指導にあたったものであるが、松田さんは部落解放運動のほかは見向きもしない一徹の人であった」（部落解放同盟大阪府連他編刊『松田喜一—その事業と運動』、一九七五年）。「関西総連盟をやっていた頃は水平運動との関わりが深かった。北井正一君や成川義男君は総連盟と水平社大阪府連の両方で活動し、北井君は総連盟調査部長だった。彼は、目が片一方完全に失明していて黒の眼帯をしていた。北井君の家はいまの浪速解放会館の裏側あたりにあってお母さんと一緒に住んでいた。お母さんは「正一、電車道気いつけや」と言って送り出す。北井君も素直に「うん」と言って出かけるのだが、さもきまりが悪そうに「いつまでも子どものように思うとりまんねん」と言っていたのを思い出す」。「北井くんというのは、人格としては、ほんとうに円満なひとやったな。内側は別として、闘争的ではなかった。もちろん、内側は根強いものを持ってましたよ」。「北井くんはアナーキストであったかもしれないが、ぼくが知ったころは、そうじゃなかったな」（『解放新聞大阪版』第四七五号、一九八一年一〇月五日）。

「松田君が三・一五事件にひっかかり、釈放されてきて間もなくすると結婚するという話になり、それやったらと水平社の諸君と私らの連名で呼びかけ結婚式をやった。確か一人三〇銭だか五〇銭だかを持ち寄ったものだった。今で言う会費制結婚式である。高松結婚差別裁判反対闘争のちょっと前やったと思う。栗須七郎さんや石田君、井《い》元《もと》麟《りん》之《し》君も世話人やったと思う。たしか勘助町あたりやったと思うがな」。「その頃の私たちの考え方は、水平社だとか労働組合だとか、無産政党運動だとか、それから朝鮮人の団体だとか、区別せず一体のものと考えていたし、人も重なっていた。それがごく自然だった」（前掲『水脈遠く』）。

新堂水平社時代の北井正一

北井正一は、一八九九年三月五日、いまは富田林市の新堂村で生まれています。松田喜一とほぼ同年代でした。一九二二年三月三日の全水創立大会には、桜井徳光ら新堂村の仲間とともに参加しています。そして、同年七月一四日に河内水平社（のちに新堂水平社と改称する）結成大会を、新堂村円光寺で開催し、北井は委員長に就任しています。副委員長は中島範次、書記長は丸本富でした。大阪府水平社より一足早い結成で、順番でいうと梅田水平社、舳松水平社の次でした。一九二四年三月には新堂少年水平社が、翌年三月には新堂婦人水平社が結成されています。また、同年九月から一〇月まで、「ワシラノシンブン」社富田林支局が新堂村の北井正一宅に設けられています。この新聞の編集人は、前述の全水創立大会に協力した難波英夫で、新民衆劇の宣伝などユニークな紙面を提供しました。しかし、在郷軍人会川上村分会の差別発言糾弾闘争への参加直後の二六年八月一七日に、新堂水平社の青年や西浜の石田正治、梅田水平社の山田竜平などとともに「安眠妨害と無銭飲食」の濡《ぬ》れ衣《ぎぬ》で不当に逮捕され、北井は懲役六カ月の判決を受けました。そのため新堂水平社の活動は沈滞してしまいました（河内水平社創立六十周年記念誌編集委員会編刊『最後のひとりの立場に―河内水平社の歴史』、一九八三年）。

西浜で水平社を守った人物

一九二八年、北井正一は、父の死によって家督を相続し戸主となりますが、間もなく家財を売却して母とともに西浜に転居しました（椿繁夫証言によると浪速解放会館の裏あたり）。そして、この年の三月、三・一五事件で松田喜一らが検挙されてしまい、北井正一はその留守を守って、全水大阪府連の活動を担っていくのです。そして、大阪皮革労組組合長も兼務で活動しました。余談ですが、この時一緒に全水大阪府連と大阪皮革労組の活動を担った成川義男は、北井正一の妹と結婚しています。

大崎皮革争議の項でも紹介しましたが、北井正一は、全水大阪府連あるいは大阪皮革労組の時代、サカエ消費組合によって生活を支えていたようです。この組合の事務所は浪速区西浜中通一丁目五の北井正一宅にあり、醤油や薪炭などの生活用品を組合員に販売したようです。「大阪府消費者組合名簿一九三三年六月現在」を見ると、この消費者組合は「一九三二年六月に、大阪府水平社、関西総連盟の組合員の一部が主体となり金田茂寿等中心となり創立す。創立当時は成績良好なりしも一九三三年に至り閉鎖し有名無実の状態なり」と報告されています。実際一九三一年は月三〇〇円の売上でしたが、一九三二年は八〇円に減少しています。常任理事は靴鞄商の金田茂寿（三六歳）とミシン修繕業の藤田弥太郎（六〇歳）となっています。姫路の高木部落出身者の播高郷友会などがバックアップしていましたが、大崎皮革争議の軋轢《あつれき》で解散してしまったようです。妻はカツエといい、城北地区の出身で長柄橋近くの秋山ゴム会社で働いていた時、北野実の妻千代と一緒だったと、北野実は語っています（北野実「思い出 故北井正一氏」『荊冠の友』第五九号、一九七一年五月一〇日）。

北井正一は、松田喜一が獄中にいたこの頃、皮革労組や全水大阪府連の活動を支え、高松結婚差別裁判闘争でも需要な役割を担い、そして、一九三五年六月には水平社大阪府連西成支部の結成に尽力するのですが、これは後述します。

赤貧洗う生活は舟場に

一九三六年になると、北井は北区舟場に居を移し、同年一一月には、水平社北大阪地区協議会を組織、自宅に事務所を置きました。舟場の下村織之助が、北井の苦しい生活状態を見かねて引っ越しを世話したそうです。この水平社北大阪地区協議会の結成は一九三六年一一月八日で、北区道本町の称名寺に、梅田支部の北井正一、奈良嘉一、古川、松本、正保義美、浜崎支部の沢田清二郎、下村義三郎、奈興、城北支部の北野実、島田、小山、下三番支部の西本喜次郎、辻、飛鳥支部の大西益一、池田甚之助、塚本ほか数十名、本部から松田喜一、井元麟之、成川義男が出席しています（『社会運動通信』第二〇九一号、一九三六年一一月一二日）。

北井正一は、新堂村を出た後結婚し、一男二女を設けています。男の子の名前は「浄司」で、お祝いに訪れた北野実と松田喜一に、「高松差別裁判のように差別待遇することを許さない。この子が大きくなったら法律家にして、司法界を根本から浄化させるんだ」と、そのいわれを語ったそうです。

北井正一は生涯運動に専念し、定職には就かず、行商などで生計を立てていました。赤貧洗うが如《ごと》き生活でしたが、西浜でも西成でも、舟場でもいつも自宅を事務所に提供し続けました。一九三八年六月頃、行商もいき詰まって吉川金属会社に雇われ外回りの仕事をしている時、舟場町の卒田氏（卒田正直ではない）と途中で会い、青白い顔、ひょろつく足元を見て自宅まで付き添ったそうです（前掲「思い出 故北井正一氏」）。

北井正一の最期についてこう書かれています。「一九三八年六月のある日、舟場から西浜まで自転車でコロッケの材料のすじ肉を買いに出かけた。その帰り道、舟場の入り口で、電柱に寄りかかるように自転車から降りると、ああしんど、と言ってくずれた」そうです。まだ三八歳でした。葬式を全水葬にしようとしましたが、官憲は許さず、やむなく全国同人葬で弔われました。弔辞を読んだのは松田喜一でした（前掲『最後のひとりの立場に―河内水平社の歴史』）。

7　西浜皮革争議の概括

皮革共同体の利害調整

北中皮革をはじめ、皮革争議があったのは、大崎皮革にしろ、松本製靴、由本皮革にしろ大半は、西浜および高木部落出身の部落民が経営する皮革企業です。そこで、西浜の皮革産業を概括してみます。

一九一〇年代から西浜の皮革産業を支配していたのは、新田帯革など五大皮革企業が頂点にあり、その下に高利貸（竹田由松、荒木栄蔵、橋本兼次郎）や、独占的に新田帯革に納める皮革業者（西森源兵衛、松下歳三ら）の五人がおり、その下に四〜五軒の原料卸問屋（小野、松本、伏見屋など）、約五〇軒の原料小売屋（宮前、牧野、熊本、前田など）、西浜土地建物会社が管理する共同工場の約八〇人の親方（岩橋、田中、益谷、北中、仲谷、上田など）がいました。そして、末端に、共同工場で働く靴・原料加工職人、独立の靴小売商、靴・原材料加工職人、靴直しなどの職人、労働者がいたわけです。経済的支配層と労働者・職人の間には、徒弟奉公を媒体にした明確な隷属関係がありました。西浜内の皮革産業への部落外の流入はほとんどなく、西浜の住民および他府県の部落民がほとんどでした。その総数は約二五〇〇人で、西浜の就業人口の五〇％にあたりました（「浪速部落の歴史」編纂委員会編『渡辺・西浜・浪速―浪速部落の歴史』解放出版社、一九九七年）。

皮革争議は明らかに部落内の労使紛争ですが、北井正一らが「部落内階級闘争を激成せよ」といたずらに煽動した足跡は見当たりません。むしろ大崎皮革争議は、皮革労組より愛和会という漉師の親睦組織が中心で、和歌山の漉師がきょうだい的連帯を表し、しかも愛和会は企業横断的な雇用契約締結を求め、また西浜の関係者、同業者や水平社が調停に乗り出していたという事実が注目されます。さらに、大崎皮革争議が二二の皮革工場、一三の製靴工場の工場代表者会議から地域ゼネストに突入しようとしていた事実は、共同工場を中心に西浜の皮革中小企業の過半に迫る規模であり、うまくいけば、西浜皮革共同体内の利害調整機能を有した労使交渉になっていったかもしれません。それは、また、西浜部落の支配（自治）の構造の改革にも迫るものでもあったかもしれません。

しかし、共同工場の約八〇人ほどの経営者といっても、五大企業を頂点にした隷属的な支配関係にありましたから、とても独立した企業とは言えません。そこに労働争議が起こると、そもそも労働者は日々雇いです。夏期の閑散期の生活保障や解雇手当、月二五日以上の就業保障などの要求項目は日々雇い故のものです。また、隷属的と言えども、労働者は西浜の皮革共同体に属しているわけですから、「捨てる神あれば拾う神あり」を想定して馘首《かくしゅ》覚悟で争議に突入していきます。大崎皮革の工場主大崎重保が血相を変えて争議団に立ち向かってきたのは、逆に工場主の地位のほうが不安定なものだったことを示していました。うまくいけば西浜皮革共同体の利害調整でお互いが助かりますが、ひとつ間違えば、大崎皮革は倒産し、そもそも賃貸の共同工場の会社は別の人に取って代わられるだけでした。

松田喜一と北井正一

一九二六〜二八年の大阪一般労組時代は、松田喜一中心の「日本共産党主導」で、一九二八〜三四年の五つの皮革労組時代は、北井正一中心の「社会民主主義主導」であったから、まったく別のもので、「連続」しているどころか、むしろ「対立」の関係だったのではないかという疑問があるかもしれません。これについての回答は、前述の椿繁夫『水脈遠く』が率直でおもしろいと思います。

「大阪に帰ってきて間もなしに起こったのが三・一五事件である。私が当時から一貫して考えていたのは、左翼―共産党に行けば、いつ官憲に引っぱられるか分からず、母親や弟妹の手助けにならぬ、ということだった。思想的にはだいぶ左翼がかっていたが、三・一五事件の後、評議会が解散になる、労農党が解散になる、青年同盟がつぶされるというような時でも、いつの時でも合法左翼の線に踏みとどまりたいとの立場で一貫したと思っている。その一番の理由は、家を守り、弟妹の面倒を見なければならないということだった」。椿繁夫や北井正一が「合法左翼にとどまる」という意味以外に社会民主主義者と共産主義者の違いはなかったようです。

松田喜一は、当時、日本共産党に所属しましたが、大阪一般労組および全水西浜支部の活動にボル派的一揆主義は見られません。それどころか、爪屋争議は大阪一般労組と西浜の水平社との地域共同闘争として展開されています。全水青年同盟が「皮革工は手工業であるから決して近代労働者を組織するようなことはない」と言ったのは、そもそも西浜の徒弟奉公的雇用関係を「近代」的でないと批判しての言質でしょうし、隷属的な経済支配下でいつ潰されるかわからない皮革工場では、せいぜい「よい分子を引き抜く」のが労働運動だと思っていたのでしょう。しかし、爪屋争議などを経験して、西浜独特の皮革共同体での労働運動の進め方を模索していくのは、松田喜一が獄にあった頃の大阪皮革労組時代だったのでしょう。また、共産主義に反対する大阪皮革労組も、大崎皮革争議では共産党・評議会が提唱した工場代表者運動を実践しています。何よりも、椿繁夫が「母と弟妹を守るのが第一」と考えていたことは、松田喜一の「部落の生活を守る」という運動姿勢と一致しているように思います。これらを総合すると、「連続」していたと見るのが妥当だと思います。

「独自に生きた」西浜

また、「新田は別もんだったんやろねえ。それに西浜の人たちは貧乏しながらも自分で生活を築き、独自の力で生きてきたんじゃないやろうかなあ」という出口弥兵衛の証言が物語るように、西浜の経済はある意味「独自的」でした。封建的な徒弟制度と近代的な資本主義的労使関係が重なりあって、「独自的」な西浜の部落産業の争奪戦、陣地戦が、この頃激しく闘われたと見るべきだと思います。

何が「独自的」なのか。日露戦争後には日本の製革業は、日本皮革、東洋製革、山陽皮革など大手五社の半ば独占となり、対して部落の製革業は、少量の国内原皮と中国・朝鮮の原皮をもとにした問屋制家内工業として残存しましたが、価格操作の支配下にありました。大手五社は、軍需用製革と海外原皮の大量輸入と機械制大工業による優位によって、零細な部落皮革資本を圧倒しました。そして、海外市場に依存した原皮を手に入れた部落外の大製革業と独占的商社と、そこから外れた中小部落商工資本が対立しました。その結果、大企業的近代的労使関係であれ、中小零細資本による資本主義的家内労働関係であれ、失業、低賃金、重労働が西浜を覆ったのです。その結果が皮革争議だったのです。

製靴部門でも、大資本による機械靴と中小零細の手縫い靴の重層的産業構造が対立しましたが、製革とは異なり、機械靴が規格に厳重な軍用靴に向けられている時に、手縫い靴や革製品製造は零細な部落産業を潤わせました。推定では、革靴製品の一九二九年総生産高の七〇%が部落の手縫い靴生産高とされていました。皮肉にも、部落産業が賤視されたことで一般労働力をある程度阻止し、にもかかわらず豊富で低賃金な部落の労働力の存在によって、零細な皮革資本が成立していたのでしょう。そこに植民地にされた朝鮮から多くの労働者も参入してきていました。そうした市場競争が、西浜、皮革産業を舞台に繰り広げられていたのです。この資本主義的経済と「独自的」な部落産業の労働集団がぶつかり合う。西浜皮革労働争議は、そうした市場競争のなかに位置していたわけで、ある意味では、労働運動を「超えた」ところの「経済闘争」だったのです。

部落解放運動一徹の人

「西浜地区では差別に対する闘争より経済闘争に進出していく傾向が著しい」と北井正一が証言し

た通り、皮革争議は雇用されることも、自営業もある西浜部落の「経済闘争」でした。「経済闘争」に火を付けたのは、松田喜一の大阪一般労組西浜支部であり、燃やしたのは、北井正一と椿繁夫らの大阪皮革労組でした。この「経済闘争」は、松田喜一が出獄して、高松結婚差別裁判闘争によって差別糾弾闘争と経済闘争という車の両輪が回り出します。そしてそれが、その後の経済更生会運動につながる部落産業の陣地戦だった、とも推定できます。

また、松田喜一時代の皮革労組は、大阪一般労組鶴橋支部や栗須七郎、栗須喜一郎の皮革労友会、とくに北井正一・椿繁夫時代の皮革労組は、植民地労働者との連帯をかなり系統的に展開しています。わけても水平社主導の大阪皮革労組と朝鮮人が主体の阪南労働自助会の日朝皮革労働者が組織を統一して大阪一般化学労組皮革支部連を結成したのは圧巻です。出城三開地区に進出した阪南労働自助会傘下の澤井製靴など、新たに朝鮮人も参入する資本主義的労使関係に、「西浜」は対応しようとしていたのでしょう。

ところで、椿繁夫が「松田喜一は部落解放運動のほかは見向きもしない一徹の人」と言ったのは、時間軸としては、西浜皮革争議の時は松田喜一が獄中ですから、出獄した一九三三年五月から一九三七年ぐらいまでのことになるのでしょうか。なるほど、後述する高松結婚差別裁判闘争など差別糾弾闘争に、全国を飛び回る松田喜一を見ていたのでしょう。

でも、それだけのことでしょうか。一九三二～三四年の頃、全水の反ファシズム闘争は、椿繁夫ら労働運動の主流だった右翼社会民主主義者に厳しい批判の目を向け、一九三三年三月三日の全水第一一回大会では、ファシズムと右翼社会民主主義を想定して「社会ファシズム」反対を掲げました。そして、一九三五年五月四～五日の全水第一三回大会、一九三七年三月三日の第一四回大会になると、「反ファシズムを掲げながらも労働運動や農民運動など社会運動に関する議案は全く提出されなくなり、もっぱら水平運動の独自課題に関する議案のみになっていった」（朝治武『アジア・太平洋戦争と全国水平社』解放出版社、二〇〇八年）ようです。そういう「全国状況」に、椿繁夫は懸念を感じていたのかもしれません。北井正一はどう思っていたのかはわかりません。

走馬灯のような皮革争議

松田喜一が労働運動を体験したのは一九二五年頃から一九二八年三月までの約三年です。松田喜一不在の全水大阪府連が椿繁夫、北井正一をリーダーとして皮革労働運動を経験したのは一九二八年から一九三五年末頃までの約七年、合わせても約一〇年でした。

松田喜一が戦後になっても、この一〇年間の西浜皮革労働運動について語った記録は存在しません。もともと過去のことを能弁に語る人ではありませんでしたが、その他の関係者の証言もほとんどありません。大串夏身の「全水大阪と労働運動」（『部落解放研究』第二八号、一九八二年一月）などしか研究論文もありません。結果、西浜皮革労働運動の史実は埋もれてしまっていました。

また、一九三〇年代というのは、全国的に労働争議件数および参加人員が飛躍的に増大した活況期でした。しかし、資本の側の反攻もあって敗北する争議も多かった時期です。そのなかで、西浜の皮革争議や朝鮮人の争議が果敢に取り組まれ、地域限定の中小企業中心ですが「ゼネスト」にまでいたった事例もありました。しかし現在において、ほとんど史実化されておらず、椿繁夫の自伝である『水脈遠く』さえ希少な記録となりました。

一九三八年には、皮革産業は資本主義的自由競争市場から軍事国家による統制経済に移行していきます。西浜の、その数少なくとも二五〇〇～三〇〇〇人以上と想定される中小企業の部落民と朝鮮人の皮革労働者、そのうち少なくとも一〇〇〇人以上はいくつかの皮革労組に所属した組合員でした。その労働者たちはどうなっていったのでしょうか。遅くとも一九三八年三月の国家総動員法制定、七月の産業報国連盟結成までには西浜の皮革労組も解散させられていました。統制経済は、新田帯革のような大手企業は軍需工場となりますが、抜け落ちていく多くの中小企業は次々と廃業に追い込まれていきます。手に職を持っている職人は自営業者となり、肝心の原皮が手に入らないなかで、とくに生活品の革、靴は生産する時代から修理して履く時代に変わり靴修繕業者となっていきます。原皮は牛皮が枯渇《こかつ》し犬皮など代用品に代替されていきます。祖先伝来の西浜の皮革、製靴の部落産業は、資本主義的経済に翻弄され、食い荒らされたあげく、国家統制経済へと一方的に移行し、「茶碗と箸」を取り上げられていくのです。それでも、抵抗闘争はこれからカタチを変えていきます。

第三章　ファシズムと戦争

1　水平運動の再建

全国水平社第八回大会

三・一五事件での松田喜一、木村京太郎らボル（共産主義）派の主要な活動家が検挙されたことで、ボル派は事実上壊滅し、全国水平社（全水）総本部も混乱しました。

松本治一郎を中心に、一九二八年五月二六～二七日に全水第七回大会が開催されましたが、アナ（無政府主義）派の全水解放連盟は開催地と開催日の変更を求め対立し、大会は混乱し、警官の解散命令を受け、大会は不成立になってしまいました。代わりに、七月一五日に全水府県代表者会議が開催され、阪本清一郎や泉野利喜蔵《いずのりきぞう》らが混乱の収拾にあたりました。

一九二八年三月一日の全水機関紙『水平新聞』第二一号に「差別撤廃のためにうちわげんかをやめよ」という投稿を「福井生」名で寄せたのは、大阪少年水平社の西浜の福井由数《よしかず》と思われますが、一説には木村京太郎が書いたとも言われています。

そして、一九二九年一一月四日に名古屋市で全水第八回大会が開催され、アナ派活動家も参加し、大会は統一と団結回復へと向かっていきました。大会後には、全水解放連盟が組織を解体することを宣言し、アナ・ボル対立、論争はようやく終結しました。ボル派が事実上消滅し、アナ派も解散したことで、全水は松本治一郎、阪本清一郎、泉野利喜蔵らの合法的左派（社会民主主義者）のグループによって主導されていきます。

また、翌三〇年四月一四日の全水第一回中央委員会で規約が改正され、府県水平社は水平社府県連合会、地域水平社は水平社府県連支部へと改称され、中央集権的な組織体制に整えられました。

全国水平社大阪府連合会の甦生大会

一九三〇年七月六日、大阪府水平社から改称した全水大阪府連が、甦生《そせい》第一回大会と銘うって、西浜の栄第一小学校講堂で開催されました。一九二六年四月四日の大阪府水平社第五回大会以来、四年三カ月ぶりの大会でした。機能停止状態となっていた大阪府水平社を立て直すために、全国水平社中央常任委員会は、一九二九年末から西浜をはじめ大阪府下各地で宣伝演説会を開くなどテコ入れをおこない、一九三〇年四月一四日の中央委員会で全水第九回大会を大阪で開催することを決めました。この中央委員会では、西浜の栗須七郎の独自活動を批判し、府連事務所も生江町の島田久八宅に移しました。

甦生大会には、大阪府内一〇余支部の代議員九八人が出席し、傍聴者は三五〇人でした。大会は、機能停止状態の理由を「わが大阪府連はまた、「敵は一般民にあり」の誤れる途をたどったときがある。更に最もいけない事は、組織が欠けていたことと、部落大衆の日常利害を代表して闘うことを等閑《とうかん》（なおざりにする）に付したことである」と自己批判しました。「敵は一般民」という観念や「無組織の組織」はかねてよりの欠点でしたが、アナ派には非政治、非組織という元来の欠点があり、ボル派には、松田喜一が検挙されたこともあり、部落解放運動を一般無産者階級闘争に解消する傾向があり、日常活動を怠っていました。これらの総和が機能停止の原因だったのです。しかし、一九二九年一一月の全水第八回大会では、アナ・ボル論争も一応終結していて、全水総本部の泉野利喜蔵らが、大阪府連再生の指揮を執りました。島田久八、田中喜衛門、池田甚之助、明阪貞一、伍島駒一、北本宗次郎、和島為太郎、糖田稔、中野次夫《つぐお》らが大会をリードしました。運動方針では、「生活権奪還」を中心に、言論・集会・結社・出版の自由、帝国主義戦争絶対反対、封建的身分制の廃止、部落民の団結と戦線統一などを掲げました（『社会運動通信』第二三四号、一九三〇年七月一七日）。

水平社解消論の跋扈

一九三一年一二月一〇日、奈良県で全水第一〇回大会が開かれました。この大会では、福岡の井《い》元麟之《もとりんし》が提案した、全水九州連合会常任理事会の「全国水平社解消の提議—第一〇回全国水平社大会への意見書」が衝撃的でした。「部落解放は全国水平社の闘争によって約束され得ない。プロレタリア革命への積極的参加こそ封建的身分から解放する根本条件となる。故に全国水平社は即時、其の身分的組織と闘争機能を階級組織に解消しなければならぬ」というものでした。水平社解消論です。さらに、部落民を（日本共産党が組織する）革命的な労働組合、農民組合などに組織し、これらの革命的階級的基本組織によって身分闘争を闘っていくとしました。

しかし、「福岡連隊爆破陰謀事件」での投獄から出獄した松本治一郎の裁断があって、解消論はたち消えました。すでに三・一五事件で日本共産党の影響があった日本労働組合評議会（評議会）は解散させられ、直後に結成された日本労働組合全国協議会（全協）も厳しい弾圧下にあったのですから、労働組合に組織するにもできない状態でした。水平社解消論はあまりに非現実的なものでもありました。

この水平社解消意見には、全水大阪府連でも西浜支部の赤根岩松らが賛同していましたが少数派で、赤根は組織を混乱させたとして一九三二年八月六日、全水大阪府連執行委員会で除名処分となりました。

松田喜一の獄窓だより

こうした頃、松田喜一は堺刑務所に収監されていましたが、全水大阪府連に宛てた手紙があります。

「新しい年が来ましたね。どうです正月を楽しく暮らすことが出来ましたか。去年は山口君が帰郷して田舎で正月を暮しましたが、今年はどうです。人手が不足して自ら重要な地位に立っては何かと急がしいことでせう。沖田君も京都で暮らした時の様に気楽な日は送れないだろう。君達は今本部の大きな世帯を背負わされて苦闘を続けていることと思ふ。永い間木村君と二人で苦い経験を味わって来た僕には、今の君等の立場を思うことが出来る。君達は今、第一に経済的な問題に悩んでいることだろうと思ふ。それも已むを得ないことだ。誰もがそれはブツ突かる問題だ。僕も永い間経済問題に苦しみ抜いたものだ。しかし、この問題は水平社にあっては永久に解決出来ない問題だ。けれ共押通せば何うにか行ける問題だ。それに又、一方から考える時、金は闘争に平衡するものだ。我々が活動さへすればその努力大小に応じて入ってくるものだ。これは永い間僕の経験だ。僕達が何か問題を捉えて大衆に働きかけた時には必ず弁証法的解決を我々に示して呉れるから大いに努めて呉れ給え。活動費がないから活動が出来んなどと言うことは弁解にならん。大いに維持費が集まる様に努力し給え。金が無いからと言ってやらない事は結局自分の能力のない事を自ら証明するものだ。僕達も永い間君達の様に苦しみ乍ら活動をやり通して来たものだ。その点泉野君や京都の人々や九州の井元君等ともよくよく相談してやって呉れ給え。思えば、一九二八年は吾々にとって苦しい歳だったね。総選挙の後の総検挙、大反動の出来、労農党、評議会、青年同盟等の解散等行はれ、ついで殺人法律が出来る。総べて無産者運動が抑圧される。特高警察網が全国に張られる。福連事件の下獄等思ひ出しても腹立たしい事件ばかりだ。しかしこの中にあって、又総ての人々はよく戦って呉れた。農民組合の合同、水平社の第七回大会、労農党再組織準備会、日本労働組合協議会の組織計画、無産政党の合同等吾々の血を沸かす様なことなども相次いで行われて行く。今、牢内に僕等は世の変わり行く様々の有様を窺い乍ら静かなしかし単調な日々を送っている。僕等には何と言っても君等の活動振りが何よりに励ましになるのだ。時には君達の方からも便りをして呉れ。いろいろな事を書いてもみたい、また是非お願ひしたい事もあるが何分にも今の僕達には自分の思想を充分に言い現はす丈けの気力を失っている。追々に書くつもりだ。今、専ら英語の独学をやっている。対訳づきの纏ったものがあれば探して送って呉れ。宮村君はどうしているか達者で活動していますか。泉野君にもよろしく」（『水平新聞』第二五号、一九二九年二月一日）

文中の「山口君」は山口恒郎、「沖田君」は沖田留吉、「木村君」は木村京太郎、「井元君」は井元麟之、「泉野君」は泉野利喜蔵、「宮村君」は宮村又八だと思われます。

2　松田喜一の出獄

五月一二日、刑期満ちて出獄

さて、五年二カ月の拘留、獄中生活を経て、松田喜一は一九三三年五月一二日に出獄しました。『社会運動通信』（第一〇七一号、一九三三年六月五日）は、全水総本部前での松田喜一の写真をトップに大きく掲載し、「同志に守られ、全水松田氏出獄、四年の刑期満ちて……五月一七日には佐川忠一氏がコップ、ブラシ工の同志に近へ《ママ》られて出獄し、一二日には松田喜一氏が全国水平社の同志に迎えられて帰って来たが、両氏共に頗《すこぶ》る元気で、闘志満々たるものがあり、今後の活躍が期待されている。今後も部落民の解放のためにあくまで闘うと同氏は二五日夜全国水平社主催の出獄歓迎会で誓った」と報じました。この夜の出獄歓迎会の会場は、新世界のパン屋食堂でした。

松田喜一の公判でのようすや在監中のようすは、ほとんど資料がありません。ただ、山辺健太郎は『社会主義運動半生記』（岩波書店、一九七六年）に「私の周囲では、松田喜一がおもしろい。三・一五事件でやられて、君主制廃止の問題が（公判）で出た時、（被告は）一人一人意見をきかれて、反対とか賛成とか言わされたのですが、松田君は、「俺よくわからん」と言って、しかし（刑を）軽くしてもらおうと思って言うんじゃない、重くするならいくらでもしてもかまわんと言うんです。元来のんき者なんだが、しっかりしたところがあったんですよ」と書いています。なかなか豪気な態度です。

また、「奈良刑務所に服役中、（松田喜一は）刑務所当局の部落出身受刑者に対する差別に対して一週間もハンストを続け、受刑者の待遇改善を実現させた」（塩田庄兵衛他編『日本社会運動人名辞典』青木書店、一九七九年）との記述もあります。これは、一九二八年九月からの三・一五事件公判で、被告団は布施辰治弁護士の指揮で統一裁判を要求しましたが、裁判長がこれを却下したため、松田や木村京太郎らは監獄内でハンストで抗議したと、木村が先に紹介した『水平社運動の思い出』に書いていることと符合していると思われます。

獄中で転向したか否か

松田喜一が出獄すると、「西浜の部落大衆は「非転向」の指導者の出獄を歓呼で迎えたが、しばらくして松田さんは「今は挙国一致で戦争にあたる時であり、そんな時に、天皇制の戦争遂行政策にまっこうから反対してたたかうなんて、殺されるのがおちや」と語っていました。松田さんは、出獄する時に既に転向していたんですね」(『部落』第二八九号、一九七二年七月)と、福井由数は戦後に語っています。

松田喜一が「転向」して戦争に協力し始めたのか、それは「偽装」で、イデオロギーを封じてでも水平運動を邁進《まいしん》する覚悟だと伝えたかったのか、はたまたそれ以外の意味なのかはわかりません。しかし、出獄後休む間もなく運動に邁進していったのは間違いない事実で、とても「転向」したとは思われません。「転向」とは、もともと日本共産党にかかわる特殊な概念です。ただ、松田喜一が、この時点では崩壊していた日本共産党の再建に走った形跡はありません。松田が出獄した一九三三年五月頃の日本共産党は、大弾圧からやっと再建されたばかりで、日本共産党の中央委員長は、高知県の部落出身で、松田とは大阪一般労組などで行動をともにした山本正美でした。しかし、二人がこの時期に接近したとの記録はありません。この頃、松田が日本共産党員でなかったのは間違いありません。三・一五事件までの約一年は、松田は日本共産党員でした。しかし、三・一五事件検束から五年の獄中生活で松田に大きな変化があったことは間違いないような気がします。

上田音市の回想です。「その頃(三・一五事件の前)のわたしたちへの弾圧というのはひどいもので、ぼくらが松田君のところへ行く場合でも、大阪にはいったとたんに特高の尾行がついてくるんですな。たとえ一般的な運動をやっていても「アカだ」といって弾圧してきました。知り合った頃は松田君は共産党員ではなかったけれども、党に協力してくれていました。その後共産党に入党され、逮捕されきびしく取り調べられた。水平社の運動や党の活動をやめさせて転向させる拷問や誘惑があったらしいです。けれども彼は非転向で戦い続けたんです。そうとうな闘士だったんですね」（『解放新聞大阪版』第四九五号、一九八二年三月一日）。

当時すでにソ連ではマルクス・レーニン主義は、スターリンに簒奪《さんだつ》され、社会主義どころか、空前の独裁国家の理論に化けていましたが、松田らは知らないことでした。

塀の外は一変していた

ともかくも、松田喜一は出獄しました。しかし、五年の時を経た外の景色は一変していました。全水では、水平社解消論は潰《つい》えましたが、ボル派とアナ派は互いに影響力を落としながら、全水少数派として存在し、泉野利喜蔵、米田富、菱野貞次らの社会民主主義的（合法的左翼）なグループが主流になっていました。

一九三三年五月二五日、松田喜一が出獄してきて、全水総本部で出獄歓迎会が夜に催されていますが、その昼間に全水第二回中央委員会が開催されました。この場で北井正一が大阪府連の報告をしています。「府連の活動は全く行われていない。西浜地区では差別に対する闘争より経済闘争に進出していく傾向が著しい。大阪皮革労組を結成した。郡部の支部活動は不活発である。下三番支部の幹部はダラク、裏切りのために融和団体に改組されてしまった。一月二〇日堺市会選挙には泉野君が当選した」（『社会運動通信』第一〇八三号、一九三三年六月一九日）。

前述の甦生大会で組織を整えたものの、依然全水大阪府連の活動は停滞していました。北井正一の言う「西浜は経済闘争に進出」というのは皮革労働運動のことで、それ以外はほとんど活動できていないという報告でした。

日時は不明ですが、その頃寺本知《さとる》は一七、八歳だったかで、出獄直後の松田の家を訪れています。「大きな漬物屋さんがあって、軒先にたくさんの樽の漬物が放り出されていた。そこの中庭を通り過ぎて裏口に出たらその家の土蔵があり、その蔵に松田さんは住んでいたのです。倉庫ですから小さな窓しかありませんでした」（寺本知『魂の糧』解放出版社、一九九七年）と綴《つづ》っています。

停滞期の西浜の水平社組織

一九三二年時点での大阪の水平社は、全水大阪府連〇〇支部という名称に変更していましたが、西浜部落の組織は以下の通りでした。「大阪府連木津支部」浪速区栄町四丁目一五、社員数一二〇人、役員は石田秀一、辻尾政一。「大阪府連西浜支部」浪速区西浜中通三丁目、社員数五〇人、役員は北井正一、金田茂寿。「大阪府連栄町支部」浪速区栄町五丁目一一 鈴鹿円次郎方、社員数二〇人、支部長赤根岩松、書記長辻尾政一、執行委員鈴鹿円次郎。なお、これは官憲側の資料によるもので、「全水大阪府連西成支部」浪速区勘助町二の二五 北本浅次郎方、社員数三人、支部長北本宗兵衛、もありました。

また、「大阪府水平社本部」浪速区栄町二丁目五四、社員数一二〇人、役員は栗須七郎、栗須喜一郎、有本敏和、藤田弥太郎とあります。その傘下組織として、「今宮水平社」西成区中開三丁目一〇、社員数三五人、執行委員岡田勘三郎、岩本秀一もあります。栗須七郎系の組織です。当時、栗須七郎は全水大阪府連とは別の組織をつくっていました。

3　松田喜一の差別糾弾闘争——三・一五事件以前

変遷してきた差別糾弾闘争

全水大阪府連の停滞を打破していったのは、一九三三年六月からの高松結婚差別裁判糾弾闘争でした。ここからは、時間の経緯を無視して、松田喜一が深くかかわり、指導した差別事件糾弾闘争について記述していきます。

朝治武は、水平社の糾弾闘争を、「初期の「徹底的糺弾」から、階級闘争に対応した一九二〇年代の「社会的糺弾」になり、一九三〇年代には反ファシズムに対応した人民という言葉を使った「人民融和的糺弾」、戦時体制になって「国民総動員的もしくは挙国一致的糺弾」になっていきます」（朝治武「一世紀後の現在に描く水平運動史像」『図書新聞』第三五四三号、二〇二二年五月二一日）と区分しています。こうした区分を、創造的に展開していったのが松田喜一の糾弾でした。マルクス主義と同じで糾弾闘争も「独学」だったのでしょうか。ともかく、松田喜一の糾弾闘争の記録は、わくわくさせてくれます。

香蓑小学校差別糾弾闘争

香蓑《かみの》小学校差別事件糾弾闘争は、皮革職工を辞めて運動に専念した松田喜一の、いわば初陣の闘いでした。

一九二五年一月下旬、加島駐在巡査が香蓑小学校長に児童就学およびトラホームなどの衛生状況の調査を依頼した際、巡査は「東之町、西之町住民には調査のことを秘密に致されたい」との依頼書を送りました。一月二七日に調査がおこなわれると、五年の組では両町の児童だけ起立させ、この児童たちは他の児童から「東之町の奴はみんなトラホームで汚い」と差別発言を浴びせられました。一人の五年生が「調査のことで、また差別された」と親に訴え、すぐに水平社に伝えられ、西大阪水平社が糾弾闘争に立ちました。一月三〇日と三一日には両町民大会が開かれ、水平社は両町全戸一二七戸の連印を取り、児童一四〇人の同盟休校を決定。二月二日夜には、大阪、奈良、兵庫から支援者が集まり正恩寺で演説会が催され「村中ひっくり返るほどの熱気に包まれた」そうです。同盟休校中は「水平学校」と称して村の青年会館で子どもたちへの学習支援がおこなわれました。

この時の集会での松田喜一を西岡武雄（戦後、部落解放同盟加島支部副支部長、市同促理事などを務めた）が証言しています。「松田さんは、会場がざわつくと、ぐわっと怒って「ガタガタしとって、こんなことで部落の解放ができるか」みんな一斉に「そうじゃ」と手をたたいた。私はこれでふるいたった。その時をきかいに「オレも部落民や、ナニクソ」と握ったコブシをいまだに忘れていない。松田さんは、熱心さと度胸があった。松田さんの「この運動をするものは、赤レンガ（かんごく）をわれわれの別荘と思え」には、ほれこんだ」（『解放新聞大阪版』第三二七号、一九七八年九月四日）。西岡武雄は一四、五歳の時だったと語っています。

二月一〇日には松田喜一と西大阪水平社の西岡一雄（戦後、大阪市同促会長などを務めた）は、加島の住民一五〇人とともに大阪府庁へ直接交渉に赴《おもむ》きました。二月一一日の紀元節当日も同盟休校を継続し、「不敬罪にあたるから水平社もそこまではしないだろう」という大阪府の予想も超えていました。紀元節を手玉に取るという松田や西岡の作戦はあっぱれです。ついに二月一三日、加島村長調停で、校長、巡査の転任で妥結し、同盟休校は同日解かれました。

この糾弾闘争で松田喜一は、同盟休校、水平教員派遣の戦術を駆使した見事な闘争指導手腕を発揮しました。同盟休校は、小作争議などでもしばしば採られた戦術でしたが、それを含めてもこの当時では先駆的なものでした。「加島水平社は同盟休校を断行、臨時水平学校を設けて毎日授業を行なっている。青年同盟より教師として松田喜一君を派遣しこれに当らしめた」（『選民』第一二号、一九二五年二月一五日）と報じています。

『解放新聞大阪版』の「この人に聞く 53」（一九八三年九月五日）に、当時この香蓑小学生で同盟休校を闘った前田正勝の聞き取りが記録されています。

「あの事件の頃、ちょうど高等小学校二年で、年でいうたら一四歳でしたね。当時は高等小学校に行くものはあまりおりませんでした。早い人やったら尋常の五年ぐらいでやめて、はよう仕事してはりましたな。香蓑小は野里、御幣島、竹島、加島の四地区から来ていて、同級生は一五～六人おりましたな」。「あの同盟休校の原因は、校長が五年生かどこかの教室で衛生調査をした、部落の子だけ立たせて。最初聞いた時は、それが差別やとは、はっきりわかりませんでした。水平社の青年から話を聞くなかで校長がしたことは差別やとわかった」。「同盟休校は村の青年会館を使いました。子どもは四～五〇人もおりましたかな。もうみんな学校行かんでもええから、すごく喜んでいましたわな」。「勉強もやりましたよ。しかしほんの少しやっただけですわな。勉強教えてくれたのが松田喜一さんや山本正美さんですね。西岡一雄さんや村の人はそう教えませんでしたな」。「大阪府庁にも行きましたわな。さあ、一五〇～六〇人ほどで行ったのとちがいますか。あんなたくさんで押しかけたのは水平社だけ違いますか。向こうも今と違って偉そうにしてましたな。こっちもなんで差別されて黙っとらんとあかんねや、ということでかなりやりましたな」

「もともと同盟休校やるようになったのは、松田喜一さんの考え違いますか。西浜の本部に知らせて、松田さんや山本正美さんが来たわけですわ」。「わしら、むしろ、松田さんいうたら「いわゆる」

を思い出します。松田さんは、演説や人に話するなかで「いわゆる」「いわゆる」が多い人でしたな。そやから、わしら、松田さんいうたら「いわゆる」で村ではとおってましたな」

「同盟休校のあいだは、かなりの人が加島に来られましたよ。山本正美さんは生きていらっしゃるらしいですな。栗須喜一郎さんは優しいしゃべり方で、西光万吉さんもそうでしたな。村の南田伊三郎、それに川口清吉などは共産党がかって過激でしたな。そうそう一番元気あって過激やったのは、西宮（芝村）や神戸の住吉、番町の人やったな」。「当時は純粋でしたな。差別なくそうと必死やった。いちめん差別に腹立つからすぐ運動するという単純な面もあったんでしょうな」。「村の人の団結力が強かったですね、だからああいうふうに水平運動も一丸となってできたんでしょうね」

前述したように、この年一九二五年九月一八日に、全水青年同盟は全水無産者同盟に改組しています。糾弾方針についても、「一個人を相手として罪をせむをやめ、差別的言動を反映した社会的意識、思想そのものの罪」（『大阪朝日新聞』一九二五年九月一九日）と報じています。香蓑小学校差別事件糾弾闘争を評したものだと思われます。

闘い終わって、二五年三月三日、西大阪水平社は、アナ・ボル論争の最中の大阪府水平社第四回大会に参加し、「水平社未設の地に水平社設立を促す為の宣伝に関する件」という決議を提案し、可決されています。また、西浜水平社は「少年水平社統一の件」という決議を提案しましたが、提案者は「小学校で差別的言辞のあった際には全同人の「ストライキ」を以って対抗すること」と述べました。香蓑小学校の同盟休校を踏まえたものでした。また、アナ・ボル論争について、「ボル（共産主義）派の中心人物である松田喜一が、香蓑小学校差別糾弾闘争を指導したことから、西大阪水平社と松田との関係はひじょうに親密になり、当然ボル派の一員となりました」と書いています（加島部落史研究会編刊『あゝ解放の旗高く』、一九八三年）。

福岡連隊差別糾弾闘争

一九二六年一月一〇日、水平社青年同盟の井元麟之ら一五人が福岡歩兵第二四連隊に入営しました。同月一六日に隊内の差別事件を摘発、部落出身兵士による兵卒同盟を極秘裏に組織し、水平社は地元の在郷軍人会と協議のうえ糾弾闘争を開始しました。福岡連隊側はついに反省し、差別撤廃講演会を開く約束をしました。しかし、水平社九州連合会発行ビラの内容を承伏できないと、講演会の約束を破棄しました。怒った水平社は糾弾講演会や部落民大会を開催し、在郷軍人会や青年団などからの脱退、福岡連隊への入営拒否などの運動を展開しました。労農党や労働組合評議会、農民組合なども支援し、事件は、反軍的な一大闘争に発展していきました。

ところが、一一月一二日、福岡地裁・関係府県警察は「福岡連隊爆破陰謀事件」の容疑で、全水委員長の松本治一郎や本部理事の木村京太郎ら一五人を検挙しました。翌一三日、木村京太郎と松田喜一を爆発物取締罰則違反被疑事件で検挙し、勾引状を発付しました。これはデッチ上げ弾圧事件でした。裁判では、一九二七年六月六日、松本治一郎ら一一人に「治安を防ぐる目的を以って爆発物を使用せんことを共謀したる」として有罪判決を言い渡しました。

木村京太郎と松田喜一の逮捕のようすを新聞が報じています。一九二六年一一月一五日「西浜無産者同盟本部、敷津町の無産青年同盟本部、同町大西遼太郎（二五）、同町宇野熊哉、西成区中開町岸野重春方等を家宅捜査、木村京太郎（二六）、松田喜一（二九）を引致《いんち》（逃亡の恐れありと連行すること）し、一七日午前九時四六分大阪発列車で本部刑事、芦原署員付添福岡に護送した」（『大阪毎日新聞』一九二七年二月一二日号外）。松田喜一は一一月二七日に釈放されました。新聞には出ていませんが、警察は松田喜一の実弟、松田雪重（当時二六歳）宅も家宅捜査（一一月一五日午後二時三〇分〜

三時一〇分）しています。

釈放されて福岡から帰阪した松田喜一は、水平社暴圧反対関西協議会をつくり、演説会や座談会など真相を明らかにする活動を展開しました。そして、福岡連隊差別糾弾闘争は、一九二七年一一月九日に北原泰作が天皇直訴事件を起こすなど、全国的な広がりを見せ社会を震撼《しんかん》させました。

三重県津刑務所差別糾弾闘争

三重県津刑務所差別事件は、『水平新聞』と労農党の『労働農民新聞』が報じています。

「一九二七年七月初旬、津刑務所に勾留されていた佐川君（三重県合同労働組合員）に対し、看守係が「君はエタだな！　だから労働運動や水平運動をやるんだ！」と暴言を吐いた」（『労働農民新聞』第一五号、一九二七年八月一日）。「七月二八日午前八時頃佐川君の面前に於いて二人の者が対談中「此処は何で来ているのだ」と一人が尋ねると「治警違反で来ている」労農党員だと答へたので「労農党員と云えば松坂日野町二丁目のエタではないか」と今一人が特に指四本出して差別的言辞を弄した」（『水平新聞』第一七号、一九二七年八月一日）。

事件への対応も報じられています。「佐川君が三重県水平社に報告。早速支部長会議を経て津刑務所に抗議に赴いた。中村所長は「田中現内閣の労働運動、政治運動、水平運動の取締方針は、これ等の運動をメチャクチャに叩き潰すにあるんだ。もしも諸君が糾弾闘争でも起こすなら、この刑務所に叩き込まれる覚悟でやってこい」と追い返しました」（『労働農民新聞』第一五号、一九二七年八月一日）。事件は、刑務所長差別発言にまで拡大しました。

「佐川君」とは、佐川八《たすく》のことで、佐川忠一の弟です。忠一は大阪鶴橋で刷子《ブラシ》工組合を組織して組合長となった人です。三・一五事件で検挙され、松田喜一と同時期に出獄したことは前述しました。

佐川兄弟は松田喜一と一緒に大阪一般労組の執行委員をやった仲でした。

一九二七年九月一五日、松坂町巴座において、三重県部落民大会を開催し、一五〇〇人が参加しました。中村所長の糾弾、司法大臣の問責謝罪要求などを決議し、上京委員には、山田清之助、田中佐武郎（以上三重県）、坂井力弥（兵庫県）とともに松田喜一（全水本部）が選定されました。演説会では、松田喜一が登壇するや、なぜか臨官警部は突然の中止を命じると、聴衆が激しく抗議し、警部は不当にも解散を命じました。しかし、参加者は水平歌も勇ましく示意行動に移り、松阪駅に殺到、上京委員の列車を送りました（『水平新聞』第一八号、一九二七年一〇月一五日）。

　時を同じくする頃、司法省の警保当局が全国六万三〇〇〇人に配布した選挙取締パンフレットの文中に差別文章を記載する事件も起こりました。「第一一一条八項の「選挙人に対し血統正しき良家の女を嫁に世話すべきに就《つ》き自己に投票されたしと申込みたる行為」は第一一二条第二項に該当する。但し、選挙人は村内低級にして地方的信用十分ならざる者若しくは特殊部落民なる場合は申し込みの効力は著しきものとなる」とのひどい内容でした。「青年、婦人を除外し、その上罰則で固めあげて俺たちの自由な選挙権を拘束し、おまけに水平社同人を徹底的に侮辱しようとするもの、これが今回の普選なのだ」と、これを見た広島水平社が呼びかけて、闘いが全国に広がっていきました（『労働農民新聞』第一九号、一九二七年九月一一日）。

　この事件で水平社は国への闘いを展開していきました。「（一九二七年九月一六日）水平社本部と三重、大阪、兵庫の各水平社代表として松田喜一外三名は内務大臣、司法大臣に面会してその不当を訊《たず》ねた。司法大臣は、代表らが中村所長を栄転させた無礼を糾弾すると、「中村から始末書を取ってあるが、それによれば差別待遇した覚えはないと言っているから」と逃げようとした。代表らは事実を挙げて突っ込むと「もう一度調べて見るが、諸君は何を要求しているのか」という大臣に対し

「我々はあくまで中村所長の辞職を要求する」と答え、大臣は「もう一度調査して希望に沿うようにするから」との言質を取って引き上げた」。

続いて「警保局長を訪問して警保局発行のパンフレット中に水平社同人を差別待遇している点もあるのを指摘糾弾し、結局、官憲どもの御用雑誌『治警』誌上で取り消すと言う言質を得た」。

労農党中央常任委員会は、「当局のかかる態度に対して、①封建的賤視観念の徹底的打破と言う政策を高く掲げて、あくまで水平運動を支持応援する事、②村民大会、選挙演説会場に於いても、我々の敵である大地主のために水平社同人が特に圧迫されている事実を指摘し次のような要求を大衆にアジテーションすること」として、「①区の統一、②共同墓地の使用解放、③共有地共有財産の平等管理、④領地分配の不公平撤廃、⑤道路施設に関する不平等撤廃、⑥水利灌漑の分配における不平等撤廃」の項目を挙げました（『労働農民新聞』第二〇号、一九二七年九月一日）。

この闘いは、水平社と労農党が共闘して闘ったことが手に取るようにわかります。三重県の水平社は農民組合にも浸透し、この時代、三重県の無産運動を牽引《けんいん》していました。労農党の対応がとても迅速だったのは、そのためでした。

4　松田喜一の差別糾弾闘争――三・一五事件以降

高松結婚差別裁判糾弾闘争

松田喜一の糾弾闘争で圧巻は、何と言っても高松結婚差別裁判糾弾闘争（高松闘争）でした。

高松市の部落に住む兄弟は一九三二年一二月一五日に一般女性と知り合い、弟が女性と結婚を約束し同棲《どうせい》を始めました。ところが同月二三日に弟は誘拐容疑で高松警察署に逮捕されました。女性は、高松警察署から相手は部落民であると知らされ、結婚の意思を翻し、父親は兄弟を告訴しました。警察は誘拐と判断し高松地方裁判所に送り、予審判事の訊問《じんもん》で「特種部落の出身」を隠して結婚しようとしたとの予審終結より公判に付されました。高松地裁は結婚誘拐罪で有罪判決を下しました。全国水平社総本部は重大な差別事件として一九三三年六月二四日から現地に乗り込み闘争を指導し、高松闘争を全国闘争として闘いました。

ここからの記述は、『水平社博物館研究紀要』第二二号（二〇二〇年）掲載の山下隆章「高松地方裁判所検事局差別事件／闘争日誌」を参考にしました。

さっそく一九三三年七月三日、全水中央常任委員会が西浜の全水総本部で開催されました。出席者は常任委員の朝田善之助、北原泰作、吉竹で泉野利喜蔵は欠席でした。傍聴として井元麟之、小林、そして出獄間もない松田喜一が参加していました。現地高松の状況を確認し、全水の立ち遅れを克服するために、「高松地方裁判所検事局糾弾闘争委員会」を設置、「部落を基礎とする全部落民大衆の闘争として広範に組織し、部落を単位とする糾弾闘争委員会を組織する」ことを決定しました。スローガンとして、①身分的賤視観念による差別裁判の判決を取り消せ！　②差別裁判の犠牲者山本・久本を即時釈放せよ！　③差別裁判の責任者白水検事並びに山下、三浦判事を免職にせよ！　④差別糾弾運動に対する干渉圧迫絶対反対！　を決定しました。

実は、この闘争スローガンは当初「階級的、ファッショ的裁判絶対反対！」に決まりかけていました。松田喜一はこの会議に傍聴として臨席していましたが、発言を求めました。「本質的に階級裁判に違いない。しかし、部落大衆を糾弾闘争に決起させるためには、差別裁判を取り消せ！　という部落人衆にアピールするスローガンを掲げるべきだ」。一同はこの松田発言に賛成しました。「階級裁判」「ファッショ」は本質だったとしても声高に叫ぶだけでは弾圧の口実を与えるだけだし、何より大衆を怯《おび》えさせます。「差別裁判」なら部落大衆を未だに束縛する封建身分を象徴しているし、「取り消せ」ならたとえ専制国家でも異議を申し立てる正義が我にありとなります。真の敵は階級でも今の敵は封建身分、反ファッショは叫ぶものでなく、部落の民意を右から左まで多種多様で分厚くすること。それが逆転してしまうと、自ら弾圧の口実を与えるだけだし、大衆を犠牲にする。この発言は、約五年の獄中生活中における松田喜一の思想的な葛藤と高まりを伺わせるようで、意味深いものでした。

住田利雄は、松田喜一の部落解放同盟葬（一九六五年三月二日）で、北原泰作が「かつての高松差別裁判糾弾闘争のさい、われわれが階級闘争として闘う方針を打ち出そうとしたのに対し、松田さんは「それはいかん。差別問題として闘わねばいかん」と力説された。その結果、部落三百万人の強力な支持のもとに、あの闘争を勝利することができた」と述べたことを紹介し、「ここに松田さんの解放理論の本質があるといってもいいであろう」と書いていますます（住田利雄『「下駄直し」の記』解放出版社、一九八六年）。

さて、常任委員会出席から日も明けず、松田喜一は高松闘争のオルグに出かけ、七月一四日には三重県からいったん全水総本部に帰阪し、三重県の状勢を報告しています。「松田君の報告によれば三重県地方は三月一一日の弾圧の後とて一般に萎縮し闘争は活発でないが、蹶起《けっき》させ得る見込み。現在、日野町、岸江町の部落を中心に座談会によるアジ活動に努力中なり」と記録されています。この日の「午後七時より伊賀上野において真相報告並びに批判大演説会を開く。聴衆満堂の盛況。東京より帰途の松本（治一郎）議長、泉野常任出席す」とも記録されています。三重に残った朝田善之助からの報告だと思われます。

次いで七月一七日、西浜の栄第一小学校での真相発表大演説会は、「聴衆約二千、満堂に闘争の気に漲《みなぎ》る」盛況で、松田喜一は議長を務めています。その夜には全水中央常任委員会が開かれ、松田も傍聴として参加しています。そこでは闘争目標を「①政治的には反ファッショ闘争、融和団体に対する闘争、政治的ファッショ傾向のバクロ、身分制廃止、②経済的には部落施設要求の闘争、文化的、経済的施設要求、部落経済更生運動の反動性バクロ、反対、③部落民委員会活動の強化と階級的組織への部落民の獲得」に設定するとしています。この場で、「差別判決を取り消し、関係判検事を懲戒免職せよ！」の署名運動を決定しています。

七月一九日には西浜、栄町支部連合協議会が開かれ、松田が出席、闘争の事務所設置を決めています。事務所は、栄町の北井正一宅で、当時、中塩製革の争議団本部があり、相部屋の闘争本部だったようです。七月二二日には、「松田君、社大党（社会大衆党）対策協議会に出席（大阪）」と記録されています。議題はもちろん高松闘争で、社大党側は安藤国松、椿繁夫、甲斐積、浜田弁護士で、全水側は栗須喜一郎と松田でした。翌二三日は、栄町三丁目戸主会館で高松闘争木津委員会主催の真相発表演説会が三〇〇人で開催、さらに、二六日には、西浜の二カ所（正道院、説教所）で一〇〇人余、八〇人で北原、栗須、北井、有本敏和、山口賢治が弁士となっています。

七月三〇日、「大阪市内、部落ほとんどニュース撒布す」と記録され、この日の夜、松田は、吹田の岸部小学校での全水岸部支部の真相発表演説会に出席しています。八月二日には、松田は徳島の演説会に出席、「連雨の為松田一泊して帰る」や、翌三日には「荒本支部の座談会に松田、出席す」と記録されています。五日の荒本支部主催の真相発表演説会にも出席しています。六日には、全水梅田支部の演説会、八日には神戸市南本町の演説会、九日には堺市耳原町の演説会と連日の活動を続けました。

そして、全水大阪府連は、八月一〇日に他の無産団体も参加した高松地方裁判所糾弾大阪地方委員会を結成しました。八月二一日には栄第一小学校で大阪地方部落代表者会議が一三部落四三人で開催。松田喜一は副議長を務めました。司会は栗須喜一郎、議長は北井正一、書記団は赤根岩松、成川義男でした。松田喜一は、大阪地方委員会報告として、「今度の闘争の形態は従来のと異なって水平社に組織される大衆も含めて、差別裁判糾弾の大衆闘争として巻き起こされた。大阪においても一四ヶ所の委員会と二ヶ所の準備会をもっている。演説会は連日の如く開いて宣伝活動をなし、別紙の如く一七〇円二〇銭の基金が集まった。とくに今回の運動の一つの変わった点は従来反動団体とされていた国防婦人会、在郷軍人会、青年団までが参加していることである」と述べました（『社会労働運動』第一四一一号、一九三三年八月二五日）。

また八月二三日には、この部落代表者会議の決定に基づき、松田喜一、北井正一、竹村三吉、島田久七、山口賢治および労農党弁護団の井藤、波江、垣見三弁護士が大阪控訴院を訪問しています。高松闘争と並行して、今宮警察署の警官の差別発言など大阪各地域で糾弾闘争も展開されました。そして、八月二八日には天王寺公会堂で差別裁判糾弾闘争全国部落代表者会議が開催され、三府一九県一二六人が参加、大阪からも一五人が参加しました。

この後、福岡を出発した全国行進隊が一〇月九日に大阪へ到着し、その夜二五〇〇人の大集会が開催され、以降大阪の各部落を行進し、一一日午後今宮駅から和歌山に向かいました。大阪の総動員数は五七〇〇人にのぼりました。

また、大阪での高松闘争は、労働組合など無産団体との共同闘争としても闘われました。そこには椿繁夫や北井正一らの役割がありました。大阪皮革労組など労働者もこの闘争を皮革労働争議と連動して闘いました。これは椿繁夫の証言です。「高松闘争の時は、争議やっとる組合連れてやなあ、福岡から来た行進隊を迎えに行った。神戸の方から西成大橋を通って、松本委員長がタスキをかけてな。争議やってる組合が大八車を、六台に米一俵づつ積んで市内をデモ行進した。一五〇人も二〇〇人もおったかな。そら松本先生はりりしいもんやったで。芦原警察というのは組合の事務所のすぐそばにあってな。屋根の上から歓迎のあいさつを、松田喜一くんとぼくとがやったんじゃやな。警察はヤメ！　ヤメ！　いうたがな、そんなの、かもうてられへんわな」（『解放新聞大阪版』第四六七号、一九八一年八月三日）。

差別判決取り消しを求めて闘いは大きく盛り上がりました。しかし、司法、検察は、「用語上の不適切さ」は認めても、判決文に差別的字句はないと全水の要求を拒否し続けて硬直しました。ようやく、一九三三年一一月に被告両名は刑期より早く釈放され、白水検事も左遷されました。これで一応、高松闘争は段階的勝利にいたりました。しかし、当該の馬場部落では、一九三三年一一月末から一二月初旬にかけて六一人が検挙される徹底的な弾圧に遭《あ》い、水平運動は壊滅的な打撃を受けました。戦前の水平運動では、こうした権力側の報復的な弾圧が常につきまとっていました。

一九三四年一月一二日の全水第三回中央委員会および第二回全国委員会における各地情勢報告で、松田喜一は、「各部落はだんだん融和団体が駆逐され、創立当時に劣らない活気を呈してきた。これは差別裁判糾弾闘争に関する全国委員会の方針が正しかったからである。大阪は総本部の所在地である関係上、中央の任務に闘士を取られ勝ちであったが、今後は府連を一層強化して地についた運動を進める」と、この闘いの意義を述べました。闘争結果は必ずしも芳しいものではありませんでしたが、この意義が部落委員会活動に継承されるなど、高松闘争は大きな役割を刻みました。

中津署差別暴行糾弾闘争

一九三三年八月二一日、けんかで留置されていた部落民仲仕（港湾労働者）が取り調べ中、中津署警官らに差別的言辞をもって暴行される事件が発生しました。この件は、同月二五日に全水総本部に一報があり、二六日には「警察官差別事件糾弾の名の下に開かれる市内下三番町の町民大会松田出席す」（前掲『高松地方裁判所検事局差別事件／闘争日誌』）とあり、前述の八月二八日の高松結婚差別裁判糾弾闘争全国部落代表者会議の会議場でも、差別の被害者と下三番支部桝本杉松が報告し支援を訴えました。

全水大阪府連は、松田、北井正一、山口賢次、有本敏和、成川義男らが、労農弁護士団とともに、当該の三刑事の解職を要求し、署長の責任を追及しました。地元の下三番支部は同盟休校も辞さずと、九月三日には部落大会を、五日は中津署糾弾演説会を開催し、その後青年を中心に二〇〇人が中津署にデモをかけました。地元の土屋府議が仲介し、六日中津署長が遺憾の意を表し、暴行刑事が陳謝したので、関係三刑事の転勤、署長の被害者への見舞金で解決を見ました（『社会運動通信』第一一五五号、一九三三年九月九日）。

兵庫県・松茸山入会権闘争

全水大阪府連委員長であった松田喜一は、一九三四年九月の兵庫県氷上《ひかみ》郡幸世《さちよ》村井中区の松茸《まつたけ》山入会権闘争に全水総本部から派遣されました。

事件の発端は、井中区の松茸山の入札でした。赤穂部落の二名が落札しましたが室戸台風のため帰村できず、入金延期を区長に申し込んでいたにもかかわらず、区長はこれを無効とし次点者に落札してしまったのです。

一〇月に松田喜一らが来村、井中区代表と談判するも決裂します。一〇月三〇日真相報告集会を開催し、五〇〇人が結集しました。翌日、井中差別区政糾弾闘争幸世村部落民代表者会議を開催しました。そこで明らかにされたのは、赤穂部落は差別的慣例として松茸山の権利から従前より完全に排除されていたということでした。さらに、入札制度に移行して、姑息《こそく》にも入札期日を部落には故意に知らせなかったのです。さらに驚いたことに、松茸山管理の積立基金として赤穂部落も負担していたのに、一切の分配はなかったというのです。それだけでなく、稲荷神社の氏子からも排除し、祭礼の際の配りものも除外され続けていたのです。青年団や婦人会にも加入させず、軍人の入退営時にも不平等な扱いを受けていました。まさに差別区政だったのです。

部落代表者会議は、幸世村内における一切の差別撤廃まで村民税その他一切の義務履行を保留すると決議しました。一〇月二六日から一一月一日にかけて、村長と村会議員による調停が試みられましたが失敗し、一一月五日から一七人が同盟休校に突入しました。松田喜一は、香菉小学校差別事件の闘争で活用した同盟休校戦術をここでも採用し、水平教員として西浜から森川よし子を現地に送りました。封建的身分的差別待遇を是正しないなら、義務も拒否する、その象徴的な戦術としての同盟休校という実力行使は、村当局などに大きな衝撃を与えるものでした。現地の『丹波新聞』は「平等の権利を与えよ」と争うのはいいが、同盟休校は軽率ではないかと論じました。これに対し、松田喜一は「小学校では平等に敬神崇祖《けいしんすうそ》の教を説いているにも拘らず、現在の村政並びに区政ではそれと反対に吾等部落民を氏子より除外しようとしている。敬神も崇祖もあったものではない。このオ盾を解決するために小学生徒を休校させそして村政区政を改革しようと思うのである。なお小学生は本部より教師を派遣して教育する考えである」と同盟休校の正当性を主張しました。

一一月五日、現地の佐治警察署の橋本署長は、「当署管内に於ける治安維持上同盟休校を直に解除してもらいたい」と調停に乗り出してきました。松田喜一は、署長が解決に意欲を見せたことで、強い態度を一変させ、調停を橋本署長に一任しました。ついに八日、警察署長、村長、村会議員らの立ち会いで解決覚書を交わすにいたりました。解決覚書は、①戸主に限り赤穂（部落）住民の平等入会権を確認する。新規加入者の入会権は慣習によること、②融和講演会を開催する、方法は村当局に一任、③区住民として享有する権利義務、処遇は将来にいたり公平を旨とし確実に実行する、④今回の紛議事件について井中部落は赤穂部落に対し適当の慰撫《いぶ》方法を講じる、⑤その他一切の事案は調停者に一任する、⑥以上解決事項に将来異議を唱えない、でした。松田喜一は「自分が本郡に来て既に三〇日に垂《なんな》んとするが、村を二つに割るまいと色々苦心した効あってうれしい。特に井中代表の方々の御尽力と楠田、村上両巡査の苦労に感謝したい」と述べ、井中区の理解と警察の努力を強調しました。赤穂部落にとって要求を満たした円満解決となりました。

この糾弾闘争は、松茸採取入会権除外だけでなく、長年の封建的差別区政が原因と位置づけ、完全勝利した闘いでした。高松闘争直後の闘いで、事件直前の三四年七月には『部落委員会活動について』が発行されたこともあって、この闘争は、のちには部落委員会活動の典型とも評されました（朝治武「赤穂松茸山入会権闘争の歴史的意味―部落委員会活動との関係を通して」『ひょうご部落解放・人権研究所・研究紀要』第一二号、二〇〇六年三月）。

長瀬村浦田組差別糾弾闘争

一九三四年二月一二日、大阪府中河内郡長瀬村蛇草《はぐさ》の松浦松蔵、西岡武雄は、同郡小阪町土木請負浦田寅蔵の輩下と口論し浦田を殴打したるため、浦田の配下十数名が松浦らに報復すべく蛇草部落に赴き暴行を加えたる際、「蛇草の穢多共が生意気な」云々と差別言辞を弄した、という差別事件です。松浦らは浦田方にいたり差別言辞に抗議しましたが、浦田卯之松は「差別言辞位《ぐらい》なんだ、ぐずぐずぬかすとぶち斬るぞ」と日本刀を振りかざし、乱闘となってしまいました。

三月二二日、全水大阪府連の松田喜一、北井正一、成川義男、北野実、有本福一らが糾弾の指導にあたり、二四日、長瀬村青年会館において浦田組糾弾闘争委員会を設置して、演説会やビラ配布をおこないました。そして四月三〇日、差別撤廃リーフレット作成、配布するということで解決を見ました（『特高月報』一九三四年三、四月分、渡部徹・秋定嘉和編『部落問題・水平運動資料集成』第三巻、三一書房、一九七四年）。

戦後、部落解放同盟蛇草支部長を務めた吉川綱三の証言があります（『解放新聞大阪版』第三八三号、一九七九年一一月五日）。「浦田組の糾弾は、それこそ命がけでしたで。なにせ、むこうはドス抜いてきよんねんからね。こちらも少々暴力でやる、ちゅうことはありますわな。親分の弟がドス持って切りかかってくるわ、子分連中がやってきよるわ、でね。その若い衆がドスをむしろで巻いて大八車で運んできますのや。この時ばかりは「なんとなァ」と思いましたがな」。「それから一ヶ月以上も、毎晩のように集会して、神社の集会所には米俵積み上げて糾弾闘争を続けました。そら、西浜にあった全国水平社本部におったひとらは、みな度胸がありましたで」。「しかし、きょうだい支部の団結は強かったね。浦田組の時は乗物もなにもおまへんねんで、それでも夜のあいだに歩いて応援を求めに行って、知りあいの家の戸を一軒づつ叩いて「こんな事件おきてんねん。応援に来てくれ」いうたら「よっしゃ有志揃えて行ったるで、がんばりや」いうて帰ってくるわけですわ。そしたら夜明けにはドッと来てくれるわけですわ」。

豊能郡東郷村長糾弾闘争

一九三四年一月二五日、大阪府豊能郡東郷村長木戸重雄が、同村乗阪区尾崎幾太郎らと雑談中、「現在穢多と言うものがあると仮定せば、非倫不道徳にして恩義わきまえざるものであって、地域的又は特定の部落を以て称ではないか」と発言しました。この事実を現地の水平社地黄《じおう》支部が全水本部および大阪府連に通知しました。

四月二九日、現地に木戸村長差別糾弾闘争委員会本部を設置し、成川義男常任が責任者となり、五月七日には演説会を開催、終了後参加者五〇余人が村長宅に向かって示威行動をなさんとしましたが、所轄警官が制しました。緊張が高まりました。井元麟之、松田喜一、成川義男ほか三名は翌日村長と面会しましたが、村長の不誠実な態度に成川が激昂、成川は所轄地黄署に連行されてしまいました。

五月一三日、木戸村長、岩田助役、全水大阪府連から松田喜一ほか六名が会同し、折衝の結果、村長側が、誠意の披瀝《ひれき》と啓蒙《けいもう》機関の設置（パンフレット一万部配布）を約束し、解決しました（『特高月報』一九三四年五月分、前掲『部落問題・水平運動資料集成』第三巻）。

日活糾弾闘争

一九三四年一〇月三一日、京都市の常設館待鳳館で上映中の映画「人に非ざる非人」「その非人寄場江戸四ヶ所二四小屋の中」等のタイトルおよび画面は差別であると、全水東三条支部執行委員吉川竹次郎が指摘した事件です。一一月六日、全水総本部において、中央常任委員山口賢次、松田喜一ほか数名が、当該の全水京都府連執行委員長朝田善之助より報告を受けました。同一七日、日活大阪支店と朝田善之助らの折衝で解決にいたりました。

さらに一二月六日、全水の松田喜一、泉野利喜蔵らは大阪朝日新聞社の編集長、社会、文芸部長、文芸家吉川英治らと面会しました。吉川英治は映画の原作となった『女人曼荼羅』を将来改訂して発行し、「かつ映画『女人曼荼羅』製作の意図が差別観念に基づくにあらざることを朝日新聞学芸欄に寄稿し、大阪朝日新聞社は将来水平運動への理解ある態度を以って臨む事の黙契にて解決せり」（『特高月報』一九三四年一二月分、前掲『部落問題・水平運動資料集成』第三巻）とあります。

佐藤中将差別糾弾闘争

一九三四年一一月二三日、予備役陸軍中将で国家主義団体明倫会幹部の佐藤清勝が、『万朝報』誌に「貴人と穢多」と題して、鉄道疑獄事件の公判にかかわって、自己弁護する被告の態度は「到底穢多以下である」という差別文を掲載しました。松田喜一や泉野利喜蔵、井元麟之らは調査委員として上京し、以後、全水大阪府連は「糾弾闘争ニュース」を府下部落に配布、連日真相報告会を開催しました。下三番、西浜、栄町、加島、岸部、向野、長瀬、西郡、豊中、地黄、城北などで開催されています。

佐藤中将は謝罪文を全水総本部に送付しましたが、全水総本部は、陸軍当局が軍隊内の差別を放任してきたことに原因があり、佐藤個人の糾弾にとどまるものではないと対応しました。二月一七日、全水大阪府連は拡大執行委員会を開催し、軍部当局を糾弾の対象とすべきことを強調し、要求が受け入れられない場合、最後の武器として三大義務の拒否も辞さずとの方針を決めました。二月二五日、朝田善之助と松田喜一は大阪憲兵隊を訪問、在阪上級将校への差別撤廃座談会開催を了承させました。この糾弾闘争は全国的に展開され、全水三重県連では三月一一日以来、全水本部員松田喜一を招聘《しょうへい》し、松阪市その他各所で連日演説会並びに部落座談会を開催しました。三月一六日、泉南王子青年会館で一〇〇〇人が参加して佐藤中将糾弾大演説会が開催されました。「聴衆一千、泉野、松田君の熱弁に会場は破れるばかりに熱狂、満場一致を持って陸海内務省への決議文を可決」（『水平新聞』第六号、一九三五年四月五日）とあります。

一九三七年一月一二日、井元麟之ほか三名の全水総本部代表が、東京都本郷の佐藤中将宅を訪問し、折衝の結果、円満な解決を見ました（『特高月報』一九三四年一二月〜三七年一月分、前掲『部落問題・水平運動資料集成』第三巻）。

この糾弾闘争にあたって、佐藤が国家主義団体の明倫会幹部であったことを重視した全水大阪府連は、反ファシズム闘争として取り組みました。軍部に対して恒久的な融和政策の実現、将校の徹底的な教育、部落兵士の自由、一切の差別的書類の破棄などのスローガンを掲げました。この闘いから、全水大阪府連は合法無産団体とともに、三五年に大阪地方労農無産団体協議会を結成し、反ファシズム闘争に取り組み、その一環として松田喜一は大阪府会議員選挙に立候補するのですが、これは後述します。

東京放送局（現ＮＨＫ）差別放送糾弾闘争

一九三五年一二月二五日午後九時、東京放送局が全国放送したラジオ番組「講談「中江兆民」（放送者邑井貞吉）」において差別放送がありました。「大阪の渡辺村という特殊部落から選出された中江は、一銭の金も使わず議員になり、帝国議会に臨んでも何一つ喋らず鼻くそにばかりいじって」「乞食から三円でシラミの沢山ついているボロ着物を買って」「乞食を三〇人程自分の宅に集めて」「貧民窟に家を借り、汚いセンベイ布団一枚着て」「キンタマを出してそれに盃をかぶせて」など、差別観念を助長するものでした。全水総本部はさっそく、抗議書を東京中央放送局に送りました。

翌三六年一月、「西浜栄町町内会有志」が呼びかけ、同月二一日、栄幼稚園において差別放送事件対策栄連合代表者会議を開催し七六人が参加、「町内代表者から委員を選び、差別放送事件対策委員会を組織すること」を決議しました。各町を代表する委員には池田（栄一丁目）、福島・石田（栄三）、細井・河内（栄四）、大西（栄五）、新田（栄六）、江南（西浜北三）、山本（西浜北四）、岸本（西浜中三）、岸沢（西成）、藤田（津守）が選ばれました。同年四月一三日、東京有楽町電気倶楽部において、全水総本部井元麟之、酒井、大阪府連から松田喜一、栗須喜一郎、志水、栄町連合会から石田、河内ほか数名で東京中央放送局小野賢一文芸部長と折衝し、①日本放送協会並びに放送者の社会的陳謝、②差別放送の悪影響解消のため徹底的善処、③放送における差別撤廃方針の確立を求めました（『特高月報』一九三六年一月分、前掲『部落問題・水平運動資料集成』第三巻）。

岡山県農林技手差別糾弾闘争

一九三六年四月二四日、岡山県赤磐《あかいわ》郡周匝《すさい》村公会堂において、同郡農会主催の女子青年講習会が開催されましたが、講師の岡山県農林技手岡本賢平が、「昔は春日に焼けたら穢多でも嫁に貰わぬとよく言ったものだが、現在では左様な馬鹿気たことは言わぬ」云々と発言しました。周匝村小宮山茂吉村長の尋問に対し、岡本技手は「失言したる覚えなきも、不用意に失言したるに於いては、悪意にあらざるを以って了解されたし」と称し、村長は「失言の事実なし」と言明しました。

全水岡山県連に報告され、四月二七日に糾弾座談会を開催、二八日岡本技手、小宮山村長を問いただしました。越えて五月一日、全水総本部より松田喜一が来援、地元中村公会堂で糾弾演説会を開催し、五月八日より自転車行動隊一〇班三〇人を県下一一都市に派遣し、五月九日には地区児童および青年学校生徒が同盟休校を決行しました。六月五日には、岡山市公会堂で差別反対岡山県大会を開催、松本治一郎も来県、松田喜一、井元麟之に広島、香川、兵庫の部落代表や県下各無産者団体代表など一〇〇〇人を超える盛況となりました。六月七日、小宮山村長の帰宅を待って会合を迫りましたが、所轄検事局の指揮で、行動参加者七人と三木静次郎（一八九三～一九三六）、井元麟之、松田喜一らを検束しました。六月一四日、地元代表者、岡本技手、小宮山村長らと特高課長、社会事業主事、所轄警察署長らが夜を徹して協議し、解決工作を練りました。

六月二三日、①岡本技手より陳謝の挨拶文を差し出す、②赤磐郡農会主催の部落問題講演会を開催する、③県の融和事業実施に際しては全水側の意向をも考慮するよう進言する、④中村部落に対し部落改善事業実施方を斡旋《あっせん》することで合意、解決し、翌二四日より同盟休校中の児童、生徒も一斉に登校しました（『特高月報』一九三六年五月分、前掲『部落問題・水平運動資料集成』第三巻）。井元麟之は「この闘争は三木静次郎さんの最期の闘いであった」と述べています（部落解放同盟大阪府連他編刊『松田喜一―その思想と事業』、一九七五年）。一九三六年八月二〇日、三木静次郎の全水葬が営まれました。

今宮署巡査差別暴行糾弾闘争

一九三五年一二月一一日夜一二時頃、「今宮署派出巡査新村、小林の両名は西成区長橋通り中村某君（部落兄弟）を無銭飲食の口実で交番に引張込み巡査二人がかりで一人は薪一人は靴をもって全身所構わず殴打した。心配の余り派出所に来ていた中村君の姉と弟が見て堪らぬようになり「そんな無茶な暴行を加える位なら一思いに殺して貰いたい、自分達がハッキリ現場を見たから告訴する」と詰問すると、「俺達は何時辞めても恩給で食って行けるのじゃ、首になってもお前等みたいに借家住まいはせぬわい」と暴言を浴びせかけ弟を突き飛ばした。もう午前二時半になっていたが、さんざん暴行を加えた両巡査は「お前は酒醤油中村商店という厚子《あつし》を着ているが、お前の家は皮屋じゃないか皮屋は西浜のエッタの商売や、エッタが酒醤油の商売できるか」と暴言を吐いた。直ちに、全水大阪府連並び西成支部と共に大衆的糾弾闘争の火ブタを切らんとしたが、狼狽した今宮署並びに府特高は極力解決を急ぎ遂に一六日早朝に至り」次の条件で解決した。「一、警察側は差別事実を確認す、二、小林、新村両巡査を懲戒処分に附する、三、総本部並びに被害者宅に出頭して公式に謝罪する、四、被害者中村君に見舞金を贈与する、五、今宮署内で部落問題講演会を開く、講師は全水より招聘」（『水平新聞』第一五号、一九三六年一月五日）。この事件は現在のところ、水平社西成支部の記録がある唯一の差別事件糾弾闘争です。

5　部落委員会活動と反ファシズム

部落委員会活動とは

戦前の部落解放運動が理論的あるいは実践的にも、最も高いレベルに到達したのは、一九三三〜三四年に提唱された部落委員会活動でしたが、それに影響を与えたのは、前述の高松闘争と部落改善費闘争でした。

高松闘争を通して、全水は、差別事件の背景にある部落の経済的貧困に目を向けていきました。一九三三年三月三日、福岡市で全水第一一回大会を開催し、部落差別を残存させている封建的身分関係を粉砕する身分闘争を重視し、「部落（民）委員会活動」を展開することを打ち出しました。そして、翌三四年四月一三〜一四日の全水第一二回大会（京都市）では、国庫負担による部落改善施設要求と、それを部落居住地活動として展開する「部落委員会活動」方針を明確にしました。

部落委員会活動には、戦略と戦術がありました。「身分闘争とは、社会生活の凡ゆる領域に亘って今日猶、被圧迫部落大衆を束縛しているところの封建的身分関係を、決定的に粉砕しやうとする部落民の大衆的闘争形態」、これが戦略です。「再び新に身分闘争を真に六千の部落を基礎とし、広汎な部落勤労大衆を組織し直す」と言っています。水平運動が他の無産運動と違うのは封建身分的処遇が何ら改善されていないことであって、「封建身分を是正せよ」という課題ですべての部落大衆を水平運動に参加せしうるという戦略的観点をはっきりさせたところです。

戦術については、一九三四年七月一日の『部落委員会活動に就いて—全国水平社運動を如何に展開するか』が発行されました。そこでは「(個々の部落における)世話役活動は部落委員会活動の基礎的活動である」と強調しています。そして、「部落大衆の要求を吾々は差別迫害の賠償として全額国庫負担の部落改善施設獲得や部落経済更生伸長補助奨励費獲得闘争として統一し全面的に発展させなければならない」と地方改善費闘争を重視しました。

全水第一二回大会方針では、さらに具体的な指示も出しています。「部落々々の現状と動向を充分調査し其の要求を最も具体的に反映する処の「部落綱領」を一つ一つの部落に確立すること」「闘争を展開するに当つて注意すべきことは、すでに信用組合や農事実行組合等が有るところでは決して之と対立した組織を作ってはならない」「所謂《いわゆる》有力者の連中がやってきた世話役活動を水平社の活動家が担って、決して水平社に加入した者や好意を持っている者だけに限らず、あくまで全部落大衆の世話役として活動せねばならぬ」。

具体的でリアリティのある方針です。また、明らかに、融和運動、融和団体を意識して、融和主義に埋没してはならないが、敵対するのでもなく、協同組合も導入し、部落内の統一戦線をつくり上げようと提案しました。

西郡、矢田の診療所要求闘争

全水第一二回大会を経て、一九三四年五月一五日に、全水大阪府連大会が開かれました。松田喜一は挨拶で「全水一二回大会で決定をみたる部落委員会活動の根本的方針に従い、本大会においてこの方針に関する具体的な戦術を決定し、我が大阪府連の今後一ヶ年の闘争の指針を樹立して、部落民解放のためにあくまでも果敢なる闘争を断行しなくてはならぬ。今日の如き客観的情勢下にあって本大会を持つことは重大な意義が存在するが故……」（渡部徹・秋定嘉和編『部落問題・水平運動資料集成』補巻二、三一書房、一九七八年）と、部落委員会活動方針への核心を述べました。

さっそく、西郡《にしごおり》支部や矢田支部での診療所要求闘争が取り組まれました。この両支部の闘いは、部落委員会活動を基本とした生活権奪還、部落改善施設要求闘争の典型のような闘いでした。

当時、部落ではトラコーマに罹《かか》る人が多く、西郡支部は三四年一一月に全水大阪府連や日本労農救援会大阪支部と協議し、診療所設立要求闘争を展開しました。数度の村民大会を開くなどのなかで、西郡村は村営の診療所を設立しています。また、一九三五年から矢田支部は、全額国庫負担の無料診療所を矢田村に要求しました。矢田村長への面会には松田喜一（全水府連委員長）も出席しています（『日本労農救援会（労救）ニュース』第八号、一九三五年三月二五日）。さらに、三六年八月七日の区評議員選挙で矢田支部の勢力が多数を占め、区政改革の一環として部落改善費で経営されていた共同浴場を評議員会の直営としました。

全水大阪府連は、矢田支部の診療所闘争の最中の一九三五年五月二六日に、トラコーマ治療座談会を開催しています。無産婦人同盟無産病院、社会民主党社民病院、労農救援会東成診療所、社大党大衆病院などの医師、看護師が出席しました。全水大阪府連からは、松田喜一、北野実、北井正一、伍島（寅吉～西郡）、志水菊一（府連執行委員）とともに、全水西成支部（準備会）の高畑久五郎、関口（松太郎）、原田（喜三郎）、中崎（実）が出席しています。

松田喜一は全水大阪府連を代表して挨拶しています。「居住活動に充分なる闘争を展開すべく其の端緒的な運動として、当村（矢田）に於てトラコーマ治療所設立要求運動を起こしました訳で、当部落の有志諸君達の無自覚の為に早急に実現されない状態でありましたので、支部のメンバー諸君達が、お互いに苦しい収入の中を引きさいて、自主的な治療所を作って、中野先生をお願いして無料経営を行なって来ましたが、かかる方法は決して正しい方法ではなく、全額国庫負担による部落改善費にて無料治療所を設けて貰う様な闘争を起こすのが正しいのであることを批判され、全面的に村営による治療所獲得闘争を展開され始めましたのであるが、我々は、村当局に対してトラコーマ治療所の設立要求を起こす前に、一体当部落に於いては、どれだけトラコーマ患者があるのか、之が調査を行って、しかる上、村当局に対して強力なる闘争を起こすべきであるとして、本日先生方をお願いした訳であります」と述べました（『社会運動通信』第一六六五号、一九三五年六月一〇日）。

全国水平社大阪府連合会大会と全国水平社第一三回大会

松田喜一は一九三三年五月に出獄しました。同年六月から全国闘争として高松闘争が取り組まれ、三三年から三四年で部落委員会活動方針が確定し、全水大阪府連も停滞から活況へと転換していきました。

一九三五年五月四～五日に全水第一三回大会が西浜で開催されました。西浜栄小学校には三府二二県から二〇〇名の代議員と一〇〇〇人以上の傍聴者で意気上がる大会となりました。大会スローガンは、「封建的身分制反対」「一才《ママ》の賤視差別を絶滅せよ」「全額国庫負担による徹底的部落改良施設の獲得」「軍隊内の差別撤廃方針を確立しろ」「差別を容認する検閲方針を改正せよ」「一切のファッショ運動を粉砕しろ」「欺まん的反動融和運動を撲滅しろ」「地方改善費の全額国庫負担並びに増額」で、とてもスッキリしたものとなりました。

一九三五年七月二八日には大阪市東淀川区の啓発小学校で全水大阪府連大会が開催され、執行委員長の松田喜一が挨拶しました。「我が大阪府連は昨年五月中旬再建大会を勝利的に闘い、その大会を機と致しまして、従来の糾弾第一主義、観念的な闘争より部落居住闘争活動、即ち日常生活の第一の利害と言う具体的な活動闘争へと躍進してきたのであります。文化的経済的水準を高めるには今までの観念的な闘争活動ではなんにもならないのであります。で、我が大阪府連は第一三回全国大会で決定された闘争方針を地方的に正しく生かすために本大会を持つに至ったのであります」（『社会運動通信』第一七一一号、一九三五年八月一日、前掲『部落問題・水平運動資料集成』補巻二）。

全国水平社西成支部の結成

一九三五年五月三一日、今宮尋常小学校（旧西成解放会館の場所）で全水西成支部結成大会がありました。西浜皮革労働運動の影響を強く受け、さらに部落委員会活動や佐藤中将糾弾闘争などの反ファッショの闘い、そして、直前の全水第一三回大会の余波が残る大会でした。

支部長には高畑久五郎、会計中崎実、会計補佐安井木一郎、書記長野沢利津平、竹内真佐夫、委員に北井正一、関口松太郎、中田正次、中村麿一、置本平一、原田喜三郎が選出されました。

「四月二七日西成区中開四丁目一〇番の北井氏宅に於て開かれた準備会を第一回目としその間準備委員の活動奏功して、去る五月一〇日に於ける第二回準備会では「準備会を支部に変更の件」なる議案を可決して愈々《いよいよ》西成支部の結成を見た」。スローガンは、「俺達部落民の社会的進出に対する妨害をけっとばせ！」「生活水準を高めるための文化的施設を徹底的にやれ！」「部落改良施設費を西成にもうんと出せ！」「軍隊内に差別撤廃政策を確立しろ！」「全国水平社西成支部結成万歳！」でした。ここで使われている「施設」は「事業」という意味です。

同じく一九三五年夏、全水西成支部は津守町に支部事務所を置き、さっそく北津守に現在も操業されている久金属容器製作所のストライキを応援しています。「本年度全国大会をやった西浜に密接し、特殊的型態を持つ西成支部は、五月三一日再建大会をやって積極的活動を続けていたが、同支部内に起こった久金属容器製作所のストライキに際し、事務所を開放して争議団本部に当て、ビラ貼り、闘争基金の募集等に応援して果敢なる活動を続け、勝利的条件を獲得してストライキを勝たせた。因みに西成支部はニュース第二号で吾々は何故ストライキを応援するかと声明書を発表して「吾々は一般勤労無産大衆との共同闘争によってこそ真に生活の向上も得られ、解放もそれなくしては駄目だ」と叫んでいる」（『社会運動通信』第一六九〇号、一九三五年七月九日）と報道されています。

「特殊的型態を持つ西成支部」とは、全水西浜部落が拡張したことで部落外に部落が広がり、そこに水平社を組織したためずらしい例という意味です。北井正一が支部結成の下支えをしたのは間違いなく、皮革労働組合の影響も強く受けました。

前述の七月二八日の全水大阪府連大会において、全水西成支部長の高畑久五郎が報告しています。「去る五月三一日午後六時より、今宮第七小学校講堂にて西成支部の結成大会と演説会を勝利的に闘った。部落の諸問題（居住活動）を通じて組織拡大強化のために積極的に闘争し活動している。我が西成支部は他支部と異なって混合形態となって、一般大衆三割、部落大衆が七割と言うような割合になっているが、しかし無産階級性の立場からこれらの被圧迫大衆を包括しての日常利害の具体的闘争への進展に集中活動している。久金属工場のストライキに争議事務所に支部事務所を提供し、争議団と活動し応援した。又我が支部はニュースを毎月発行している」。

支部長の高畑久五郎は、一九〇一年に兵庫県で生まれ、西成区津守町に家族とともに住んでいました。鉄工、皮革職工を経て大阪皮革労組に加入し執行委員となり、全水大阪府連執行委員も務めました。

なお、西成支部結成後に発行された『水平新聞』第一〇号（一九三五年八月五日）にこんな記事があります。「昔の闘士岸野重春、西成支部の槍玉に——府会選挙を前に、之に打って出ようといふ大それた野望を持って、支配階級の太鼓持ちをつとめ、恩恵を押し売りして、インチキ世話役をやっている岸野重春といふ往年の闘士が、西成支部の槍玉にあがっている。五月四〜五日全国大会のための寄金募集に全力を挙げていた、当時西成支部再建準備委員会時代の関口、高畑、置本の三君が彼を訪れ、応分の寄付を願ったところ、栄町支部の鈴鹿君に来てもらってくれその時に渡すからというので、三君はくれぐれも頼んで帰った後で、鈴鹿君が行くと「俺が何のために水平社に寄付する必要があるか」とケンもホロロの挨拶だった。彼岸野重春は三・一五事件の際の総本部常任木村京太郎君や松田喜一君等数名の同志を敵の手に売渡した憎むべき裏切者である……」。岸野重春はこの頃、もう水平運動から離れていたようです。「大それた野望」云々とあるように、松田喜一と同じ府議選の西成区（松田は浪速区）から立候補し、一二八八票獲得しましたが落選でした。また、三九年の府議選（西成区）にも立候補し、一六四五票で落選でした（大阪府会史編纂委員会編刊『大阪府会史』第四編、一九五七年）。

この岸野重春スパイ説について、松田喜一はどう考えていたか、上田音市が証言しています。「岸野はスパイだということがしきりに宣伝されました。ぼくも松田君に聞きましたが、「意識的なスパイではなかっただろう。ただ、きびしい取り調べや弾圧で、そういう方向へ追い込まれていったんだろう」と松田君は理解を示していましたね」（『解放新聞大阪版』第四九五号、一九八二年三月一日）。

盟友・岸野重春のことを、松田喜一はそう語っていました。

松田喜一、浪速区から大阪府議会選挙に立候補

遡《さかのぼ》ること一九二七年九月二五日投票の大阪府議会選挙において、労農党は大阪府水平社から二人の候補を擁立しました。結果は、北区の山田竜平が三七四票、西成区の岸野重春が九八四票、それぞれ落選でした。

それから八年を経て、松田喜一は、一九三五年九月の大阪府議会選挙に浪速区から立候補しました。

一九三五年五月二五日、浪速区栄町の松田喜一宅（全水大阪府連仮事務所）で全水大阪府連執行委員会がおこなわれました。席上、北野実書記長が大阪府会選挙対策の件を提案しました。「最近の水平運動は観念的な闘争を脱却して、世話役活動や部落施設費獲得闘争等政治的な活動が活発になって来たから、今秋の府会議員選挙には候補者を出して積極的に乗り出すこと。その為にも何人も挙げて力を分散させることなく、大衆の力で当選せしめる方法を採ること。候補者は水平運動に永い経験を持ち、今後の闘争にも備え得る松田喜一君を推すこと。この選挙闘争では水平社だけでなく階級的な圧力が必要であるから全無産団体にアッピールすること。選挙対策委員は各支部長、代表者から若干名選出すること」（『社会運動通信』第一六五八号、一九三五年六月一日）とあります。

全水大阪府連は、大阪地方無産団体協議会の結成に奔走しました。同年八月一七日に、日本労働組合全国評議会（全評）関西地評が呼びかけて、大阪市電従業員組合、大阪自動車従業員組合、全農大阪府連、大同電気《ママ》労組（大同電力は関西電力の前身）、全水大阪府連が参加して、大阪地方無産団体協議会を結成し、松田喜一擁立を決定しました。協議会の選挙スローガンは、「労働者、農民、被

圧迫部落大衆の真の代表を府会へ押し上げろ」「資本家代表並びにダラ幹候補反対」等でした。前回の大阪府議会選挙（一九三一年九月）では、弁護士で大阪市会議員だった小岩井浄（一八九七〜一九五九）が、治安維持法違反で獄中にありながら、東成区で労農協議会から立候補し、当選していました。無産団体協議会はこの小岩井選挙の再来を期して、松田喜一を擁立しました。

しかし、九月二五日の投票日、松田喜一の得票は六二七票で落選でした。木村吉太郎四三二四票、神谷勉二七六三票、中山重太郎二六四八票の三人が当選、以下、岩国平次郎二五五二票、早瀬源司二二五五票、白石泰司九三八票、石若憲三七五七票、松田喜一、岡崎民太郎四〇三票でした（前掲『大阪府会史』第四編）。

当時の西浜の有権者（二五歳以上の男子のみ）は約三五〇〇人で、「大部落でありながら当選できなかったのは、西浜・栄町部落にとっても痛恨の敗北であった。全国水平社運動の西浜・栄町に対する不断の日常闘争が、甚だ微弱であったことをお互いに反省せねばならない」（『水平新聞』第一二号、一九三五年一〇月五日）と、水平社本部は厳しい選挙総括をしました。この背景には、西浜出身の代議士沼田嘉一郎《かいちろう》が、部落外の中山重太郎候補を応援し、西浜の票を分裂させたことがありました。しかも、松田票との格差は大きいものでした。

ところで、『水平新聞』は「西浜・栄町に対する不断の日常活動が甚だ微弱であった」と反省しています。これは、部落委員会活動方針に沿って、世話役、日常活動を反省しているのでしょう。もっと深読みすれば、「水平運動に永い経験」があるとは言え、全国を飛び回る左派系の闘士松田喜一より、西浜内統一戦線を代表しやすい、地域密着の候補者の擁立を示唆しているとも捉えられるのではないでしょうか。

この選挙の運動員だった山辺健太郎は、「松田君はかなり人望があったから、この間死んだ大橋さんも金を出してくれたよ。彼の親父は大阪のボスで府会議長にもなった人でした」（前掲『社会主義運動半生記』）と書いています。この「死んだ大橋さん」という人は大橋治房《はるふさ》（一八九六〜一九七六）で、松田喜一と同じ一九三五年の大阪府議会選挙に旭区から立候補し落選、一九三七年の大阪府議会補欠選挙で当選した人です。その父親が大橋房太郎《ふさたろう》（一八六〇〜一九三五）で、淀川の治水工事に尽力した人で「治水翁」と言われた、大物です。

反ファシズム統一戦線に奔走

ところで、大阪地方無産団体協議会というのは、中央段階での労農無産協議会（労協）の地方組織でした。労協は、社会大衆党（社大党）に対抗するような左派組織でした。松田選挙は、左派の無産団体の統一は実現しましたが、社大党などとの反ファシズム統一戦線にはなっておらず、松田選挙後の差し迫った課題でした。

時を同じくして、一九三六年四月二六日、当時無所属の衆議院議員だった松本治一郎は、社大党の浅沼稲次郎、麻生久、杉山元治郎、安部磯雄、水谷長三郎、三輪寿壮《じゅそう》と労協の加藤勘十《かんじゅう》、全国農民組合の黒田寿男を招いて無産議員招待会を開き、社大党と労協の対立の解消に努めました。しかしうまくいかず、加藤勘十を中心に労協の政党化が目論まれました。

一方、大阪地方無産団体協議会は、同年五月一六日に「民衆戦線樹立の提唱」を発表し、労協の政党化反対という態度を鮮明にしました。中央と大阪はねじれていたのです。一九三六年の総選挙では、反ファッショ統一戦線の強化のために、松田らは、大阪の社大党に、社大党候補の支援を申し入れ、その結果、社大党候補は、杉山元治郎、田万清臣《たまんきよおみ》など四人全員当選しました。

大阪地方無産団体協議会は、「我々は社会大衆党に対しても従来の如き排撃一点張りの能無し猿の芸当を止め、充分確信ある共同戦線の展開を目指して前進しなければならぬ」（『社会運動通信』第一七四四号、一九三五年九月一〇日）と、反ファッショ統一戦線を指向していたのです。この後の一九三五〜三六年にかけての労働組合合同運動、一九三六年の社大党への入党運動において、大阪は東京などとの違いを際立たせていくことになっていきました（大阪社会労働運動史編集委員会編『大阪社会労働運動史』〈戦前編・下〉第二巻、有斐閣、一九八九年）。一九三六年一〇月一六日には、大阪無産団体協議会から市電従の松田長左衛門と松田喜一らが上京して、合同斡旋に動いていた松本治一郎と黒田寿男《ひさお》両代議士とも連絡を取りながら各方面の説得に奔走しました。しかし、労協には社大党は右傾化しているとの反発があり、社大党も固く門戸を閉ざして、対立は解消されませんでした。加藤勘十らは日本無産党を結党し、残念ながら反ファッショ統一戦線は不発に終わりました。それでも、大阪限定でしたが、反ファッショ統一戦線の効果があって、一九三七年前半期の大阪府議会補欠選挙、府内の各級選挙でも社大党が大躍進し、衆議院選挙では六人が当選しました。この勢いならと直後に控えた大阪市会選挙も期待されました。

松田喜一は、松本治一郎とも連携しながら、反ファシズム統一戦線に奔走し、そのなかでの自分の選挙だったこと、あるいは栗須喜一郎の選挙にもつながっていきました。

四月一八日には、融和団体である大阪公道会浪速支部総会が二〇〇余人で開催されましたが、市議選立候補を予定していた全水大阪府連の栗須喜一郎と松田喜一が祝辞を述べています。これは異例のことで、「水融」接近を思わせますし、松田喜一の統一戦線思考が各所にあらわれていました。

東奔西走の多忙な日々

話は飛びますが、全水大阪府連や大阪皮革労組で活躍した成川義男は、この頃故郷に帰って徳島県水平社に参画していました。一九三六年三月二一日の全水第四回中央委員会でこんな報告をしています。「一九三六年一月二八日那賀郡富岡町に於いて同郡部落民大会を開催したのであるが、当日は郡外の部落よりも参集し、消防、在軍、青訓等すべて制服を着用して動員されたことで、その闘争力の程が第一知れるであろう。先ず私が座長に選ばれて挨拶に入るや中止を命じられ、続いて大阪府連の松田喜一君が登壇して、真相発表、改善問題から警察糾弾に入る迄の間に「注意」実に十数回、遂には富岡警察署長が消防組集会の祝酒に足をとられながら花道を注意！ 注意！ と連呼しながら舞台に近づき中止を命じたので、憤慨した松田君が演壇に引きずり上げ、その不当を詰めるや、彼が高圧的態度に出たためやむなく署長を殴らざるを得なくなり、それが導火線となって、会場は灰神楽（火鉢のこと）、炭火の乱舞する修羅場と化したが、特高警察の調停で再び大会を続行して成功裡に閉会した」。松田喜一の武勇伝ですが、当地の『徳島毎日新聞』（一九三六年一月三〇日）にも報ぜられています。「板野校の児童差別問題、糾弾大会の擾乱、演説中止検束が導火線となり、大衆の熱狂爆発、場内は蜂の巣をつついた騒ぎ」（四国部落史研究協議会編『四国の水平運動』解放出版社、二〇二二年）。この頃、松田は本当に多忙だったようです。

徳島県でのこの武勇伝のきっかけは、一九三五年一二月二三日、徳島県那賀郡今津村における失火事件の後始末に従事していた水平社同人が現認したもので、罹災《りさい》者縁故の同村小学校訓導（現在の教頭のような位置）が四本と五本の手指を交互に示し「今夜の支度は四本が前か五本が前か」と発言したという事件でした。訓導は事実無根と譲らず、水平社同人の捏造《ねつぞう》と断じた所轄警察署が警察犯処罰令違反で拘留一五日を科したために、全水総本部に連絡が入り、一二月三一日の大晦日に松田喜一を特派しました。勢いを得た全水今津支部は、訓導の過去の差別言動も報告して盛り上がり、一月七日には関係地区内児童一五〇人の同盟休校に突入しました。闘いは長期化しましたが、その過程での部落民大会でした。

松田喜一、西成区から大阪市会選挙に立候補

一九三七年六月の大阪市会選挙に、松田喜一（当時三八歳）は、今度は西成区から立候補しました。この時の選挙では、社大党に勢いがあり多数の候補を擁立し、社大党公認以外にも社大党系無産中立で三人が立候補、西成区では、定数七人に対し社大党系から四人も擁立、山口常次郎、田中正男が社大党から立候補し当選、今井武吉が「総連合」から、松田喜一が「無産統一」で立候補し落選でした。浪速区は定数五人でしたが、社大党は栗須喜一郎一人に候補者を絞り、社大党公認でしたが「無産統一候補」を名乗って立候補しました。

松田喜一の選挙公約は、「ファッショ政治の大阪市会進入反対」「明朗市会の実現」「無産政治戦線の統一」でした。選挙ポスターにハングル文字があるのは、朝鮮植民地化によって、在日朝鮮人にも普通選挙権が適用されていたからでした。この頃、日本に職を求めて渡ってきた朝鮮人は部落でも急増しました。松田喜一が常任委員をしていた大阪一般労働者組合および評議会大阪評議会は「朝鮮の人と水平社の人が多い」労働組合だったようです。

結果は、社大党は二〇議席に大躍進し、無産中立の二名を加えて二二名で会派を構成しました。浪速区の栗須喜一郎は三〇五九票で初当選しました。四年前には一三七一票で落選していますから倍以上得票を伸ばしました。これは水平社にとって、大阪府議会選挙での松田落選の雪辱となりました。栗須当選を実現した社大党一本化の背後に松田の行動もあったのです。

また、皮革労組を指導した椿繁夫が、社大党から港区で立候補し、当選しました。戦後大阪総評初代議長となる仲橋喜三郎も同じ港区から日本無産党で立候補していますが、落選でした。

水平社はあわよくば、浪速区、西成区で二議席を狙うという選挙戦でしたが、それはかないませんでした。社大党系が四人立候補した西成区は、二人は当選し、松田は五二七票で落選でした。コミュニティを同じくする西浜も、選挙では浪速区と西成区に分かれ、浪速区有権者は居住歴が古く、西成区は急激な移住者からなるコミュニティ、水平運動の浸透度の差も歴然でした。この時の松田喜一の選挙運動の責任者は泉野利喜蔵でした。松田喜一の選挙は、得票だけ見れば惨敗でした。しかし、この時期、日本共産党から無産政党にシフトしながら、無産統一候補として二回の選挙戦を闘い、反ファッショ統一戦線の構築に身を置き奔走し続け、栗須は当選を果たしました。

社大党躍進に政友会、民政党の与党は大同し激しく対立しましたが、それも束の間、間もなく、日中戦争に突入すると、社大党も戦争協力に方向転換し、与野党対立は鎮静化、やがて四〇年になると、社大党も含めてすべての政党が解党し、大阪市会も翼賛市会になっていきました。

地方改善費闘争

前述した部落委員会活動は一九三四年から一九三五年にかけて、三重県や京都府、大阪府などで多様な形態で展開されていきました。松田喜一が指導した松茸山入会権闘争はその模範的な実例でした。こうした盛り上がりのなかで一九三五年五月四～五日の全水第一三回大会では部落改良施設費増額要求闘争が提起され、全水は地方改善費闘争に力を入れるようになりました。『水平新聞』(第二二号、一九三七年一月一日)では、より具体的に、「部落改善費を年額一〇〇〇万円とし、具体的には①地元負担を全廃せよ、②部落の希望する事業を部落の手でやらせよ、③改善費の分配や交附の全権を部落代表者会議に一任せよ」と提案し、政府に迫りました。また「市町村の予算編成期には議員と部落総代が先頭に立って要求せよ、市町村議員選挙に立候補せよ」と檄《げき》を飛ばしました。

二度の松田喜一の選挙闘争もそうした影響を受けていました。この時代に、部落代表者会議という「第三者機関」による「自主的（民主的）管理」を先駆けて提唱していたのは驚くべきことです。

第四章　総力戦体制と経済更生会

1　日中戦争と全国水平社の戦術転換

治安維持法弾圧と日中戦争突入

一九三七年三月三日、全国水平社（全水）は第一四回大会を東京で開催し、綱領を「我等は、集団的闘争を以って政治的、経済的、文化的全領域に於ける人民的権利と自由を擁護伸張し、被圧迫部落大衆の絶対解放を期す」と改正しました。この時点では、あくまで反ファッショ戦線の統一をめざし運動を展開することを明らかにしていました。

しかし、その直後の三月二五日、人民戦線の結成に関与したとして全水書記長井元麟之《いもとりんし》、常任書記酒井基夫が治安維持法違反で逮捕されると、全水は大きな衝撃を受けました。反ファシズムの立場にある全水への弾圧でした。ここから全水指導部は大きく動き出します。

そして、一九三七年七月七日、日本軍による盧溝橋《ろこうきょう》事件が勃発しました。日本はアジア・太平洋地域への侵略戦争に突入したのです。そして、同年一二月一五日には、いわゆる人民戦線事件が起こり、日本無産党と日本労働組合全国評議会（全評）への一斉検挙、結社禁止（同月二二日）処分がなされ、山川均、荒畑寒村、猪俣津南雄、向坂逸郎、大森義太郎、大内兵衛、美濃部亮吉らが検挙されました。もはや、合法的な左翼の活動は不可能という事態となりました。社会大衆党（社大党）

も、西尾末広衆院議員が、近衛首相に「ヒトラーの如く、ムッソリーニの如く、スターリンの如く」強くあれと演説するなど総動員法に率先して賛成していきました。そして、翌三八年には国家総動員法施行、一九三九年には国民徴兵令施行、四〇年には大政翼賛会の発足と政局は戦時一色と化し、あらゆる社会運動も消滅を迫られていきました。

「非常時の水平運動」方針

こうしたなかで、一九三七年九月七日、東京の大山喫茶店で、松本治一郎、草香一介《くさかいっかい》、北原泰作、松田喜一、朝田善之助、山本利平、野崎清二、山本平信、深川武、野本武一《たけいち》、山本久治が急遽《きゅうきょ》会合しました。「支那事変の拡大は東洋平和と日支両民族の共存共栄の為遺憾とする」と懸念を表明しつつも、「こと此処に至りたる以上」とし、「日本国民として非常時局に対する認識を正当に把握し、積極的に挙国一致に参加せねばならぬ」としました。そして、部落問題に踏み込み、「真の挙国一致は完全なる国民融和を前提とせねばならぬ」とし、「故に、吾々は差別観念乃至《ないし》事象を徹底的に索除して真の挙国一致を可能ならしむる為差別事象の土台を為し居る貧困なる部落経済の組織化と、向上を図り、以て非常時経済情勢の苦難を切り抜ける為最大の努力を傾注せねばならぬ」と、従来からの生活擁護を位置づけ、「之れこそ部落大衆の生活を衛り、出征兵士をして銃後を憂《うれい》なからしめ、延ては融和問題の解決を促進する所以《ゆえん》である」と結論づけました（『特高外事月報』一九三七年九月分）。

そしてこの観点から、同年九月一一日、全水は東京で拡大中央委員会を開催して、「非常時における全国水平運動」と題する新方針をまとめあげました。さらに、翌三八年二月七日の中央委員会は、より鮮明に非常時の水平運動の方向を示す「声明書」を発表しました。「声明書」は、「全国水平社運動は、いつの場合でも国家的立場でなされるもの」と断言し、「戦時体制下に於いては国難に殉じ」つつ「国策の線に沿って運動を進めんとするものである」とし、水平運動は、戦争協力と一体となった「国家的立場」と「国策」に沿った運動に転換すると言い切りました。そして、「国内相剋摩擦の解消、挙国一致の建前からなされる革新政策の遂行」は「当然に部落問題をも解決し得る」との展望を示し、「部落内部の産業更生や精神的自覚向上を図り以って革新政策遂行を迅速有効ならしめねばならぬ」と強調しました。さらに、同年六月一五日の拡大中央委員会は、綱領を「我等は国体の本義に徹し国家の隆盛に貢献し国民融和の完成を期す」と改正し、天皇制を意味する「国体」を本義とすると宣言するまでにいたりました。この綱領改正案は、三八年四月一五〜一六日の全水拡大中央委員会において、「松田私案」として提案していたものが下敷きになっていました。松田はこの頃すでに、右翼団体大日本青年党に立脚していたと想像させるものでした。

戦時協同化と総力戦体制

「非常時における全国水平運動」の方針のなかでは、「部落大衆の生活窮乏を如何にして克服するか」と問題提起し、とくに都市の場合、「部落全体の立場から同一業者の組合、例えば製靴職工の生産組合を組織するなどして、行政から低利資金を借入れ或いは補助を受けることで、さらに原料の共同購入や生産販売を統制的に運営し、資金融通なども組織化する」ことなども示しました。戦時下つまり統制経済において、皮革など部落産業を協同化で「革新」しようとする意向でした。

これらは、全水指導層が戦争が短期に終結すると想定しての判断だったのでしょうが、実際は戦争は長期化、泥沼化していくことで、消極的戦争協力からさらに一歩進めて総力戦体制に対応しようとするものでした。即ち、総力戦体制とは、国家が有する政治、経済、社会、思想などの総力を高度化して戦争と一体化させるもので、社会的な格差や差別さえも解消するとの幻想さえ振り撒《ま》くものでした。

部落委員会活動というすぐれた運動方針に到達していた全水ですが、部落委員会活動の内実を実現していくには、あまりにも狭められた活動領域に押し込められていくことを予想させる全水の戦術転換でした。その活路として「協同化」を模索すると、長く対立してきた融和団体との融合あるいは吸収をも予想させるものでした。同時に、戦時下の「協同化」は、いわば下からの戦争協力（社会ファシズム）にも変質していくことでもありました。とくに、融和団体と水平運動の決定的相違点は、幹部主導か大衆参加にありましたが、大衆参加さえ総動員体制と背中合わせとなりかねないものでした。

一九三七年九月一一日の全水拡大中央委員会から翌年六月一五日の拡大中央委員会にかけた全水の戦術転換、これが歴史の分かれ目になったのです。松田喜一もこの戦術転換に深くかかわりました。

松田喜一の「大転換」

全水が戦術転換したのは、一九三七年九月です。北野実がいち早く経済更生会運動に走ったのが同年の一〇月ですが、北野実が「松田喜一ははじめ動かなかった」と言うように、浪速区経済更生会を結成する翌三八年八月までの約一年、松田喜一は「熟慮」を重ねました。

満を持して松田喜一は動き出しました。それは、予想を超えた大胆なものでした。一つは、経済更生会を通して融和団体を「奪取」するというものでした。言葉は不適切かもしれませんが「奪取」とは「加入戦術」という意味です。戦後になって、松田喜一はこの行動を「昔戦争の初期頃水平運動が弾圧のためやれなかったとき、中央融和事業協会の部落更生運動をとり入れて、大阪西浜で「経済更生会」というものを組織し、その中心にいた僕らは、これを極めてイデオロギー的に指導し、貧困な靴や下駄の修繕業者を組織した」（座談会「集中生産と部落産業の将来」『部落問題研究』第六号、一九四九年八月）と述べています。

そしてもう一つが、右翼団体大日本青年党への接近と部落厚生皇民運動を画策するという政治行動でした。これは、「水平社幹部の大転換、闘争主義へサヨウナラ」（『融和時報』第一三六号、一九三八年三月一日）と報じられる大胆なものでした。大日本青年党の反資本主義という「革新性」を口実にして「右翼を奪取する」という「大芝居」と思わせる大胆さでした。

「融和団体を奪取する」、これは大阪限定だったとしても、時宜を得たものでした。一方「右翼を奪取する」という松田の大芝居は離陸さえできないまま失敗しました。以下、この松田喜一の二つの転換とその行動の軌跡を追いかけていきます。

2　部落経済更生運動

河南殖産更生組合

松田喜一が「大転換」にいたる背景について野間宏が書いています。「水平運動の上で輝かしい業績を残してきた松田喜一さんが、水平運動を再検討して水平運動の糾弾闘争が大きな力を発揮し、部落民に自信と自覚をあたえ、差別する社会に対して、この問題の重大なことを知らせるのに、非常に大きな役割を果たしたとはいえ、そこには経済生活運動が欠けていたことを認めて、見出した考え」が経済更生会だったと書いています。そのうえで松田は、大阪の各部落の先行事例を進取していきました（野間宏「大阪市と松田喜一さん」一九六五年四月、『野間宏全集』第一三巻、筑摩書房、一九七〇年）。

現在の富田林市の新堂村には、一九三三年に啓明協会が結成され、その後河南殖産更生組合が結成され、そして新堂経済更生会も結成されています。中心的指導者は桜井徳光でした。桜井は新堂水平社に参加していた人で、一九三一年には大阪市浪速区に移り住み、醤油業を営んでいました。

新堂村では、桜井らが早くから経済更生のためには「副業」が必要だと考えていました。そこで、当時新堂村の助役（名誉職）を務めていた桜井と竹田三二らは、軍需品加工（毛皮防寒具加工）に着目して大阪府に陳情しました。大阪府の係員は両氏の説明を聞き、早速軍部に交渉、快諾を得て、大阪府は公文で同村を「指定村」と認定しました。そして、「此の度多量の注文到来、同村に於いては竹田氏指導の下に五、六十名の婦女子が日夜兎《うさぎ》毛皮、山羊《やぎ》毛皮の縫付《ぬいつけ》作業に従事し、出征将兵の毛皮防寒具の一部を作り、日々各々四、五十銭宛の工賃を得られつつあり」と事業は成功しました。そこで、桜井らは、この機会に積立貯金を励行し、経済更生会の充実等を図り、恒久的事業として経済更生に貢献すべく邁進《まいしん》を続けました（『融和時報』第一三四号、一九三八年一月一日）。

また、桜井と竹田は、近隣の埴生《はにう》、道明寺、耳原、河内長瀬、生江《いくえ》などにも仕事を分譲しました。「桜井、竹田両氏にも多忙中を交互にわざわざ出向いて指導に当られ、各所に美しい共存共栄の実を挙げられている」（『融和時報』第一三五号、一九三八年二月一日）と報じられています。

桜井徳光は、一九三八年三月に村役場助役を辞め経済更生会運動に専念しました。「重大な決意の下に村役場を辞し、助役の席に、龍大出の新知識なる同志樹林氏を押し後顧の憂いを断ちて本事業（経済更生）に専心没頭されることとなり」（『融和時報』第一三八号、一九三八年五月一日）とあります。

桜井らの事業はさらに順調に成長し、一九三八年六月には「百名余の従業員を入れる二階建の工場を建築」しました。しかし、「突如、名誉ある応召の命が下った。氏の軍籍は警備伍長勤務軽重兵上等兵である」(『融和時報』第一四〇号、一九三八年七月一日)と報じられました。さらに桜井は、一九三九年一月に、中央融和事業協会の優良中堅青年として全国一〇人の一人に選ばれ表彰されています(『融和時報』第一四七号、一九三九年二月一日)。

旭区生江町経済更生会

一九三七年一〇月二六日、城北小学校にて、旭区生江町経済更生委員会が発足しました。中心人物は北野実と今池樽吉でした。

旭区生江町の経済更生会の会則は、①消費の合理的節約の断行、②金融機関の確立と共同購入機関の設立、③職業転換の奨励、産業組合の設立、④講演会、映画会等の開催見学等により自覚向上、⑤婦人、青年、少年の各更生指導などでした。結成式は、一一月五日午後七時から生江町常宣寺でおこなわれ、一〇〇人余が参加しました(『融和時報』第一三二・一三三号、一九三七年一一月一日・一二月一日)。

旭区生江町経済更生委員会は、約一七〇人の履物修繕業者を組織しました。大阪府社会課の協力で生業資金を獲得し、これを原材料共同購入費に充て、自力で経済更生を図ることで中小零細業者や労働者の生活権を確保しようとしました。

北野実は融和事業から示唆を受け、大阪府の前田主事の協力で生業資金二六〇〇円を得て、資材の共同購入を図り、会員二四〇人に分配し、自力の経済更生と計画性を持って蓄財を図りました。北野実は、「これは当時の現象的な差別より、生活そのものが差別されていることから、行政闘争に踏み込んだ。当時の統制下では店舗のない貧しい部落には皮の配給がなかったので、この会を組織することによって、会で資金を借り、原料を求め、会員にそれを分け、こうして生活権を確保した」と回想しています。そして、「松田喜一ははじめ動かなかったが、後に説得されて非常に力を入れるようになった」と述べています。北野らは当時「乞食になるな（ママ）、水平社として誇りを持てというのが標語で、これが水平運動の推進力になった」（大阪市同和問題研究室編刊『大阪市同和事業史』、一九六八年）そうです。

北区経済更生会と愛隣信用組合

次いで、舟場地区の北区経済更生会について、歴史的経緯を含めて紹介します。

西成郡中津村というのは、一八八九年の町村制施行によって、光立寺村、下三番村、成小路村、小島新田村、小島古堤新田が合併した行政村で、ここにのちに「治水翁」と称される大橋房太郎《ふさたろう》らの尽力で淀川改良工事が挙行され、これにより中津村は南北に分断されます。北部の「城《じょう》」「外島」「新家」が移転し、南部の「光立寺」「下三番」「南新家」が残存します。残存したとはいえ、下三番の部落はそのまま残りますが、光立寺のなかの部落は、隣接する豊崎村や対岸の西中島村に移転します。豊崎村に移転したのが舟場部落です。

このうち下三番には、一九一二年財団法人下三番青年会（一四年法人認可）が「住民六〇戸を糾合し地方改善を目的」（同法人寄付行為）に結成され、初代会長は田中善三郎で、共同浴場の設置や日曜学校の開催など改善事業を実施しています。水平社下三番支部も全水創立直後の一九二二年一二月一〇日に結成され、冨山富之助、阪口佐八郎、松田隆三、池田甚之助、辻庄一郎らが活動しました。

また、下三番部落に隣接する光立寺には仏教セツルメントを先駆けた光徳寺善隣館《ぜんりんかん》がありました。志賀志那人《しなと》は、『社会事業研究』第一三巻第八号（一九二五年八月）の「隣保事業の一方面に就て」という論文のなかで、「中津町の光徳寺のごときは、寺院其者《そのもの》を一《ひとつ》の隣保的機関として、極めて便利な方法で附近の市民に提供し、附近の人々と共にこれを経営するやうな方法をとり、将来の発展を今から思はしむものがある」と評価しました。

さて、舟場についてです。前掲『大阪市同和事業史』は、「舟場部落の伝承」についての春日修二の談を記載しています。それによると、舟場はもと摂津西成郡光立寺村字城でした。春日の曾祖父は渡辺村から生母の里である城に来住し火消頭をしていました。祖父は明治維新の頃、難波橋南詰で牛子鍋の小店を開き、福沢諭吉も常客だったそうです。城には賭博場があり、鴻池組先代（伝法安）小林佐兵衛や難波福らも開帳していたそうです。一八九八年の淀川改修工事で、城は舟場・浜崎・中津に分散しました。これが舟場部落の形成史ですが、その後、改善事業が実施され、一九一二年には、地区の全戸主八二人が共同出資した財団法人矯風青年会が発足（一三年法人認可）し、共同浴場松葉湯を経営しました。この組織は、武田曽根崎警察署長が舟場地区の有力者松尾米吉に呼びかけてつくらせ、松葉湯には松尾が私財一二〇〇円を投じました。また、葉村町称名寺に済生会診療所ができ、のちに中津の済生会病院に糾合されます（奈良嘉一談、前掲『大阪市同和事業史』）。なお、近隣の善隣と共愛という二つの町会が、北市民館の志賀志那人館長の指導を受けて、一九二六年二月二八日に愛隣《あいりん》信用組合を設立しますが、矯風青年会もこれに加盟しました。愛隣の名称は近隣の共愛、善隣両町会名に由来しています（志賀志那人研究会代表・右田紀久恵編『志賀志那人―思想と実践』和泉書院、二〇〇六年）。

そして一九三七年、北区経済更生会は靴修理業者七一人を愛隣信用組合に加入させ、この組合の融資と大阪市の生業資金とで原料を一括購入して会員に安く販売しました。
その利益分を会員の出征遺家族に送りました。また、「大阪師団→大阪府→北区経済更生会との連携で、騎兵隊や軽重隊の靴修理を行い、ときには会員三〇余名で二日間奉仕に行き、連隊の全部と営内靴まで修理して隊長より感謝されたこともあった。さらに短時日であったが、府下の経済更生会から護国神社の整地作業に六〇〇名、炭鉱の採炭作業にも奉仕に行った」（春日修二談、前掲『大阪市同和事業史』）との記述もあります。

なお、志賀志那人は、全国水平社発足間もなくして設立された同愛会の本部役員として参画し、北市民館に同人クラブを結成し、水平社と共催で毎月部落問題の座談会を開いています（部落解放・人権研究所編『部落問題・人権事典』解放出版社、二〇〇一年）。

奈良嘉一は、梅田水平社をつくり、融和団体、経済更生会それぞれにつながり、北市民館、志賀志那人ともつながって活動していました。戦後は、松田喜一とともに、大阪市同和事業促進協議会（市同促）の理事を務めた人です。

皮革統制による危機

こうした大阪の経済更生会運動には背景がありました。一九三〇年から経済恐慌の影響を受けて部落産業は大打撃を被ったこともあって、政府は三一年に一五〇万円の地方改善応急施設費を計上していました。また、一九三二年九月、中央融和事業協会は「経済更生に関する件」を決定し、産業組合方式に学んで農業や産業において協同主義的な活動を奨励していました。一九三二年九月の産業組合法改正で、小規模な部落会単位の農事実行組合などでも産業組合に加入することができるようになったこと、および産業組合中央会が「産業組合拡充五カ年計画」を出したことも背景にありました。

西成の出口弥兵衛は、「一九三五年頃から皮革は統制時代に入って材料は配給。皮革そのものがない。数年後屑革組合の人が合同して有限会社を作り加工し統制会社指定の工場や軍関係の工場に納品していた」（部落解放同盟西成支部編『焼土の街から』一九九三年）と語っています。

一九三八年三月、中央融和事業協会主催の第三回中堅青年研究協議会が開かれました。この場で、北区から参加した奈良嘉一は、皮革統制で舟場地区住民の生活は目に見えて厳しくなり、このままでは一大社会問題になると発言し、「米騒動の時、其の大多数が地区の人であったことは生活が困窮した為である」（『更生』第二〇号、一九三八年四月）と警告しました。皮革産業と都市部落の生活に迫りくる危機のなかで、大阪の融和事業関係者にも危機感が募っていきました。梅田水平社の奈良嘉一のように水平社活動家は融和事業協会の部落代表も兼ねながら活動していました。

同年六月の中央融和事業協会主催の全国融和事業協議会が開かれました。大阪府の前田宇治郎は「輸入統制以来皮革原料の払拭を来し、現に靴修繕者の如き下級者生活は著しく脅威を訴ふるに至れり、之が適性なる救済の方途如何」という協議題を提出しました。前年の楽観論から一転しました。また前田宇治郎は、国内皮革値段の高騰が「深刻化し憂慮すべき現状」にあると訴えました。その事例として、靴修繕工について「半皮三〇銭が九〇銭となり、カカト一二銭が四〇銭となり、品物も手に入らず、原料が手に入らず、其の日稼ぎの者は前金払はできないため千数百戸の者が失業状態で生活困窮している」と説明しました（『融和事業年鑑』昭和一四年版、一九三九年）。

皮革の製造販売禁止

そして、ついに一九三八年七月に、皮革製品販売価格取締規制など皮革の使用制限に関する法令が公布されました。当時の新聞の全国紙の見出しによれば「皮革非常管理きょう実施、民需全般に禁止的制限」というものでした。法令発令の意図は「皮革が軍需的に重要」にもかかわらず「大部分が輸入に待つ」現状にあり、これを「軍需の充足に振り向けるため」に「皮革を含む三二品目を軍需優先とし、民需への配給を大きく制限、製造や使用も制限」するという「殆ど禁止的な徹底的使用制限」でした。このために、西浜などの靴製造業者四〇〇軒あまりには牛革がほとんど供給されなくなりました。そこで、靴底の素材をゴムに変えるなどの措置が講じられました。しかし、一九三九年七月には、代替革の鹿皮、猿皮、犬皮も配給統制となりました。靴製造業者のもとには約五〇〇〇人の靴工が従事していましたが、とんでもない死活問題に直面することになり、突然の転廃業、失業問題が出現、一気に社会問題化することになりました。

政府に強制されて中央融和事業協会は、『融和時報』第一四二号（一九三八年九月一日）で、「今度の戦争で軍用皮革の需要が増大せるに拘らず外国からの輸入も困難となって」「忍ばねばならぬ犠牲」と業者側を説得し、「新天地の開拓に臨まれむことを希望します」と書きました。つまり「新天地」とは、①軍需工業方面へ転ずること、②輸出工業方面へ転ずること、③以上のほか将来性ある職業に転ずること、④代用品の利用による現職業の維持を図ること、⑤満州移住を決行すること、でした。そして、翌年には日本全国の皮革商工業者を統合する皮革統制会社が設立され、業者も完全に軍部に制圧されてしまいました。

浪速区経済更生会の設立

この事態に、一九三八年九月、大阪製革工業組合（北中巳之吉理事長）、大阪製靴工業組合（北口栄次郎理事長）、奈良県製靴工業組合（伊藤彌三吉組合長）、大阪皮革卸商業組合（由良小一郎理事長）の

四組合は連名で、陸軍省、厚生省、商工省に、「現下経済情勢は強く地区の産業経済に影響し融和促進上憂慮すべきものあり」と、部落産業を守るために、失業対策、緊急転業資金、材料の配給、軍用皮革の不適合品の民需払下げなどを陳情しました。

一方、この時期西浜では、朝鮮人の皮革産業への進出が顕著となっていました。朝鮮人業者は製靴材料の入手および販路の統制を図る目的をもって、四月中旬株式会社厚生会(資本金五〇〇〇円)を設立しました。「これに対して内地人代表市会議員栗須喜一郎及び全水府連書記長松田喜一等が対策につき考究中にして、将来之等《これら》両者の動向相当注意を要すべきものあり」(『特高月報』一九三八年五月分)と、特高警察は松田らをマークしていました。松田や栗須喜一郎らと朝鮮人の厚生会の「軋轢《あつれき》」と「連携」両面で特高は注視していたのでしょうか。

いずれにせよ、皮革統制令で緊張高まるなかで、松田喜一は熟慮の結果、一九三八年八月二一日、ついに浪速区経済更生会を結成し、自ら会長に就任しました。「今次の諸統制に依り激甚の打撃を受けた栄町居住の靴修繕業者は今回松田喜一氏を中心に結束を固め、去る七月一〇日に創立準備会を開催、来たる八月二一日に栄小学校に於て発会式を挙げられることになった」と報じられました。そして、同年八月には、松田喜一の手腕によって、材料購入資金二～三〇〇〇円を大阪市役所より借入することに成功したことで、経済更生会は一気に拡大していきました(『融和時報』第一四一号、一九三八年八月一日)。

浪速区経済更生会会長の松田喜一はどう動き、またどう見られていたのか、史料がないために、野間宏の『青年の環』に頼ってみます。小説ですからフィクションですが、実際に大阪市役所の吏員として浪速区経済更生会に出入りし、松田と深くかかわった野間ですから、事実に近いと思います。野間宏は、水平運動から一転経済更生会事業に転じた松田(小説では「島崎」)をこう描写しています。「たしかに一年前までは島崎はこのような方面の知識に欠けた人間ではあったが、彼は昨年の第一次物資統制のとき、経済更生会の会長に推されて以来驚くべき努力によって、すみやかに自分のそのような空白を埋めてしまったと言ってよいのだ。彼には年齢三〇歳を越えてから初めて商売を見習うに必要な忍耐力が備わっていた」。「島崎は取引関係においても現在優れた才能を発揮しつつあったし、さらに彼は政治的な見通しをはっきりもっていたので、物価の波の間をくぐって問屋筋を向こうに回しても勝利を収めることは当然のことであった」。

そして、その松田喜一（島崎）を役所はどう見ていたのか。「いや、ところが、それが…島崎の魂胆だということを言うわけでね。…あの男は以前が以前だからよほど注意していないと何を考えているかわからんことがある。とにかく…僕の方は…もう、あの経済更生会のために生業資金の回収率がぐーんとわるくてね…」と描いています。

西成区経済更生会の結成

一九三八年八月に、西成区津守町を中心に宗川勝が主唱者となって、西成区経済更生会が結成されました。浪速区と西成区、ほぼ同時期の経済更生会結成でした。

「先輩格の旭区生江町が其の名の如く旭日昇天の勢に幾重の実績をあげ浪速区栄町が又松田氏の見事な手腕を以て電光石火の働きに双方等既に材料購入資金二、三千円宛を大阪市役所より借入するに成功し、会員は大いに自粛し其業に精進し、統制に依り一段と逼迫居る業者の経済を一気に更生せんと意気に燃えて居る。願くは西成区の本更生組合も、今後益々健実な発展を遂げて前者と相提携されたい」（『融和時報』第一四二号、一九三八年九月一日）と報じられました。

西成区には以前から大阪府公道会に属する融和団体として、中開三丁目の泉州郷友会（阪口辰次郎、中田松太郎、奥田市蔵ら）と、津守町の鶏鳴会《けいめい》（一九二二年一一月一日結成、石井正和、宗川粂蔵《くめぞう》ら）がありました。宗川勝は鶏鳴会関係の融和団体活動家でした。

大阪市役所の「三四年度融和事業施設に関スル書類綴」には、一九三三年七月一七日付で西成区長が、西成区南開一丁目一番地に製靴共同作業場の設置を要望したことが記載されています。泉州郷友会からの要望でしょうか。

発会式に話を戻して、宗川粂蔵は「或人が水平社に反対して起った様に伝えたのは全くの誤解です。私達は水平社の運動には心から敬意を払って居るのですが、先ず今の所はお互いに自己の向上に心を致したいというつもりなのです」と挨拶しています。松田喜一と宗川粂蔵らとの事前の交流、交渉の過程はわかっていませんが、何らかの交渉を背景にした挨拶だったのでしょう。

3　大阪府協同経済更生連合会

部落経済更生運動の進展

こうして、旭区、北区、浪速区、西成区に靴修繕業者を中心とする経済更生会が誕生し、修繕材料の共同購入、就職斡旋等の活動で地盤を築きました。そして、この際経済更生会の大同団結が必要と、大阪市内四更生会および桜井徳光の河南殖産組合、堺市耳原町、布施市、豊中市、三島郡富田町などに至急更生組合を組織して、「大阪府経済更生連合会を設立し、経済方面より時局に対応した、融和対策に当る気運に到達した」（『融和時報』第一四三号、一九三八年一〇月一日）と報じました。

この『融和時報』第一四三号には、注目すべき二つの報道もあります。一つは、同年九月

一四、一五日に天王寺職業紹介所において、大阪被服工廠《こうしょう》募集の皮革熟練工の採用試験があり、募集定員一〇〇人に対し四五〇人が応募、合格者は七六人でした。これは、「体格の悪きよりむしろトラホームの為に近視、色盲による失格者が大多数を占めた為、全く皮革事業の犠牲となりおるもの如何に多きかを如実に示せり」という差別の実態によるものだったようです。

また、大阪府の社会事業主事が、前田主事から河上正雄《しょうゆう》に代わったことから、挨拶文が掲載されています。この大阪府の人事も重要な出来事になりました。

経済更生会の連合組織の結成

一九三八年一〇月六日には大阪府協同経済更生連合会の創立総会が、府知事官舎別館で開催されました。二三市区町村経済更生会の代表者等五〇余人が出席しました。

役員は、会長に鈴木省吾大阪府学務部長、副会長に田坂茂忠大阪市社会部長、常務理事に大阪府社会事業主事の河上正雄、理事には松田喜一（浪速区）、今池樽吉（旭区）、奈良嘉一（北区）、桜井徳光（南河内郡）、泉野三男三《いずのみおぞう》（堺市）、宗川勝（西成区）、山本重次郎（東淀川区）、北岡順了（住吉区）、白井半太郎（布施市）、今西今次郎（豊中市）、今田普勧（三島郡）、柳本成河（中河内郡）、堀田又吉（泉南郡）、杉本直七（泉北郡）、福井信一（豊能郡）が選任されました。

一一月二一日には、専門部として皮革部、毛皮部、刷子《ブラシ》部、履物部、副業部、職業補導部が設置されました。連合会結成から半年後の一九三九年四月の理事会では、「現在組織済みの地区は三〇地区四三団体にして未設置地区は二四地区」（『融和時報』第一四四号、一九三八年一一月一日）となっていました。

大阪府協同経済更生連合会の事業は、①靴修繕業者への皮材料の共同購入、②失業者への職業斡《あっ》旋《せん》、③部落内の授産施設の確保、④相互扶助と協同意識の醸成が主なものでした。

大阪府協同経済更生連合会結成のイニシアチブは誰であったか。河上正雄などの大阪府の指導と援助なくしては組織化は進みませんでした。同時に、松田喜一や桜井徳光らも原動力でした。埴生村で経済更生会運動を推進した和島岩吉が回想しています。「桜井徳光くんというのは富田林のひとで、ひじょうに事務能力があり、大阪市内の松田喜一くんとならんで、府下の経済更生運動では指導的な役割をはたしとったひとです。富田林にはやはり竹田三治くんという熱心なひとがいました。私は商売のことはよくわからんが、桜井くんなどは、ひじょうに手広く活発にやっとったですよ。ちょうど松田喜一くんが大阪市内でやり、京都では朝田善之助くんなど、ひとくせある連中が各地におったというのが、戦前の情勢ですな」（『解放新聞大阪版』第三四三号、一九七九年一月一日）。

河上正雄の役割

河上正雄は、山口県坊府市出身で光輪寺の住職でした。部落改善運動にかかわった父の影響もあって全国水平社創立大会および山口県水平社創立大会に出席ののち、有馬頼寧《よりやす》の知遇を得て同愛会幹事となり、中央融和事業協会を経て大阪府社会事業主事になった人物です。

寺本知《さとる》は、豊中市に勤務した折、大阪府に出向し社会課で河上正雄主事のもとで働いていますが、河上は聡明な役人だったと書いています。河上の指示で、盛田嘉徳《もりたよしのり》の疎開の件で、池田古江町の森秀次末裔《まつえい》の部落会長森某（「だんだん」と呼ばれた村の実力者、衆議院議員だった森秀次の縁戚者）を訪ねており、河上が地域事情にも精通していたことを述べています。

また、寺本は「松田さんから、ひじょうな影響を受けるようになるのは、やはり敗戦まぎわに大阪府庁の社会課に勤めることになった時です。豊中市役所にいたのですが府庁に行くことになり、そこで現在でいう「同和」事業を担当させられます。下っ端の係で、封筒のあて名ばかり書いていたように思いますが、そこで、しばしば松田さんが経済更生会のリーダーとして現れるわけです。むこうは偉い人だから、その頃は対等で物言ったことはありません。松田さんとの関係が深くなってくるのは、むしろ敗戦後です」（寺本知『魂の糧』解放出版社、一九九七年）と回想しています。河上と松田がこの時期の経済更生会運動の中心だったと伝えています。

和島岩吉もこの頃、同和事業にかかわっていますが、こんな回想を残しています。「河上正雄君というのは、経済更生運動にもひじょうに熱があったし、しっかりもしていたね。府のほうでも、そう意識的じゃなかったかもしれんが、部落問題については、重要な関心を持ち続けたと言えるんですね。だから、戦後になって、府同促ができたのも、そういうタネがまかれておったからだ、とも考えられますね」（『解放新聞大阪版』第三四三号、一九七九年一月一日）。

経済更生会の運動はどうだったか

一九三九年四月一一日、浪速区経済更生会第二回総会が開催され、七〇〇人が参加しました。大阪市の来賓《らいひん》には野間宏書記も参席していました。そこでは、活動報告がなされています。①一九三八年八月一五日、修繕材料の共同購入販売事業経営の資本金三八〇〇円を大阪市より借入。②八月三〇日、満州事変のため、製革、製靴業ともに休止状態に陥ってしまったので、失業者救済方針を立てるため、失業者および転職希望者調査に着手し、九月一五日時点で応募失業者は五二三人となった。③失業者対策の結果、採用されたる者男女ともに七八人、労働訓練所その他重工業方面に転職した者二六人であった。④一〇月一二〜一三日、大阪府協同経済更生連合会主催の女子授産講習会に講師を派遣したとあります。

大阪府下靴修理業者のために、大阪府協同経済更生連合会は、一九三八年夏以来材料の共同購入を実施してきましたが、一九三九年春以来の統制強化により従前通りの購入が不能となってきました。そこで、経済更生会幹部は商工省と厚生省、大阪府商工部に陳情、実情を具申していました。その結果、皮革統制会社より小売商同業組合を経て材料を購入してもらい配給を受けることとし、その際切符制度の導入を提案しました。それが評価され、製靴組合とともに材料の配給を受けることができました。そして、購入券を七月一三～一四日に各経済更生会の手を経て業者に手交を完了しました。その後毎月この方法で靴修繕用亀半張を提供することになりました（『融和時報』第一五三号、一九三九年八月一日）。

ちょっと平板な『融和時報』の記事ですから解説が必要です。松田喜一が語ったものが戦後「ルポルタージュ西浜」（『部落』第五六号、一九五四年九月）に再現されています。

「統制のもたらしたどえらい不況の中で更生会がつくられた。業者たちが半張りの小売をやらず、大たば（二〇足位？）でないと売らなかった。これは零細業者にとっては大変な負担となる。そこで経済更生会は役所から三八〇〇円の資金の融通を受け、半張りの共同購入と共同分配をやることから出発した」。それだけでなく、松田喜一は、零細な業者の組織的な不況克服策として下からの運動を展開しています。それは、「修繕業者たちを、五人及至十人の組み組織にし、必ず仕事が終わってから反省会をやり、経験を交流し、統制をとった討論を行うことを身につけさせていった。朝、ナベを質に入れて半張りを更生会から買い、夕方ナベを引き出し、一日の食いしろを買う、そういう生活であった」。「更生会を中心にして、各層の「町内大会」を開き下駄直し組合を組織し、皮革業のマヒによる失業者を就職させるために大量の職業運動を展開し、被服工廠に採用させることに成功した」と述べています。「又、経済更生会は、皮革の配給を、実績によるキャップ制（切符制）にすることを進言しそれを実施させた。でないと、資力を持つものが買いだめをするからであった」。「又、方面委員による援助を貰って生活していたような靴工をあつめ、靴工自身の組合工場をつくらせた。閉鎖されている共同工場を借りて、そこで規律ある共同作業が行われた。生産は職工自身の工場という意識で大いに盛り上がったし、技術の交換、研究も行われ、海軍の軍靴を受注生産し発展していったが、残念にも途中で挫折してしまった」とあります。

全国注視の標的となった大阪の経済更生会

浪速区経済更生会は、栄町の靴修理工に仕事を供給することが主たる役割で、修理材料の共同購入で急場をしのぐことに成功し、組織が広がっていきました。会長は松田喜一ですが、栗須喜一郎も顧問に就任し、皮革業者も多く役員に名を連ねました。西浜を二〇組に分けて、それぞれ三人の評議員（六〇人）を置くほど地域に根を張った組織になっていきました。

一方、西成区経済更生会は、一九四〇年四月三〇日に今宮第七小学校で第三回総会を開催し、新会長に山下佐七、副会長吉岡伊太郎を選出しました。大阪の経済更生運動は全国注視標的となっていましたが、経済更生会の組織拡大に便乗するように大阪公道会の分会も、一九三六年から一九三九年の間に二八の地域分会が設立され、四〇年三月末、分会指導者による和歌山県東富田小学校への視察を実施し西成からも参加しています（『融和時報』第一六三号、一九四〇年六月一日）。

大阪府下に広がる経済更生会

「三島郡岸部村、大阪鹿皮工業組合設立さる」との見出しで、現在の吹田市光明町の工業組合が報じられています。岸部村は鹿皮製品の産地として全国的に有名で、主として原皮を南洋より輸入し、加工の上、甲州初め全国各地にそれを販売し、その額は五六〇万円になりました。用途も広く、また鹿皮は海陸の荒鷲軍の命の糧たるガソリンの濾過《ろか》用として調達されました。一〇年前から同村尾崎幸太郎（大阪府協同経済更生連合会の毛皮部の専門委員で、一九二六年四月の『大阪水平新聞』に名刺広告も出している全水の活動家だった）らは、村の経済更生のため工業組合か然るべき組合の必要を感じ、その設立を要望していました。そこに皮革輸入統制により原皮購入に支障をきたすことを懸念し、「挙村従来の我を捨て公に赴き組合設立の要望は次第に高まり」、一九三八年三月二〇日公認の鹿皮工業組合が誕生しました（『融和時報』第一三七号、一九三八年四月一日）。

南河内郡埴生村の和島岩吉は、萬田卓三、繁田友一、高松貞次らとともに村の経済更生を図るために「今次物資動員に依る夥《おびただ》しき失業者群の救済に積極的に乗り出すべく」数次の会合を重ねました。その結果、「他の範となる様な、規律ある、内容豊富な埴生更生会なる自主的機関が生れ、事務所も立派に出来上り」、産業運動として授産講習の開催、視察見学などに取り組みました。埴生村更生会の役職員は区の有力者を網羅し、活動の第一線には、和島、繁田、高松、北本、石田、西谷などの青年が献身的に活動しました（『融和時報』第一四八号、一九三九年三月一日）。

中河内郡の龍華《りゅうげ》町経済更生会発会式が、一九三九年一一月二日におこなわれ、大阪府より河上主事、小北書記などが出席、八尾警察署員、町役場吏員、八尾町議、安井、芝田両顧問はじめ職員会員など一〇〇余人が出席しました（『融和時報』第一五七号、一九三九年一二月一日）。

豊中市南新免区では、市議今西今治郎、溝口豊能町公道会支部常任幹事の肝入りで経済更生会設立が準備され、一九三九年一一月一五日、同区青年会場において創立懇談会が挙行され、翌四〇年六月二日に豊中市南新免区経済更生会創立大会がおこなわれています。同三九年には南新免区が「資源調整特別指導地区」に指定されています（『融和時報』第一五七号、一九三九年一二月一日）。寺本知は一九三〇年に豊中市に雇われ、翌年、豊中市書記となり、南新免区経済更生会創立大会にも参加し、一九四一年には豊中市南新免区指導員となり、一九四二年には同和奉公会大阪府本部主事補となっています。

大阪府内で唯一、公道会の分会を村単位で設立していた豊能郡萱野《かやの》村では、一九三〇年代初頭から青年層、婦人層を中心に全村挙げての融和運動を展開し、一九三六年には北芝更生会、一九三八年三月には箕面《みのお》村の新稲実行組合が結成されています（大阪の部落史委員会編『大阪の部落史』第一〇巻、解放出版社、二〇〇九年）。

道祖本の小北由蔵

「だいたいね、松田喜一さんが経済更生会運動を始めたのも、部落改善の模範といわれた道祖本のを見てやったんです」。茨木市道祖本《さいのもと》の小北由蔵《よしぞう》は、大阪府公道会の役員を務め、河上正雄のもとで大阪府庁に勤務したこともあり、松田喜一と経済更生会運動をともにした人ですが、この人の証言があります（『解放新聞大阪版』第三七一号、一九七九年八月六日）。

「道祖本の西宗寺の坊さんで今田普勧という先輩がおってね。まず自分の村の生活をよくしていこう、つまり「自力更生」ですな。毎月五銭づつ貯金させて今田さんとこに持っていった、これがいちばん最初の取り組みでした。その後、桃と筍《たけのこ》の行商をやった。内職といったら縄ないで村に問屋があった。沢良宜《さわらぎ》はぞうり専門だったが統制で問屋に卸すと口銭取られるから個人で荒物屋に卸してもいいようにと交渉したこともあった。そんなふうにして貯めた金で土地を広げて行った。よそもやったらしいが道祖本は手本だった。松田喜一さんも見にきた」と回想しています。

一九二八年に大阪府公道会はできるのですが、今田普勧や小北由蔵は、早くから公道会で活動していました。その時、大阪府の河上正雄と一緒に南王子村によく行ったと回想しています。その後「昔のような水平運動ができなくなると、泉野利喜蔵さん、松田喜一さん、栗須喜一郎さんなども公道会で活躍するようになった」そうです。その当時の役員のことを「水平運動には熱心でなかったけど、南王子村の村長の杉本直七さん、部落の人ではなかったけど水本村村長の小西一成さん、道祖本の今田普勧さん、池田の森秀次の息子さん、少し若いが萱野村の上田新太郎さん、こういう人が公道会の理事だった」と証言しています。大阪府公道会の理事会は「いつも水平運動やってた人とやってなかった人が議論になるんですね。今で言えば革新的な人と保守的な人の対立ですね。ぼくは四〇年頃から公道会の書記をしていてたから、それでいつも心を痛めてね」と振り返っています。

「いつ頃でしたか、奈良の駒井さんが心斎橋に皮革の店出そうとしたら断られてね。河上さんに「お前、責任持ってこの問題解決してこい」と言われて、松田さんの応援を求めてやりましたが、これが最初の仕事でした」。「大阪府庁に勤め出したのは寺本知さんより少し前でした。府庁の近くの上本町一丁目に家を借りて住んだんですが、そこを松田さんが経済更生会運動を始めてから（大阪府協同経済更生連合会の）事務所に使っていたわけです」と回想しています。

大阪市内の経済更生会の動き

大阪市内においては、東淀川区中津本通を中心として、東淀川区経済更生会が一九三九年六月九日に結成されました。山本重次郎が中心でした。また、飛鳥、日之出、山口の三町の靴修繕業者、洋傘修繕業者を中心に東淀川区北部経済更生会が一九三九年六月一〇日に、相前後して結成されました。西口庄兵衛が中心となりました。六月一三日には西淀川区加島町で設立に関する懇談会が開催され、二二日には東淀川区日之出町で新しい更生会が生まれました。こうして、「大阪市に於ては各地区に一つ宛更生会が出来ることとなり、此の處更生運動は益々健実に育ち行きつつある」（『融和時報』第一五二号、一九三九年七月一日）と報じられました。

経済更生会のなかでも混乱や対立はあったようです。東淀川区中津では、三五年頃から五年間にわたり町民を二分しての紛争が続いていました。「中津更生会の融和再出発」という記事があります。東淀川区中津では、三五年頃から五年間にわたり町民を二分しての紛争が続いていました。それが「町民の福山、木村、田中氏等の斡旋にて両派から代表者が相集り本会小北書記に白紙一任となり、去る四〇年五月一三日全町民集合して和解の式を挙行した」とあります。来賓として中津署治安係、付近町会長、本部より今池、松田、奈良三理事、小北公道会書記が出席しています。浪速区経済更生会会長松田喜一は「一言御祝の言葉を述べます」として「我等経済更生会員は如何にして此の戦時体制を確立可きかと、過去の自由主義個人主義を揚棄し協同精神の徹底に全力を注がれるように」と「長時間の祝辞」を述べたそうです（『融和時報』第一六四号、一九四〇年七月一日）。

一九三九年に、住吉地区でも住吉町経済更生会が結成されます。これには、青物行商、乾物小売人、靴修理業者など九五人が参加しています。会長は笹田健治で、この会の活動方針として町内の高利金融を精算し、市からの低利の資金の融通を受けることや、青物、乾物の共同購入等が掲げられました。住吉町経済更生会は、笹田健治、沢田彦太郎、武田三次、田中幸一らによって、高利貸しに手を出す地区の人びとの実情を見かねて結成されたものです。竹田駒治郎や松本貞樹が亡くなって以降、地区内の若い人びとによって経済更生会が担われていくことになったようです（部落解放同盟大阪府連合会住吉支部創立六〇周年記念事業実行委員会編『住吉部落の歴史と解放運動の歩み』部落解放同盟大阪府連合会住吉支部、二〇一六年）。「青物行商者を中心として組織している住吉区住吉町更生会では、去る四〇年七月一二日同町託児所に於て総会を開催したが、百数十名出席し盛会であった」（『融和時報』第一六五号、一九四〇年八月一日）とあります。

作家の野間宏は、当時大阪市役所の社会課書記でした。こんな回想を書いています。

「浪速区経済更生会の事務所には時々、腕章をまいた憲兵がやってきたが、松田喜一さんは憲兵を事務所のなかに絶対に入れることなく追い返した。経済更生会の運動が盛んになるにつれて経済更生会の力をおそれ、それに反対する部落の旧勢力が一部でしきりに経済更生会の腐敗などについて根のないことを言いふらし、或る区の経済更生会の会長はそのために、おとし入れられようとするようなことも起こったが、このような時にも、松田喜一さんは、現地に出かけて行ってこれを解決し、問題を正しくおさめた」

「昭和一三年三月私は大阪市役所社会部に入ったが、大学を出て、部落問題、融和事業にほとんど知識がなかった私を、松田喜一さんはよく導いてくださった…松田喜一さんと一緒に経済更生会の運動をするなかで、松田喜一さんから大きな、高い、すぐれた精神をあたえられたと考えている」（野間宏「大阪市と松田喜一さん」一九六五年四月、前掲『野間宏全集』第一三巻）

春日修二（奈良嘉一のペンネームではないか）は舟場の人ですが、「終戦前後の地区の生活状態は、皮革関係者を中心として一般より楽であった。その後、皮革の統制が解除され物資が出はじめると地区の生活も追々と苦しくなってきた」（『そくしん』第一五号、一九五八年二月）と証言しています。経済更生会運動によって、苦しいなかでも生活が維持されていたことの断片を伝えています。

大阪府協同経済更生連合会創立一周年

一九三九年一〇月六日に、大阪府協同経済更生連合会は創設一周年を迎えました。

戦時下物資の諸統制により深刻な打撃をこうむった地区産業の更生、生活権の擁護を目標に浪速区、旭区、北区、西成区の各区の靴修理工を中心とし、修理材料の共同購入販売を主眼として経済厚生会を樹立し、大阪市より八〇〇〇余円の資金の団体貸付を受けてから、早や一年余の月日が過ぎていました。その頃には、靴修理工のための亀半張配給もクーポンとなり、大阪府下一円の業者はすべて各地の更生会に所属し、安心して業に従いました。この四組合とともに、南河内にあって救済事業授産事業に大いなる成績を挙げてきた河南殖産更生組合、その他既設の農事実行組合・協同組合・経済更生会を一丸として連合会を創設したのが一〇月六日でした。「初めての総合的組合運動であり、且生活圏を伴う経済問題のこととて意見の対立、或いは中傷等々又会計その他の事務に於いても、之又初めてのこととて遺憾とする点もあった」とあります。修繕用亀半張の共同購入をはじめ、陸海軍軍靴の製作、各種縫製授産事業、軍隊への靴修理工の派遣等、また転業転職の斡旋地区産業調査等も主として更生会がこれにあたりました。その結果、「商工当局をも動かし陸海軍よりも協賛を戴くことができた。今や大阪の経済更生運動は全国注視の標的となっている」（『融和時報』第一五四号、一九三九年九月一日）と報じられています。

さらに、その一年後の大阪府協同経済更生連合会の状況について記述されています。

「一昨年十月創設以来、今やその数四三を数えるに至ったが、参加団体は各種の共同購入販売など協同運動を行ってきたが、更生運動の目標は他にあるので、更に積極的活動を促すべく」七月一三日知事官舎別館で、農村的地区を除く二六団体代表と河上、和島、泉野、松田、今池、奈良、小西各理事が出席して、全面的生活刷新運動に関する協議会が開催されています（『融和時報』第一六五号、一九四〇年八月一日）。

山本正男（政夫）の栄小学校講演会

浪速区経済更生会は、一九四〇年四月二七日には、栄第一小学校で講演会を開催しましたが、産業組合中央会から山本正男（政夫）が産業組合組織に関して講演しました（『融和時報』第一六二号、一九四〇年五月一日）。講演内容は定かではありませんが、『融和時報』第一二九号の巻頭論文に、産業組合について、概略以下のことを書いています。

①融和事業に一〇カ年計画があるように、産業組合にも五カ年計画がある。②農村にはどの町村にも産業組合があり、八割近い農家が加入している。③自治は役場、教育は学校、経済は組合の三大機関が円滑、活発に活動するのが理想の農村。④部落の経済が農村全体の経済に溶け込むために、産業組合を利用すべき。⑤部落の組合は、預ける金も乏しく、借りる信用も薄く、販売品も購買品も少ないのが実情。⑥部落の経済には封建的性質があり孤立状態に置かれ、更生指導上注意努力する点が多い。⑦組合は個人加盟が原則だが、農事実行組合をつくって団体加盟する方法もある。⑧部落の協同組合を農事実行組合に改め登記して法人とし町村の産業組合に加入せしめよ。⑨組合運動の理想は高いが、実行は地道に、堅実に基礎をつくることだ。⑩組合運動の特長を認め、小さな協同より大きな協同で、地区更生、融和完成をめざす（『融和時報』第一二九号、一九三七年八月一日）。

松田喜一らは、山本の部落経済更生運動、農事組合法人から、地域の協同組合に参画する産業組合戦略を興味深く聴き入ったと想像させられます。山本も、松田喜一らの経済更生会運動に大いに期待したと想像します。

山本正男の主な主張を要約してみます。「資本主義経済は無産大衆に生産上の犠牲を要求しこそすれ、経済的に多くの幸福をもたらすものとは言い難い。資本主義の欠陥はたんに左翼の陣営のみならず今日ではあらゆる陣営より指摘されている。部落大衆の大部分はこの資本主義の圏外にあり、かつそれによって重圧を加えられつつある。この故に部落大衆が要する経済機構は封建的のそれでもなく、また資本主義のそれでもない。即ち封建的機構を解消し資本主義の弊害を防衛し、進んでより良き社会建設の理想を持つものでなくてはならない。そのためにわれわれは協同組合主義の確立を要望する。資本主義の原理は自由競争にあり、協同組合の原理は相互扶助にあるものであり、強度の地縁と血縁との関係を認め得る部落こそ協同組合を必要としている」。

4　靴修繕業者などの組織化活動

大阪靴更生組合の結成

一九四一年三月四日、靴修繕業者による大阪靴更生組合が結成されました。組合長に小北由蔵、副組合長に山下佐一郎、和島菊松、常務理事に松田喜一、理事に北野実、奈良嘉一、山下道一、繁田繁光、竹村清が就任しました。経済更生会は資材の共同購入、生活向上等の指導、斡旋をする組織でしたが、この組合は大阪府協同経済更生連合会の皮革部から分離、独立したようなもので、靴修繕業者が「自主的に」活動するかたちをとりました。この組合の年度の予算案は七一〇〇円でした。「他より一切の補助金を受けず会員の拠出金を以って自主的に行っていることが注目すべき」（『融和時報』第一七四号、一九四一年六月五日）と評されています。

この大阪靴更生組合は、大阪の靴修理業者約三〇〇〇人のうち二一〇〇人が加入し、非組合員は約九〇〇人だったと推計されます。組合の浪速区支部は組合員三七四人で、一九四二年一月調査で、「二一九歳迄」三二人（九％）、「三五歳迄」五二人（一四％）、「四〇歳迄」五三人（一四％）、「四一歳以上」二三七人（六三％）となっていました。年配者が多いため、「始終金づちを使用する所から右腕の異常発達」「靴を膝に乗せ或いは抱えて仕事をするため脊髄が彎曲《わんきょく》して猫背になる」「古靴を叩く間に靴の付着塵芥《じんかい》を浴びるためトラコーマ患者等が多い」などの職業的疾患が報告されていました（『全国靴修理業者実情調査書』、一九四二年一月）。

一九三八年の皮革統制令発布以来、修理原材料は減少していったのですが、部落における逆転業者（失業者などが靴修繕業へ転業すること）、「無責任な仕事をしてボロい儲けをする新米業者」の悪弊が問題になりました。その影響を受けて、業者は年々激増の一途をたどるのみで、これでは共倒れになると懸念されました。亀半張配給率においても、靴屋が修理を兼業する者と、修理専業者との差がはなはだしく、「修理専業者は靴屋のおこぼれを貰って辛くも営業を維持している」実情にあると矛盾を指摘しています。そして「同和問題の建前からいうならば、所謂部落産業からすべて解放されてしまいたい」、しかし「時局下国家の重要物資の一つである資源愛護という点から見るなら、その優秀な技術を生かして国民生活必需品である靴を作るということは大切なこと」と反芻《はんすう》し、配給機構の是正を図り、今後ますます配給が減少する原材料だが「職域奉公をなす」のが必要だというのが関係者の認識でした（杉本重利「日本靴修理業組合連合会設立について」『同和国民運動』第一九一号、一九四二年七月）。

参考までに、この頃の大阪の部落の労働実態、転業転職については、中央融和事業協会が提唱して産業状況および転業転職状況調査が実施され、一九三九年五月中に公道会支部、経済更生会関係者を総動員して一斉に調査を実行し、次の諸点が明らかになっています。①調査地区数五五、戸数一万四〇〇〇戸、他の五地区六〇〇〇戸は種々の事情で調査できなかった。②転業者転職者が四四地区二二四一人と意外に多かった。転業者四八一人、転職者一七四七人（官営工場に五三六人）、満州移住一三人。③失業または失業状態にある者四四五六人。④転業転職を必要と認むる者六　九八人。⑤皮革関係は、従事者七七〇二人（業者二八三二人、従業者四八八人）、失業または失業状態二六〇四人（業者一一七九人、従業者一四二五人）、転業転職を必要とする者二三九五人（業者一〇一五人、従業者一三八〇人）、すでに転職転職している者六三九人（業者一〇二人、従業者五三七人）でした。「我等は此の際最大の努力を払って転業転職の斡旋をなすと共に、更に根本的に職業教育の拡充を図り、転業転職を容易ならしむる体位向上、衛生施設を積極的に進めなければならぬ」と述べています（『融和時報』第一五二号、一九三九年七月一日）。

全日本靴修理工業組合連合会の結成

さらにこの大阪靴更生組合を全国化しようと、一九四一年一二月九日に、一府一四県の靴修繕業者の代表が集まって、日本靴修繕業組合連合会の第一回結成準備会が、大阪傷痍軍人会館で開かれました。静岡の小山紋太郎、奈良の米田富、山口の山本利平のほか一五府県以上三六人が参加、大阪からは松田喜一、北野実、吉岡伊太郎ほか二人が参加しました。翌四二年二月一四日、商工、厚生両大臣に日本靴修繕工業組合連合会結成の陳情書が郵送されました。一九四二年一月現在の全国靴修理業者は、約一万一〇〇〇人で組合加入者は八四二五人、非組合員は二五七五人、大阪は三〇〇〇人中組合員は二一〇〇人でした。この全国組織結成の中心となったのは松田喜一でした。

これに対し特高警察は松田喜一を早くから警戒していました。「大阪府下約三千名の靴修理業者を経済更生会指導下に共同購買所を設け、自ら経済更生会長として業者の生活維持を計り居れるが、近年需要者は漸次増加の傾向にあるも材料配給は不円滑なるを以って其の合理化及資源愛護等を標榜し、各府県の同志を糾合し」日本靴修繕業組合連合会結成の準備に奔走し、「其の推移は相当留意の要あり」（『特高月報』一九四二年二月分）と記されています。そしてその年の四月一四日に、松田は共産主義的活動をおこなっていたとの嫌疑で治安維持法違反で検挙されました。「自己の主宰に係る経済更生会内意識分子数名を糾合し、ひそかに啓蒙活動をなしつつありたる容疑事実を探知」（『特高月報』一九四二年四月分）との検挙理由でした。四月一九日には起訴猶予で釈放されましたが、日本靴修繕業組合連合会結成は一時的に頓挫しました。数十回とも思われる松田喜一の拘禁も、これが最後です。この検挙は、治安当局が松田の活動を「偽装転向」といかに警戒していたかを示すものでした。どうしても、松田喜一をこの組織のトップにしたくなかったのでしょう。

松田の検挙があっても、二回の準備委員会を経て、一九四三年五月七日、二府二〇県の靴修繕業者の代表が大阪傷痍軍人会館に集まり、日本靴修繕業組合連合会が結成されました。理事長は米田富でした。商工省、厚生省、同和奉公会などの来賓が並ぶなか、全国各府県組合代表者百数十名が参加し、組合員は一万二〇〇〇人と公称されました。大阪の組合員は二五〇九人にまで増えて、代表者は桜井徳光になっていました。

これに先んじて、一九四一年七月一〇日、松本治一郎を社長とする日本新興革統制株式会社も設立されました。これは、松本治一郎の信任が厚かった全水大阪府連の石田秀一が活躍しました。原皮の確保が難しいなかでの犬皮（新興革）の需要拡大に対応して、捕犬人夫（およそ一〇〇〇人）の多くが部落民だったことから、これを組織し、商工省に陳情していたものでした。この会社の実務を仕切ったのは、井元麟之と埼玉の野本武一だったようです。この会社は、一九四八年一一月まで存続しましたが、この組織も治安当局に厳しく監視されました。

米田富が、日本靴修繕業組合連合会結成までの経緯を証言しています。「皮革統制の影響で靴用半皮が入手困難となってきたのは、靴工業組合が軍需省の指示で府県の組合員のみ配給するようになっていたからだったが、奈良県の係官と本省へ陳情に行ったら、修理材料は修理業者の使用実績により配給すべきが常識との回答を得た。毎月チケットを握り配分を扱う製靴業者とのトラブルに対抗するには組合結成が要であると準備していたら、大阪ではすでに一足早く組織していたので、松田君が奈良に来られ組合組織を指導されると共に、組合の全国化が必要ということで準備を進め、松田君が全国組織の組合長となるところまで決定した矢先、例の労農派弾圧で松田君が逮捕留置され、やむなく私が全国靴修繕組合の理事長に就任した」（部落解放同盟大阪府連他編刊『松田喜一――その思想と事業』、一九七五年）。米田富が語る「製靴業者と靴修繕業者とのトラブル」とは、鑑札、登録票の交付をめぐるものです。大阪でも、修理用資材の配給量において大阪製靴工業組合と大阪靴更生組合とでは組合員一人あたりの割当分量に格差があるので、その是正を要請していました。

ちょっと横道に逸れますが、吉岡弥市（部落解放委員会西成支部創設の七人のひとり）の証言と符合します。「当時私は、靴の注文取りと修理の両方やっていた。だから、経済更生会（大阪靴更生組合）ともうひとつ大阪製靴工業組合にはいる資格をもっていた。両方入るわけにいかないので、松田さんに相談した。靴更生組合はできたばかりで、一人でも組合員がほしい時だったが、私のことを考えてくれ、製靴工業組合に入るよう言われた。大きな人物だ、と知ったのはこんなことがあってからだ」（前掲『松田喜一――その思想と事業』）と書いています。

靴修繕組合の労務動員

さて、経済分野の総動員体制とは、戦争に直結する軍需企業に原材料の配給や設備投資を集中するために、中小企業には再編、解体、転業を強制しながら、労務動員に協力させるというものでした。この戦争遂行のための総動員政策は、皮革、靴産業にも強制されました。その結果、西浜の部落資本の中小皮革・製靴企業や約八〇の共同工場内の小零細企業は壊滅的な打撃を受け、そのほとんどが解体されられていきました。仕方なく皮革・製靴業者や皮革工、製靴工は靴修繕業に転業していきました。そこで、松田喜一らが中心となって全日本靴修理工業組合連合会を結成して、皮革産業に残された唯一の権益を死守しようとしたわけです。しかし、その定款には「大東亜共栄圏確立の国策たる労務動員計画への積極的協力」「職能に因る国家資源愛護の実践強化」「新規転入の防止」「経済的厚生による同和事業への協力」と明記されました。総動員体制への協力を謳《うた》わざるをえなかったのです。

「労務動員計画への積極的協力」の一つが、一九四二年一二月一〇日に結成された大阪靴更生組合の勤労報国隊でした。桜井徳光隊長のもとに隊員二八〇〇人が編成され、軍関係方面の靴作業や「生産増強方面に奉仕」することとなり、翌年一月から二カ月間、延べ三〇〇〇人の隊員が軍需工場に動員されました。学徒出陣ならぬ「靴工出陣」でした。また、一九四三年二月二三日の同和奉公会大阪支会第二回協議会では、住吉町経済更生会長の沢田彦太郎が、住吉部落の履物修理業者の実情から「修理業者の全部を部門別に包括する統制組合を設置」できないかと建議案を提出していま す(『同和国民運動』第一九八号、一九四三年五月一日)。労務動員だけでなく、授産事業の改善も議論されていたのです。

大阪靴更生組合や全日本靴修理工業組合連合会、あるいは日本新興革統制株式会社(犬皮組合)の労務動員協力を見て、松本治一郎や松田喜一が「戦時下で靴修理業者の生活擁護のために一貫して活動した」というのは嘘であり、統制組合の公認を得るために戦争協力しただけと評価する人もいます。しかし、皮革産業の「先発市場」だった部落が、靴修繕などわずかな権益に追い込まれ、しかも融和団体だけではその権益すら守れない状況下で、松本や松田など水平運動関係者が取った全国組織化戦略は真っ当なものでした。大阪二五〇九人、全国一万二〇〇〇人の靴修繕業者の組合、全国約一〇〇〇人の日本新興革統制株式会社は、統制組合であっても、靴修繕組合は松田喜一など、犬皮組合は松本治一郎などが主導した唯一の全国組織だったのです。

経済更生会の労務動員

また、松田喜一らの経済更生会運動は、職業斡旋、失業支援も事業としたのですが、坂市巌《いわお》（戦後の部落解放委員会西成支部に参画）の自伝的小説『育ち行く雑草』（『部落問題文芸・作品選集』第二七・二八巻、世界文庫、一九七六年）には、その職業斡旋、失業支援が「手配師のよう」だったと思わせるような描き方がされています。少し長くなりますが抜粋します。

「一四年（昭和）になると、皮革の統制の強化に引きつづいて製甲に必要な、ゴムノリ、ミシン糸に針、油、各種小道具などに統制がかかって来た。そのため働く日数が少なくなり半失業状態が続いた。仕事のない時…、アンコ専門に働いている近所の宇之吉に連れられて境川交叉点に職を求めに行った。そこへ行けば、彼らを会社へ世話する親方連中が雇いに来るである」。「こうした西浜の製靴工達の失業対策として、大阪府は、就職の斡旋を、近衛公の元秘書であった更生係の川上政男（河上正雄主事のことか）を通じて、水平社本部に申し込んで来た。杉田喜太郎（松田喜一のことか）、朝川朔太郎、佐川菊一達は、この申し入れに乗って、天王寺職業紹介所を通じて話が進められた。すらすらと話が進んで、西成区と浪速区、栄町連合を合わせて失業者六百名を、陸軍砲兵工廠、陸軍被服工廠へと転職させることに話が決められた。その中で西浜の栄連合は、陸軍被服工廠へと約束されていた」。「西浜の製靴工の被服廠への送り込みの水平社の世話は二回目も行われた。七月、彼らを被服廠に送り込んだ佐川達によって、製靴業者の資材の購入をはかる西成経済厚生会《ママ》が結成された。そして、被服廠の下請軍靴が製造されるようになった。西浜でも、甲皮に充分利用できる屑皮が、被服廠から二束三文で払い下げられた。その屑皮は、闇から闇へ流れ至るところで屑屋成金が生れた。軍靴の下請けで親方になった佐川は、毎晩のように、飛田遊廓附近をほろ酔い機嫌で美人を連れて歩くのが見られた。西浜の彼らは皆知っていた「おれ達を喰い者にさらしやがって！」」

戦時統制経済下で、経済更生会は失業対策をやるわけです。ある意味「定数」が決まっている靴修繕工も仕事ができたり、できなかったりの半失業状態です。それ以外の「失業者」といっても「仕事も、失業もさせてもらえない」状態で、配給米のように「仕事の配給」を経済更生会に委託するという構造になっていきます。西浜の人たちには、経済更生会が「手配師」みたいに見えたのでしょう。ピンハネするような役員もいたかもしれません。評判が悪くなる一面を持っていました。これは事実に近いことだったのでしょう。

津守屠場の大会

一九四三年七月三〇日、全国の屠場《とじょう》で働く屠夫の代表者が京都市に集まり大日本食肉技術員連合会が結成され、政府に補助金などを求めています。内務省は「将来階級闘争及至水平運動の具に供せらるるに非ずやと思料せられ其の動向相当注意要あるものと認めらる」と警戒したようです。

日本食肉統制株式会社が屠夫を会社の直轄にして賃金を抑制しようとしたのに対して、一九四四年二月八日、西成区の屠場において大日本食肉技術員連合会の大会を開きました。最低限の賃金を求めるとともに、「屠夫の利益を確保し、地位向上を図り、且後輩指導上にも強力な組織を必要とす、因って屠夫は団結の要あり」と決議しています。水平社もすでにない最終盤の戦局にあって、屠大は闘っていました。一九一〇年に建てられた今宮村営屠場は老朽化し、三九年に西成区津守に移転し、東洋一の近代工場になっていました。そこでの大会でした。食肉では、食肉統制組合における水平社の関与はよくわかりませんが、屠夫たちの息づかいが聴こえてきそうです。

5　日中戦争と水平運動の分岐

大日本青年党に参加

松田喜一は一九三八年一月に、驚くべき行動を起こしました。「水平社幹部の大転換、闘争主義へサヨウナラ」（『融和時報』第一三六号、一九三八年三月一日）と報じられた行動で、水平運動関係者に激震が走るものでした。

一九三七年末から一九三八年初頭、全水大阪府連委員長だった松田喜一は、水平運動の沈滞を打開するためには右翼団体との提携が必要と、皇国農民同盟に加わっていた西光万吉《さいこうまんきち》と連絡を取り、陸軍軍人橋本欣五郎《きんごろう》が一九三六年に結成したファシズム団体の大日本青年党と提携しようとしたのです。一九三七年末、松田喜一は自らに近い高畑久五郎ら約三〇人を大日本青年党に加入させました。翌三八年一月八日には、松田喜一と高畑久五郎は、西成皮革工組合約五〇人を大日本青年党傘下の大日本産業労働団に入団させ、皮革工分団（西浜皮革労働団とも）を結成させました。

皮革労働団発会式というものを報じた記事があります。「部落産業に挙がる愛国の熱火、西浜皮革労働者起つ、大日本産業労働団の旗の下に、二月九日晩七時より、西浜皮革労働団の発会式を兼ねた、青年党の皇軍慰問団の報告大演説会が栄第一小学校で開催、寒風肌を突く冬宵に二〇〇余名の聴衆が参集し、定刻先ず高畑君地区を代表して演壇に起ち、熱涙をもって転向を声明し、新日本建設の為の日本労働者の任務と、資本家に対して労働者運動の再認識を訴えれば…」（『新生運動』創刊号、一九三八年三月）。

その頃、日本労働総同盟は、一九三七年日中戦争勃発で「聖戦に協力するためにストライキを絶滅する」と宣言し、事実上崩壊（一九四〇年七月に自主解散）していました。共産党系の日本労働組合評議会（評議会）の後身である日本労働組合全国協議会（全協）も一九三四年頃には壊滅し、その後、日本労働組合全国評議会（労評）が結成されますが、影響力は弱いものでした。その労評が取り組んだ反ファッショ統一戦線運動も、一九三八年二月には人民戦線事件として学者、文化人までもが逮捕されてしまい、労評も日本無産党とともに一九四〇年一二月には解散させられました。

そして、一九三八年七月には労働者を労使一体で戦争に協力させるための産業報国連盟も組織されました。大日本産業労働団は、一九三五年頃のそんな状況下で台頭した国家社会主義的、日本主義的な労働組合運動でした。時代はすでに、労働組合運動は右翼社会民主主義・改良主義から産業報国連盟に取り込まれていき、労資協調どころか国家支配下の組合か、国家主義的、日本主義的だが、資本家との対決だけは謳うファシスト的新労組しか、選択肢がなくなっていたのです。松田喜一と高畑久五郎、西成皮革工組合は後者を選択したわけです。とは言えその頃は、もう労働組合と呼べるものではありませんでした。

山本正男（政夫）の大和会に参画

一九三九年二月二六日、すでに中央融和事業協会から産業組合中央会に転じていた山本正男を中心にした大和会《たいわ》が発足しました。大和会は「水平社とも融和団体とも関係なく、独自の立場から国民融和問題を考える倶楽部のような組織」でした。水平社からは北原泰作、朝田善之助、野崎清二、松田喜一らが参加しました。しかし、一年後には、松田喜一ら水平社関係者はここを離脱しました。「大和会の目的は、これまで対立関係にあった全国水平社と融和団体を結合して時局に即応する新しい国民融和運動を起こす基本方針を研究すること」（北原泰作『賤民の後裔―わが屈辱と抵抗の半生』筑摩書房、一九七四年）でしたが、より実践活動を重視する水平社関係者らが離脱したのです。

一九三三〜三四年に部落委員会活動方針にいたった水平社は、部落内の世話役活動や地方改善費闘争重視に転換していました。同じ頃、一九三三年の融和事業予算は、恐慌対策の応急施設費も含めると二三七万円となり、従来の年次予算の数倍になっていました。一九三五年には融和事業完成一〇カ年計画も策定されました。いわば融和事業「全盛時代」でしたが、時代はすでに逆流に転じつつありました。一〇カ年計画の初年度予算は当初予算の二五％にしかなりませんでした。松本治一郎は第六九回衆院議会において、部落大衆の生活擁護は「融和問題解決の為の根本的な一条件である」とし、「地方改善費を全額国庫負担として、最小限度年額一千万円程度に増額するのが当然」と迫りましたが、財政的に困難と退けられました。残念な結果でしたが、水平社と融和団体が統一行動であたった貴重な出来事でした。そして、中央融和事業協会会長の平沼騏《き》一郎《いちろう》は「施設が十分でなくても、「自力更生の精神」があれば更生は必ずしも不可能ではない」として、融和団体を国家追随に引っ張ろうとしていました。平沼騏一郎と山本正男の分岐でした。

こうした背景と、部落経済更生会運動における松田喜一らの活動が重なっての大和会でしたが、つまずいてしまいました。

平沼騏一郎の「自力更生の精神」という主張は、反ファシズム統一戦線が失敗し、社会運動も軍国主義に傾斜していきましたが、融和運動もまた、天皇制的「日本主義」に傾斜していくことを示すものでした。この時期、融和運動ですら「左翼的」と危険視されていきました。融和事業完成一〇カ年計画にある「協同組合なども加えた新しい部落更生計画」も、日本主義的精神主義と統制主義的手法による部落更生計画へと変質されていきました。融和運動もまた「転換」していったのです。融和事業完成一〇カ年計画も部落委員会活動も、すでに画餅と化していました。

松田喜一、除名

大和会で失敗した松田喜一は、一九四〇年四月三日に、部落厚生皇民運動全国協議会準備会に参画しました。この準備会には、山本正男や中西郷一、岡村武雄ら融和運動家も出席しました。松田喜一は、当初皇民運動も「単なる研究団体或いは指導団体程度」と考えていましたが、北原泰作らはここでも実践活動を重視し、全水を解散させて、革新的な一大国民運動を展開させようと急ぎました。結局、山本正男ら融和団体関係者は皇民運動に参加しませんでした。松田喜一は、北原泰作らと行動をともにしました。

松本治一郎や田中松月《しょうげつ》、泉野利喜蔵《いずのりきぞう》らは、部落厚生皇民運動は、北原泰作や松田喜一らによる「新手の水平社解消論」だと厳しく批判しました。井元麟之は「部落厚生皇民運動は左翼運動前歴者による共産主義運動にもとづく偽装運動であるから、破綻することは必然」と指弾しました。一九四〇年八月四日の全水常任委員会(拡大中央委員会)で、部落厚生皇民運動に走った常任委員の松田喜一、野崎清二、朝田善之助を除名処分とし、上田音市は一時保留処分としました。北原泰作はすでに水平社を離脱していました。ついに、全水常任委員会は分裂しました。

松本治一郎は、最初は中央融和事業協会との合同には賛成で、八月二七日に全水を解散して、翌日の「解放令」発布記念日に合同大会を開催する腹づもりだったようです。しかし、同年八月二八日の全水第一六回大会で、部落問題完全解決体制樹立を掲げ、新たに「大和国民運動(仮称)」を提唱し、九月七日に全水、中央融和事業協会、大和会などの首脳が集まった「大和懇談会」を開催し、一一月三日、大和報国運動が発足しました。しかし、平沼騏一郎は、松本治一郎は「信を置けぬ」という態度で、妨害し続けました。

ともあれこの時期、新たな部落運動体としての部落厚生皇民運動全国協議会準備会と大和《たいわ》報国運動、旧来の全水と中央融和事業協会という分裂状態が生まれました。二つを一つにしようとしたのに、逆に四つになってしまったのです。

松本治一郎と松田喜一、それに山本正男、一九三七年九月の「非常時における全国水平運動」で水平運動の「戦術転換」を決定して以降、三人が見ている進路はほとんど変わらないように見えます。しかし水平社指導層には、ボル派（共産主義）に付きまとう水平社解消論への不快感、一方、融和運動には平沼騏一郎をして、山本正男らの水平運動への接近に対する以前からの警戒心があり、それが微妙な影響を与えたように思えます。さらに深掘りすれば、治安当局、権力者側の意図を感じてなりません。

松本治一郎も融和団体との合同のためには水平社の解散も辞さずという態度でしたし、松田喜一もそれは同じでした。山本正男も合同のためには中央融和事業協会の解散も覚悟していました。

部落厚生皇民運動の特徴

大日本青年党の問題も部落厚生皇民運動も、松田喜一の「大芝居」あるいは「偽装転向」に見えて仕方ありません。それでも、そこではどんな部落解放論が展開されていたのか、一九四〇年四月の『部落厚生皇民運動リーフレット』第一輯から読み解いてみます。

「部落民の経済的悲惨劣悪さは、封建的差別観念を存続せしめる社会的根拠となっているが、同時に又、社会生活の全領域を支配している封建的差別観念が部落民の生活を貧困ならしめている」と差別の実態を述べています。そして、「一君万民、君民一体の我が国体の原理から云って、差別の存在は許し難き反国体事実である。差別観念は単に個々の人間の頭脳の所産ではなく、「部落」を存在せしめている歴史的社会的諸矛盾の反映である」と述べています。その解決策として、「国体精神の昂揚と共同体国家建設の中にのみ求められる。部落民と一般国民の対立闘争によっては断じて解決されない」「部落を協同体国家の基礎単位として建設し、一般国民との一体融合関係を樹立しなければならない。部落の協同体建設に於いて重要なのは悲惨な生活条件の撤廃である」としています。

そして、水平社と融和団体の運動を「従来の自由主義的及至階級主義的運動」と断じ、「水平社は解消し、運動の積極的建設的機能」は新しい国民運動に吸収され、融和団体は「その行政的機能は直接国家機能に吸収されねばならない」としています。さらに、国民具体な組織として、部落の全居住者を包摂する全体組織として「厚生会」を結成し、部落の各種生産団体、消費者団体、文化団体も厚生会に加盟させ、厚生会を統制機能を持つ機関にしようと述べています。

松田喜一が「戦争反対」から「戦争協力」に態度を変えることを前提に、部落厚生皇民運動の構想を展開しているのは間違いないことです。部落厚生皇民運動は、「挙国一致」に協力する態度を鮮明にしています。その観点から水平社解散、部落（運動）の「一本化」を見ていたようです。また、「国体」堅持すなわち天皇制を是認したうえで、部落民を「皇民」として解放したいと構想していたようです。ただ、これはまるで空想でした。

和島為太郎を訪ねる

この頃、松田喜一が和島為太郎を訪問した時のやりとりが、三谷秀治『火の鎖―和島為太郎伝』

（草土文化、一九八五年）に書かれています。日本共産党の衆議院議員だった三谷秀治が書き、和島からの聞き取りをルポ風にまとめたものです。創作の余地もありますが、松田が自身の言葉で語る厚生皇民運動論が記録されていると思います。

「西浜の松田喜一が、為太郎を訪ねてきたのは、底冷えのする寒の日の夕暮れだった。為太郎は、建築中の裏二階に子供たちをおいやって、松田と炭火の乏しい火鉢を囲んだ。口の重い松田は、ボソボソした口調で話し出した。「水平運動もこのままでは動きのとれんところにきた。水平社がはたしてきた役割を否定するんやないが、これまでの理念を固執したんでは、野垂れ死や。ここは、一皮脱いで、水平運動の立て直しをする時やと思う」。松田は自分にいいきかせるように瞬きした。

「国家総動員が叫ばれている非常時局のもとでは、水平運動にも新しい革袋が必要や。解放運動も国家意識を中心にした革新的運動として再出発する段階にきてると思う」。松田喜一は、表情のない顔で呟くようにつづけた。為太郎は怪訝《けげん》な顔で聞いた。「せっかくやが、わしは天皇を担ぐ運動はでけん。部落差別の天辺《てっぺん》に立ってんのが天皇や、とわしは思てる。ねんでいうて、軍隊ほど差別のえげつないとこあらへん。その軍隊の大元帥が天皇やないけ。わしはそのことだけは骨の髄まで沁《し》みこんでんねや」。「西光はんにしても、おまんらにしても、みんな天皇中心の運動を説きはんねやが、わしはそんなもので部落差別を無うすることはでけへん思てる」。

「いまはファシズムの嵐が吹き募ってる。それでも水平運動の火を消してはならんねや。そのために天皇を利用することもやむを得んことや。天皇を利用して財閥地主の差別体制を抑えるほかないねんや」、松田喜一は抑揚のない声で呻くようにいった。

為太郎は首を振った。「わしは、いまさら差別の頂点に立つ天皇中心の解放運動など考えられん。ひところはわしも軍部のいう満州の新天地に差別のない社会を夢見たことがあった。古いしきたりや偏見のない新天地やったら差別のない世界ができるかと思たんや。せやけど、そこも新天地でもなんでもあらへん。これはいったいなんのための戦争や。王道楽土も大東亜共栄もみんな誤魔化しやとわしは思うた。いまのわしは自分だけしか信じられへん。自分に力つけなんだらいかん思うてる」。

「状況が変わったんや。そこを見極めなんだら」、松田喜一は諭すようにいった。「軍官民一体の全国民運動に正面から刃向うたんでは、それこそ蟷螂《とうろう》の斧《おの》（弱小のものが力もわきまえず、強敵に向かうという意味）や。国内革新をめざす維新体制のなかで国民融和の運動をすすめるより、水平運動を守る道はあらへんね。木村京太郎君や中村甚哉君などが新生運動をおこしたんもそのためや。みんながこの困難な時期に解放の灯を守るために心を砕いてんやね。隠忍《いんにん》自重《じちょう》し目的の達成をめざすほかないんとちゃうか」。松田喜一は憮然《ぶぜん》とした表情で続けた。

「悪いけど、わしは天皇を担ぐ運動は気ィすすまん。天皇中心の運動なんかすんやったら、まだしも水平社なんかないほうがええ。わしはそういう権勢に媚びた運動なんかする気ィはないねや。わしは一匹狼になっても、自分を曲げんと生きるつもりや」。松田は、しぶい顔で聞いていた。そして、それ以上はなにもいわなかった」。

同和奉公会、そして全国水平社の消滅

一九四〇年一二月、部落厚生皇民運動は壮大な失敗となって解散しました。一方、平沼騏一郎らは翌年一月に、「融和事業新体制要綱」を発表し、それに基づいて同年六月に財団法人同和奉公会に改組しました。府県融和団体も同和奉公会府県本部に吸収、改組され、自主性を限りなく制限された内務省の附属機関となっていきました。また、大和報国運動は、中央融和事業協会の存続、同和

奉公会への改組で梯子《はしご》を外され、大和報国会と名称を改め、一九四二年四月三日、大日本興亜同盟に吸収され解消しました。これで全水は行き場を完全に失いました。

大阪ではどうなったか。大阪府公道会は、財団法人中央融和事業協会が財団法人同和奉公会に改組したことから、一九四一年七月二二日の緊急理事会において、財団法人同和奉公会大阪府本部に改組しました。新役員は、本部長に三辺長治《みなべちょうじ》大阪府知事、常務理事に大阪府社会課長西田伝三郎、理事には、河上正雄社会事業主事をはじめ、大阪市会議員栗須喜一郎、堺市会議員泉野利喜蔵、前豊中市会議員今西今次郎、大阪更生組合長桜井徳光、主事補に小北由蔵らが就任しました。

そしてその第二六条に「本会は協議会を置く、協議会は協議員若干名を以って組織す」と定めました。協議員は、奉公会郡市会長または市区町村長の推薦したる者および学識経験ある者に委嘱すると定めました。これによって、松田喜一は、一九四三年一一月一日付で協議員に任命されています（『同和国民運動』第二〇五号、一九四三年一二月一日）。宗川勝、斎藤順次郎（西成区）、今池樽吉、奈良嘉一、和島岩吉らも協議員となりました。

この協議員という役職が有給職員待遇だったのか、現在の民生委員や人権擁護委員のようなボランティア委員だったのかは定かではありません。ただ、約一〇〇人の協議員が任命されたようですので、後者が近いのかもしれません。

同年一二月二一日、ついに言論・出版・集会・結社等臨時取締法が施行されました。これによって新たな政治結社も思想結社も認められなくなりました。既存の結社も、一九四二年一月二〇日までに許可申請を出すことが義務づけられました。全国水平社は不許可になることを見込んで許可申請書を提出せず、翌年一月二〇日、法律のうえでは消滅することとなりました。

一九三八年から実質的に機能していなかった全水大阪府連とともに西成支部も含む傘下の各支部

も、完全に活動を終息することになりました。

大阪大空襲と松田喜一

一九四五年三月一五日の大空襲によって西浜のほとんどが廃虚と化しました。皮革工場などが数日間燃え続けるなかで二五〇人の遺体が発見されました。唯一焼失を免れた栄小学校付近には多くの避難民が押し寄せました。その後の空襲でほとんどの住民が近傍の縁者を頼って関西一円に疎開し、西浜にはわずか二五世帯が踏みとどまっていました。その光景を見て融和団体系の某市会議員は「これで西浜もなくなり、さっぱりした」と言い放ったそうです。「中開とか北開付近はギッシリと家で埋まって、公園なんてなもの全然なく、長橋でも表は二階だが、あとは全部木造平家。それが空襲でみんな焼かれてしもうた」(出口弥兵衛の証言、前掲『焼土の街から』)。

ところが、「松田氏の如きは大空襲の三日後目から(二日間で家族を疎開させた)材料の放出を当局に交渉し、成果を収めていたのである」(前掲「ルポルタージュ西浜」)。この時期にも、松田喜一の経済更生会、靴更生組合の活動は続いていたのです。

戦争協力の反省

歴史的に評価すると、日中全面戦争からアジア・太平洋戦争にいたる過程は、アジア・太平洋地域に対する明確な侵略戦争でした。この戦争は多くの人びとを殺戮《さつりく》する残虐な人権侵害の極致でもありました。それによって部落をはじめ女性、障がい者、ハンセン病患者など多様で多数のマイノリティへの差別を増幅させました。

反面、この戦争は総力戦体制として戦われ、民衆を戦争に総動員しようとする国民統合を実現するため、必要な限りにおいて社会的格差を縮小させようとしました。

侵略戦争のこの側面に期待を抱いた水平社指導部は、部落解放を引き換えに総力戦体制に協力しようとした松本治一郎、泉野利喜蔵らの全水本部派と、挙国一致に賛同し右翼政党に参加し、水平社解散に走る一方で、「部落民」を天皇制を前提にした「皇民」に擬《なぞら》えて解放をめざそうとした松田喜一、朝田善之助、北原泰作らのグループに分かれ対立し、結果、水平社は消滅の結末をたどりました。

もはや反ファシズムを貫けないと判断した松田喜一が考えたことは何だったでしょうか。一つは、全水は差別糾弾は先駆けたが、生活防衛では融和運動に遅れを取っており、総動員体制下にあって水平運動を継続できる状態ではないと見切ったことです。そこで、部落厚生皇民運動という「大芝居」となったと思います。

二つは、いかなる状況にあっても部落大衆の生活擁護という旗は降ろさないということです。それが融和運動に参画しつつ、松田いわく「イデオロギー的に」介入・牽引《けんいん》した経済更生会運動でした。

三つは、皮革市場の陣地戦において、あえて総動員体制に参画してでも「部落の陣地（権益）」を死守するということです。それが大阪靴更生会と靴修繕業者組合の全国組織化でした。松本治一郎や石田秀一らの日本新興革統制株式会社も同じ目線だったと思います。

後世にあって振り返れば「反ファシズムを貫けないと判断した」時点で、戦争協力、戦争加担の批判は免れないものです。しかし、松田喜一の部落厚生皇民運動、経済更生会、靴修繕業者組合の全国組織化という活動は、あの時点に遡って他に道はあったのかと、「反省」と「継承」の両面から検証されるべきだと思います。そして、もっと歴史を遡って、戦争、侵略戦争を止めるのに、水平運動には何ができたのかが深く検証されなければならないと思います。

第二部

戦後の部落解放運動と松田喜一

はじめに

戦後の松田喜一の闘いの軌跡をたどるにあたっては、松田喜一にとって代名詞的な四つの組織に拠ることで章立てをしました。

一つは、「露店商禁止反対同盟」です。一九三八年の浪速区経済更生会から、戦争を挟んで連続する大阪靴商工組合、一九五一年前後の露店商禁止反対運動までの時間軸となります（第五章）。ここでは、資本主義的弱肉強食経済と、戦争前から戦争後にも続く統制経済という「挟み撃ち」に対する壮絶な皮革市場陣地戦での松田喜一の「仁王立ち」のような奮戦に迫ってみます。「境界のない戦前と戦後」を記録したいと考えたからです。

二つは、「住宅要求期成同盟」です。時間軸は、一九五一年からの西成・浪速区経済更生会から、一九五六～五八年の住宅要求闘争、さらに、最後に立候補したのが六三年の三回の松田喜一の選挙闘争までとなります。ここでは、西成部落での松田喜一と西成支部の闘いの軌跡をたどります（第六章）。この章では、廃墟《はいきょ》と化した西浜、西成でのまるで「ゲリラ戦」のような生きるための闘いを追跡してみます。この時代を知らずして「戦後の部落解放運動は始まらない」と思うので、部落解放運動の戦後の組織確立より先に書くこととしました。

三つは、「部落解放委員会大阪府連」です。時間軸は、一九四五年の「志摩《しま》会談」からの解放委員会時代、一九五五年の部落解放同盟への改称まで（第七章）。この章では、戦後民主主義という部落解放運動が初めて経験する運動の好機をいかにして具現化していったかを検証したいと思います。

四つは、「市同促」です。時間軸は一九五二年の大阪市同和事業促進協議会発足から六五年までです（第八章）。運動と事業の併走の様子を描きます。この章では、高度経済成長下で、この運動と事業の併走という戦略の卓越性を振り返り、合わせて松田喜一の次代への伝言は何であったかを考えてみたいと思います。

なお、以上の章立てを設定したために、どうしても時系列が前後したり、一部重複してしまうことになることをご理解ください。

第五章　露店商禁止反対同盟

1　敗戦と皮革市場攻防戦

「西成」に拡大する「西浜」

日本は、一九四五年八月一四日にポツダム宣言を受諾して無条件降伏、翌一五日に天皇の玉音放送を通じて国民に知らされました。一五年戦争は日本敗戦で終わりました。

雑誌『部落』第五六号（一九五四年九月）に掲載された「ルポルタージュ西浜」は、戦後の西浜を舞台にした皮革攻防戦を記述しています。このルポルタージュに登場するのは、松田喜一（この取材時の肩書は、部落解放委員会大阪府連委員長）、福井由数《よしかず》（部落解放委員会西成支部役員）、永田勇（部落解放委員会西成支部役員）の三人で、取材と執筆にあたったのは、土方鉄《ひじかたてつ》、今田保、東上高志《とうじょうたかし》、中村拡三《かくぞう》の各氏でした。

西浜部落の戦災は住居の焼失と皮革産業の崩壊を意味しました。家も仕事もいっぺんに失ったのでした。戦争末期、戦前には五〇〇〇戸を超えた西浜の住民は、近畿地方各地に疎開していましたが、一部の人びとは焼け残った鶴見橋に移動して家を建て、別の人びとは焼跡にバラックを建て始めました。敗戦とともに、疎開していた人たちが徐々に西浜に帰り、軍人や徴用者も復員してきて、焼跡にバラックを建てて住み着き始めました。そして、屑《くず》集め、カツギ屋、闇商売などでその日その日をしのぎました。元の西浜住民だけでなく、全国から生活の糧《かて》を求めて来住する人も多く、敗戦後二、三年もすると不良住宅や多人数が同居する住居が林立しました。

敗戦後の引揚者、復員者の推移ですが、一九四五年一二月中旬までに三三二六人が帰阪し、うち縁故者のいないもの三〇〇人は旭区古市の四恩寮、森小路の高志寮に収容され、毛布一枚と五日分の主食が無料配布されたようです。敗戦から一年経った一九四六年八月二〇日の時点で、大阪市内に七八二八世帯、二万六〇八九人の外地引揚者が住んでいました。引揚者の住宅事情は深刻で、一戸建て住まいは二五%・一九六二世帯にとどまり、他家族との同居が三九%・三〇六九世帯、間借り二五%・一九一二世帯、寮六%・四五四世帯でした。また、世帯主の四七%が無業者で、要援護世帯は一七%にのぼりました（大阪市社会部『外地引揚者調査報告』、大阪社会運動協会編『大阪社会労働運動史』〈戦後編〉第三巻、有斐閣、一九八七年）。

敗戦翌年の一九四六年には三〇〇〇人に満たなかった西浜の人口は、三年後の一九四九年には一万八〇〇〇人を超えました。西成区の部落を見てみると、戦前の一九三五年当時、四二四八世帯二万四五九〇人（中央融和事業協会『全国部落調査』）が、大空襲を受けた戦後の一九四六年当時では五三世帯二〇七人（大阪府社会課調査、一九四六年七月）に激減しましたが、一九四九年には三五九〇世帯一万六八九四人（大阪府社会課調査、一九四九年七月）に再び激増しています。西浜の地区は、戦前の西浜、栄町、三開を中心とする地域から、戦後は、国道26号線を境に浪速区の南部から、西成区の中央部まで、その居住地を拡大していきました。

「統制の虫」と靴商工組合

西浜に帰ってきた人びとは、屑拾いなどで生活をしていましたが、やがて手慣れた靴修理業者となって街頭に飛び出していきました。靴修繕業は、わずかな道具と屑革で商売できました。靴修繕の材料は「統制の虫」と呼ばれた闇のブローカーによって、どこからともなく運ばれてきました。現品を手にすれば必ず高く売れる時代でした。永田勇も、戎《えびす》橋の電車停留所に毎日座っていました。焼け残った電車からはき出されてくる人びとの服装もひどかったが、靴はもうボロボロでした。統制のため新品の靴を買える見込みは全然ありませんから、人びとは争って修繕しました。「よう皮が手に入りまんな」と感心されながら永田は半年近く商売をすることができました。

しかし、靴修繕業の鑑札を持たない永田は戎橋から巡査に追い出され、今度は梅田の交差点に移動しましたが、再び戎橋に戻ったら、停留所を中心にたくさんの靴修繕業者が並んでいました。なかには闇あつらえで注文靴を扱っている業者もいました。新しい靴をつくる材料が手に入るとは驚くべきことでした。しかも、戎橋の業者はモグリではなく立派に鑑札を持っていたのです。そこで、初めて永田は、靴修繕業者の組合が結成されており、材料も皮も鑑札も組合が世話してくれるという話を聞いたのです。うかつでしたが、永田のような復員者には無理からぬことでした。それが、大阪靴商工組合で、松田喜一が代表でした。

復員者永田勇は、この時ハッとしたそうです。戦前、自分は西浜で「完全に近い共同生活」をしていたが、戦争でその場を離れたために「まわり道」をしてしまっている。毎日戎橋で座り、西浜に材料を仕入れにいきながら、西浜の人に出会わないという生活（永田勇は堺から通っていた）で、西浜の共同体はなくなっていると思っていた。それが、大阪靴商工組合というつながりがつくられていた。「西浜はまだ生きているかもしれない」と永田勇は思ったそうです。

残念ながら、この大阪靴商工組合（あるいは大阪靴商工協同組合との記述もあります）がいつ結成されたのか、はたまた戦前の大阪靴更生組合からどういう経過をたどったのかははっきりした史料が見つかりません。しかし、松田喜一は敗戦前の大阪大空襲の三日後には陸軍の大阪被服工廠《こうしょう》にあった皮革材料の放出を当局に交渉して成果をおさめたとの証言もありますので、戦前の大阪靴更生組合が連続していて、どの時点からか大阪靴商工組合となって続いていたと考えてよさそうです。「商工」という熟語を使っているのは、当時、今でいう経産省を商工省と言っていたからでしょう。

この組合は巷《ちまた》では「統制組合」と呼ばれ、統制下にあった皮革の分配と配給、製品の回収などをおこなっていました。ただし、「政府公認」の靴統制組合とは別で、松田喜一の大阪靴商工組合が「統制組合」と呼ばれていたのは、自称あるいは通称だろうと思います。吉田信太郎は、「西成に靴修繕屋がようけいあって、材料が配給制で、材料配給せえという統制会社というか配給会社やってはったんです」と証言しています（部落解放同盟大阪府連他編刊『松田喜一―その思想と事業』、一九七五年）。

組合は、戦後いち早く森之宮にあった大阪砲兵工廠にあった厖大《ぼうだい》な皮革を放出させ、これを組合員に残らず配給し、戦災者用の靴を安い価格でどんどん製造しました。あまった端革は靴修理業者に向けられました。敗戦で軍が皮革を放出しましたが、放出物資を「旧軍隊と直轄で引き受けるボスみたいなものがおった。あるところにはあるんですよ。丸革だけじゃない、屑革も、ごっそりあったらしい」（出口弥兵衛証言、部落解放同盟西成支部編『焼土の街から』一九九三年）。三〇〇〇人もの組合員がそこを突いていきました。こうした活動があったればこそ敗戦後の混乱のなか、松田喜一は組織をつくりその生活を守り得たのです。この三〇〇〇人は全大阪市の部落の失業者が集まった数字でしたが、その大半は西浜の人たちでした。永田は「西浜は生きている」、そう直観したのです。

丸公価格とヤミ価格

戦前の西浜の中心産業は鞣製《じゅうせい》（鞣《なめ》し加工業）であり、一九二一～二二年まで隆盛を誇りました。しかし、戦時中の統制経済を境に、その後の西浜は目に見えて市場の統制力を失い下り坂に向かっていきました。皮革の製造業を持たない戦後の西浜の生きる道は商品化された皮革の加工でしたが、戦後はほとんどそれもおこなわれず、西浜は皮革「生産」の町から、皮革「流通」の中心地へと変わっていきました。この頃、戦後のインフレによって物価は極端に値上がりました。食糧品などの直接消費品の値上がりに次いで、生活必需品だった皮革製品の不足もはなはだしく、異様に値上がりし、典型的なインフレの申し子となりました。その分、一時的には皮革は儲《もう》かりました。

そこまでの経過を振り返ります。戦前の一九三八年七月に物品販売価格取締規則が制定されました。公定価格の設定による物価統制が進み、一九三九年九月物価停止令（九・一八物価停止令）により多くの物資の価格が凍結されました。さらに同年一〇月に九月一八日現在の価格をもって上限とする価格等統制令が制定されました。一九四一年六月一一日、安価な商品までもが便乗値上げにより公定価格で売られるケースが見られたため、公定価格を「最高価格」と言い換えられることとなりましたが、「公定価格」の呼び名が定着しており、そのまま使用されました。公定価格の決定は商工省に設置された中央物価委員会により検討がおこなわれ、一九四三年までに約一万二〇〇〇種類の商品に公定価格が定められました。公定価格の表示は、「〇」の中に「公」の字を入れたものとなっていましたから、「丸公価格」とも呼ばれました。

敗戦後もインフレが収まらず、一九四六年三月には価格等統制令に代わる物価統制令が公布されました。その後、一九四九年一月のドッジ・ライン実施以後にインフレは収束に向かい、公定価格は徐々に撤廃されました。皮革の配給統制も解除され、一九五〇年には丸公価格も撤廃されました。

これで、ようやく「ヤミ市場」が終焉《しゅうえん》しました。

ここまで、西浜の人びとは「ヤミ市場」によってギリギリの生活を維持し、そして家業を立て直そうとしていました。丸公価格というのは、簡単に言えば、企業にとって採算の合う理論価格のことです。対してヤミ価格というのは、需要と供給の関係で決まる、いわば実勢価格です。同じ商品でもヤミと丸公ではひどい開きがありましたが、皮革はとくに際立っていました。それほど品不足でした。配給を受けた現物を横に流すと価格は三倍にもなったりしたのです。丸公価格が上がればヤミ価格も上がり、ヤミ価格が上がれば丸公価格もつられて上がりました。だからどんな手段でも良いので、現物を握ったものが勝ちでした。そこに、「統制の虫」というヤミ市場のブローカーが現物を探しまくり、幅を利かしたのです。

「西浜」を再現した「鶴見橋」

戦前の問屋や材料店は、統制会社に統合されていましたが、戦後、焼け出されて、ハダカ一貫になりました。統制は乱れ、皮屑屋、甲革師、底付師、見習いなど、ズブの素人でも活躍したのです。かくして小資本を得た人びとが、戦災でも焼け残り、戦後復興事業地区に指定されなかった鶴見橋の疎開跡の家を買って次々と進出し、戦後の西浜は、問屋材料屋が鶴見橋に移動したかたちになりました。こうして、戦前は日本紡績津守工場や木津川紡績の職工相手の雑貨市場だった鶴見橋が、統制下にありながら皮革材料の一大集産地となり、地方からの顧客を幅広く吸収し、往年の西浜を「小規模」ながら再現する「小西浜」となったのです。一九四七年から一九四九年の頃のことでした。戦災復興事業地区に指定されなかったぶん、土地は流動し、すぐに事業が始められたことから、鶴見橋は活況を呈したのです。

戦後の西浜は、拠点を鶴見橋に移し、鶴見橋界隈《かいわい》は一種異様な活気に包まれました。何しろ、一間の店に一枚の皮を置くだけで商売になったのです。姫路や和歌山から一枚の皮を体に巻き着けて帰るだけで、ヤミ米を何度も運ぶより儲かったのです。需要の多い皮革製品は飛ぶように売れていきました。また、皮革は統制下にありましたから、牛でなくとも馬でも、山羊でも豚でも鮫でも、皮であれば通用した時代でした。密殺もあり、ヤミで鞣したものも流通しました。問屋や材料店も、ヤミ、モグリの材料屋と裏で取り引きし、横流しや資金のテコ入れもしました。とても統制会社の配給による利潤だけではやっていけなかったのです。

こうした背景から、大阪靴商工組合の活動も鶴見橋に拠点を変えて、松田喜一も「西浜」から「西成」に活動の場を移行させたのでしょう。この頃、鶴見橋周辺、あるいは道ひとつ隔てた釜ヶ崎には泉州方面の鶴原部落（現・泉佐野市）などから集団で働きにきたり、樫井部落（現・泉佐野市）や和泉市の部落から労働者用の簡易宿所を営む人びとが進出していました。

ちょっと話が逸れるかもしれませんが、戦後の統制経済の時代に靴修繕業をしていたなかに住吉の住田利雄（のちに市同促会長）もいました。「一九四六年五月に戦地から帰って靴直しを始めました。スルメ一枚六円の時代です。戦前に勤めていた会社に戻ってもよかったのですが月給六〇円でした。それに比べ一日三〇円、四〇円手に入る靴直しの方が良かった。一九四八年まで続けて、この頃松田喜一、北野実さんらと会いました。しかし意見が合いません。ですから松田さんの顔を見たらいつもケンカです。それで松田さんの統制組合とは別の組合を作ろうという話になりました。その中心は栗須喜一郎さんです」（『解放新聞大阪版』第三三五号、一九七八年一一月六日）と語っています。この「栗須統制組合」とは、「浪速靴商工業協同組合」のことでしょうか、不明です。

「靴屋」の復活と自由競争

その頃、製靴業、靴修繕業はどうだったのでしょう。戦前の一九三八年頃の統制経済から敗戦後の混乱期の一九四七年頃までの約一〇年は、靴をつくることはほとんどなく、もっぱら靴修繕に生きる道を求めた時代でした。ようやく、一九四七年頃から靴修繕業者が靴製造も復活させる恰好で、いわゆる「靴屋」が登場しました。しかし、生産能力はあるのに配給の材料では一家を支える稼ぎにはならず、取り引きは丸公価格とヤミ価格の二本立て、さらに大なり小なりの「統制の虫」が間に入り、家業と生活を維持する程度のものでした。永田勇と福井由数は（福井は永田の妹と結婚しています）この頃、材料が少なくて済む子ども靴製造を屑革をつなぎ合わせて始めたようです。しかし、一九四六年二月に金融緊急措置令が出て、突如現金が封鎖され新円に切り替えられました。これで資金繰りができなくなり、事業を断念したようです。

こんななかで、西浜の個人経営の靴屋は配給の良質な材料を、「統制の虫」が持ってくる粗雑な材料にすり替えて、ヤミ価格との差額を手にする一方で、技術を駆使しそれなりに立派な靴を製造して横流ししたりして苦心したようです。

統制経済をいわば逆手に取って、西浜の人たちは貧しいながらも生活を立て直していきましたが、いよいよ一九四九年に統制令は解除され、翌年には丸公価格も撤廃されました。ヤミ市場は姿を消し、剝《む》き出しの競争経済が登場してきました。朝鮮戦争特需を当て込んだ大企業は、過剰生産、集中生産に走り、原皮を大量に買い占め、その結果、原皮の価格を暴騰させました。丸公価格の時代に生産手段に改善を加え、労働者を解雇するなど合理化を進めてきた皮革大手企業と、つくりさえすれば売れた時代についていくのが精一杯だった中小企業の力の差は歴然で、赤子の手をひねるように皮革産業の淘汰《とうた》が進行していきました。

2　皮革産業の崩壊と復旧

破壊と混乱

ここからは、こうした西浜、西成の皮革攻防戦を日本経済全体から見てみることにします。

侵略戦争の時代、皮革産業は三つの危機にさらされました。一つ目の危機は、海外原皮の途絶です。もともと日本は国内生産の原皮はわずか三四%で、六割以上は海外からの輸入に依存していました。主な供給国は中国、アメリカ、アルゼンチン、オーストラリアで、中国からの原皮輸入は五〇%を超えていました。また、タンニン鞣製法に必要なタンニン剤も、国産は補助剤に過ぎず、消費の一〇〇%を輸入に頼っていました。これらの輸入も、第二次大戦以降、対戦国のアメリカ、オーストラリアなどの輸入は途絶します。一九四四年頃からは中国原皮もほとんど供給が絶えてしまい、敗戦とともに完全に停止してしまいました。海外原皮の途絶は致命的でした。

二つ目の危機は、統制経済でした。戦時中の皮革統制は厳格で、まだ革総生産が年間五万トンあった一九四一年に、七五%が軍需、二五%が民需となり、半数以下の二万トンとなった一九四四年でも軍需が七〇%を占めるほど、軍需の独占でした。それにつられて、民需である製靴の場合、一九四一年にはまだ四〇〇万足を生産していましたが、一九四四年には三七〇万足、一九四五年には八〇万足にまで落ち込んでいきました。皮革中小企業にとって、自力では原皮がまったく手に入らないうえに、統制経済で配給も極限にまで減少して、転廃業に追い込まれたのです。

三つ目の危機は、空襲などによる皮革工場の生産設備の破壊でした。ただ、空襲などによる被害は軍需生産をおこなう皮革大企業やそれに結びついた中企業が主で、部落の大半を占める中小・零細企業は、その前の皮革統制ですでに破壊されてしまっていました。

こうした侵略戦争による戦時下の皮革産業総破壊攻撃の真っ只中で、松田喜一は全国一万二〇〇〇人、大阪二五〇〇人の部落民を靴修繕業者として守り抜こうとしたのです。同じように、松本治一郎け一〇〇〇人の犬皮組合員を擁護し、桜井徳光や奈良嘉一、北野実らは、自分の部落に授産工場を興《おこ》し、住民の転職を支えようとしたわけです。

復興への歩み

そして、皮革産業も戦後の復興に取り組みます。しかし、皮革産業は、生産設備も原皮もすでに、底を突いていました。とくに、連合国軍総司令部（ＧＨＱ）は海外原皮輸入禁止命令を出して、戦後の生産回復を妨害しました。ところが、絶望的に困難な状況でも、部落民はたくましく生き抜きました。敗戦直後には、皮革大企業は一時的でしたが生産を中断あるいは大幅縮少しましたが、その間隙を突いて、皮革中小・零細企業はいち早く生産を開始したのです。軍需工場に残った厖大な軍需用皮革の放出と横流れ品が、ブローカーを通じて製靴業者に資材を提供したのです。同じ部落産業の屠畜業からの原皮の提供もありました。さらに、皮肉なことですが、戦時皮革統制によって、皮革問屋の中間支配が崩壊していたことで直接の流通が起こり、利潤が発生していました。

松田喜一は、ここに目を付け、いち早く大阪靴商工組合を組織し、原皮を確保して流通に回しました。「統制の虫」と呼ばれようと、ヤミのブローカーと呼ばれようとも、原皮確保に奔走したのです。

しかし、混乱期の「繁栄」も長くは続きませんでした。戦後も続いた皮革統制ですが、政府の所轄が、屠場は厚生省、原皮は農林省、配給割当は通産省に分割されていて、もともと配給統制機構は縦割り行政で複雑でした。そのため、国内原皮二〇万枚の八〇%は八大タンナー（日本皮革、山陽皮革、明治製革など）に割り振られ、残りの二〇%が当時二四三あった部落企業に割り当てられたのですが、縦割り行政のために部落企業が現物を入手するのに六カ月もかかりました。ここに、インフレと原皮飢饉《ききん》が重なりヤミ価格が騰貴、一九四七年頃には、部落企業は資材、資金難に直面しました。皮革の原価構成は、原皮が七五〜八〇%を占め、原皮価格が産業全般に大きな影響を与えていました。こうした悪条件が重なって、皮革生産高は戦前水準の一五%足らず、ヤミ生産高を含めても二〇%に過ぎませんでした。製靴業でも、前述したように「靴屋」が急増していきましたが、設備能力に比べて稼働率は二〇%しかありませんでした。

ドッジ・ラインと皮革産業

一九四五年の敗戦から四九年頃までの戦後混乱期、皮革産業はGHQ支配下で、輸入原皮の途絶と統制経済による物不足と超インフレによる物価高に苦しめられましたが、一方で、丸公価格とヤミ価格の差益をくぐってたくましく生きてきました。

しかし、一九四九年来のドッジ・ライン政策で様相は一変しました。ドッジ・ラインは、インフレからデフレ（物価収縮）への転換で、ドッジ不況（安定恐慌）をもたらしました。丸公価格が撤廃されることで公定価格が上昇し、皮革大企業の資本蓄積を容易ならしめました。また、単一為替レートの設定で原皮の民間貿易も再開されましたが、GHQは貿易相手国を「ドル地域」に限定しました。そのため、戦前、中国や朝鮮などの原皮輸入の実権を握っていた部落の原皮問屋は排除されれ、そのうえ戦時中から戦後にかけて、企業倒産、統制経済、貿易途絶によって打撃を受けていましたから、原皮調達を国内市場に狭められてしまいました。そして、皮革市場に丸紅、伊藤忠、岩井産業などの大商社が参入してきました。

　ドッジ・ラインは現代の「新自由主義」政策にも似た緊縮財政政策で、皮革産業にも弱肉強食状態をもたらしました。皮革大企業は、この時期、アメリカから技術を導入し、靴甲革製法にガラス張り乾燥法を導入し、染色技術の革新を図ることで、生産日数の短縮や品質の均質化も実現し、さらに流通部門においても代理店、特約店制度を復活させ、市場において優位な地位を獲得していきました。逆に部落の中小皮革企業は、デフレで購買力が低下し、続くシャープ勧告による税収奪で、生産縮小、倒産へと追い込まれました。皮革労働者においては、不熟練の製靴労働者はこの時期に整理されて、靴修繕業に転業するか、失業者として放り出されました。この時期、国鉄で国鉄労働組合（国労）を狙い撃ちした一〇万人解雇などの「大合理化」が強行され、松川、下山、三鷹事件も起こりました。一九四七年の二・一ゼネストと突然の中止もこの頃を象徴する事件でした。後述する露店商禁止反対運動や自由労働者の闘いもそうした状況下で闘われたのです。

　そして、一九五〇年六月、朝鮮戦争が勃発しました。悪夢を思い起こすような戦争でしたが、皮革産業は朝鮮特需ブームに巻き込まれました。ドッジ不況で沈んだ部落の中小皮革企業も一時的に息を吹き返しました。警察予備隊（自衛隊）創設で軍靴や馬具、兵用具などの発注が急増しました。しかしそのぶん、皮革価格は高騰し、軍靴は伸びても、通常の靴生産高は逆に減少しました。朝鮮特需ブームといっても、原皮需要量はまだ戦前の六割止まりで、それを皮革大企業が買い占め、さらに大商社が原皮を大量輸入すると、今度は価格の大暴落が起こりました。朝鮮特需ブームが終わったら、残ったのは皮革大企業による系列化と、製靴分野でも生産集中が進んだだけでした。

3　露店商禁止反対運動

集中生産に対する部落産業の対応

こうした戦後の皮革産業の政治（統制経済）、経済（大企業による系列化）両分野での激動にあって、松田喜一は大阪靴商工組合を拠《よ》り所に、部落の靴修繕業者などの生活擁護に奔走しました。一九四九年八月の雑誌『部落問題研究』第六号に掲載された座談会「集中生産と部落産業の将来」の記事から見てみます。集中生産とは、効率の良い工場に生産を集めて原価を引き下げるということです。座談会の出席者は、斎藤栄作（夕刊京都新聞政経部長）、北原泰作（東海皮革株式会社）、朝田善之助（京都製靴株式会社）、新井磯次（日本白鞣株式会社）、井上安正（岡山民主商工会）、松田喜一（大阪靴商工協同組合）、木村京太郎（部落問題研究所）でした。

座談会では、当時、部落の産業が深刻な苦境に立たされていたことが述べられています。即ち、経済九原則やインフレ政策によって中小企業の経営に深刻な影響が出ていましたが、とりわけ皮革産業においては原皮の割当が大企業優位で、部落の中小企業には非常に不利であったこと、製靴業においては資材の入手が困難で闇市場から仕入れざるをえなかったこと、金融や重い税負担に多くの中小企業の経営が脅かされていることなどが述べられています。

松田喜一は、座談会のなかでこう述べています。「今日では靴の資材が非常に少ないので殆《ほと》ど闇で仕入れています。今ある協同組合の仕事は当局に申請書を出したり、配給品を分配したりするだけで、これ以上の仕事はやらない。靴のマル公が百円位の時に出資させた金で組合を経営していたが、今はいま二千円以上もしているので資金の面でも困っています。銀行からも融通を受けていたが、今は貸出しの制限で余り貸してくれません。今日では物の値上がりで命をつないでいた業者も今では食いだめもなくなったのでそれもできなくなり、明日の日から困るという状態なのです。小さい街の工場でもそうでしょう。税金が納められないためにどんどん廃業してゆく。廃業届を出しても税金を免除してくれないので、姿をくらますといった状態なんです。そこで組合としましてはもっと指導能力を高めなければならんと思っています」。松田喜一という人は、経済をとてもリアルにつかんで語る人でした。

また、戦前の経済更生会を振り返りながら、今後の取り組みを指し示します。「昔戦争の初期頃水平運動が弾圧のためやれなかったとき、中央融和事業協会の部落更生運動をとり入れて、大阪西浜で「経済更生会」というものを組織し、その中心にいた僕らは、これを極めてイデオロギー的に指導し、貧困な靴や下駄の修繕業者を組織して、団体生活の中で生活の目安をたてさせ、材料の要求運動や生業資金の借入、あるいは消費生活の指導をする。また高い日歩で何か月も利子を払えず困っている人達に、市の庶民金庫から低利で借入れ返済させる。子供は上級の学校に入れる。貯蓄を奨励するなどの生活全体を更生会で指導していたのですが、今度大阪の靴修理業者を従来の大阪靴商工協同組合から分離させて、商売人という立場からではなしに、勤労者として団結させ、労働組合とタイアップして、各組合、各職場と直結して、マル公価格で靴修理をやる。しかもよい材料で強いものをこしらえるというように努力させる。そのためには官庁なんかに靴修理材料の特別配給がありますが、それを一般工場へも配給せよ資金の融通をせよと、税金をまけろという運動を、労働組合と協同してまき起こすように進めてゆきたいと思っています。大阪では各労働組合へも話を進めて、近く懇談会を持つことになっています」。

この発言を裏づけるように、一九四九年五月、松田喜一（大阪靴商工協同組合）、上野（原皮）、栗須喜一郎（手工靴）、北野実（修理靴）、伍島（花緒）ら三〇余人が集まり、産業防衛対策懇談会を開催し、新たに修繕業組合を組織し、資材、増税、生業資金などの悩みが集中していることを捉えて、行政要求をおこない、労組と提携して靴修理材料の増配などを図ることが論議されています。

それ以前の一九四七年三月一日、京都の崇仁館《すうじんかん》で皮革産業振興全国協議会という組織がつくられています。直後の三月五日にＧＨＱと日本政府に対して、八大企業専制の皮革統制機構の改廃と原皮輸入許可を求めた陳情書を提出しています。この協議会の幹事は朝田善之助（京都）、新井磯次（兵庫）、筒井貞三（和歌山皮革産業振興協議会理事長）、北原泰作（岐阜）、そして松田喜一（大阪）で、協議会の連絡先は京都市左京区田中西河原町一二一となっています。

また、一九四八年三月には西日本中小製革協議会結成会議が姫路市で開かれ、兵庫県下の業者や岐阜市の東海皮革株式会社、熊本県皮革工業協同組合などが参加しています。原皮の割当比率公正化、副資材必要量の完全配給要求、配給（原皮）券の府県別指定制撤廃、中小企業に対する金融、特別措置要求、電力需要分配要請などを決議し、会の事務所を姫路皮革工業協同組合に置き、事務局を同組合理事岡村武雄に委嘱することを決めています（『解放新聞』第七号、一九四八年四月一日）。

闇市の閉鎖と差別意識

戦時下から敗戦後の混乱期までの統制経済で、西浜の皮革産業は壊滅的な打撃を受けながら、しぶとく生きてきました。しかし、統制経済もいよいよ終わり、資本主義的競争が本格化すると、脆《ぜい》弱《じゃく》化した産業基盤は競争の荒波に飲み込まれ、鶴見橋の臨時的市場もただちに衰退し、皮革産業の陣地戦は後退に後退を重ね、ついに最後の砦《とりで》ともいうべき露店市場にも荒波が押し寄せました。それが、露店商禁止問題でした。

露店商問題の前提として、敗戦直後の大阪の闇市に対する行政や警察の対応を見ておく必要があります。闇市は、一九四五年九月には登場したと言われています。最大級のもので鶴橋駅の五〇〇〜六〇〇人（店舗）、阿倍野、天王寺駅もこれに匹敵すると言われ、近接の天王寺動物園や天王寺公園にも二〇〇〜三〇〇人、天満《てんま》駅から天神橋筋六丁目（天六）駅にいたる天神橋筋や天六駅前で四〇〇〜五〇〇人、大阪駅東口前広場でも一〇〇人は下らない規模で、寺田町駅前でも四〇〜五〇人と広がっていました（大阪・焼跡闇市を記録する会編『大阪・焼跡闇市』夏の書房、一九七五年）。同年一〇月二五日に鶴橋などで一斉手入れがおこなわれるなど、最初は経済秩序を守るための警察の対応でしたが、徐々に土地の無断使用＝不法占拠の取り締まりとなっていきました。

その背景として、一九四六年七月一六日に着任した大阪府警察本部警察部長の回顧が端的です。「GHQがこの闇市閉鎖に非常な熱意を持っていたのは、ヤミ商人の違法というより、法の存在を公然と無視する実態にあった。もっとも悪辣な例としては、他人の土地に無断で建物を建てておきながらこれを高い値段で他人に譲るという手で、次々とバラックを建てては売りさばく台湾省民もあった。地主に対する悪質なものでは、地主がボス達に拉致されて、膨大な立ち退き料を要求される事件も起こったほどだ。この不法占拠者には第三国人《（ママ）》が多く、戦争で勝った中国人が「日本人の土地建物を占有するのに何の文句があるか」これが彼等のきまった口実であった」。闇市対策は、警察のトップによるこのような露骨な差別意識、排外主義に基づくものでした。

露店営業許可条例制定される

まず、一九四六年八月に大阪府価格等取締規則に基づいて露店営業取締規則（大阪府令第七四号）が交付されました。当初、同規則は前述の闇市の取り締まりを目的としていましたが、実際にはすべての露店営業を対象にするものでした。そのため、大阪府靴統制組合（吉本卓蔵理事長）は、八月一八日、二二日の二回にわたって田中廣太郎大阪府知事に文書で、靴統制組合への特別の計らいを願い出ました。その内容は、①組合員に限り腕章を付し丸公料金表を掲出せしむること、②警察管轄区域ごとの露店組合とは別に靴修繕露店組合を設置し統制組合支部となすこと、③靴修繕露店鑑札下付にあたり統制組合より身分証明および鑑札下付《したづけ》申請副申書等を添付して下付されること、④統制組合員以外の鑑札下付申請は実情を斟酌《しんしゃく》し統制組合に連絡されること、⑤鑑札下付までに暫定措置として警察署に寛大な取り扱いを指令されること、⑥場所の指定など必要事項は統制組合と協議されること、と具体的でした。戦時中に統制組合として存在していた大阪府靴統制組合は、戦後四七年二月に解散命令を受け、三月に解散総代会を開いたようです。しかし、統制は戦後も継続していましたので、その事務は同年一〇月以降は大阪府靴商工業協同組合（これは松田が代表の大阪靴商工協同組合と似ていますが、別組織です）に移行していました。

それから一年半後の一九四八年二月、GHQは「統制団体除去施策についての解釈及び実施に関する件」を指令しました。それを受けて同年六月一一日、大阪府は露店営業許可条例（大阪府条例四六）を制定、交付しました。この条例は、露店営業を全面的に禁止するものではありませんでした。しかし、営業をおこなうためには本籍、住所、氏名などを届け出て許可を受けなければならず、「公共の福祉」に反するとされた時には許可を取り消される場合があるとされました。これは、部落出身者にとっては大きな問題であったと思われます。後述する金属屑営業条例で問題となる点とほぼ同じ趣旨でした。「許可条例」によって「露店禁止」に追い込まれることを危惧した業者は、翌四九年一月に、許可業者をもって大阪府露店靴修理組合連合会を結成して、行政側と折り合いを付けながら生き残りを模索していきました（渡辺俊雄「大阪市の露店営業問題」『大阪の部落史通信』第四号、一九九六年一月）。

なお、一九四六年の闇市閉鎖の後、当時大阪には、露店で営業する靴、靴磨きなど七〇の組合がありました。一九四九年一〇月二五日時点で大阪府価格金融課が調べた露店業態は、統制外商品三二四四、統制外食品二一二二、スナップ写真三二、青空楽団三、易者一二〇、古物露店七二〇、移動遊戯三六一、万年筆ライター修理六八、そして靴修理は五三〇でうち大阪市内が二八五でした。合計すると大阪市内三七〇八、府内三四九二合わせて七二〇〇店舗でした（『露店問題関係綴』大阪府行政調査室）。

さて、一九四六年一一月の闇市閉鎖のあと、一九四八年一一月に大阪市警鈴木警視総監は「都市の美観と交通整理」を理由に一九五一年三月末までの「露店営業禁止命令」を出しました。そして、政府も一九四九年に入って「露店商組合及び同支部に関する件」を知事および警察本部長宛に通達し、露店商組合を同年六月中に解散させる方針を指示しました。ただこれは、経済統制団体の除去と民主化を図ることを目的としたもので、露店商を全面禁止することとは別のことだったはずでした。

一九四九年一〇月二〇日、大阪府調査の大阪市内露店商組合は四三組合と把握されていました。東警察署内露店営業組合東露靴会、曽根崎署内靴修理組合、阿倍野管内靴露近畿組合、西署管内靴修理組合、南靴露店協同組合、浪速署管内靴露組合などが記録されています（前掲『露店問題関係綴』）。

これに対して、露店商禁止反対運動が起こり、「一時は、淀屋橋から御堂筋にかけて座り込みを行い、交通をマヒさせたこともあった」ほど盛り上がり、その結果、露店営業は当分の間黙認というかたちで、禁止は一応うやむやになりました（盛田嘉徳「戦後大阪の解放運動史」『部落解放』第三四号、一九七二年一二月)。

舟場の靴修繕組合

さて当時、いくつかの靴修繕露店商の組合が存在し、そこに部落の修繕業者も参加していました。そのなかの一つに、北大阪皮革品修理更生組合と北大阪靴鞄会がありました。『大阪市同和事業史』から引用します。

一九四八年八月、北大阪皮革品修理更生組合代表者春日修二ら九名が、大阪府知事あてに同和事業共同作業場設置に関して認可を申請しました。九名は住所氏名を明記して連名で申請していますが、多くは、道本町や舟場の部落住民でした。その申請書には、「①終戦以来同和地区は一時的は金儲けもありましたが、漸次金儲けも悪くなりました。②今日では皮革の配給品も極く少数で、闇の材料は丸公の八倍(丸公資材半張一セット五〇円)四〇〇円で加工賃を加えると相当の額になり、御客様は「靴の修理代は給料の何割に当たる」と嘆いておられます。③更生組合では強くて安いゴム材料を靴の修理更生に使う。運動具も鞄も材料を安く購入して丈夫に安くて親切にするのが組合の旗印で消費者の費用を軽くしたい。④進駐軍の靴の修繕や廃靴等を受けて更生したい。その仕事で他地区の失業状態の業者を救済し、生活向上、環境改善をしたい。⑤近日に協同組合の認可申請致したい」とありました。この申請書は実を結びませんでしたが、春日修二らは、一九四九年に北大阪靴鞄会を結成し、北区や東淀川区の靴鞄製造販売修理業者を会員とし活動しました。後述する部落解放大阪青年同盟の寺本知らが春日修二らを応援しています。

春日修二らは同時に、所轄警察の指示を受け、連絡調整する機関として、大阪府靴統制組合北区支所の業者として独自の組合(東露靴会)を結成しています。同会は、営業区域ごとに一二班に編成され、一二八人が組織されています。大阪市内の各部落や部落外、京都府や奈良県にも会員がいました。

全国五万部落民の生活をかけて

そして、一九四九年一一月、大阪府は再び露店営業禁止の行政案を出してきました。この背景には、道路法、交通法に基づいて一九五〇年三月限りで全国主要都市の露店営業を禁止するという政府の方針がありました。これは、約四〇〇〇人の部落の靴修理業者の仕事を奪い、家族を含むと二万人の死活問題となると、松田喜一は、岸田松蔵（靴修理統制組合組合長）らとともに、部落解放委員会大阪府連など府下一〇団体の靴修繕業組合らが参加する「露店商禁止反対同盟」（反対同盟）という共同闘争委員会を結成し、他の露店商やマーケット業者も結集する反対闘争を呼びかけました。盛田嘉徳《もりたよしのり》は、この運動は「松田さんが同志の北野実、岸田松蔵氏らと相談し、大衆的な組織をつくって闘った運動でした」と語っています（「あの人、この人」『解放新聞大阪版』第四二七号、一九八〇年一〇月六日）。岸田松蔵のことはよくわかっておりません。

反対同盟の要望を受けた大阪府議会、市会では、与党の民主党、野党の社会党がともに禁止反対の立場を取り、論点も、統制団体の廃止から交通、衛生問題におよび、大阪市も立ち往生しました。松田喜一は、この行政措置は部落の産業と生活を破壊し、部落問題の解決を妨げ、再び部落を「社会外の社会」に追い出そうとする差別政策だ、と業者だけでなく部落全体の運動に広げようとしました。

一方、『解放新聞』（第二〇号、一九四九年一一月一〇日）は、「大阪府だけでも街頭靴修繕業者は三千あまり、その数を合わせると一万五千に達するが、東京、京都、名古屋、広島、福岡などの大都会はもちろん全国の中小都市の街頭で靴修繕をやっている約一万、家族を合わせて約五万の同胞は失業と飢餓に投げ込まれようとしている」と報じています。

反対同盟は、「①路傍営業禁止にともなう代替地設定に際しては靴修理業者の特殊事情を考慮し、最適の地所を指定されたい。業者が独自に選定した地所の買借に斡旋の労をとられたい。②共同作業場設置のための助成金を下付されたい。③事業資金の貸与と金融機関からの融資の斡旋をされたい。④転業者に対して資金を貸与されたい」との要望書を府議会、市議会、警視総監に提出しました（『解放新聞』第二〇号、一九四九年一一月一〇日）。しかし、鈴木警視総監は、「露店商の失業対策も関係当局で真剣に考えてもらわなければならぬが、失業者が出るから露店商禁止をやるなというのは一種の感情論に過ぎない」と取り合いませんでした（『毎日新聞』一九四九年一一月五日）。しかし、露店商禁止を強行しようとする鈴木警視総監と大阪府、大阪市の間の足並みの乱れを突いて、反対運動は盛り上がりました。

そして、一九四九年暮れ、露店商をこれ以上増やさない、ボスが介在するような組織は改善することで、大阪市がGHQの了解を取り付け、禁止命令は撤回されました。もう少し内容に立ち入ると、道路上の露店は禁止だが、道路外の露店は従前通りとするというものでした。闘争は一応勝利することができましたが、露店は道路上でおこなうものであり、業者側はその後も粘り強く交渉を重ね、一九五〇年一〇月には再び反対運動が盛り上がりました。そして、一九五一年三月にいたって、側道の露店営業許可を勝ち取ることができました。

露店商禁止反対運動に参加した半数は部落出身者だったと言われています。ということは、そうでない半数の人びとも参加した幅広い闘いでもあったのです。松田喜一は、この闘いに参加した西成の靴修繕業者を中心に、経済更生会の復活に取りかかりますが、これは後述します。

また、皮革、製靴から締め出されていくなかで、新たな仕事の分野を探す必要がありましたが、この時期は部落住民に対する就職差別が惹起《じゃっき》していました。奈良県のメリヤス工場においては、部落出身とわかった翌日に解雇された事例（『解放新聞』第二八号、一九五一年二月一〇日）などがありました。靴修繕を「続ける」のも「（仕事を）変わる」のも差別に阻まれていきました。

戦前の一九四一年、「経済更生会」運動の胎内から生まれた「大阪靴更生組合」は、大空襲と敗戦の焼土においても組織を守り続け、いつからか判明しませんが、今度は「大阪靴商工協同組合（あるいは大阪靴商工組合）」と名を変えて、統制経済と急速な資本主義市場の復活に揉《も》まれながらも三〇〇〇人の靴修繕業者のネットワークを再構築しました。一九四九年には今度は反対同盟という露店市場組織を登場せしめ、大規模な露店商禁止反対運動を闘いました。直接は水平社でも部落解放委員会でもなく、浪速・西成、大阪市内の多数の部落民をそこに結集させた壮大な陣地戦でした。戦前から焼土を経た戦後まで、この闘いを率いたのは松田喜一だったのです。

一九四六年から一九四九年にかけた露店商禁止反対運動は、一九五六年から一九五七年にかけた金属屑営業条例反対運動へと継承され、のちに、一九六七年の大阪府同和地区企業連合会（大企連）結成にもつながっていくのです。

「公共の福祉」と排除

さて、一九四八年の大阪府の露店営業許可条例の「公共の福祉」条項は、靴修繕など特定の職業と市民社会を隔絶する排除の論理を内包していましたが、それには背景がありました。

新憲法は、基本的人権の主体を「国民」と定義しましたが、政府は一九五二年のサンフランシスコ講和条約も挟んで、法制度の体系に「国民」「市民」「公営」「保護」「福祉」「矯正」など、占領政策を通過した「戦後型秩序」による「公共性」の論理を導入していきました。生活保護法改正（一九四六年）、公営住宅法（一九五一年）、簡易宿の営業規則を示した旅館業法改正（一九五八年）、国民健康保険法改正（一九五八年）、国民年金法公布（一九五九年）などです。らい予防法（一九五三年）でも隔離を正当化する論理として第一条に「公共の福祉」が定義されました。旧植民地出身者に対する国籍条項の一方的適用もこの時期からでした。

大阪府露店営業許可条例の「公共の福祉」や「本籍地・前職」条項は、一九五〇年代から成される統合と排除の法体系を先取りしたものでした。誤解を招くことを承知で言えば、戦時の国家統制から一転、一時的なある意味で「自由」、別の意味で「無法」状態を経由して、日本社会は土地・住居など「物理的」にも「秩序的」にも、「新たな」と言うべきか「日本型」と言うべきか「公共・公共圏」を形成していったのです。露店商禁止反対運動は、こうした社会動向における部落問題の戦後的再編のただなかにあったのです。

高畑久五郎の境川自由労働組合

これは、露店商禁止反対運動と同時期に闘われた、元水平社西成支部長高畑久五郎の反失業闘争の記録と逸話です。まず、盛田嘉徳の回想です。「この頃（一九四九〜一九五〇年）、高畑久五郎氏が、部落の失業労働者を中心に、境川で自由労働者の組合をつくり、部落問題を強くうち出しましたが、背後で松田さんなどが参画していたのでした」（「あの人、この人」『解放新聞大阪版』第四二七号、一九八〇年一〇月六日）。高畑と松田が相談した闘いでした。

『大阪社会労働運動史』〈戦後編〉第三巻（有斐閣、一九八七年）には、この境川の闘いが記述されています。

「日雇い労働者の仕事よこせの闘いは、産別会議の指導の下に本格的な展開を見るようになり、一九四九年七月二七、二八日には、境川の自由労働者が大阪府・市に押しかけ、就労を要求して勝ち取る事件があった。また、二七日には境川職安で仕事にあぶれた自由労働者一一五名が大阪市役所に押しかけ、交渉の結果、水道局の作業に従事することになった。続いて翌二八日には三五〇名が大阪府庁に押しかけ座り込みに入った。しかし、警察によって退去命令が出されたために、一同は中之島公園に集結し、集会を開き、自由労働組合の結成を決議した。大阪市民生局は府と相談の結果、一日六〇〇名の労働者を二九日から八月末まで就労させることを確約したが、予算は三五〇万円、平均日当は一六三円四〇銭だった。この後、九月二六日には、西成の自由労働者が組合を結成、二〇〇人の組合員を擁し、一〇月一六日西成職安前広場で組合大会を開催するなど、各地域で自由労働者の組織化が進んだ」

高畑久五郎が牽引《けんいん》したと思われる境川自由労組はその後、一九五三年には全大阪自由労働組合連合会を結成し、全日本自由労働組合（全日自労）に加わりました。高畑は、その過程で一九五一年に大阪市会選挙にも立候補します。その後、高畑は浪速土地区画整理審議委員などを歴任しています。

ところで一九五〇年四月三〇日から、部落解放全国委員会は、松本治一郎追放取消要求で書記長の山口賢次を先頭に首相官邸前に座り込み、ハンスト闘争を展開するのですが、ハンスト隊長山口書記長の横に座ったのは関西代表の清水冨雄（和泉市）でした。ほとんど運動経験がなかった清水が大役に抜擢《ばってき》された経緯はこうでした。「大阪の栄町に、高畑久五郎さんというひとがおられまして、あの当時、大正近くの境川に「ニコヨン」つまり自由労働組合の事務所がありましてね。そこで高畑さんと知り合いました。あの人も自由労組の幹部で、わたしも一役員でおったんですよ。たえず行動を共にしてました。市役所へ、職よこせとデモかけたり、玄関前に座り込んでは機動隊に放り出されたりしたんですわ。大乱闘になりましてね。警官の帽子は飛ぶ、拳銃は抜いて捨てる、白兵戦みたいな乱闘もやったんですわ。私の聞いた話では、高畑久五郎さんという人はアナーキストだったということです。背の小さな小柄な人でね。で、ある日突然、「清水くん、東京へ行かんか」と誘われたんです。着いたら松本治一郎先生の事務所で、松本先生に「ようきてくれた。がんばってくれよ」と言われ、わからんまま神保町の合宿所に行き、ハンストの関西代表に推挙され、一も二もなしに、「やらしてもらいます」と返事したんです」(「この人に聞く」『解放新聞大阪版』第五一一号、一九八二年七月五日)。この時、部落解放全国委員会第五回大会(一九五〇年四月八日)で、大阪から書記長に山口賢次、常任中央委員に石田秀一が選出され、高畑久五郎も大阪府連の役員として松本追放取消要求闘争の中央の任務を担っており、高畑はその関係で、同じ部落出身の自由労組幹部部の清水を東京に誘ったわけです。水平社西成支部長から西成皮革工組合を率いて大日本青年団に走った高畑久五郎もまた、焼土の大阪で、西浜、西成部落の失業者とともに「まだ」闘い続けていたのです。

補足ですが、高畑久五郎が境川職安で闘った一九五〇年頃に、藤村露子(部落解放同盟飛鳥支部、部落解放同盟大阪府連婦人部役員などを歴任)も、淀川職安の失対事業に入っています。「全日自労の組織をつくり日雇健康保険制定や、府・市に対する夏冬の手当要求と闘いの連続だった」そうです。「淀川分会(全日自労)の役員はエッタばかりや」と差別が茶飯事だったそうです。また、失対には公共現場の作業と一般会社への紹介派遣がありましたが、「一般会社へ行くと必ず差別された。それで、求人が出たら組合役員が先に働きに行って会社と話し合うことをやりました」と語っています(『解放新聞大阪版』第二三九号、一九七八年一二月四日)。

第六章　住宅要求期成同盟

1　経済更生会の再結成

戦災復興と差別行政

大阪市内においてもっとも空襲被害が大きかったのは浪速区でした。『新修大阪市史』第八巻（一九九二年）によると、敗戦間際の大空襲によって、浪速区は「ほぼ全滅」の状態だったといいます。そのため、一九四五年一〇月時点での浪速区の人口は戦前のなんと四％にとどまり、「ほとんど住む人がいない」状態でした。部落か部落外かを問わず浪速区はほぼ無人の状態になったのです。戦前に浪速区の部落に設置された同和事業の施設も完全に焼失してしまいました。

この西浜の惨状を見た某市議が「これで西浜もなくなった。さっぱりした」と言い放ったと語り継がれています。同じ惨状は、西成区の釜ヶ崎周辺にもありました。「細民街の代名詞として全国に知られた西成区東・西入船町一帯のスラム街「釜ヶ崎」、何しろ戦前はくず拾いやルンペン相手の一泊一四、一六銭の木賃宿や家賃月四、五円という長屋が低い軒を並べ、かび臭い迷路でつながっていただけに犯罪の街としても有名だった。だが、ここにも戦火がかかり、市営住宅と四恩学園を残すほかすっかり焼けてしまい、いま土建業者の手で新しい住宅、商店街が計画されている。ぼつぼつ建ち出した一戸四万三千円の住宅や店舗付分譲住宅はどんどん建てられてゆき、やがて「スラム釜ヶ崎」の名残りも見られなくなるだろうと、消えゆく名物にこれはうれしい市民の顔」（『朝日新聞』一九四七年九月二二日）と、某市議発言と同じような侮蔑的な記事が掲載されています。

一九四五年一一月に政府は戦災復興院を立ち上げ、一九四六年九月には戦災復興特別都市計画法を制定し、戦災復興を進めていきました。浪速区の部落に対して、大阪市が最初に戦災復興の事業として実施したのは応急住宅の建設でした。応急住宅の建設は、大阪港から朝潮橋付近一帯などでも実施されました。戦災後、壕《ごう》などで雨露を辛うじてしのいでいた住民が入居しました。しかし、その名の通り応急で、すぐに破損してしまう粗末なもので、しかも浸水しやすい立地条件にあり、あっという間に不良住宅と化してしまいました。当時、大阪市は応急住宅として、仮設住宅と転用住宅の二種類を設置しています。仮設住宅は仮のかたちで応急に住宅を建てたもので、越冬住宅とも呼ばれ、一棟四戸建てで、一戸辺りの面積は六〜七坪（一九・八〜二三・一平方メートル）と狭小でした。転用住宅は、学校、市場、兵舎、バスなど住宅以外の施設に間切りを施したもので、あくまで一時しのぎでした。さらに、浪速部落には、敗戦直後から多くの住民が疎開先から戻ってきていて、住宅のない世帯が六〇〇世帯ほどもありました。住民は市営住宅の周囲に自力でバラックを建ててましたが、水はけが悪く、給水栓もわずかしかいないという状態で、一帯は不良住宅の密集地域になっていきました。

ようやく大阪市は、栄町二丁目に本格的な市営住宅を建てました。当時としてはずいぶん立派な住宅だったらしいですが、部落住民は三割程度しか入居できなかったそうです。市内中からの被災者を入居させたということと、極貧状態だった部落住民には高すぎる家賃だったからでした。また、大阪市は、戦災復興事業の実施にあたっての土地区画整備事業で公園を整備していきますが、これはそこに住む住民に、不法占拠だとして立ち退きを迫るものでした。行き場を失うことになる住民は必死に抵抗しました。追い打ちをかけるように、立ち退きを迫られた住民に対し、大阪市は固定資産税を徴収していました。

浪速部落においては、一九四七～一九五二年にかけて、共同作業所に四〇万円（総額は一二〇万円）、公民館に二五万円（総額は七五万円）、一九五三年には児童館に六七万五〇〇〇円（総額は一三五万円）、一九五四年には、後述する隣保館に三七五万円（総額は五〇〇万円）の同和事業が実施されました。しかし、施設建設と住環境整備や生活環境整備とは連動せず、場あたり的なものでしたし、建設補助費は全額ではなく、残りの資金は地元負担となっていました。こうして、大阪市の戦災復興事業は、浪速区の部落においては、部落住民の生活を脅かすだけの差別行政でしかありませんでした。

一方、西成区における大空襲の影響は、戦前に比較して人口で四三％の減少、つまり浪速区は全焼でしたが、西成区は半焼でした（大阪市全体では人口減は三八％）。そのなかでも西成部落は戦災の直接の被害はあまり受けていませんでした。しかし、西浜の西成区側の西成部落はすでに戦前から劣悪で粗末な住宅が所狭しと密集していました。その不良住宅もすでに老朽化しており、ほとんどの住宅が住むに堪えない状態に陥っていました。皮肉というか、戦災を受けなかったために、西成部落には戦災復興事業はおこなわれませんでした。淀川以北のかなりの地域、生野区でもそうでした。その結果、西成部落では戦前からの劣悪な環境が、戦後になっても放置されました。そこに、皮革産業の崩壊と失業が重なりました。結果、もともとの劣悪な住環境と生活苦が重なり、そこへ生活苦の人びとが多数来住し、悪環境と生活苦が集中する大部落へと様変わりしました。

復興都市計画と同和事業

こうして、敗戦から一九五〇年頃までの数年間、西浜が行政的には二つに分かれた浪速部落と西成部落では、想像を超えた環境悪化と貧困が集中し、戦前とはおよそ装いを変えた部落と部落外の格差が進行していきそうでした。にもかかわらず、大阪府、大阪市は有効な手立てをまったく打てませんでした。

その結果、西成部落では、「戦後西成区に帰ってきた部落民は、現地区人口の三分の一以上に達しているが、この人たちは津守、長橋通の松之宮校区を中心にあつまっている。三開から松之宮校下全体にかけて、六年間に人口は続々増加してきているにもかかわらず、府市ともにこの地区の改善については、まったく無責任で、焼け跡はそのまま放ったらかし、道路も悪くなり、津守小学校は雨漏りがひどく荒れ果ててしまっている」(『解放新聞』第三八号、一九五二年一月一〇日)という状態だったと西成部落の「拡張の様相」を伝えています。

それでも、全国的には中央政府や都道府県において同和行政は「消極的、一般行政的なもの」であったのに対し、大阪の同和行政は、大阪府において一九四七年には共同作業所設置予算が計上され、一九四八年には大阪府部落問題協議会が設置されるなど、同和事業再開を思わせる先行的な面を持っていました。しかし、数字で見れば、一九五一年に政府から「同和対策の意図を含む予算」が大阪府へは八六七万七〇〇〇円配当されていましたが、実際に同和事業予算に計上されたのは三二五万六〇〇〇円で、半額にも満たないものでした。これが、積極的な同和行政へ転換するのは一九五〇年代で、それを象徴するのが、後述する大阪府同和事業促進協議会(府同促)設立(一九五二年)、大阪市同和事業促進協議会(市同促)設立(一九五三年)です。しかし、より重要なことは、戦後復興期の最初の数年間、大阪府、大阪市の同和行政は、貧弱であるだけでなく空回りしていたことです。松田喜一は、露店商禁止反対運動を経ながら、行政から見捨てられた浪速、西成部落の現実に立ち向かっていきます。

まぼろしの経済更生会

戦後の不景気で、大阪市職員ですら給料の二分割払いや遅配、欠配が続いた時代で、当時は月賦で売られていた靴の支払いも延び延びになっていました。靴の業者は、靴の注文を取ると原料屋から現金で材料を仕入れ、それを職人に渡して仕事をしてもらうという関係でしたので、資金のやりくりができない業者が高利貸の暖簾《のれん》をくぐって借金奴隷になるという悪循環が続いていました。「高利貸のことを「のんきや」言うて、そのじぶん一割五分なんて高利でした」と後年、吉田信太郎（解放委西成支部創設メンバー、大阪市同和事業促進協議会会長、大阪市議などを歴任）は語っています。

そんな時、松田喜一は、前章で述べたように露店商禁止反対運動において、露店営業を禁止するなら生業補償をおこなえと行政に迫り、一般の生業資金とは別に部落に枠づける約束を取り付けました。そして一九四九年末、松田喜一の指導のもとに、西成、浪速の靴修理業者が中心となって浪速・西成経済更生会を結成しました。しかし、この経済更生会は、住民の間に十分に浸透しないうちに、役員間の問題が起きたりして失敗してしまいました。「松田さんが責任者であるということで、悪役だけかかわれ、この地域でも松田さんというと「あんな者あかんで」と頭からそうなりました」。「その頃、松田さんの評判はよくなかった。それは取り巻きが不正をしたりしていて松田さんの名を騙《かた》っていたからだったというのが、後でわかった」（吉田信太郎「大阪における同和事業と松田さんの想い出」部落解放同盟大阪府連他編刊『松田喜一―その思想と事業』、一九七五年）。また、吉田は「福井（由数《よしかず》）さんも、そのころは、いい噂《うわさ》は、なかった。靴をたのんで先金払ったのに、ついに靴はこなかったとかね。幹部というんは、陰で、いろいろ言われるもんなんやね」（『部落解放同盟西成支部編刊『焼土の街から』、一九九三年）。こうして一九四九年末に結成された浪速・西成経済更生会は「まぼろしの経済更生会」となってしまいました。この「まぼろしの経済更生会」は松田の悪評判となって、その後の市同促結成にも悪影響を与えました。

「返す練習して借りよ」

一九五〇年八月三〇日、台風28号が発生、当時は占領下でしたので、アメリカ式にジェーン台風と呼ばれました。被害は甚大で、大阪も大きな被害を受けました。大阪大空襲の時の敏速な対応と同じで、松田喜一は素早く行動しました。ジェーン台風の救済資金がPR不足と高い条件（三年間所得税、事業税、市民税を滞納していないこと）に阻まれ貸し出されていないことに目を付けたのです。これを期に、一九五一年五月、再び浪速・西成経済更生会が結成され、生業資金融資要求の運動が始まりました。

当初五〇人ほど集まりましたが、毎晩、毎晩「返す算段」ばかりの集会が続き、最後まで残ったのは三〇人ほどになっていました。それでも松田喜一を先頭に大阪市と交渉し、一一月になって「五人組制度」という連帯保証方式を確立して、一人三万円、合計九〇万円の生業資金獲得に成功しました。やっと生業資金を借り入れられるようになって手続きをするために市民館に行くと、そこでもひと騒動が起きました。「ハン（印鑑）」がいるというのです。みんな家中探しまわってやっとの思いで印鑑を用意しました。それまで印鑑などとは縁のない生活をしていた人も多く、手続きひとつにしてもこんな状態でした。

野間宏は「被差別部落は変ったか」（『朝日ジャーナル』一九六五年四月）にこう書いています。「この集まりの最初の会の中心は福井（由数）さんであったが、上部組織がすでにあるといって引き合わされたのが解放委員会の全国組織のリーダーであった松田喜一さんであって、それ以後、松田喜一さんが中心となり、運動がすすめられるのである」。吉田信太郎も「わしらが参加した第二次（経済厚生会のこと）のときは福井さんや。松田先生は〝陰の人〟やった。みんな福井さんがやってはった」「そのころオヤジ（松田のこと）は、露店商が廃止されるというんで（中略）体をはって反対運動を組織し」ていた（前掲『焼土の街から』）と語っています。

また、経済更生会運動は、見えざるところに松田と日本共産党のある対立がありました。「ルポルタージュ西浜」（『部落』第五六号、一九五四年九月）は、その模様を書いています。

「党の一部の活動家達は、アジプロのみをもってその全活動と考えている為か、地道な生活を守る闘いを軽視している為か、この生業資金についても、借りられるだけ借りて、借り倒したら、それだけ敵階級を弱める事になる、という見解で行動を進めた。松田氏をはじめ解放委員会としては、この政党のやり方では運動は発展しない。むしろ重点は「金を借りる」事にあるのではなくて、生業資金闘争をテコにしてたくさんの要求をつかみ出し、これを運動の中で、生活を高める方向において実現していかねばならないとした」

一方、吉田信太郎は、松田喜一にあることを命じられていました。実は、この時の経済更生会は、松田喜一から指導を任されていた福井由数がリーダーだったのですが、福井からは「借りるだけ借りたらいい」という指導があったと語り、逆に松田は吉田らに「返す練習をして借りよ」と諭したと言います。「返す練習をして借りよ」これが松田からの指示でした。よほど念押しされたのか、吉田はのちになっても、運動の後継の者に「これが松田の教え」だと執拗《しつよう》に繰り返しました。

矢田の高利貸宅デモの反省

矢田の西岡智《さとる》もこんな回想をしています。「金属屑条例反対運動（一九五六〜一九五七年）の後、住宅闘争やったが、地域の借金奴隷の問題が課題になった。そこへ朝田善之助さんがオルグに来て、京都の田中支部みたいに借金棒引き運動やれとなった。僕らは「そら、ええなあ」ととびついたが、松田喜一さんは、いつものように慎重で「そんなん、できへんのとちがうか」という調子の発言だった。こんなところにも松田さんの大衆路線があらわれていたと思う。朝田さんはヤンチャで煽動家だった。けっきょく、松田さんは融和主義やとなった。しかし、実際高利貸の家へ押しかけようとしたら、地域の青年は途中でいなくなってしまった。こんなことしたら次から借りられないと思ったからだ。田中支部と矢田支部では違うとわかった。幹部請負はダメだ、大衆路線でないといけないと学んだ」（『解放新聞大阪版』第三二九号、一九七八年七月三日）。西岡たちは、この経験から高利貸追放から生業資金獲得へと運動を転換させていきました。部落解放同盟矢田支部の「大衆路線」というのは、松田喜一の「まぼろしの経済更生会」の失敗も学んでいたようです。

この西岡智の話は、住田利雄の『「下駄直し」の記』（解放出版社、一九八六年）の記述と符合し、かつ後日談があります。住田は、「先年、矢田で解放同盟が高利貸を相手に激しい闘争を起こしたことがある。これに対し松田さんは「矢田の闘いは間違っておる」「矢田の高利貸は階級闘争で言うほどの資本家ではない。矢田では高利貸でも、一般地区では『高』にも入らない人たちだ。ことさら敵対することは間違いだ」と言っておられた。私は松田さんに納得できなかった。量の点ではそうだが、質の点では矢田の利子はひどい。矢田は解放運動と階級闘争を同じものと考えて闘ったところが間違いだったのでは。松田さんが亡くなる前に、このことを議論したら、松田さんも私の考えを了解してくださった」と記しています。松田と住田の「深夜の長電話」の一場面でしょうか。この頃には松田喜一の手腕を高く評価していた住田ですが、松田とて阿《おもね》らない理論家だったようです。翌五二年、浪速・西成経済更生会の二度目の生業資金借り出し要求には、一度目の成果を知った人たちが多数集まりました。ところが、今度は資金をうまく引き出せません。台風の救済資金にも限りがあり、大阪市も新しい財政措置を組まなかったため、結局、残った救済資金を代表者何人かの名義で借り、それをみんなで分けることになりました。その結果、一人六〇〇〇円ぐらいにしかなりませんでした。悪戦苦闘でしたが、それでも運動の力で獲得した成果でした。

戦前の経済更生会の事業は、行政との協同事業で、①靴修繕業者への皮材料の共同購入、②失業者への職業斡旋《あっせん》、③部落内の授産施設の確保、④相互扶助と協同意識の醸成が目的でした。それに対して戦後の経済更生会は、部落全体に戦災者と失業者が溢《あふ》れており、しかも行政の協力が得られない段階で、①「宵越《よいご》し」の生業資金の一括借入、②返済計画と連帯保証方式による自立支援、③生業資金を糧《かて》に部落大衆の生活向上への自覚を促すという意味合いを持っていました。

松田喜一は戦後、疎開先の矢田から西成の開《ひらき》に戻り経済更生会の準備に取りかかるのですが、作家の野間宏はこの時、松田と会っています。

「いや、帰ってきまっせ。あそこ（西浜）へは、部落がかえってきまっせ。部落のもんは、よう知ってまっせ。あすこがおのれたちの土地で、あすこで生きるというのが、一番ええということを、よう知ってますもん。そやけど、あの焼け跡を、今度は、ごたごたした四畳半の小さな家の街にしたらあかんので、わしはそのためにも、経済更生会の運動をここでもういっぺん、大きな網をひろげるようなもんにせないかん、思うてまんのや。部落をもっと、あんたの前から言うてはったように、経済、文化的な要素のあるところにしてやらんことには、いかん。そこから部落の生きていける力を出してやらんことには、いかん。こう思うて、考えを練っているところだす」。松田はそう語ったと野間は書いています（前掲「被差別部落は変ったか」）。

文化会館の建設

浪速・西成経済更生会は、この後、一九五二年一一月二一日に大阪市長宛に「集会所設置に関する要求書」を提出しました。結成されたばかりの大阪府同促の和島岩吉会長と、部落解放委員会の松田喜一、浪速・西成経済更生会の福井由数の三者連名でした。「過去において市当局が同和施設設置を怠り、そのうえに戦災で公共施設等はすべて焼失し、同和事業の目的をはなはだしく阻まれている」と指摘しています。また、要求書に添付して「集会所の設置に関する計画書」を提出しています。それによると、集会所の運営方法は、「大阪市の委託による大阪府同和事業促進協議会、部落解放委員会大阪府連合会、浪速・西成経済更生会の三団体共同管理」とあり、施設費明細では、収入は「市補助金六〇万円、地元負担金三〇万円の合計九〇万円」で、支出は「買収費六〇万円、改善備品費三〇万円の合計九〇万円」となっています。これをもとに、大阪市は一九五二年度追加予算として八〇万円を計上、一二月市議会で可決されました。最終的に文化会館は、総額五〇〇万円に対し三七五万円が行政補助金で、残りの一二五万円が住民の拠出となりました。文化会館は一九五三年五月に旧大阪人権博物館の南側に建てられ、その後、部落解放委員会大阪府連の事務所も置かれるなど、運動の拠点となっていきました。

この当時、松田喜一が集会所がどうしても必要だと痛感したのは「青年の顔」だったと吉田信太郎は回想しています。「その当時この地区をまわられても、今のような血色をした青年がおりません。みんなヒロポン中毒です。松田さんは、この青年を何とか救わなきゃいかんと考えられたのです」（吉田信太郎「大阪における同和事業と松田さんの想い出」、前掲『松田喜一――その思想と事業』）。

2　文化温泉建設運動

会員積立方式の利用者組合

「地域の人びとがいつでも気軽に安い料金で利用できる公衆浴場」が松田喜一らによって提唱されたのは、一九五三年でした。松田喜一は、「当時、不景気で仕事がないために、一五円の風呂銭が高すぎると言って入浴できない人が多かった。そこで、町の人を一つに生活的なものに結びつけ、この経営に協力参加させることによって、町全体を一つにまとめた運動に組上《ママ》げようとするのが浴場のねらいだったのです」（懇談会「部落施設の民主的経営について」『部落』第七四号、一九五六年三月）と語っています。

経済更生会や町内の有志が中心になって「浴場建設助成」を求める署名運動を展開しました。松田喜一は、浴場建設要求組合という生活協同組合方式の組織をつくり、運動を大衆化させ、持続させました。要求書には「貧乏人でも毎日、全員入浴できる浴場を建設せよ」「夜遅く入っても足のつま先まで映る湯（ろ過装置）とせよ」「浴場の入口両方に理髪美容店を併設せよ」「完全に滅菌し皮膚病だけでなく長い間差別の原因となっているトラホームまで撲滅する装置とせよ」とあります。

一九五三年九月四日、隣組ごとに責任者を選出して建設資金として一世帯五円の積立貯金を実施、署名は四〇〇〇人、積立金は二八万円となりました。

大阪市の一九五三年度予算で五〇万円の補助金を獲得、現在の出城第一住宅の土地の一部一〇四坪を児童遊園名目で買収し、建設予定地としましたが、すぐ近くに辰巳湯があり大阪府の浴場建設距離制限に引っかかり暗礁に乗り上げてしまいました。しかし、松田喜一らの熱意に打たれた辰巳湯の大崎さんが土地を譲ってくれました。

一九五四年度予算で、府と市から三九〇万円の助成を得られましたが、それでも資金は不足しました。伊藤高重（のちに同和事業促進西成地区協議会の会長となります）と部落解放委員会西成支部の岡田繁治支部長の父岡田甚六が連帯保証人となり、大阪府の信用保証協会の保証で二七〇万円を借り入れました。これに地元組合員積立金二八万円を加え、一九五五年一月から建設が始まりました。五月には鉄筋二階建て、理美容室をそなえ、二階に集会所、完全ろ過、完全殺菌の水晶風呂が完成、七月二〇日から営業を開始しました。一般公衆浴場の入浴料が大人一五円だった時代、入浴料金は大人五円、子ども三円の格安入浴料で、住民から「五円風呂」と呼ばれて喜ばれました。岡田繁治を応援した父甚六と母シゲのことは、西成地区住民のよく知るところでした。

文化温泉に尽力した人びと

一九五五年一月の「文化温泉の由来」という浴場建設要求組合の文章には、文化温泉の建設に尽力してくれた人びとへの感謝が述べられています。

「組合員のみなさんの今日まで浴場の会計並びに事業の報告が出来なかったことはなんともうしましても執行部の事務的不手際であり、幾重にもお詫び申し上げます。

一九五三年度、浴場用地取得にあたって、市役所・地主との折衝には、地元有志木下、浅井氏の御好意を受け、松田、吉岡、小山、藤本、岩鶴、永田、福井の諸氏が努力した。敷地の整地及市人夫の指導には小山氏をはじめ木村、清水、久保、大西の諸氏が町内会有志と共に勤労奉仕した。

一九五四年度、浴場建設助成金が下付されるや西成共同浴場利用者組合を設立し建設委員会を作った。出資証券の裏面に示されているように三二名委員、一三名の相談役が選ばれた。それまでの町民大会や一万人署名の運動には、吉田、小山父子、藤本、清水、川本夫妻、橋本、松岡、磯村、吉岡、永田、福井夫妻の諸氏と青年の山本君等が努力した。尚栄《なお》町の高本、山田、吉村、浅居、亀井、若林の諸氏は終始協力された。

土地換地には地主大崎氏の好意と理解があったが、その折衝には松岡、上杉、松本、東畑、栗本、伊藤、岡田、磯村の諸氏がひとかたならぬ尽力した。官庁との談合、その他打合せなどは熊本、上杉、松岡、栗本、岡田の諸氏が自宅を快く提供された。五五年一月一四日の地鎮祭には府三名、市三名、吉宗、田中、栗須各市議、各党より中田、大湾、西口、川端の諸氏並びに新聞関係、地元有志多数参席された。

利用者組合の出資運動には、吉田、岡田、橋本氏を始め岡田御両親、富築夫人、福井夫人の活躍は目覚ましく川本夫妻、藤本、大倉、加藤、伊藤兄弟夫婦、永田、吉岡、坂市、川端、福井、清水、小山に諸氏の努力は万人が認める。文開青年団長米田君を先頭に桜本、松井、岸野、加藤、吉崎、藤村等が幻灯機を持って町内を回って、竣工前夜祭を元今七跡で挙行した。

建設資金の不足分の銀行などの折衝には松田氏の努力は大変なもので吉岡、永田、福井の諸氏も協力した。工事進行過程の現場立会に当り吉岡、吉田、小山、前川、磯村、高本、松田、福井夫人諸氏が努力した。竣工式実行委員前川虎市、会計正木留吉には役員全部が感謝している」

困難を極めた浴場運営

こうして出発した文化温泉と浴場利用者組合でしたが、前途は多難でした。これは、大阪市同促の機関紙『そくしん』の記事です。

「西成地区の共同浴場（文化温泉）は、府市補助金を基とし、西成共同浴場利用者組合出資金と銀行からの一部借入金によって竣工した。それが全国の部落のモデル浴場として名がわたっている。最初素人の役員たちで、集団指導だの合議制だのと言って運営してきたが、誰が一体この責任を取るのか不明確な中に、採算をコントロールする中心的な人がおらない状態に追いやられた。折角の役員達の労力奉仕にも関わらず維持費が嵩《かさ》んで毎月の収支は赤字を出すという現象をおこした。種々研究した挙句、先ず湯銭を二円値上げするとともに経費の節減に努めた。さらに、幾度かの協議を重ねて、浴場経営は組合員の中から希望者を募り入札制によって請負わせ、その結果毎月上がってくる金を借入金の返済に充当するほか、同和事業の促進に必要な事業を行うことを決定した」（『そくしん』第一一号、一九五六年九月）

雑誌『部落』第七四号（一九五六年三月）に掲載された「部落施設民主的運営について」の座談会には、耳原共同浴場管理委員長の坂井静らとともに文化温泉から理事長の松田喜一と理事の福井由数が出席して、文化温泉の経営の厳しさを吐露しています。

まず、直近の収支はどうかといえば、「一二月は入浴料二一万で支出が二四万で三万円の赤字なんです。支出の内、燃料費が一〇万円、人件費五万七千円、その他は電力料、水道料、消耗費、諸雑費ですが、人件費と申しますのは、常務員の手当が一万二千円、火夫夫婦二人に二万円、掃除、下足番、事務員等四人で二万五千円ということになっています。役員は無報酬です。それでいて赤字なんですから、どこに無駄があるかと経営合理化について今研究中なんですが」（福井由数）。

なぜ赤字が出たのかというと、「浴場建設の基礎は府市の補助金に依存し過ぎたために、地元会員の出資金を十分に積み立てることができず、工事費も嵩んで銀行からの借入金が多額に上ったのと、夏の収益状態がそのまま続くもんだと安易な考え方を持っていたなどの誤算で、経営が苦しくなると風呂をたくことばかりに気を取られて役員の請負事業のような形になって、はじめの構想とは大分違った運営をしていますので、反省しています」（福井由数）。

どんな議論をしているのかというと、「之が打開策として補助金をもっと要求せよという意見も強いですが、経営が成り立たないのにその穴埋めに誰が補助金を出すものがあるかといって、経営の合理化、採算の立つようにいまない智恵をしぼっているのです（笑）それから大衆自身フロの経営に協力させる方向を打出すための諸運動が欠けていた、かんじんの開設目標を継承発展させてゆくという努力が払われていないということについて反省させられているのです。我々も理想主義者であったことは確かです（笑）経営全般についても劣ったやり方をしていることも認めざるをえません。現在このフロで費っている一ヶ月二四万円の経費が果たして合理的であるかどうかについても確信が持てません。集団経営の形であるために責任の所在が明らかでなく、民主主義の原則にもとづいてやっていると言っても、いまの社会は資本主義であるから之と太刀打ちするためにはその優れた経営方法を学ばねばならないにもかかわらず、あまりにも勉強が足らなかった。運動と切り離した経営は考えられないが、採算を度外視した経営は、それ自体が自滅であるばかりでなく運動をも台なしにさせることになるのです」（松田喜一）。

また、「現在の役員はみな無報酬で毎週一回集まって採算が取れないと苦労しているのですが、一般大衆の中には何か役得があるから苦労していると思っているものが多いのです」（福井由数）との質問に、坂井静は「経営の主体をシッカリさせるためには責任者と従業員の立場をよく考えることです。役員が無報酬で奉仕していても、何かうまいことしてるように思われ、正しいバランスシートが公表されても意味をなさないです。それより常任、半常任的な責任者にも相当の報酬を出して、その能力を一〇〇％活用することです。そうでないと責任者が責任を回避しがちになるから、資本家以上の合理的な経営は到底できっこないですよ」と、非営利事業体の組織論として現代でも通じるなかなか深い示唆を与えています。実際、坂井静が運営委員長を務める耳原部落の二つの浴場は、財団法人協和会が運営し安定的な経営をおこない、その利益を町民委員会の活動の経費に充てていました。坂井静はのちに卒田《そった》正直《まさなお》と一緒に納税者組織「西成同友会」を西成区岸里で開設した人で、この西成同友会は現存しています。

ともあれ、出資金の増額や入浴料の値上げ、入札による管理者の委託化などで収支の改善をめざしますが、悪戦苦闘は続いていたようです。「運動、殊に部落の解放運動は直接経済的な利害のみによって結ばれた運動ではないから打算を無視してやられるのです。ところが経営になると採算を無視しては全くやれないのですから、どうにかやってゆける最低線の利益は確保せねばならんのです。運動にしたって、計画的に進めるためには経営として運営せねばならないんだが」と、松田喜一はこの座談会で語っています。

こんな話もありました。部落解放委員会西成支部長だった岡田繁治の回想です。「文化温泉の裏の倉庫が火事になり、風呂の一部も焼けました。松田先生に保険金を取って来て欲しいとお願いしたんです。一〇万か二〇万とれたら上出来だと思ってたら六一万円とってきてくれた。それを返済に充て苦しい経営をしのいだんです」。何が幸いするかわからない。もし保険金収入がなかったら、文化温泉の危機は深刻なものになっていたと思われます。また岡田は、こんな逸話も語っています。「共産党の諸君は、その当時から鎌田という常任を入れ、釜焚きの男も連れて来た。あわよくば文化温泉を乗っ取ろうとしていたんですが、それを松田先生が見破り、私達がその連中を糾弾したんです。その後地方選挙に入りましても、文化温泉を共産党が建てたようなことをふれ歩いたんです」（前掲『松田喜一――その思想と事業』）。

部落解放委員会西成支部の結成

一九五三年二月、部落解放全国委員会大阪府連合会西成支部（解放委西成支部）を結成しました。会場は中開の吉田信太郎宅で「日時ははっきりせんのです」と吉田は語っています。結成には、松田喜一、岡田繁治、吉田信太郎、吉岡弥市、福井由数、永田勇ら七人が参画し、当時流行していた映画になぞらえて『七人のサムライ』と、少数ながら力強い意志を示しました。支部長に選出されたのは岡田繁治で、「松田のおやじさんが「支部つくらなあかん」というので、「それやったら、つくりまひょか」と賛成した。七人の人間が集まった。その時松田のおやじさんが、「一番若いもんが支部長もて」というので、一年間遊んだつもりで支部長を持ったわけです」（前掲『焼土の街から』）と語っています。

坂市巌《いわお》は、西浜出身の製甲職人でしたが、一九五五年の春に西成区でアパートを借りて住み始め、解放委西成支部に参加しました。「西成支部の組織構成は、わずか七名であったが、私の加入で八名になった。水平社からの大先輩松田喜一、福井由数の指導で、生まれて初めて解放運動に参加」した（坂市巌『育ち行く雑草』、『部落問題文芸・作品選集』第二七・二八巻、世界文庫、一九七六年）と書いていますから、解放委西成支部は結成から三年ほど「七人のサムライ」のままだったようです。なお、七人のうち一人の名前はわかりません。野間宏は、松田喜一死後の六七〜六八年頃に長橋市民館に岡田繁治や下川文子らを訪ねた際に聞いた話として、「松田、福井、吉田、永田、岡田の他、加藤、橋本」が支部委員に選ばれたと書いていますが（前掲「被差別部落は変ったか」）、定かではありません。吉田信太郎は「松田、福井、坂市、吉田、吉岡、永田、岡田」の七人の名を挙げ、「（福井さんの）奥さんは来ておられなかった」「川本彰義君は、どうやったかなあ。これは、はっきりせん」と語っています（前掲『焼土の街から』）。

西成誠友青年会と文開青年団

一九五三年一一月の同和地区青年幹部講習会で、市同促に青年部を結成することを決定、青年部結成準備会が設置されました。一九五四年一月二四日には大阪青年団体協議会が結成され、西成からも三名の理事が選ばれました。そして二月一四日、長橋小学校講堂で西成誠友青年会を結成しました。『促進』第五号（一九五四年三月、一九五六年一月から『そくしん』に改題）は、「町からヒロポンを無くし、皮革産業の健全な繁栄と明るい町の建設を青年の手で」の見出しで、この模様を報じています。会長はのちに部落解放同盟西成支部副支部長となる靴工の加藤信夫で、村島幸次郎、西本弘、芦阪享、芦阪実、山本重一、川島武雄らが役員となりました。

西成誠友青年会に少し遅れて、のちに部落解放同盟西成支部執行役員となる製靴業の亀田正巳が中心になって、文開青年団もつくられました。一九五五年の部落解放同盟大阪府連（大阪府連）大会の議案書にも、次のように記載されています。「文開青年団にはとりわけ素晴らしい所謂《いわゆる》指導者型の青年もいない、模範型のホメラレ青年もいない、みんな平民的な青年団が自主的にでき、四千人から大衆を集めた文化温泉完成前夜祭もやった。例年ならどこかでやるであろう盆踊りのケンカもなくて三日間やってのけた。西成文開青年団は自主的で平民的な大衆団体として発足した最も平凡な（大衆にとっては）青年団である。文開青年団は独身男性中心で若く大衆的だ。誠友青年会は妻帯者が多く真面目で常識のある若者たちで、この二つの青年団を一つにしたいのが町民の要求である」。

３　西成の住宅要求闘争

出城五丁目の共同水道設置

一九五五年の頃のことです。差別的呼称ではありますが、当時、通称「ジプシー部落」と呼ばれた出城五丁目では五十数軒が破れたままの鉛管を共同使用していました。「ジプシー」とはヨーロッパを中心に散在した流浪の民への俗称ですが、差別的意味合いがあることから今日では「ロマ」の呼称に変わっています。『解放新聞』第四八号（一九四八年七月三〇日）は、府同促が大阪府下部落の実態調査を実施し、西成区の部落も訪問したことを記事にし「中開、北開、南開、出城、津守の一角も栄町にまさるともおとらぬ不良住宅地。よせあつめのバラックがくずれそうになりながら乱立し、そのほとんどが寿命も絶えた老朽住宅で、普通の人なら見るのもけん悪の情をわかすだろう。松田府連委員長は、この地区をさしていみじくも「ジプシー部落」と名付けた。部落民の大半はクツ修理、甲皮師、くず加工、ゲタ直し、それに境川職安へ大量の失業者を送っている」と報じています。「ジプシー部落」とは出城五丁目あたりというのが地域の通説ですが、津守あたりまでの広い地域のことも意味していたのかもしれません。

前掲「ルポルタージュ西浜」にもこの地域の様相が描かれていますので要約して紹介します。

永田勇と同じく戦前は栄町四丁目に住んでいたKは、戦災で家が全焼し、復員するなり子ども四人と母親、妻君の七人家族で、いったん堺市の耳原部落に間借りし、次いで天下茶屋に間借りして靴の底付けをやっていました。家を探しましたが、一九五二年になっても見つかりませんでした。そうこうしているうちに、経済更生会に出会い、生業資金三万円を借りることができたので、「ジプシー」と呼ばれていた出城通りにある草ぼうぼうのごみ捨て場所を見つけました。そこでは、数人の人が整地して家を建設中でした。Kらは地主を探して土地を借りる交渉をしようとしましたが、地主不在のまま、一九五二年三月に、四畳半、三畳に板の間の家を三日間で建ててしまいました。Kの家が「ジプシー部落」で八番目に建った家で、前後して一三軒の急ごしらえの家で「ジプシー部落」が形成されました。そこに、住吉区に住んでいた地主Yがひょっこりやってきて、「お前ら、人の地所に黙って家建てやがって、出ていかないとぶっ潰すぞ」とすごまれました。もともと不法占拠するつもりはなかったので、一三軒は代表者を選出して土地の借用または販売の交渉をしました。しかし、地主は「お前らとは人間が違う。「ルンペン」に土地を売ったり、貸したりできるか」「三五〇坪あまさず、即金なら売ってやらんこともない。金持って買う腰でこい！」とけんか腰でした。仕方なく一三軒は、一日一〇円の供託を始め長期戦を覚悟しました。

この「ジプシー部落」には吉田信太郎の実兄もいました。「今宮の駅前には私の兄貴がおって、その隣りの土地（「ジプシー部落」）にバラック建てて商売しとったんですが、最初は不法占拠みたいなもんですわ」「そのうちに地主が現れて（中略）カネ出して買ったんですが、これが詐欺やった」「そのうちに別の地主が現れて、またゼニ払わされた」（前掲『焼土の街から』）と語っています。

そこから約二年、三五〇坪に一三軒から五〇軒に膨れあがっていました。それなのに水道もなく、道をひとつ隔てたところに破れたままの鉛管がひとつだけあり、これを五〇軒の人が共同で使用していました。そこでこの地域の女性たちが、解放委西成支部にも協力を求めて、一九五五年四月頃から、大阪市水道局に対して、共同水道設置運動を展開しました。交渉の結果、家屋証明があればなんとか水道を引けるということになり、水道工事費については使用する人が毎月一〇〇円ずつ積み立てをして返済することとして三本の水道が設置されました。

宿泊所建設反対運動

翌一九五六年には、近接の出城七丁目に、突如、釜ヶ崎労働者のための共同宿泊施設の建設工事が始まりました。町会の団長クラスの人たちには事前に説明があり、境川や神戸市にある施設の見学をしており、「そう悪い建物ではない」と合意していたようです。

しかし、部落解放同盟西成支部（解放委西成支部は一九五五年に名称変更している）は即座に反対を表明しました。その理由は、この土地が前述した共同浴場を目的として取得したものの、他の浴場との距離制限のために用途変更した公有地だったからであり、この土地は部落問題のために活用すべきだというものでした。しかし、工事はどんどん進み、警察まで動員されて緊張しました。それでも、部落解放同盟西成支部と、宿泊所建設予定地を囲む中開、南開、出城の町会・住民の団結は固く、署名運動を展開し、とうとう工事は中止となりました。この時の署名簿は『独身自由労務者宿泊所設置反対署名簿』として残されています。

この反対運動の特徴は、「部落解放のために活用せよ」という要求が、ひとり部落解放同盟西成支部だけでなく、町会全体の要求として主張されたことでした。

当時のことを、部落解放同盟西成支部長だった岡田繁治が語っています。共同水道を要求して闘っても「「あれは赤だ」とかまちの人は言うし、「寝た子を起こすな」という声がたくさんあったが、文化温泉に座っているより、大衆の中に入って大衆の悩みを自分達の手で握り、大衆と共にたたかうのが解放運動だと、松田先生から教えられた」。宿泊所建設反対闘争では、「座り込みを呼びかけたら多数協力に来られて現場に座り込みしてくれたのです。そういった闘争が三ヶ月も四ヶ月も続き、毎日大阪府に抗議に行った」。「「我々が負けそうになれば全国の組織がほっとかない」と励ましたんですがハッタリで、応援も何も来ない訳です。そういうことで府庁に出向き、当時は赤間知事でしたが、知事に対して、我々に地域が差別によってこれまで苦しめられきた上にそういうものを建てるなら、我々は絶対に帰れない。もし地元の意見を呑んでくれて中止してくれるならこのまま帰る、と頑張って、そして最後に勝利を得て帰ってきたのです」（前掲『松田喜一―その思想と事業』）。

この闘いが、これから述べる住宅闘争に結び付いていくのです。この点については、当時の大阪の運動を知る田中三郎（田中誠太前八尾市長の実父）の証言を渡辺俊雄が記録しています。「西成の住宅闘争の起こりは、自由労働者の住宅を部落の中に作ろうとする動きへの反対闘争。部落の中にひどい不良住宅が残されたままのなかで、バラックのような自由労働者向けの住宅を建てようとする行政の意図にたいする反対闘争という形で組まれていった」（一九七六年二月二八日、渡辺記録）。

立ち退き強制に立ち上がる住民

一九五六年から始まった国道43号線となにわ筋の国道新設計画と環状線新設計画のために、荒地にバラックを建てて住んでいた住民は、大阪市から「不法占拠」と立ち退きを強制されるという問題が起こりました。

この頃、当該地域二五〇世帯を対象とした調査を見ると、部落出身者は全体の三分の一でした。出身地は、近畿一九％、近畿以外一五％、朝鮮一一％、大阪市内一〇％でした。戦災当時部落に住んでいた人は約五〇％でした。住宅形式はバラックが六六％で三分の二を占め、住宅がないため間借りをしている世帯が一七％もありました。家族人員は「二～四人」が約五〇％で、「五～一〇人」が三五％もありました。居住面積では「八畳未満」が六五・五％で平均すると一人あたり一・三畳で、なかには三畳に四人が住んでいるという世帯が九世帯、三畳に六～八人という世帯が八世帯もありました。また、世帯の九〇％は台所がない、共同便所さえない世帯も多く、水道にいたってはほとんどありませんでした。どこも足の踏み場もないバラックで、男たちは夏には屋外で寝ていました。二五〇世帯の約半数は皮革・靴関係の職業に従事していました。

ここからは吉田信太郎の証言です。最初立ち退きを求められた住民が西成支部に相談に来た時は、立退期日を正月過ぎまで延期してほしいということと補償金の増額だったそうです。ところが松田喜一は、「あんたら正月過ぎたら行くとこあんねんなぁ。補償金いくらあげたら借りる家あんねん」と聞いたら「そんなもん、ありまっかいな」。松田は「あんたら、ほんとは移る家が欲しいということやないか。そんなら家よこせの運動せなあかんやないか」と住民に問い返しました。そして、吉田らにも「戦前、地域には貸家札がそこかしこあった。それを焼いたのは国の責任や。あんたらも同じことで困っている人捜して指導しなはれ」と言いつけました。吉田は、「運動の日も浅かったわたしは、びっくりして、そんなこと言って、ほんとに家建つんかいな、という心配が先にたったけど、考え直して、失敗したら夜逃げしたらしまいやないか、いっぺんやったろうかと思い直して取り組んだんです」（前掲『焼土の街から』）と回想しています。

なお、野間宏は、最初に相談に来た住民は「松井さん」だと部落解放同盟西成支部関係者から聞いたと書いています（前掲「被差別部落は変ったか」）。岡田繁治も「現在の会館の東側にある交差点のど真ん中に婦人部の松井さんや増田さんが住んでいた」（前掲『松田喜一――その思想と事業』）と書いています。これは婦人部役員だった「松井ヒデノ」と「増田静子」のことでしょうか。

歴史に残る「陳情書」

翌一九五七年夏頃、松田喜一の指導で三開《さんびらき》地区の数人が立ち退き反対に立ち上がりました。一九五七年一二月二日、開公園で一一五世帯の住宅困窮者と部落解放同盟西成支部員ら二〇〇人が結集して浪速・西成住宅要求期成同盟を結成しました。そこから大阪市役所までデモ行進しました。

要求項目は、①現在、立ち退きを迫られている家に対しては、部落に対する住宅要求が確立するまで延期せよ。地主との紛争については大阪市で責任を持て。②部落のなけなしの土地を奪い取るような都市計画を再検討せよ。区画審議委員会を民主的に選出せよ。③住民の生活に適した市営住宅を建てよ。④部落解放行政を確立せよ、でした。

この時、浪速・西成住宅要求期成同盟は、上記の要求項目を根拠づける「住宅設置に関する陳情書」を提出しました。長文になりますが引用します。

「地主や市当局から不法占拠といわれ、きびしく立退きを迫られているが、これを一口に不法といわれるべきものだろうか、戦前汗と涙で築き上げた住まいが、戦争戦災で、一切を失い、残ったのは冷たい差別であり、西浜も大国町に勢力を奪われ、落ちぶれた街になってしまった。ましてや終戦後の混乱で、地主もわからず一からバラックを建て、水を掘り、道路を広げ、焼け跡を清め、魂のこもった血と涙の結晶である現在の家、これを世間からは無慈悲にも不法占拠と呼ばれるのだが、戦災で無に帰してから、西浜では三〇〇〇世帯、開出城でも三〇〇〇世帯まで街が復活したが、半数は不法占拠となっている。このような街にしてしまった冷たい差別の中で、もっとも大きくはっきりしているのが、大阪市の仕打ちである。焼けた一万戸に対して、わずか一〇〇戸の応急住宅だけであり、最近建設され始めた住宅には入居できない。都市計画行政でも、敗戦後一二年間西浜の復興をお守りしてきた者が、不法占拠という無法者にされてしまう。市民税も固定資産税も払い、共同募金にも協力し、防犯協力員にもなり、隣組もつくっているにもかかわらず、水道や清掃は来ないし、金融や市営住宅入居の資格がない。火のつくような立退きを迫られている五〇〇世帯は西浜を離れて、どこにも行くところはなく、再び不法占拠を繰り返すばかりであり、物乞いを余儀なくされる人も出てきている。ぜひ鉄筋住宅やブロック住宅に住めるように念願する。すでに京都市や兵庫県では部落の人たちに適した市営住宅があてがわれている。大阪市の民生局は部落対策にあたっていると聞くが、同じ屋根の下の建設局は部落民を苦しめているとしか言いようがない。要するに不法占拠の問題は、不真面目で無茶な人間がやっているのではなく、西浜が部落であり、部落差別が根強く残され、このような事情があるのに、十分な部落解放の方針を持たずに、西浜で住宅建設と都市計画を推し進めている大阪市政には、重大な責任がある」

何とも見事な陳情書です。戦前の松茸山入会権糾弾闘争を想起させ、これこそ松田喜一の闘いだと唸《うな》らせるものでした。

住宅闘争で支部員は九六人に

一九五八年五月一一日には浪速・西成住宅要求期成同盟第二回総会が文化温泉で開かれ、松田喜一は会長になりました。「ジェット機を作る金で家を建てろ」「軍事基地をやめてその金で住宅地を常識値で買収せよ」などが提案されました。その年には矢田地区でも住宅要求期成同盟が結成されています。一九五八年一二月には、東京での全国部落代表者会議に、約三万円のカンパを募って西成の代表を送り、建設省に低家賃公営住宅建設予算を要求しました。そして、一九五八年度予算で三億じ〇〇〇万円（九〇〇戸分）を獲得、西成にも八〇戸分が配分されました。

しかし、不良住宅法に基づく住宅建設費は、国庫より三分の二の補助が出ますが、残りは市の負担となるため、宅地買収費と釣り合いませんでした。浪速・西成住宅要求期成同盟は地主説得もおこない、ようやく出城六丁目に七〇〇坪の宅地を確保しました。こうして、一九五九年三月末に八〇戸の市営住宅が完成しました。三月二七日に松之宮小学校で低家賃住宅完成祝賀大会を約一〇〇〇人参加で開催しました。五月六日、いよいよ住宅入居でした。ガス、水道、流し場など台所設備が完備され、水洗便所、六畳と四畳半の二間、これまでのバラック住まいから考えると御殿のような住宅でした。

松田喜一が指導した浪速・西成住宅要求期成同盟は、法人格はありませんが、カンパニア組織ではなく、しかも入居後は入居者組合の性格も有するまさに「地域協同組合」でした。

入居者の選考も形式的には大阪市の決定というかたちを取りましたが、実際には浪速・西成住宅要求期成同盟の自主的な選考でおこなわれました。家賃も月額九〇〇円に決定しました。また、換地要求の一四世帯に対しても、私有地を払い下げることに成功しました。こうして、期成同盟の二年間にわたる闘いが実を結びました。一九五八年度の大阪市の同和予算は前年度の一五〇〇万円から一挙に一億三一〇四万円に増額されました。その八四％は改良住宅建設費でした。この予算のうち、西成に八〇戸、住吉に三二戸、日之出に六〇戸の住宅が建設されたのです。西成の住宅闘争は、ひとり西成だけの運動ではありませんでした。同じような戦災部落であった日之出をはじめ、住吉、矢田でも連動して闘われたのです。その発信元は市同促と府同促、部落解放委員会大阪府連（一九五五年に部落解放同盟大阪府連に改称）の三者の合同会議の場でしたが、このことは後述します。

住宅家賃については、行政は、第二種公営住宅家賃が二四〇〇円で、この時に建設された住宅はその基準より狭いものでしたので一五〇〇円を提案してきました。これに対して期成同盟は、生活保護による家賃保障の六〇〇円を主張、結局九〇〇円に決まりました。なお、西成の住宅闘争の背景として、一九五一年六月には公営住宅法が施行され、低所得者向けに第二種公営住宅が制度化されていました。不良住宅の面的整備のための住宅地区改良法が成立するのは一九六〇年四月二〇日まで待たなければなりませんでした。

ついに住民の要求によって住宅が実現したことは、住宅要求期成同盟に入会していた人だけでなく、部落解放運動にまだ消極的だった西成の部落の人たちに大きな衝撃を与えました。そして、浪速・西成住宅要求期成同盟の第二次会員は一一五世帯から二五〇世帯へと広がりました。また、入居者はそのまま住宅要求期成同盟にとどまり、住宅の階ごとに班を組織して、新しく加わった人の要求実現を応援することになりました。

一九五九年七月二六日には、浪速・西成住宅要求期成同盟第三回総会を開催し、①共同作業所、自転車置き場、保育所や託児所の設置。②内職、副業の斡旋。③生活文化向上のための講習会の開催。④子どもたちの教育を受ける権利保障を実現するための入居者の組織をつくること、などを申し合わせました。住宅闘争で部落解放同盟西成支部は、たった七人から九六人にまで拡大しました。

むすび会、靴工組合など

部落解放同盟西成支部は、浪速支部とともに、一九五八年三月二八日には栄町の文化会館で浪速・西成部落解放婦人集会を開催しました。四月には部落解放大阪婦人集会、五月には部落解放全国婦人集会が奈良で開催されました。さらに六月の大阪母親大会には西成から二九人が参加、七月九日には西成地区母親集会が開催されました。そして、西成の女性たちは、一九五八年九月に「むすび会」を結成しました。むすび会は部落解放同盟西成支部の指導のもとに、生活要求を組織して対市交渉などに取り組みました。この頃、福井初江、村田花子、増田静子、松井ヒデノ、吉村フミ、平田千代子、西田初菊、上田よしえ、下川文子、住沢恵、松村玲子、丸山すぎえなどが活動しました。むすび会は一九六三年頃には「社友会」と変え、さらに一九六五年には部落解放同盟西成支部婦人部が結成され、初代婦人部長は下川文子でした。

一方、一九五七年七月には部落解放第一回全国青年集会が香川県小豆島で開催され、矢田の西岡智、戸田政義や日之出の大賀正行、北井浩一などとともに部落解放同盟西成支部から岡田繁治と北本宏が参加しました。一九五八年七月には市同促の援助で大阪市同和地区青年協議会が結成され、会長に西岡智、副会長に大賀正行らとともに西成から書記に岡田繁治、会計に桜本忠夫、監査役に北本宏が選ばれました。さらには、一九五八年一一月一日に、部落解放同盟大阪府連青年部結成準備会が結成され、議長に西岡智、副議長に岡田繁治、書記長に大賀正行、執行委員に上田卓三《たくみ》、桜本忠夫らが選ばれました。大阪府連委員長松田喜一や執行委員福井由数は青年集会の助言者などを務めました。

また、一九六〇年一二月五日の『解放新聞』第一八一号では、「生協を部落にも」との見出しで、「大阪市西成区出城・三開地区では、低家賃市営住宅、料金の安い文化温泉の経営と結びつけて日用品を扱う生協を作ろうと計画しています」と報じています。

一方、「東京に比べて近代化が遅れた大阪でも、近代的な靴生産を始めたいと要求する声が業者からも職人からもおきて、共同工場の建設と近代的設備の導入が西成を中心に同盟の問題となってきた。又靴産業の危機は親方の力を弱め、昔のように職人の面倒まで見られなくなっており、職人たちは自らの力で健康を守り、生産を開拓する必要に迫られてきた」(『部落解放同盟大阪府連第七回大会討議資料』一九五九年二月二二日)ことから、一九五八年(日時は不明)に、西成靴工組合が新たに結成され、健康保険の獲得と技術向上をめざすことになりました。靴工組合は機関紙を発行し、大阪市や大阪府社会保険課との交渉をおこなっています。西成靴工組合のモデルは、大工や左官などの人親方の建設労働者の労働組合（現在の全建総連）が、この当時、建設国保を求めて運動していたものだと思われます。

西成と大阪、全国の部落解放運動との連動

ここまで西成部落における、戦災から経済更生会、文化温泉建設、そして住宅闘争と一気に記述してきました。一九四五年から一九六〇年の一五年間です。これらと戦後の部落解放運動の再建の歩みとの時間的関係を見ておきたいと思います。

（1）部落解放全国委員会の結成は一九四六年で、この時、松田喜一は常任全国委員に就任しますが、活動の場所は、あくまで焼土の西浜、西成での大阪靴商工組合でした。

（2）一九四七年には部落解放大阪青年同盟が結成され、まもなく部落解放全国委員会大阪府連合会が結成されますが、この頃、西成では経済更生会が組織されています。前述したように中西義雄は、「松田氏が本気で運動にとりくむのは一九五〇年頃からです」「野間宏の『青年の環』で英雄的なモデルに仕立てられている松田喜一、北野実などは、靴修理統制組合のボスになってしまって、会議ではよく革命議論で煙にまくのですが、それだけにとどまっていた」と酷評していますが、「そう見えた」のでしょう。それは中西の見解です。

（3）「もはや戦後ではない」と『経済白書』が宣言したのは一九五六年でしたが、戦後復興から完全に取り残された部落での行政闘争を先駆けたオール・ロマンス事件が起こるのは一九五一年です。この頃、西成では文化温泉建設運動が取り組まれています。「差別事件」から「差別実態」へと目を向けた行政闘争が同時期に闘われた時でした。部落は「まだ戦後」でした。

（4）一九五三年に市同促が結成されますが、部落への公営住宅の供給が広島や京都、神戸で始まるのと同時期です。西岡智は、「松田喜一さんは、岡山かどこかへ見にいって、同和対策で家を建てていることを学んできた」（『解放新聞大阪版』第三一九号、一九七八年七月三日）と言っていますが、そうだったのかもしれません。そもそも、戦前の一九三七年には、全水は部落改善費獲得闘争に重点を置くようになっており、①地元負担を全廃せよ、②部落の希望する事業を部落の手でやらせよ、③改善費の分配や交付の全権を部落代表者会議に一任せよ、と方針化していたことは前述しました。そして戦後すぐの一九四六年には、部落解放全国委員会の大会で「部落厚生施設の徹底的実施とその事業施設の部落解放全国委員会による管理」という決議をあげています。部落解放全国委員会は行政闘争という新しい闘争形態に問題意識を持ち、戦前の反省も含め管理方式にも関心を持っていたわけです。

（5）そして一九五五年頃から一九六〇年頃まで西成の住宅闘争が闘われますが、これもほぼ同時期に、京都市でも住宅建設が推進されていきます。指導者の朝田善之助の側近にいた田中三郎は、「オールロマンス闘争以降、全国の運動方針はだいたい京都で作られていたが、その際に朝田さんが一番信頼できる相談相手は松田さんだった。その意味で、運動方針には、たえず松田さんの意見が反映している」と述べています。

（6）また、この時期は、西成の住宅闘争はひとり西成だけでなく日之出や住吉などで同時に闘われますが、これは後述します。さらに、金属屑条例反対闘争や、西成に影響を受けた矢田地区の住宅闘争と生業資金闘争、浅香の地下鉄車庫設置反対闘争、日之出の教育闘争や区画整理問題、さらに警察官暴行事件糾弾闘争、大阪市内ブロックの教育闘争など、大阪府連の大衆運動が活発化していきます。

この頃からの大阪府連や全国の部落解放運動の進展については、第八章で、部落の日常運動と同和対策を求める国策樹立運動および同和事業執行を担う同促協との連動について詳しく記述します。

「バラック族」と「アパッチ族」

もう一つ、西成部落の住宅闘争などの大衆運動の展開は、当時の大阪のまさに底辺からの生活闘争と差別問題とのかかわりという面からも見ておく必要があります。ここでの記述は、水内俊雄・加藤政洋・大城直樹『モダン都市の系譜―地図から読み解く社会と空間』（ナカニシヤ出版、二〇〇八年）を参考にしました。

戦前、沖縄から本土への集団的な出稼ぎが本格化するのは一九一〇年以降で、大正末期から昭和初期にピークを迎えました。その背景には、黒糖暴落に端を発する「ソテツ地獄」と称される沖縄の窮状がありました。沖縄戦で多数の犠牲者が出たことから、親族の安否を気づかって多くの人びとが沖縄に引き上げました。本土に居残りを決めて大阪などに定住した人びとは、養豚、屑《くず》鉄商、アパート経営など自営業者も生まれましたが、多くは中小企業に働く単純作業労働者でした。大正区小林町には、こうした沖縄の人たちが集住して、バラック・スラムを形成していました。

大阪の在日朝鮮人のルーツは、沖縄の人びとの出稼ぎ移住と同時期の一九一〇年八月以降の日本の植民地支配です。移住した人びとは、日本全体で実に一九三〇年に三〇万人、一九三八年には八〇万人に達しました。戦後は、一九四五年に二一〇万人に達し、集住地大阪でも深刻な住宅事情が発生していました。森之宮の大阪砲兵工廠《こうしょう》跡地近くのバラック・スラムも、在日朝鮮人の苦難が凝縮された地域のひとつでした。

戦後の混乱期の大阪を象徴したのは、闇市とバラックで、治安面から言えば、無断（不法）営業、無断（不法）居住でした。松田喜一は、この大阪市が直面した未曽有《みぞう》の「困難」に向き合って、露店商禁止反対運動と西成住宅闘争という、オールクリアランスとは次元が異なる対案を示しました。大袈裟《おおげさ》でもなんでもなく、戦後大阪市の復権を担った市井のリーダーの一人は松田喜一、その人でした。それは、松田喜一の後裔《こうえい》たちが直面することになるホームレス問題、釜ヶ崎問題につながっていました。

一九五〇年代になると、大阪市も、闇市と浮浪、野宿問題に対応し始めました。そして、駅前闇市は「商店街の闇市化」へと移行します。無断居住問題も、応急住宅の長期入居、戦災復興事業都市計画予定地などへの一時的仮占拠へと移行します。バラック・スラムといわれる問題の顕在化です。戦前の不良住宅地区は戦災でほぼ焼失していましたが、戦後はこのエリアに近接して再び多くの不良住宅地区が林立していきました。浪速部落、西成部落もそのなかにありました。大阪市はそうした地区のクリアランスを始めようとします。一九五三年二月頃、浪速区元町一丁目（国鉄湊町駅付近）のバラック建て付けの八〇戸ほどを視察した大阪市議は「こんな人たちが立ち退きに反対してがむしゃらに陳情してきたらえらいことだっせ」と呟《つぶや》いたそうです。さらに、南海電鉄今宮戎駅ガード下に視察を進めると、約三五〇戸が乱立するなかに共同水道がある、バラックには三畳から五畳に一家五～六人が住んでいる。みんな前の住人から約三万円の権利金で譲ってもらったという。急に立ち退けと言われても行くあてもない。新聞は「美観損なうバラック族」「市の復興を阻む不法建築物」「道路に拾い屋が住み着く」などと悪罵《あくば》を浴びせました。

こんななかで、一九五七年二月二一日には、最大のバラック地区であった浪速区馬渕《まぶち》町で六三三世帯、一二四七人が罹災《りさい》した大火事が発生します。隣接の恵美小学校の講堂が緊急避難所とされましたが、日頃からバラックに不満が大きかった小学校の父母たちが、被災者がいる間は同盟休校も辞さずと身構えました。被災者の間に伝染病が発生し、急遽《きゅうきょ》、被災者らによる投票の結果、二月二六日には全員退去し、貝柄《かいがら》町の今宮公園内にテント九三張り、八八世帯二八七人、元警察職員寮に六八世帯二五一人が臨時的に収容されました。まさに、大阪市は大変な危機に直面していましたし、市民は生きるのも命懸けの日々でした。

このバラック・スラムの一群が大正区小林町にもありました。大阪湾に注ぐ尻無川口にある一帯は貯木場と製材所が林立していましたが、戦災と一九五〇年のジェーン台風で壊滅し荒地と化していました。この湿地帯に約一五〇〇世帯が肩を寄せあって住み着きましたが、その約三割は沖縄出身者でした。消防署も火事になっても「火を消すことは不可能」と断じた危険地帯で、「クブングヮー（沖縄の言葉で「窪地」という意味）」と呼ばれ、沖縄出身者たちはここで住民を守り、救助を待ち続けました。ここに改良住宅が整備されるのは一九七四年頃で二〇年近い歳月を必要としました。ここで闘ったのは「関西沖縄解放同盟準備会」、あるいは「北恩加島・小林暮らしを守る会」で、西成、浪速、矢田の部落解放運動、住宅闘争が手本とされたそうです。

同様の状況がマスコミでも煽情《せんじょう》的に報じられたのが「アパッチ族」と称された在日朝鮮人たちの苦闘でした。森之宮の大阪城近くには、軍需施設が集中していたために米軍の爆撃を受け、広大な大阪砲兵工廠跡地や被服工廠跡地が金属残骸などとともに放置されていました。この近くのバラック集落には多くの在日朝鮮人たちが居住していました。一九五五年頃になると平野川堤防の改修工事が始まり、工廠跡地に出入りできるようになりました。当時、鉄などが不足し高値で売れていましたから、在日朝鮮人たちは生活の糧を求めて、鉄屑などを掘り起こし売買しました。当然警察との攻防戦もあり、その模様を一九五八年七月三一〜八月二日『朝日新聞』夕刊が連載ルポルタージュとして掲載しましたが、その表題は蔑視も込めた「アパッチ族」でした。開高健《たけし》の小説『日本三文オペラ』の舞台にもなりましたが、何より梁石日《ヤンソギル》の『夜を賭《か》けて』は実体験に基づいた小説でした。「アパッチ族」は一九五九年八月頃には解散するのですが、その解散に尽力したのは、「アパッチ族」のバラック集落などを往診していた「赤ひげ医者」と慕われた西成のあいりん総合センター内の大阪社会医療センター付属病院長の本田良寛《よしひろ》医師（一九二五〜一九八五）でした（本田良寛『にっぽん釜ヶ崎診療所』朝日新聞社、一九六六年）。

4　松田喜一の選挙闘争

焼土から大阪府議会選挙に立候補

一九五一年四月には、敗戦から二度目となる統一地方選挙が実施されています。松田喜一は、大阪府議会選挙に西成区から立候補しました。結果は、定数三名中一八二一票で九番目という惨敗でした。職業欄には「靴製造販売業」とあり、無所属でした。露店商禁止反対運動の盛り上がりもあり、経済更生会をつくってはいましたが、松田喜一はほとんど無名に近かったですし、選挙運動の体制も弱いものでした。応援してくれた日本共産党系の人たちは、平和運動の宣伝戦と考えていたようで、かなり空中戦の選挙戦となってしまいました。松田喜一の選挙闘争には、政局に敏に対応する戦略性がありますが、この選挙は、松田喜一らしい経済闘争が影を潜めてしまった、それほど急ごしらえだったようです。吉岡弥市は「この選挙は残念ながら負けたが、松田さんは、それにめげるような人ではなかった」と語っています。なお、西成区の市会選挙には、前述したように戦前、全水大阪府連西成支部長を務めた高畑久五郎が立候補しています。無所属で、職業欄は日雇労働者、得票数は一二三票でした。部落解放委員会もまた、大阪市会選挙には浪速区から栗須喜一郎、北区から舟場地区の山田龍平を立候補させましたがどちらも落選でした。

ただ、盛田嘉徳《もりたよしのり》はちょっと違った感想を書いています。「それまでに、露店商禁止反対運動を指導したり、西成経済更生会の結成に尽力するなど、地域の生活を守るためには、ずいぶんつくしていたので、松田さんには成算もあったのでしょうが、おしくも落選してしまいました。たぶん、この選挙のときに、松田さんは文の里の靴店をたたんで、西成に移転したのであろうと思います」（「あの人、この人」『解放新聞大阪版』第四二七号、一九八〇年一〇月六日）。

住宅闘争から再び大阪府議会選挙に

松田喜一二度目の選挙は、八年後の一九五九年四月で、この選挙は前回とは違ってやっと選挙らしい選挙となりました。部落解放同盟と住宅要求期成同盟、松田後援会が選挙母体となり、宝鋳鋼（現在のタカラベルモント）労組や全日自労西成支部、旭カーペット労組も応援してくれました。選挙広報の所属は無所属で、職業は大阪市同和事業促進協議会書記長となっていました。

府会議員選挙西成区（定数三）の結果は、①三谷久男（自民新）一万五二六七、②実野作雄（自民現）一万一三〇八、③末松泉（自民新）八一四九、以上当選、④市本賀一（社会新）八〇二〇、⑤大湾宗英（社会新）七八七二、⑥中田清繁（無現）六五四四、⑦居川喜太郎（無現）五六四〇、⑧松田喜一（無新）四〇五二、⑨四方棄五郎（共新）二六九五でした。

旭カーペット労組は、一九五五年に工場閉鎖が宣告されましたが、労働組合がストライキで闘い、部落解放同盟西成支部も応援に出向き、閉鎖提案は撤回されました。その時以来の友好関係があっての推薦だったようです。また、矢田部落の青年たちはこの選挙に「バスで応援に駆けつけ、選挙戦を闘うなかで住宅建設のとりくみを目のあたりに見た。青年たちが矢田で住宅要求を呼びかけたのは、この浪速・西成の経験に学ぼうとするものであった」（部落解放同盟矢田支部編『矢田・戦後部落解放運動史1』矢田同和教育推進協議会、一九八〇年）ようです。また、末松泉は松通りの末松製靴の社長で、一九五〇年に関西製靴協同組合を設立した人で長崎県出身でした。

当時の部落解放同盟西成支部は、住宅闘争で急増したとはいえ九六人です。福井由数や永田勇は大阪府連、市同促の役員を務め、中西義雄が支部書記長で、これらの人は日本共産党員でした。社会党は定数三に二人を公認し、日本共産党も立候補しています。ここに松田喜一は無所属で立候補したわけで、「住宅要求組合選挙」とでも言うべき「市民参加選挙戦」を闘ったことになります。それで、前回の一八二一票から四〇五三票に上積みしたのですから、これはおもしろい選挙結果だったと思います。

松田喜一最後の大阪市会選挙

それから四年後の一九六三年四月、今度は府会議員ではなく大阪市会選挙に立候補しました。これが松田喜一最後の選挙となりました。今度は社会党公認でした。この選挙では、部落解放同盟西成支部の福井由数が大阪府議会選挙に日本共産党公認で立候補しました。部落解放同盟中央本部と大阪府連は、大阪府議会は日本共産党の福井候補、大阪市会は社会党の松田候補だけでなく、日本共産党の四方棄五郎候補も推薦しました。その結果、西成地区内は社会党と共産党に完全に分かれて闘う分裂選挙となりました。女性の組織「むすび会」も分裂状態となり松田喜一を応援した側は「社友会」をつくり活動しました。社会党は二人擁立で約二万票獲得しましたが、票割はできませんでした。

大阪市会選挙の西成区（定数六）の結果は、①近江己記夫（公政連）一万六九六二、②土井晴

美（社会）一万四五七五、③辻昭二郎（自民）一万二九〇二、④吉宗貞之（自民）八二五六、⑤田中正男（民社）七三五五、⑥柳本松太郎（自民）六四九一、以上が当選で、⑦安井楢太郎（自民）五六〇九、⑧松田喜一（社会）五四〇九、⑨長田茂（民社）三六三二、⑩四方棄五郎（共産）二六七三、⑪古謝宏栄（無）一九〇〇などでした。大阪府議会選挙の福井由数候補は八位（定数四）二八八九票で落選でした。この選挙が導火線となって、福井由数らは日本共産党の指導を優先するようになり、部落解放同盟西成支部から離れていくことになりました。直前の松本治一郎の参議院選挙で、日本共産党は「思想信条の自由」や「投票の自由」「政党支持の自由」を主張し、部落解放運動内に対立をもたらしていましたが、それが西成にも持ち込まれたものでした。

遡《さかのぼ》って一九六〇年九月の部落解放同盟第一五回全国大会でも「政党支持の自由」の議論がありました。松田喜一は「政党支持は自由だが、われわれの運動にプラスになる人を自由に選ばなければならない」「われわれは綱領において政治的見解を示している。政党支持の自由はあくまでその上に立脚すべきだ」と適確な答弁をしています（『解放新聞』第一七四号、一九六〇年九月一五日）。

5　六〇年代の部落解放同盟西成支部

その後の住宅要求闘争

出城第一住宅、出城第二住宅、北開住宅とあいついで二〇二戸の住宅建設の後、部落解放同盟西成支部の住宅闘争は壁にぶつかっており、四番目の住宅が建ったのは一九六三年の津守東住宅（四八戸）でした。しかし、大阪市はこれを「同和住宅」と位置づけず、一般市営住宅と同じように大阪市職員が管理人として入居しました。家賃も先発の三住宅が当時九〇〇円だったのに、三〇〇〇～四〇〇〇〇円でした。津守東住宅の一般住宅扱いは一九六九年まで続きました。

部落解放同盟西成支部は、住宅闘争をつくり直すことを決意し、一九六五年一二月五日、西成同和地区住宅要求期成同盟（岡田繁治委員長）を結成し、しばらく開店休業状態だった期成同盟の再発足となりました。要求項目は、①低家賃住宅の大量建築と三寝室住宅を建築せよ、②一律的な住宅建築でなく、店舗付、集会場、作業場付、児童館、乳幼児保育園の併設等の住宅建築を図れ、③長期計画の立案による住宅用地を多く買収せよ、でした。住宅要求期成同盟には三〇〇～四〇〇世帯が入会し、最初の成果は、出城第三住宅と長橋第一住宅でした。出城第三住宅が建設された場所にはもともと民間のめぐみ保育園とキリスト教社会館がありましたが、園長の益谷寿は松田喜一と旧知の仲で、部落解放運動に大変理解のある人でした。一階を保育所に、二階以上を住宅にする条件で市に土地を売却してくれました。ただ、建設されたのは一九六七年一二月で松田喜一亡き後でしたが、益谷と松田は生前に約束を交わしていました。長橋第一住宅は長橋通四丁目の徳珍製麺所跡地に一九六七年に建設され、三寝室住宅を実現しました。

第二阪神国道建設、今宮駅廃止に反対

一九六〇年代に入って、なにわ筋、加島天下茶屋線の開通、第二阪神国道（国道43号線）の貫通、十三間堀川上の阪神高速堺線と次々と道路計画が進められましたが、地区住民の利便性や同和地区の環境整備の視点は欠落しており、産業政策優先でした。とくに、第二阪神国道は地区を分断させ、住居を奪い取るものだと、当時の中開五丁目の約二〇〇世帯が団結し、第二阪神国道建設反対期成同盟を結成、市村康司、森本勘三郎、東畑次郎、細川愛之助、山崎正信氏らが活躍しました。部落解放同盟西成支部は反対同盟を応援し、大阪市との交渉で、換地として一一〇〇坪を買収させ、立

退者の住居を保障させました。これが出城東住宅九五戸です（一九七八年完成）。

また、これも松田喜一亡き後のことになりますが、一九六六年三月一九日、突如国鉄関西線今宮駅廃止のニュースが報道され、素早く三月二四日に今宮駅廃止反対同盟を結成、地元駅前の吉田弥一郎が委員長、部落解放同盟浪速支部書記長の松田慶一が事務局長となり、たちまちに四〇〇〇人の署名を集めました。三月二九日の市・国鉄との交渉には一〇〇人が詰めかけ、午後一時から九時まで廃止案撤回を迫りました。翌三〇日の再交渉にも二〇〇人が詰めかけ、ついに白紙撤回を勝ち取りました。翌年六月九日、大国小学校で今宮駅廃止反対運動成功報告会が催されましたが、吉田弥一郎委員長は「とくに部落解放同盟の力が大きかった。一〇年も前から存置運動をしてきたが成功せず、ついに廃止の告示まで出された。それが一年二カ月の運動で存置させたのはうれしい。あらためて皆さん方に最敬礼したい」と挨拶しました。

また、化製工場の悪臭問題に部落解放同盟西成支部は一九六〇年代から粘り強い闘いを展開し、一九六四年には悪臭解消の機械の設置を実現しましたが、この問題は一九九〇年代まで続き、さらに現在も課題を残しています。

三対策一時金について

一九六三年暮れ、大阪市は従来貸し付けていた同和生業資金を「返済能力がないから」という理由で生活保護者と在日外国人には貸せないと通告してきました。ここから、貸付ではなく支給型の一時金運動が起こり、松田喜一が指導しました。松田死後となりましたが、一九六五年暮れに一人一〇〇〇円の支給を勝ち取りました。これが、一九六九年から、生活保護、老人、障がい者の三対策一時金となりました。

部落解放委員会西成支部は一九五二年たった七人で発足しましたが、住宅闘争を経て一九五〇年代終わりには九六人になり、一九六五年頃には四〇〇人、一九六九年には一〇〇〇人を超えました。ずっと後になりますが、一九九〇年代の松岡徹支部長時代に三〇〇〇人を超えたのが、部落解放同盟西成支部の最大規模の時代でした。

第七章　部落解放運動の再建と発展

1　再建と混沌

志摩会談、京都会談

連合国軍総司令部（GHQ）は、治安維持法の廃止、特高警察の解体、天皇批判の自由、労働者の団結権の承認、婦人の解放、教育の自由化、経済の民主化、専制政治からの解放などの改革を指令し、寄生地主制解体による農地解放、財閥解体、戸主制廃止など次々と民主化を指令しました。上からの改革が急ピッチで進められました。

こうしたなかで、部落解放運動再建の動きは際だって早いものでした。敗戦から三日目の一九四五年八月一八日という説や、一〇月という説もあり、会合の日付もその内容も定かではありませんが、三重県志摩《しま》の渡鹿野《わたかの》島に、朝田善之助（京都）、上田音市（三重）、野崎清二（岡山）と松田喜一（大阪）が集まりました。「志摩会談」と言われるものです。北原泰作と生駒長一も参加予定でしたが、何らかの事情で参加できなかったようです。松田喜一は、上田から連絡を受けて、松阪市の上田宅を訪れ、そこで朝田や北原らと話した後、渡鹿野島に渡ったようです。上田音市の回想があります。「敗戦の直後、わたしは大阪の松田くんのところへ飛んで行きました。松田くんは、そのころ皮革の統制組合の仕事をしていました。水平運動の教訓、歴史と伝統をうけて新しい運動を展開していこうと相談したら、松田くんも「それはその通りだ。呼びかけは君に一任する」ということになりました。そこで、朝田善之助、生駒長一とも相談しようと思って、電話や電報でぼくのうちに寄ってもらったんです。その晩は志摩朝潮旅館に泊まって、いろいろ協議しました」（『解放新聞大阪版』第四九五号、一九八二年三月一日）。会談は、戦後の部落解放運動をどう進めるか話し合うためでしたが、「極端に食糧がなかった当時のこと、志摩なら魚も食べられるということもあった」と朝田善之助は語っています。

集まった四人は全員、戦前全国水平社（全水）を除名になった厚生皇民運動派に属していましたので、全水主流派で一番影響力のある松本治一郎らの福岡とどういうかたちで話をするかが問題となりました。一〇月になって井元麟之《いもとりんし》が福岡から京都にやってきて朝田、松田と会っています。「京都会談」です。そこで新しい組織をつくることで話はつきました。井元は、松本治一郎の考えは全国水平社の名前を復活させることだと提案しましたが、朝田善之助らは、戦前の部落委員会活動の成果を引き継ぐかたちで「部落解放全国委員会」が良いと提案しました。朝田らの提案が受け入れられたかたちとなりましたが、全国水平社を継承するという松本治一郎の意向も反映されました。さらに、旧全水関係者だけでなく融和運動家にも参加を呼びかけていく大同団結が確認されました。この点は、井元の提案だったと朝田は証言しています。

部落解放全国委員会の結成

一九四五年一二月、戦前には遂にかなわなかった労働組合法が制定されました。一九四六年には、非共産系の日本労働組合総同盟（総同盟）と、共産系の全日本産業別労働組合会議（産別会議）が結成され、企業別組合も次々と結成されていきました。日本農民組合（二月）も結成されました。

そんななかで、一九四六年二月一〇日付で全国部落代表者会議ならびに部落解放人民大会が招集されました。招集状では、松本と北原の全水関係者のほか、山本政夫（中央融和事業協会）、梅原真隆《うめはらしんりゅう》（西本願寺僧侶）と武内了温《たけうちりょうおん》（東本願寺僧侶）の五人が発起人代表となりました。その顔ぶれはまさに大同団結でした。一九四六年二月一九、二〇日に京都新聞会館において全国部落代表者会議ならびに部落解放人民大会が開催され、それに先立って部落解放全国委員会が結成されました。

「大会宣言」の最後には、実践的なスローガンが掲げられました。「軍事的・封建的反動勢力の徹底的打倒！一切の民主主義勢力の結集による民主戦線の即時結成！民主政権による部落民衆の完全なる解放！」。大阪からは、松田喜一のほか、石田秀一、今西安太郎、下村輝雄、寺本知《さとる》、奈良嘉一、西岡久一、野村行治郎らが参加しました。全国委員長は松本治一郎、書記局長は井元麟之が就任し、松田喜一、朝田善之助、北原泰作、上田音市、木村京太郎、山本政夫、田中松月《しょうげつ》、中西郷《ごう》市《いち》、野本武一《たけいち》、井上哲男が常任全国委員となりました。大阪から松田喜一が選ばれたのは、「志摩会談」から部落解放運動再建に大阪から参加していたのは松田喜一だけだったからでした。

部落解放全国委員会結成を宣言するこの時の二つの集会は、発起人たちの当時の問題意識を象徴するものでした。「全国部落代表者会議」は、戦前は角《つの》を突き合わせていた水平社と融和団体が大同団結したことで名は体を表しました。また、「部落解放人民大会」は、侵略戦争から解き放たれて、人民解放の時代の到来で部落の解放も近いことを期待させるものでした。何よりも、今度こそ「部落解放運動を孤立させてはならない」という思いは、発起人たちに共通していました。

戦時下の中断を経て、久しぶりに全国から集まった二四〇人の参加者の意気は大いにあがり、部落民の団結を誇示する意義深い結成大会となりました。しかし、微妙な意見の違いも見え隠れしていました。開会の挨拶に立った井元麟之は、「部落解放全国委員会の考える部落解放運動は、すべての人民大衆を解放することによって部落民の解放もあるということ」だと述べ、「左翼から右翼から保守的な人まで網羅して共同して闘っていく」と興奮気味に述べました。こうした考え方は、部落解放は人民解放の課題であるとしたもので、のちの「部落問題は国民的課題」という考え方の走りでもありました。しかし、松本治一郎は挨拶で、「今日の日本の民主主義は連合軍によって与えられたものであります。下からの人民の力が盛り上がって闘い取ったものではありません」と警告し、「自由は人民自らの手によって闘い取らなければならない」と醒《さ》めた目で時局を捉えていました。部落解放全国委員会の発起人たちだけでなく、政党や労組の指導者たちもこの当時、GHQによる上からの日本改革にある種の願望的な期待を寄せていた時であり、これは松本治一郎の実に的確な指摘でした。

部落解放全国委員会結成大会では、次の一二項目の「行動綱領」が提案される予定だったようです。

一、官僚的・欺瞞《ぎまん》的融和団体の即時解散。
二、封建的土地制度の根本的改革による部落農民に対する適正規模耕地の保障。
三、部落厚生施設の徹底的実施とその事業施設の部落解放全国委員会による管理。
四、財閥に収奪されたる部落産業の奪還と中小商工業の保護による部落産業の全面的復興。
五、戦災者及び貧困なる部落民に対する納税の減免。
六、華族制度及び貴族院・枢密院その他一切の封建的特権制度の即時撤廃。
七、一切の身分的差別の徹底的排除と人権、民族、国籍による差別待遇絶対反対。
八、婦人及び少年の人身売買、封建的雇傭《こよう》制度並びに奴隷的労働条件反対。
九、戦争犯罪人、人権蹂躙《じゅうりん》犯罪人の厳罰処罰。

十、軍国主義的・反動的教育文化の排撃、一切の封建的陋習《ろうしゅう》及び迷信・偏見の打破、人民解放のための進歩的教育文化の支持、普及。
十一、民主戦線の即時結成、民主政権の樹立による部落民衆の完全なる解放。
十二、民主主義諸国家の平和政策支持、国際正義及び人類愛精神の昂揚《こうよう》。

しかし実際には、第一項目の「官僚的・欺瞞的融和団体の即時解散」という項目は削除され、十一項目の決議になりました。これは、旧融和団体の有力な幹部が解放委に参加してくる情勢のなかで、不必要なものと判断されたからでした。ある意味象徴的な出来事でした。

また、部落解放全国委員会結成大会では、次の三項目の決議もなされました。

一、我等は財閥資本に奪われたる産業を奪還し、官僚的統制を即時廃止して、部落産業の全面的振興を期す。
一、我等は華族制度・貴族院・枢密院その他の一切の封建的特権制度を廃止して身分的差別の撤廃を期す。
一、我等は一切の反動勢力を打倒し、強力なる民主戦線を即時結成して民主主義日本の建設を期す。

行動綱領の第四項目でも「財閥に収奪されたる部落産業の奪還と中小商工業の保護による部落産業の全面的復興」を掲げています。当時、皮革の再統制にどのように対処するかは部落の業者にとって浮沈にかかわる問題で、商工省に出入りして政府の動向をつかむのは部落解放全国委員会本部の重要な仕事だったようです。

また、部落解放全国委員会は「行動綱領」の第三項に「部落厚生施設の徹底的実施とその事業施設の部落解放全国委員会による管理」という項目も挙げています。この点は、戦前から積み上げられてきた観点で、融和団体の有力な幹部も参加したことで、挿入された項目だったのでしょう。しかし、この時点で「民主的管理」という視点があったという事実は重要です。

部落解放全国委員会第二回大会

以後、部落解放全国委員会は、一九五五年に部落解放同盟に名称変更するまで一〇回の大会を開催しています。

部落解放全国委員会第二回大会は、結成大会と同じ一九四六年の一二月一五日から三日間、「部落解放緊急全国大会」と銘打って開催しました。この時期、労働運動の攻勢が激化し、吉田茂内閣を追い詰めていましたので、民主人民政権が目の前に迫っていると信じられていました。部落解放全国委員会第二回大会最終日には、全官庁労働組合共同闘争委員会と全国労働組合共同闘争委員会の共催で生活権確保・吉田反動内閣打倒国民大会が開催されていますから、これを捉えた緊急大会だったと思われます。

当時、部落解放全国委員会は、総同盟、全日本農民組合、民主人民連盟とともに救国民主連盟を結成していましたが、これは社会党関係の四団体だけで閉鎖的でした。そこで、翌年一月に、部落解放全国委員会井元麟之書記長は、「凡《あら》ゆる民主団体、労働組合、農民組合、その他文化団体によってあらためて民主戦線を結成し直そう」と関係方面に働きかけています。しかし、直後の二月一日、二・一ゼネストは中止され、新たな民主戦線結成も頓挫しています。

また、この第二回大会で、部落解放全国委員会は行動綱領を次のように大幅に改めています。

一、財閥資本に奪われたる部落産業の奪還と政府補償による全面的復興。

一、部落産業の近代化による封建的生産様式の止揚。

一、部落失業者に対する生活と就職の国家による保障。
一、部落農民に対する公有地の開放と国費による開墾及び集団農場の設置。
一、封建的土地所有制度の抜本的改革と部落農民に対する適正規模耕地の保障。
一、政府の全面的助成による文化厚生施設の徹底的実施。
一、一切の反動的教育文化の根絶と進歩的教育文化の振興。
一、身分的性的差別その他一切の封建的陋習の徹底的打破。
一、あらゆる民主勢力の結集による単一民主戦線の即時結成。
一、民主政権の樹立による自主的新日本の建設と国際永久平和の確立。

行動綱領のトップおよび二番目に部落産業と経済に関する項目が挙がっているのが注目されます。第五章で述べましたが、この第二回大会後の翌年三月に、松田喜一らは皮革産業振興全国協議会を結成し、ＧＨＱと日本政府への陳情書を提出しています。また、第二回大会直後の一九四七年一月二〇日に開かれた第二回中央委員会で、井元麟之書記長は部落産業の業種別会議を設置すると答弁しています。中央委員会には多くの部落産業の業者が出席して意見を述べたことへの本部書記長答弁だったと思われます。

新憲法と部落問題

一九四七年五月三日に施行された日本国憲法は、主権在民、平和主義、基本的人権を基本理念とし、第一一条で「国民は、すべての基本的人権の享有を妨げられない。この憲法が国民に保障する基本的人権は、侵すことのできない永久の権利として、現在及び将来の国民に与へられる」、第一四条で「すべて国民は、法の下に平等であって、人種、信条、性別、社会的身分又は門地により、政治的、経済的又は社会的関係において、差別されない」、第二四条で「婚姻は、両性の合意のみに基いて成立し、夫婦が同等の権利を有することを基本として、相互の協力により、維持されなければならない」などの規定を定めました。

新しい日本国憲法は部落問題をどう取り上げたのか、何よりも関心のあるところです。憲法第一四条は「社会的身分」という言葉によって部落が「国民」の一部として差別されないとしたのですが、渡辺俊雄は「連合国軍の総司令部が作成した草案には、「社会的身分」はなく「カースト」という言葉がはいっている。「カースト」は部落差別のことだった」。また、戦後の部落問題は出発でつまずいたとして、「原因は、総司令部が部落問題を認識していなかったことではなく、日本政府が意識的になにもしようとしなかったことです。むしろ日本政府は早くも四六年二月、厚生省の次官通達という形で、それまでの同和予算を打ちきることを明確にしました」（渡辺俊雄『いま、部落史がおもしろい』解放出版社、一九九七年）と書いています。

後述しますが、大阪府や大阪市は「総司令部が同和対策を禁じている」として、同和行政に消極的な対応をし、松田喜一らはそれを打ち破ろうと闘うのですが、そもそもはこの憲法制定の頃に遡《さかのぼ》るのです。

部落出身国会議員が次々と

一九四七年四月二〇日の参議院選挙、同月二五日の衆議院選挙では、松本治一郎が参議院選挙全国区で四一万九四九四票を獲得し四位で当選しました。その他多くの部落出身者が当選しましたが、『解放新聞』は「部落出身国会議員十名に達す」と紹介しています。衆議院では、加藤静雄（静岡・社会党）、田中松月（福岡・社会党）、田中織之進《おりのしん》（和歌山・社会党）、宮村又八（熊本・社会党）、吉川兼光（千葉・社会党）、松井豊吉（群馬・民主党）、参議院では岩本月州《げっしゅう》（広島・緑風会）、島田千寿《せんじゅ》（福岡・社会党）、藤枝昭信（奈良・社会党）、そして松本治一郎です。衆議院六人、参議院四人合わせて一〇人もの部落出身国会議員が誕生しています。また、『解放新聞』は「その他解放運動に関係深い人」として梅原真隆（無所属、参議院全国区）、姫井伊介《ひめいいすけ》（無所属、参議院山口）、島上善五郎（社会党、衆議院東京六区）を紹介しています。

国会議員となったそれぞれの略歴は以下の通りです。松本治一郎は省いています。

加藤静雄（一九一一～一九六〇）は、静岡県豊田村（現在の焼津市）で生まれ、一九三九年京都大学法学部を卒業しています。戦後、東亜製作所副会長、焼津水産社長を務め、焼津港修築などに尽力した実業家でした。一九四七年衆議院当選後、一九四九年の選挙では落選しました。

宮村又八（一八八八～一九六二）は、熊本県本庄村で生まれ、小学校卒業後精肉店の板前となり、一九一八年から農民運動や労働運動に参加し、一九二三年熊本県水平社創立に参画しました。社会大衆党熊本県支部長にもなり、一九三一年熊本県議選に出馬した際に暴漢に襲われ重傷を負い、その後熊本市議に選出されました。戦後一九四七年の衆議院選挙で当選した後、再選を勝ち取りましたが、一九四九年の選挙では落選しました。

吉川兼光（一九〇二～一九七三）は、福岡県行橋町（現在の行橋市）で生まれ、早大に学んだ後専修大を卒業、ウィーン大に留学しています。毎日新聞記者、船橋農林学校長を経て、一九四七年衆議院選挙当選後、衆院議員を通算七期務め、民社党に移り一九六七年に落選し政界を引退しました。

松井豊吉（一八九五～一九五九）は、群馬県桐生市で生まれ、小学校卒業後土建業で身を立て、桐生市議に当選しています。一九四七年民主党で衆議院選挙当選後、一九四九年には民主自由党で連続当選し、自由党になると吉田茂派に所属し、一九五三年衆議院選挙で復活、一九五五年には自由民主党から立候補し落選しました。

岩本月州（一九〇一～一九九五）は、京都府出身の宗教学者、随筆家で、現京都女子大講師、宗教文化研究所長を歴任し、一九四七年参議院選挙広島選挙区で当選、一期務めました。その後、特例社団法人真人会理事長等を務め、広島県呉市野呂山の真人会野呂山道場の建立に携わりました。

島田千寿（一八九八～一九六九）は、福岡県小倉町（現在の北九州市）で生まれ、土木建築業を営み、小倉土建工業社長、緑屋社長、新日本建設連盟副会長を歴任、一九四七年参議院選挙福岡選挙区で当選、一期務めました。一九五〇年の参議院選挙では全国区から立候補しましたが落選しました。

藤枝昭信（一九〇七～一九六四）は、奈良県出身で、日本靴配給（株）重役、奈良県運動靴配給組合、奈良県ゴム被服類統制組合理事長、三宅村村長を経て、藤枝産業、藤枝冷凍製氷社長等を歴任。一九四八年参議院選奈良選挙区補欠選挙で当選、一期務めました。

田中松月（一九〇〇～一九九三）は、福岡県大隈村（現在の嘉麻市）で生まれ、浄土真宗の僧侶。全水創立大会に参加、全水中央委員をはじめ戦前戦後の部落解放運動に身を投じるかたわら、戦前は福岡県議に当選、一九四七年衆議院選挙当選後、連続三期当選しましたが不当に公職追放されました。浄土真宗本願寺派の同朋運動本部副本部長なども歴任しました。

田中織之進（一九一一～一九七八）は、和歌山県で生まれ、九州大法学部卒、読売新聞政経部次長を経て、一九四七年衆議院選挙当選後八選し、日米安保反対等論陣を張りました。部落解放全国委員会常任中央委員から部落解放同盟書記長、部落解放同盟和歌山県連委員長等を務めました。

梅原真隆（一八八五～一九六六）は、富山県寺家村（現在の滑川市）出身で、仏教学者で富山大学長も務め、本願寺派勧学寮頭を五期務め、死去すると宗門葬が催されました。一九四七年参議院選挙全国区で当選（全国七位）し、緑風会に所属、一期務めました。部落解放全国委員会顧問も務めました。

姫井伊介（一八八一〜一九六三）は、山口県で生まれ、戦前融和運動に尽力しました。融和事業協会や山口県の社会事業に貢献し財団法人労道会理事長等を務めましたが、協同組合を構想し企業経営者としても名を馳せました。一九四七年参議院選挙山口選挙区で当選後、一九五〇年の参議院選挙は社会党で立候補落選し、その後小野田市長も務めました。

島上善五郎（一九〇三〜二〇〇一）は、秋田県出身の労働運動家で、戦前は東京都交通局労組（東交）で活動し、戦後は総評結成時の初代事務局長。一九四七年衆議院選挙当選後、一九七二年政界引退まで、社会党の衆議院議員として、党役員を歴任しました。

また、同じ時、四月五日と三〇日投票で第一回統一地方選挙もおこなわれました。部落解放全国委員会は「原稿締切日までに報告があったもの」と断わっていますが、一九府県で九九人の県議、市町村議、村長の当選を報じています。衆議院議員となった田中松月と田中織之進の両名は、「全国の関係者一萬名！　解放議員同盟を作ろう」との呼びかけを発しています。そこでは、①解放議員同盟は政党政派を超えた組織、②お互いの交わりを濃くし部落民衆のために働く、③毎月一回ほど政治・経済・文化など議員活動に資する機関紙を発行、④必要に応じて協議会を開催する、など活動方針を示しています（『解放新聞』第二、九号、一九四七年五月一五日、一九四八年八月一日）。

またこの力で、部落産業の陳情書や、戦前から入会権の確認をめぐって激しく闘われてきた三重県朝熊《あさま》の差別区政撤廃に関する要望書を提出しました。同年七月一〇日には、松本治一郎委員長と井元麟之書記長はＧＨＱに赴《おもむ》いていますが、席上、ＧＨＱ政治部のハーバート・パッシンという担当官は「部落問題対策のための特別委員会を設置して、朝熊問題もその委員会で扱うのが良いと考える」と述べました。さっそく八月には、部落解放全国委員会は「部落問題に関する概要」という請願書を衆参両議長に提出し、国会議員有志によって「身分解放問題に関する特別委員会設置の要望書」も提出しています。

また、一九四八年一月二一日には、参議院副議長であった松本治一郎が、国会の開所式で天皇への「拝謁」を拒否する、のちにも語り継がれる有名な「カニの横ばい拒否事件」があり、内外に大きな反響を与えました。

部落解放全国委員会第三回大会

部落解放全国委員会第三回大会は、こうした運動の高まり、民主化への機運の高まりのなかで、一九四八年五月九日に開催されました。同時に、二・一ゼネスト中止以来の反動化への警告を発するものでもありました。「第一に部落問題は既に解消したとして、民主革命を頓挫せしめようとする反動的勢力に戦いを宣し、部落解放運動を基本的な民主主義革命の線に正しく結びつけ直すこと。第二に部落完全解放を約束する行動綱領を明確化すること。更に如何にしてこれを実現せしめるかの方法を具体的に示す運動方針を決定すること。最後に運動を強力に押し進めてゆくために組織を再構成することでなければならぬ」（『解放新聞』第七号、一九四八年四月一日）と、第三回大会の意義と任務を定義しました。

第三回大会では、基本綱領を三度改正し、規約も改正され、組織が整備されました。基本綱領はそれまでの行動綱領を改定したもので、以下の内容でした。

一、差別観念に対する社会認識の徹底とその完全なる克服。

一、封建的生産様式、雇用関係、生活様式の止揚による産業の振興。

一、農地の徹底的改革、未墾地の優先的配分及び経営の近代化による部落民の解放。
一、産業・経済・厚生・社会施設の完備と、その民主的運営による生活文化の昂揚。
一、勤労者を中心とする部落内部の徹底的民主化と民主統一戦線の促進。
一、民主政権の樹立による部落民衆の完全なる解放。

解放委は当初、前述したように、施設等の「部落解放全国委員会による管理」としていましたが、ここでは「民主的運営」と表現されるにいたりました。なお、第三回大会で選ばれた中央役員は、松本治一郎委員長、井元麟之書記長以下、大阪からは山口賢治が常任中央委員、和島岩吉、栗須喜一郎、寺本知、中野次夫《つぐお》が中央委員となり、松田喜一は選出されませんでした。

松本治一郎公職追放反対闘争

一九四九年一月の松本治一郎の公職追放に対し、同年四月三〇日に第四回大会を開催した部落解放全国委員会は、松本不当追放取消の全国闘争を決定しました。書記長は北原泰作が就任し、松田喜一は会計監査に選ばれました。そして翌年三月六日、山口賢次を隊長とする六〇名の請願隊を結成し、闘争は山場を迎え、新しく部落解放全国委員会書記長となった山口賢次らが首相官邸前でハンストを決行しました。当時の吉田茂首相は、松本治一郎には特別な敵意を抱き追放解除名簿から外していました。追放解除となるのは、一九五一年八月六日まで延びました。山口賢次は請願隊長としてハンストにも率先参加、書記長に就任していましたが、直後に急死してしまいました。豊中の部落出身で、戦前は水平社青年同盟の活動家で三・一五事件で検束され、松田喜一より五歳下でした。

公職追放とは、ＧＨＱの民主的改革の一環として「軍国主義的又は国家主義的指導者を追放」との指示のもとに日本政府が遂行したもので、やがてGHQが反共主義へと反動化するとレッド・パージへと変質しました。吉田茂は、これを自らの政敵の追い落としに活用し、とくに松本治一郎には異常な執念で追い落としを画策しました。

一度目の松本治一郎パージは一九四六年三月で、直後の戦後初の総選挙への立候補を妨害しました。戦前の大和報国会が解散団体に指定され、松本治一郎もその関係者と見なされたのです。執拗《しつよう》な吉田茂の画策にGHQは押し切られ、選挙後に追放措置を解除するという卑劣な策を取りました。二度目の松本追放攻撃は、一九四七年の二・一ゼネスト禁止命令直後の参議院選挙（一九四七年四月）で、選挙直前の追放除外で選挙準備に支障をきたしましたが第四位当選でした。一九四六年一一月三日に日本国憲法が公布され、翌年に施行されましたが、松本治一郎はその渦中で公職追放攻撃と闘い続けました。一九四八年一月二一日には、「カニの横ばい」を拒否し、「天皇に対する不敬」との強硬な抗議にも松本治一郎は毅然《きぜん》と立ち向かいました。そして三度目が一九四九年一月で、総選挙投票直後に、過半数を得て単独安定政権を手にした吉田茂は、松本をはじめ、井元麟之、田中松月ら一〇人を公職追放該当者としたのです。これに抗議しての、前述のハンストなどの闘いでした。

高松結婚差別裁判闘争を再現したかのような「松本追放取消・部落解放国策樹立要求」請願行進隊は、一九五〇年四月三日福岡を出発し、各地で集会などを開催し、八日に東京に到着しました。この請願隊を迎えて、一九五〇年四月八日、部落解放全国委員会第五回大会が開催され、その夜には関係団体などを広く集めた松本氏不当追放反対・部落解放要求人民大会が開催されました。一九五一年三月四日には、部落解放全国委員会第六回大会が開かれました。松田喜一は役員にはなっていません。

なぜ退場したのか

一九五三年七月三〇～八月一日、全日本同和対策協議会（全同対）第四回大会が東京の築地本願寺で開催されました。全同対は、自治体と運動団体が合同して部落問題の国家的規模による解決策の樹立、促進をめざす機関として、一九五一年一一月に結成されていました。ところがこの日、民間団体の大多数を占める部落解放全国委員会の代表者が議事なかばにして一斉退場しました。部落解放全国委員会を除名となっていた山口県の柳井政雄《やないまさお》を県代表に推薦した問題などが理由でしたが、唐突な行動に見えました。この行動を率先していたのが大阪府同和事業促進協議会理事として出席していた松田喜一でした。「われらはなぜ退場したか」という文章が雑誌『部落』に投稿されています。

松田は、当時政治課題になっていたMSA条約（日米相互防衛援助協定、農産物に関する日米協定、投資に関する日米協定）が再び日本が軍事国家としてアジアに君臨しようとしているもので、「このような情勢が、今後大衆生活の貧困に一層拍車をかけ、特に部落大衆の上に、加速度的にのしかかって来る。最近、特に同和対策が問題とされるのは、こういう情景と切り離しては考えられない」として、「政治が生み出す緊張をなんとかして緩和しようとするいわゆるゴマカシの融和策」であると批判し、この大会は「地方自治体が、自己の責任を中央政府に転化し、又、官民合同の名の下に民間団体に肩代わりさせせようとした表れ」と思ったので部落解放全国委員会は退場したというものでした（『部落』第四六号、一九五三年九月）。

ちょっと唐突ですが、日頃からの地方自治体の部落問題への取り組み姿勢への批判だったのでしょうか。この直後の八月一日に、部落解放全国委員会は単独で国会への要請行動をおこなったうえで、左派社会党との懇談会を持っていますから、左派社会党との連携による部落問題の国策樹立運動に舵《かじ》を切るためのこの日の脱退劇だったのでしょうか。この後、国策樹立の運動は、部落解放全国委員会と左派社会党のグループ、全同対と自民党のグループに分かれていきました。

2 大阪における部落解放運動の再建

人民解放豊中青年同盟

戦後の大阪における組織的な部落解放運動は、豊中から始まっています。

一九四六年二月の全国部落代表者会議ならびに部落解放人民大会には、豊中部落の今西安太郎、寺本知、下村輝雄が参加していました。帰阪した下村は、さっそく、翌三月二一日、南新免青少年団長名で「青年の純潔さと熱で運動を再建」しようと檄《げき》を部落内に撒《ま》きましたが、この時点では、民主主義日本樹立のために「友愛と組織と団結の力」が必要と述べており、部落問題の記載もなく抽象的でした。

そして四月二七日、人民解放豊中青年同盟結成大会が開催されました。その「宣言」は部落解放全国委員会と酷似し、「決議」も「軍国主義的封建的反動勢力の徹底的打倒」「国民は平等なり、一切の封建的陋習による差別観念の打破、身分制度の撤廃」「民主戦線の即時結成、民主政権の樹立による部落民衆の完全なる解放」と酷似していました。

この組織は、「部落解放」ではなく「人民解放」を名乗りましたが、部落解放が部落民のみによって実現されるのではなく、人民解放という展望のなかで達成されると位置づけていたからでしょう。また、「青年同盟」を名乗りながらも、今西安太郎のような戦前からの運動家、部落内の役員なども含む大衆的な団体をめざしていたようです。

実際、今西や寺本や下村らは、岡本福太郎、岸田隆正、杉本繁松、溝口福松、山口金三郎、下向昌蔵らとともに発起人となり、同じく一九四六年五月五日、南新免共同作業場で「部落解放準備委員会」を開き、その後、六月一日には「部落解放豊中委員会」を結成しました。

部落解放大阪青年同盟の結成

戦前から大阪府庁に勤務していた寺本知や下村輝雄は、河上正雄《しょうゆう》のもとで同和事業の業務にかかわり、大阪の部落の状況や主要な人物と精通していました。その関係で、埴生《はにう》村の和島岩吉と高松直一、富田町の吉田輝徳、水本村の岩田秀雄、萱野《かやの》村の東方伝哲と橋本勝、上田静雄、大阪市内の中筋秀哲らと下村、寺本が発起人となって、一九四六年六月二六日に豊中市の信行寺で大阪青年同盟準備委員会が発足しました。その案内文では、「部落に残るあらゆる非文化的なる因習を打破し愛と希望に充ちた豊なる部落の建設をはかりたい」と文化運動の重視を唱えました。

同年七月七日に、四天王寺で結成準備会を開いています。参加したのは二五人だったようで、ここには栗須喜一郎や松田喜一などの水平社時代の活動家も含まれていました。準備会事務所は豊中の下村宅に置かれ、大阪府内の部落を回り精力的に青年たちに働きかけました。そして、同年七月二〇日に阿倍野区の和島岩吉法律事務所で第二回準備委員会を開催し、結成総会の案内状を発送しています。発起人は、前述の人たちに加え、富田町の岡井喜一郎、信太村の吉田利秀、八坂町の西田三徳、鍛治千代子、堺市の三好明広、池田市の南広好、富田林市の古川政敏ら府内一〇地区一四人にのぼりました。

同年八月四日、大阪救護会館に一五〇人を集めて部落解放大阪青年同盟（大阪青年同盟）の結成大会が開催されました。委員長には埴生村の弁護士和島岩吉、副委員長には桜井徳光、中筋秀哲、寺本知が選ばれました。大阪青年同盟を牽引《けんいん》したのは、寺本知、高松直一など戦時下において大阪府や大阪市で融和事業や社会事業に携わっていた部落の青年たちでした。松田喜一は三五人の参与の一人となっています。

和島岩吉の回想です。「青年同盟の参与になった小北由蔵くんも、（戦前から）府庁の河上（正雄）さんの下におったですよ。きっと河上さんとしても、各地におった優秀な人材を集めてこられたんでしょうな。つぎに高松直一くん、寺本知くんがいまして、民間には、さきの桜井徳光くん、それに西成の中筋秀哲くんなどがいました。河上くん側から言えば、桜井くん、中筋くんなどと協力しながらやった。桜井・中筋くん側から言えば、府の河上くんなどをよく利用した、そういうことではなかったでしょうか」。「青年同盟に参加した（行政にかかわっていた）顔ぶれを見ると、米沢正雄くんのように共産党系もいますが、どちらかというと社会党系の方が多いですね。それから、部落外の識者でも、盛田嘉徳《もりたよしのり》さんや弁護士で私の友人でもあった菅原昌人、浪江源治くんなど、実に多彩な顔ぶれです。いまの羽曳野市の前身の南大阪町の町長をしていた向野出身の仲辻正巳くんなどもいます」（『解放新聞大阪版』第三四三号、一九七九年一月一日）。

ところで、大阪青年同盟の中心は大阪府下の部落の青年で、空襲の被害からの復興がままならなかった大阪市内からは、「大阪市榮町、大阪市出城」からの参加だけだったようです。出城からの参加者は誰だったかはわかりませんが、中筋秀哲がかかわっていたと思います。この西成の中筋秀哲の戦後の活動については、詳しくはわかっていませんが、戦前は大阪市役所厚生課に勤務し、同和奉公会大阪市嘱託の任にもあり、一九四三年度には同和促進指導員に任命されています。大阪青年同盟結成大会には部落解放全国委員会から松本治一郎委員長と井元麟之書記長、北原泰作常任全国委員も出席していました。

寺本知は「当時、旧水平社時代の指導者、幹部に対して、若干の誹謗や中傷があり、不信感があったのも事実であります。それから私たちは若く純情でしたが、未熟でした。それで単純に、手の汚れていない青年の純潔さと熱で運動を再建しようと考えたんです」と語っています。

戦後の経済的混乱のなかでの結成大会は大半が寄付によって賄われたようです。桜井徳光が一万円と用紙五〇〇〇枚、河南殖産組合一万円、小北由蔵《よしぞう》三〇〇〇円、吉岡浅治郎二〇〇〇円、松本治一郎五〇〇円、和島為太郎五〇〇円、松田喜一三〇〇円、西岡久一三〇〇円、上田昌一〇〇円と、水平社時代からの有力者が並んでいます。

大阪青年同盟結成大会の「宣言」では、「封建的陋習による同胞賤視の悪風が牢固として残存」すると指摘し、部落問題の解決の展望を「民主日本の建設」に求め、「自己の使命に目醒めた青年の組織的大同団結により友情と純情をもって断固完全解放を戦い取」り、「ブラクに残るあらゆる非文化的なる因習を打破し愛と希望に満ちた豊なブラクを建設」すると呼びかけました。和島岩吉は、「部落問題は、経済問題であり、政治問題であり、文化問題でもありますが、何よりもその本質において、封建身分制の問題」であると捉え、部落問題の解決を「日本に真の民主主義」の確立に求め、民主化の進行のなかで「今こそ部落問題の真の解決を見るべき秋《とき》」（秋を「とき」と読むのは「大切な時期」という意味があります）であるとし、新憲法の基本的人権の明確な規定に大きな期待をかけました。

大阪青年同盟結成大会には運動方針として五つの議案が提出されました。第一号議案は「部落解放運動の主旨徹底に関する件」でした。これに対し「各政党各団体に対して部落解放運動に積極的参加を決議せしめ実践運動に努力することを要求」する緊急動議が出され、部落解放を部落民のみでなく広く実現していこうと訴えました。第二号議案は「行政監督官庁に対し積極的施政の要求に関する件」として、「部落の経済更生」「革新的地区整理の断行」「教育文化施設」「衛生施設の完備」の四項目を挙げました。これは、戦前の融和事業の重要項目を引き継ぐものでした。第三号議案は「部落青年の教養文化の向上に関する件」、第四号議案は「部落婦人の新生活運動に関する件」、第五号議案は「部落の経済革新に関する件」で、「部落自体が持つ封建性つまり姑息なる利己的独善経営及び生産方法を排除すること」が目標とされ、部落内に「部落経済革新委員会」という研究機関を組織するとしました。しかし、これは実現されませんでした。

大阪青年同盟は、結成大会後の一九四六年一一月二九日に役員会を開催していますが、この時点での支部は、豊中、埴生、堺、富田、水本、八坂、池田、富田林、貝塚、蛇草《はぐさ》、西郡《にしごおり》、龍華《りゅうげ》、荒本、豊川、四条、大阪市内からは両国だけでした。役員会は最高顧問に松本治一郎を選び、顧問に大阪府の幹部職員であった河上正雄を任命しましたが、河上は、寺本や高松、下村、米沢ら大阪青年同盟中心メンバーの上司でもありました。参与には松田喜一のほか、栗須喜一郎、石田秀一ら部落解放委員会大阪府連の関係者、大阪府厚生課事務官の井上勝喜や大阪府の幹部職員、佐竹敬太郎ら教員、それに各地区の有力者が任命されています。

部落解放大阪青年同盟の活動

大阪青年同盟が存在したのは、結成された一九四六年七月から、部落解放全国委員会の地方組織である大阪府連に合流する一九四八年後半までの短い期間でしたが、「差別事件への対応」、「行政への対応」、「全国青年同盟の結成」という点で足跡を残しました。

一九四六年九月五日、豊中市で差別事件が発生しています。当日、市役所で市長や助役、営繕課長の三人が豊中市立女学校建築に関して話し合いをしていましたが、営繕課長が同席していた布施市の建築の請負業者に対して、部落出身であると「暗に侮蔑的意味」を示しました。一〇月一四日、助役から市会議員で部落解放豊中委員会のメンバーでもあった今西安太郎に伝えられると、一〇月三〇日、今西ら部落の代表者数名が市役所に出向き、話し合いを持ちました。一一月五日、豊中の部落の信行寺で差別事件対策研究会が持たれ、大阪府関係者や豊中市助役、部落解放大阪委員会、大阪青年同盟、部落解放豊中委員会ら一五人が議論した結果、八人の対策委員会を置くことになりました。そして一一月一一日、対策委員会は「対策大綱」を決定しています。その要旨は、①差別事件の解決はあくまで完全解放の目的に沿ったものであること、②差別した個人糾弾や局部的解決に終わってはならない、社会的差別観念の是正でなければならない、③この事件は豊中市の最高幹部級三人がかかわっており、三人が中心となって人間探求の強化によって欺瞞政策による因襲に囚《とら》われた社会を是正しなくてはならない、④営繕課長は辞表を提出したが逃避的辞職で部落問題を真に理解したとは認められない、⑤真の自覚による責任とは、今日における部落問題の重要性の認識と解決への積極的努力であって、それは市長や助役も同様である、⑥辞職をもって部落側が安易な感情に溺れて局部的解決に満足することを厳に戒めるとともに部落解放に対する熱意を喚起せしめねばならない、でした。水平社時代のような謝罪状提出や辞職、講演会開催などは求めませんでした。一一月二〇日、対策委員会と市長、助役、営繕課長が話し合い、営繕課長は「悔悛《かいしゅん》の情」を表し、「今後は積極的に同和運動に挺身《ていしん》する」と誓ったので円満解決を宣言しました。部落解放全国委員会第三回大会（一九四八年三月）も、戦前の水平社による差別事件糾弾闘争の反省を表していますが、豊中事件の大阪青年同盟らの差別事件解決方法はより深く進めた独自的なものとなりました。

一方、大阪青年同盟は、大阪府の一九四六年度予算編成に対して、「所謂同和事業を特別の予算の下に行わず各種社会事業の中に織り込み必要に応じて取捨をなす」としましたが、これは「同和事業をやらない遁辞《とんじ》に過ぎなかったことは此一年の施策にありて歴然」であると批判し、同和事業の再開を求める見解を示しています。この要望があって、大阪府は四七年度から同和事業を再開し二〇二万円の予算を組みました。また、一九四八年九月には、「部落解放全国委員会大阪府支部連合会」名で大阪府部落問題協議会宛に「部落問題に関する意見書」を提出していますが、実態は大阪青年同盟によるものでした。意見書は「部落問題研究所設置の件」と「部落問題処理機関設置の件」の二点を申し入れています。「処理機関」というのは、前述の豊中事件の対策委員会に見られるような差別事件の処理機関、さらにもっと広い意味での部落問題の「中央的な機関」を指していました。しかし、この意見書は実現することはありませんでした。

また、一九四七年三月二二〜二三日、部落解放全国青年同盟結成大会が大阪同胞援護会館で開催されました。大阪青年同盟のイニシアチブによるものでした。福岡県、奈良県、高知県、長野県などいくつかの府県で支部が結成されましたが、広がりを持つことはできませんでした。寺本知は「焼野原の大阪には旅館がなく、各部落の家に分宿させたりしましたが、その世話が大変でした。とにかく食べ物がなかったのには困りました」（寺本知『魂の糧』解放出版社、一九九七年）と綴《つづ》っています。

3　部落解放大阪府連合会の結成と活動

大阪社会党の創立に参画

敗戦後いち早く部落解放運動の再建に乗り出した松田喜一でしたが、一方で社会党の創設にも奔走しています。一九四五年一一月二日、日本社会党結党大会が東京の日比谷公会堂で開催され、松本治一郎は大会の副議長を務めています。新役員は委員長が空席で書記長が片山哲、会計は松本治一郎でした。大阪では、総同盟大阪府連再建と並行して社会党大阪支部結成の動きが、戦前から大阪で無産運動などで活躍していた人びとの手によって進められていきました。九月一〇日には、西尾末広を中心に、前田種雄、大矢省三、金正米吉、松田長左衛門らとともに松田喜一も出席して、社会党新党の性格などを話し合いました。そして、一九四五年一一月一三日中之島中央公会堂で、社会党大阪支部連合会結成式がおこなわれて、西尾末広会長、井上良二書記長などが選任されました。松田喜一は大阪社会党の結成メンバーだったのです。

大阪では社会党・総同盟の勢力が日本共産党・産別会議を圧倒し、一九四六年戦後初の総選挙では五人が当選し、日本共産党は志賀義雄が一人当選しました。大阪の社共両党の得票率は三割近くに達したのですから、社共両党の戦後の出だしは快調でした（前掲『大阪社会労働運動史』〈戦後編〉第三巻）。

部落解放大阪委員会はどんな組織だったか

一九四六年二月に部落解放全国委員会常任全国委員となった松田喜一は、すぐさま栗須喜一郎らとともに部落解放大阪委員会を設立したようです。しかし、この組織はおそらく結成大会は開催しておらず、目立った活動もしていなかったようです。ただ、この時期、すでに松田喜一は大阪靴商工組合を再開しており、福井由数《よしかず》や永田勇らとともに、荒ぶる「統制の虫」（闇市のブローカー）や暴力仲介者と向き合いながら組織化を進めていました。そして、そこには部落解放大阪委員会の「肩書」も登場していたようです。

栗須も松田喜一も、一九四六年七月七日の部落解放大阪青年同盟の第一回結成準備会（和島岩吉法律事務所にて）に出席しています。同年七月二〇日の第二回結成準備会での結成大会の案内状送付先には、「西成区鶴見橋北通六丁目一　栗須方、部落解放大阪委員会」があり、この時点までに結成されていたのは間違いないようです。しかし、部落解放大阪委員会はほとんど活動の軌跡がなく、大阪市内を除いて広く部落に影響を持った大阪青年同盟が大阪府行政との太いパイプを持ち、大阪の部落解放運動再建の中心でした。

一九四六年九月二〇日には、京都、大阪、奈良、兵庫、和歌山、三重、岐阜の二府五県五六人の参加で、京都市三条キリスト教青年会館において部落解放近畿地方協議会が結成されました。松田喜一は準備委員には名を連ねましたが、常任委員には松田喜一ではなく大阪青年同盟の下村輝雄が就任しました。朝田善之助らの部落解放全国委員会常任全国委員は、松田喜一の部落解放大阪委員会より大阪青年同盟のほうが大衆的組織を持ち影響力があったと評価したためだったと思われます。一二月一五〜一七日の部落解放緊急全国大会（部落解放全国委員会主催）でも、松田は常任全国委員（この段階で常任全国委員は常任中央委員と呼称が変わりました）から外れ、栗須喜一郎、下村輝雄、和島岩吉とともに中央委員となり、一九四七年の部落解放全国委員会第三回大会では、中央委員からも外れました。

部落解放大阪府連合会の結成

大阪青年同盟と部落解放大阪委員会は何度かの定例役員懇談会を開催しましたが、一九四七年一月から二月にかけて三回の準備会を経て、同年二月二三日に部落解放大阪府連合会が結成されました。部落解放全国委員会の大阪地方組織でした。委員長には栗須喜一郎が就任しました。参加したのは青木庄司、石田秀一、春日修二、北野実、寺本知、中野次男、西郡喜一、盛田嘉徳など一〇人あまりでした。松田喜一は参加していません。結成はされましたが、部落解放大阪府連は「同志的グループ」の域を出ないもので、「内外における活動は、青年同盟が中心になって展開していたので、府連ができても、このあと一年半ばかりは、選挙の時のほかは、表面に立つこともありませんでした」（盛田嘉徳）。一九四八年九月一三日に大阪府部落問題協議会に対し「部落問題に関する意見書」を部落解放大阪府連が提出して以降、部落解放大阪府連に大阪の部落解放運動を一本化していくことになり、大阪青年同盟は自然消滅、発展解消しました。

盛田の言う「選挙の時」とは、一九四七年四月の衆議院選挙に、大阪青年同盟委員長の和島岩吉が大阪四区から無所属で立候補し、二万五九票で落選したことと、同じ一九四七年四月の第一回統一地方選挙で、大阪では、堺市会選挙の速水逸良、桝本敏夫、泉本克美、高島安太郎と埴生村長仲辻正巳が当選した選挙のことだと思われます。なお、一九四八年七月には大阪府教育委員の公選が実施され、盛田嘉徳に代わって和島岩吉が立候補しましたが次点でした。

盛田は「一年半ばかり」と言っていますが、一九四七年から一九五一年頃までの数年間、部落解放大阪府連の運動は停滞していたようです。とくに、戦災で壊滅的打撃を受けた大阪市内の部落での停滞は深刻でした。

この当時の部落解放委員会大阪府連の状態について、盛田はこう回想しています。「とうじの府連の運動は、松本追放反対と、対府交渉のほかは、めぼしい動きはなく、各支部で問題がおこれば、それに声援を送るぐらいのことでした。たとえば、一九四七年の北芝地区の国有林払い下げ運動、一九四五年以降の堺支部の諸活動などは、府連の運動というよりも、地元でおこった運動でした。したがって府連としては、いつも問題まちの状態で終始していました。一九五〇年春から、西郡地区の鼻緒産業が倒産しだして、その下で働いていた人々が多数失業しました。そのことは府連にもわかっていながら、その人々の要求を組織することも、その対策に手をさしのべることもできませんでした」「府連と称しても少数の委員がいるだけで、事務局もなく、石田秀一さんの家は連絡場所にすぎませんでした」。

そんな部落解放委員会大阪府連に松田喜一が顔を出すようになった経緯について盛田は回想しています。それは一九五一年四月に松田喜一が大阪府議選に落選した直後のことでした。「選挙が終わった後ごろから、松田さんは毎日にように、フラリと石田さんの家にやってきて、雑談のあと、フラッと立ち上がって帰っていきました。そのころの松田さんは、どうしようもなく手持ちぶさたな状態であったのでしょう。石田さんところで、中野次夫さんと私との四人が雑談の仲間でした」（「あの人、この人」『解放新聞大阪版』第四二七号、一九八〇年一〇月六日）。

戦後最初の部落解放委員会大阪府連合会大会

一九五二年一一月三日にようやく結成後初めての部落解放委員会大阪府連大会が夕陽丘会館で開催され、八項目からなる運動方針が提案されました。

第一号議案に「平和運動展開の件」があるのは、一九五一年九月八日のサンフランシスコ講和条約締結で、翌年四月二八日をもってGHQによる占領政策が終結し、独立を回復したものの再軍備への動きが懸念されていたからでした。第二号議案の「部落解放予算増額要求の件」では、大阪府の姿勢は、同和事業がかえって「ねむっている子を起す」という「ギマンと責任のがれの見解を固執」しているもので、「一般行政の中でやる」という「大嘘を言っている」差別行政だとし、同和事業の予算計上の復活を求めました。第三号議案の「部落失業者対策樹立要請の件」では、「部落の改善事業は部落失業者の手を使って即時実施せよ」とちょっと踏み込んだ提案を述べていました。第四号議案の「自由貿易促進の件」では、ＧＨＱの皮革原皮輸入先から中国などが除外されていることを指して、「日中貿易促進運動の組織化」を提案しています。第五号議案の「部落更生金融の確立」では、「生業資金制度のワクの拡大と部落優先適用」を要求しています。第六号議案の「医療対策樹立の件」では、「無料によるトラホーム撲滅施設の設置」などを求め、第七号議案の「同和教育の実施の件」で「同和教育推進のための地区協議会の結成」が提案されているのは、五二年五月頃から起こっていた大阪市立南中学校差別事件とのかかわりがあると思われますが、この事件については後述します。第八号議案の「青年運動組織の件」では、「各支部青年による文化運動」を奨励しています。第九号議案は「支部の確立の件」で、「部落の実情と諸要求を部落綱領に発表」しようと提案し、「本部との連絡強化」「機関紙活動の徹底」を呼びかけています。

一九五三年にも大会が開かれましたが、日時、役員などが定かでありません。この以前に、一九五一年一二月に大阪府同和事業促進協議会（府同促）が結成され、そこの専従職員が部落解放委員会大阪府連の専従職員を兼ねたことと、一九五二年に浪速部落に文化会館が完成し、そこに部落解放委員会大阪府連の事務所を置くことができ、ガリ版刷りながら『解放ニュース』を発行できるようになっていました。

それでも、組織的な運動は耳原地区、西成地区、浪速地区だけに限定され、成果として「行政闘争の激化」を挙げながらも、「解放理論の不徹底」「地域活動の貧困」「融和主義へ追落と堕落」「指導部の貧困」「民主団体との連携の弱さ」などの欠陥も挙げざるをえませんでした。

「一九五三年度部落解放大阪府連活動方針書（草案）」は、全体としての「結語」を、「部落問題は現在の国際及び日本社会の情勢との関連を糾明することなしには解決の道は見出せない」としました。その情勢とは、「アメリカ帝国主義による民族的差別が今日益々部落に対する差別意識を助長せしめている」なかで「全国民的統一と団結を抜きにして部落解放もあり得ない」から「平和と民族解放民主政府樹立に向って闘わねばならない」としており、日本共産党の民族民主革命路線に沿って、それを宣伝するものでした。

また、この「活動方針書（草案）」にはこんな記述もありました。「現在大阪の部落は六四地区一五～二〇万人、他府県に比して大きく、劣悪な部落的条件が多く、部落の過剰人口を吸収していた西浜の戦災による喪失や大阪市大部落の戦災による焼失が特徴的」。「鶴見橋筋、大国町、栄町の皮革加工、皮革問屋を除くと全く日雇人夫と雑業地区である」。「今や都市部落は職安労働が最大の生業部門となっている。一般民にとっては一時的就労（本質的には永続的就労）として考えられ、そのような観念に立ったごまかしの失対事業に部落民はすべてを挙げてしがみついている。当然、失対事業を超える抵抗が起こる。夫婦の戸籍離別、児童の不就学は悲しい抵抗である」。「かくして都市部落では人心はルンペン化し、高利貸しのエジキになり、環境の荒廃、教育の放棄、重労働、青少年のヒロポン蔓延、犯罪とヤクザ、ポン引生活の流入、婦人の水商売化など、部落が社会的にも差別の対象に凝固されてゆく」。「大阪府に於いても一昨年より運動が地につき堺市耳原町、西成、浪速の経済更生運動など成功的地域活動を柱として多くの成果を挙げてきたが、運動の発展は又必然的にかずかずの偏向と欠陥をも生んでいる」。「西成区を中心とした経済更生会活動は、借金奴隷からの解放や問屋資本からの離脱や転業など諸々の現金を必要とする人々が中心になって経済更生会を作り大阪市を揺り動かし、生業資金貸付規則の枠をのりこえて団体借入に成功した。この組織は更に発展して青年文化友の会を作り、生活討議の場と運動の拠点として文化会館の獲得に成功した。又婦人の組織化と内職組合の設立を生み、現在は浴場闘争を展開し、一千名にのぼる共同浴場組合員を獲得している」。

硫酸事件許すまじ

硫酸事件は一九五四年三月七日に発生しました。奈良県磯城《しき》郡耳成《みみなし》村（現在の橿原市）と奈良県田原本町の川の側で起きた結婚差別に端を発する傷害事件でした。部落出身の女性は大阪の柏原中学校の教師で、差別した男性教師は柏原中学校から奈良の田原本中学校に転勤しました。事件に対する糾弾闘争は、奈良県と大阪府の部落解放委員会の共同闘争として取り組まれました。

松井政子は、大阪相愛女専を一九五〇年に卒業し、大阪府柏原中学校の教師となりました。教師をしていた藤本典男と相愛の仲になり、政子は部落出身であることを打ち明けました。一九五二年の夏休みが過ぎる頃、政子は妊娠しました。藤本典男の父徳太郎は身元調査で政子が部落民とわかるや、一瀉千里《いっしゃせんり》で別の女性との縁談話を進め、一〇月に典男は政子に知らさないまま別の女性と結婚しました。一九五四年三月三日、待ち合わせに来ない典男を訪ねたら、出てきたのはその女性でしたが、典男は親戚の娘とうそぶきました。不安になった政子が典男の学校に問い合わせて事実を知りましたが、典男は「女のくせに、電話かけて身元調査する奴は嫌いだ」と居直ってしまいました。その夜、政子は「妻と別れて結婚するか、それとも心中してくれ」と詰め寄りました。典男は煮え切らず「子どもはおろせ」と強要しました。政子の家には徳太郎がやってきて政子の父母に「お前の身分を考えろ、子どもを産んだら藤本家にたたる」などと差別言辞を吐《は》き、罵倒しました。

三月七日、政子は硫酸を飲んで自殺するつもりでポケットに恋文と硫酸瓶《びん》を忍ばせ、典男との最後の待ち合わせ場所に向かいました。典男は「お前を見ただけで身震いする。子どもはおろしてしまえ」と罵倒したうえに、この場になっても関係を迫ろうとしたのか立ち上がってバンドを緩めました。憎しみに燃えた政子は硫酸瓶を局部に浴びせました。典男は「殺してやる」と政子の首を絞め二人は重なるように川の中に転げ落ちました。

この事件について、新聞は「愛人に硫酸かけ無理心中、第二のお定事件」などと、どぎつい見出しで興味本位に報じ、差別を拡散しました。奈良県教育長や藤本典男の赴任先も傍観者的態度に終始しました。そして、政子の父親が水平社時代に知っていた松田喜一を訪ねました。

松田喜一は、この事件は典男と藤本家の部落差別で、罰せられるべきは彼らだと断じて立ち上がり、政子を処罰させるな、免職させてはならないと強く訴えました。直後に、矢田部落の西岡智《さとる》は松田喜一を訪ね、富田青年会で署名運動を始め、原水爆禁止署名運動と連動して取り組みました。大阪の部落の先頭を切った闘いでしたが、大阪や奈良全体に運動は広がり部落解放委員会の大阪と奈良の組織は、硫酸事件共同闘争委員会を結成して闘いました。奈良での闘いの様子を「三月末より真相報告演説会を中心に、奈良県下の各部落で、連日連夜、大衆集会を開き、真相を訴えました。真相を知るや、部落民は差別に対する限りなき怒りと憎しみに燃え、炎は奈良県下七七部落を覆い尽くさんとしている」（『硫酸事件糾弾要綱』、一九五四年三月）と書いています。大阪では、松田喜一は「政子を救え」と世論を高めるために事件を題材に浪曲を作らせ、吉田麗子（あるいは中山礼子かも。『解放新聞』第六八号、一九五四年六月一五日は、部落解放全国委員会第九回大会で、吉田麗子が浪曲「硫酸事件」を演じたと報じています）に口演させました。浪曲が語られるや、すすり泣きが続いたそうです。この松田の着想に、西岡たちは「いつもジャンバーに下履き姿で、どこから見ても気のおけないおっさんである松田喜一に、青年たちはいまさらのように尊敬のまなざしを注いだ」（部落解放同盟矢田支部編『矢田・戦後部落解放運動史1』矢田同和教育推進協議会、一九八〇年）と記録されています。

政子は差別の被害者という世論が高まり、和島岩吉弁護士の弁護もあり、検事も「被害者は貴女だ」と言い、不起訴処分となりました。政子はその後教師として再出発しました。

事件から半世紀余年を経たある日、大賀喜子は、浪速区の政子の自宅を訪ねています。そこで衝撃の新事実も知ったと言います。典男の母親は事件の渦中で井戸への入水自殺未遂を起こしていたのです。政子は「一日たりとも、事件を忘れたことはないんです。もし同じことに遭遇したら、きっと同じことをすると思います」と言い切り、「けれども「母親にとって、息子が被差別部落の娘と結婚することが、自殺に向かうほどの部落への忌避意識って、一体何なんやろう？　なぜここまで部落への忌避意識が残るんやろう？」と自問自答してきた」と大賀喜子に語ったそうです。政子は事件後ずっと、浪速区芦原橋にあった部落解放センター近くに住み続けました。毎年、松田喜一の命日になると、センター前の松田喜一の銅像には花束がそっと置かれていました。その花束を見た人は多数いましたが、政子が手向けたものだとは知りませんでした。大賀喜子は、政子が事件後五年間勤務した中学校へ部落問題の講師に招かれた機会があったそうで、応接間の壁に教職員の集合写真があり、そこに、若々しくて愛らしい政子の姿を発見したと書いています（大賀喜子編『ごめん！聞いてごめんな―みやらけの人々の聞き取り』解放出版社、二〇二二年）。

硫酸事件糾弾闘争は、松田喜一の部落解放委員会大阪府連での活動の「再出発」のような闘いだったようです。この事件直後に一九五四年一一月六日に部落解放委員会大阪府連の大会が大阪市の大手前会館で開催されました。大会では、硫酸事件糾弾闘争は「奈良県ばかりに動員したきらいがあった」し、部落解放委員会大阪府連としては「あまり大きな運動には進展せず」の状態でしたが、矢田村や茨木市の中城《なかんじょう》部落などで、部落生活改善要求と結びつけた署名運動が展開された、と総括しています。また、この大会では、松田喜一は委員長に就任し、副委員長には堺市耳原の西岡久一と向野《むかいの》の和島為太郎が就任しています。

4　部落解放同盟の大衆的発展

松之宮小学校で部落解放同盟大阪府連合会大会が開催

一九五三年三月二一～二二日、部落解放全国委員会第八回大会が開催され、松田喜一は統制委員長に就任しました。続いて、一九五四年五月二二～二三日、部落解放全国委員会第九回大会が開催され、松田喜一は朝田善之助、北原泰作、松井久吉、岡映《あきら》、上杉佐一郎らとともに常任中央委員に就任しました。一九五五年八月二七～二八日、部落解放全国委員会第一〇回大会が開かれ、「名実共に部落大衆を動員し、組織しうる大衆団体としての性格を明らかにし、真に全部落民の統一体として、解放闘争を飛躍的に拡大発展せしめるべき」として組織の名称を部落解放同盟に変更しました。この大会で松田喜一は常任中央委員、財政担当となりました。

これを受けて、一九五五年一〇月二三日に西成区松之宮小学校で部落解放同盟大阪府連（大阪府連）大会が開催されました。大会議案は、「率直にいって運動はまだまだ大衆自身のものになっていない」と現状を認め、「同促協との関係においても、部落解放という名前では大衆に支持されないと考えたり、これの助成金をもって運動をやろうとする主観的便宜主義は今日厳しく批判されなければならない」と警告しました。

大会議案書には、差別事件の報告や糾弾闘争が多く記載されています。そのなかには、西成での府会議員による差別暴言もあります。一九五五年九月八日、大阪府連の要求もあり、大阪府会議員の地区視察が実施され、最後の視察地である西成の文化温泉に着きました。その席上、丸井栄次郎府議（生野区選出）は「今時そんなもの（差別）はありません。もしあるとするなればあなた方がひがんでいるからだ。職業を変えなければいつまでたっても差別される。青年はどんどん一般産業に進出して行くべきだ」と言い放ちました。また壁にかかった解放歌の歌詞を指して「水平線って何です。全部水平ですよ。こんな解放歌など、誰が解放されるんですか。解放されているんだから、めくってしまいなさい」と差別発言を繰り返したそうです。しかし、この事件の顚末《てんまつ》は定かではありません。

こんな報告もあります。「南河内郡の町会議員A氏は俗に言う夙《しゅく》出身だったが、氏も外部の人もその部落を未解放部落とは見ていなかった。某女との結婚話が出て、先方の親が聞き合わせをして夙部落と分り、A氏から娘を引き離すために北海道に旅行させてしまった。A氏は解放運動は不必要と唱えていたが、自分が直面して始めて部落問題がいかに重要かわかったと言っておられる。最近、親の反対を押し切って結婚されたが、親からカンドウされている。夙部落の問題もわれわれの問題であり共に闘うことに重大な関心を払わなければならない」。

金属屑営業条例に体を張って闘う

大阪府連は、金属屑営業条例反対闘争にも取り組みました。一九五六年一二月、大阪府は金属屑《くず》の営業を許可制度にするなど、取り締まりの強化を盛り込んだ大阪府金属屑営業条例を議会に提出しました。金属屑行商の約九割は部落民であったと思われていただけに、大阪府の金属屑営業条例は部落にとって死活問題でした。

さっそく、大阪府連中野次夫委員長と府同促和島岩吉会長名で一九五六年一二月一八日陳情書を提出し、業者とともに闘争委員会を結成して抗議行動を展開しました。しかし、闘争の当初は、大阪府連の統率下というより、まだ部落解放同盟が組織されていない矢田部落、水本村燈油《とゆ》部落などの屑物行商人の多い部落の人びとの立ち上がりがありました。一二月一八日には、矢田部落からバス三台、「矢田始まって以来の大衆行動」など、府庁前広場は千数百人が集まって一種の騒乱状態となり、新聞にも「業者押しかけ府会緊張、一瞬騒然の傍聴席」と報道されました。条例は決議されたものの、申請がなされた場合は三五歳以下でも営業を認める、住所、氏名を尋ねるが強制はしない、警察官は強制的に調べない、などの付帯条項が付けられて、事実上条例の運用を許さないもので、これで一応決着を見ました。

これだけの大闘争となりましたが、条例反対闘争に参加した部落のうち、部落解放同盟支部があったのは堺だけで、寝屋川、矢田、浅香、大東市北条《ほうじょう》の部落には支部はありませんでした。五七年、大阪府連第六回大会での「経過報告」にはこうあります。「同盟は良心的な人々の観念的存在となり、実質的には同促協の中に解消してしまった」「反省を与え、解放同盟再建のキッカケになったものが昨年一二月から本年二月にかけての金属屑条例反対運動であった。この闘争を支えた力は部落の下積みに置かれている小買人であり、典型的な部落解放闘争の形態をとっていた。ところが、この闘いに対して、まぼろしのような存在となっていた同盟は、当然、組織的に取り組めず、ただ少数の活動家だけが、その政治的良心を頼りにこの闘いの先頭に立っただけであった。又、この闘いを前にして同促協の限界がはっきりあらわれた」。

盛田嘉徳いわく「一面協力、一面闘争」の同促協と大阪府連の「二本立て」でしたが、最初からうまくいっていたわけではなかったのです。府同促と市同促が設立されたことで、これを通じて各部落に解放運動を広げて行こうと部落解放委員会大阪府連は期待していましたが、だんだん府同促、市同促に依存するようになっていきました。のちに大阪府連書記長になる米沢正雄は「同促協とは大阪に於ける部落解放委員会活動による行政闘争の一形態であり、これを強め発展させるものは市町村当局や部落有志ではなく、解放委員会支部の確立拡大とその大衆的活動のみである」（『解放ニュース』第二号、一九五四年九月一〇日）と書いています。「二本立て」路線はジグザクにしか進まなかったのでしょう、いや、ジグザクに前に進んでいったというほうが正確でしょうか。

歴史的な大阪市内ブロック教育闘争

この一九五七年の大阪府連第六回大会以降、大阪府連はとくに大阪市内ブロックを中心に目を見張るほど活発に行動しました。西成の住宅闘争はその筆頭でした。矢田では生業資金要求の闘いが起こり、その後住宅闘争へとつながり、部落解放同盟矢田支部結成にいたりました。この生業資金は、一九五一年に西成の経済更生会の運動で実現した制度でした。

日之出では、一九五七年の町名地番変更にともなう差別事件をきっかけに、五九年に支部が結成されましたが、日之出支部が発火点となって、教科書代など義務無償の要求を中心にした大阪市内ブロック教育闘争が闘われ、西成支部も参加していきました。発端は日之出部落の子どもたちが「給食代を忘れた子」などのプラカードをかけられて走らされた事件でした。西成の長橋小学校でも、北開地区で一〇軒に一六人長欠児童がいることが判明、松田喜一が学生ボランティアと文化温泉で子ども会を開いていたら、子どもたちが長橋小学校でもプラカード事件があったことがわかったのです。矢田部落でも中学生の暴力事件が起きましたが、学校側の部落問題の認識に要因があるということで運動が起こり、西成、日之出、矢田、加島で闘争委員会を設置、一九五九年に大阪市内ブロック教育闘争が展開されました。

また、日本教職員組合（日教組）による勤務評定反対運動にも「勤務評定は差別を助長する」と大阪府連あげて闘ったのは一九五八年でした。この後、高知県長浜の部落から教科書無償闘争が始まるのは一九六一年で、無償化が法制化されたのは一九六三年でした。

松田喜一は、西成でも子ども会の組織化を提唱し、京都の田中子ども会を指導する朝田善之助に相談し、立命館大学などの学生に応援に来てもらい、一九五九年夏、文化温泉二階で夏季学校が始まりました。翌年から大阪社会事業短期大学の横野洋枝ら学生が引き継ぎ、出城・三開子ども会が結成されました。

部落解放同盟中央副委員長に就任

一方、一九六〇年九月一〇～一一日、部落解放同盟第一五回全国大会が開かれ、松本治一郎委員長、田中織之進書記長とともに、松田喜一は部落解放同盟中央本部の初代副委員長に就任しました。松田の中央本部役員歴は、第三回大会（一九四八年）に会計監査、第八回大会（一九五三年）統制委員長、第九回大会（一九五四年）常任中央委員（大会後の五月三〇日、常任中央委員会で、松田は財政部長に就任し、会員の再登録や会費完納の指導を委ねられました）、第一〇回大会（一九五五年）常任中央委員、第一二回大会（一九五七年）常任中央委員、第一三回大会（一九五八年）常任中央委員、第一四回大会（一九五九年）常任中央委員でした。一九六〇年に副委員長に就任以降、第一八回大会（一九六三年）まで務めました。

一九六一年三月、松田喜一は部落解放同盟訪中団長として中国を訪問し、「戦前の中国は日本皮革産業への主要な原皮供給地でありました。しかし、戦後はまったく杜絶しています。このため皮革業者は原皮の入手難のため苦しい営業を続けています。私は訪中を機会に、日中原皮貿易の復活による部落の皮革産業発展のための窓口をつくりたい」と述べました。松田提案の日中原皮貿易はどう進展したのかはわかりません。

一九五八年二月五日には、天王寺区桃谷駅近くの民家を買収し大阪同和会館が開設、府同促が運営し、一〇月には大阪府連事務所も浪速区の文化会館から移転しました。

そして、一九五九年二月二二日には、大阪市立労働会館で大阪府連第七回大会が開かれました。松田喜一は委員長を退任し、卒田《そった》正直《まさなお》委員長、寺本知、岸上繁雄副委員長、米沢正雄書記長、住田利雄会計が選出されました。この大会での選挙闘争方針について、「わが同盟は旧い身分的連帯感が組織の有力な要因となっているため、同志に候補者がある場合、この連帯感と選挙の持つ固定的性格（当選が重要）が結びついて一層組織矛盾を大きくし、同志に候補者がない場合は、逆に身分的連帯感が組織を固め、民主団体として政党支持の自由、革新政党推薦という模範的な選挙が行われてきた」と記していますが、この頃の全国大会でも大阪府連大会でも、時々波長が異なる方針や主張が混在しています。これもその事例で、日本共産党の影響を感じさせる、珍妙な見解でした。

大会直後の一九五九年二月二四日には、五〇〇人の参加で解放行政確立要請大阪会議を開き、大阪府に本格的な同和行政の確立を迫りました。その後、一九六〇年一月一四日には、七〇〇人を集めて差別行政撤廃・安保改定阻止大会を開いています。こうしたなかで、一九六〇年三月六日、大阪府連第八回大会が開かれました。松田喜一は委員長に返り咲き、山口春信、岸上繁雄副委員長、米沢正雄書記長、西岡智書記次長、小北由蔵会計となり、福井由数が執行委員に選出されました。

国策樹立運動へ邁進

全国的には、一九五八年一月二四日に東京で開かれた部落解放国策樹立要請全国代表者会議を契機として、いよいよ部落解放国策樹立要求運動が全国的に闘われ、勤務評定反対などの共同闘争も展開されました。一九六〇年五月一〇日には部落解放同盟から分裂して全日本同和会が結成されました。

一九六〇年八月一三日に政府は同和対策審議会（同対審）設置法を成立させ、同月一六日についに内閣に同和対策審議会が設置され、「審議会は、同和問題解決のために必要な総合的施策の樹立その他同和地区に関する社会的及び経済的諸問題の解決に関する重要事項について、調査審議する」ことが明文化されました。

また、部落解放同盟は一九六一年三月二日に第一六回全国大会を開催し、いわゆる「三つの命題」を軸とした朝田善之助の「朝田理論」につながる「部落差別の本質」や「部落差別の社会的存在意義」などが本格的に議論されました。

一九六一年五月二八日に、大阪府連第九回大会が開かれ、松田喜一は委員長、福井由数は執行委員に残留し、西成支部から新たに中西義雄が執行委員に選出されました。同年八月二四日には部落解放要求貫徹請願運動大阪府委員会が結成され、国策樹立の請願運動の開始が宣言されました。次いで、一九六二年三月二五日に、大阪府連第一〇回大会が開催されました。松田喜一は再び退任し卒田正直が委員長に返り咲き、米沢、山口副委員長、書記長に西岡智、会計に城前久信、執行委員には大賀正行、上田卓三《たくみ》、泉海節一《せんかいせつかず》、住田利雄らが選出され、西成支部からは会計監査に永田勇、執行委員に中西義雄、福井由数が選出されました。大阪府連大会と人事を追いかけていくと、一九六二年から一九六三年にかけて、大阪府連は各地区で生活要求闘争を指導して支部を結成させ、同時に失業対策打ち切り反対や学力テスト反対などの共同闘争も発展させました。一九六三年五月一九日には大阪府連第一一回大会が開かれ、委員長に岸上繁雄、山口、米沢副委員長、西岡書記長らが選ばれ、西成支部から会計監査に永田勇、執行委員に福井由数、中西義雄が選出され、松田喜一は顧問に就きました。そして、一九六四年六月七日に大阪府連第一二回大会が開かれ、役員は大きく変わりませんでしたが、新たに向井正が会計監査となりました。

奈良本「構造改革」論の登場と論争

松田喜一が中央副委員長を務めていた一九六〇年代、ついには「同対審」答申と特別措置法を実現するのですが、そこにいたるまでには厳しい内部論争、内部対立を経験しなければなりませんでした。ここから先の理論論争の記述は、谷元昭信の『戦後の部落解放運動―その検証と再考』（解放出版社、二〇二三年）を参考にしています。

一九六〇年の部落解放同盟第一五回全国大会では、日本共産党の政治路線を色濃く反映した「綱領」が採択されました。いわゆる「六〇年綱領」で、「アメリカ帝国主義に従属する日本の独占資本は、日本の民主化をくいとめる反動的意図のもとに部落に対する差別を利用している。それゆえに現在では独占資本とその政治的代弁者こそ部落を差別し圧迫する元凶である」と規定しました。これは日本共産党の「二つの敵論」に基づいたもので、第一九回全国大会（一九六四年）までの基調となりました。朝田善之助は、この綱領に対して水面下で論争していました。

このような日本共産党の政治路線を批判したのは奈良本《ならもと》辰也（部落問題研究所所長、歴史学者、立命館大学教授、一九一三～二〇〇一）でした。一九六一年一月号の雑誌『部落』に「部落解放の展望―部落問題の新しい展開についての試論」を発表しました。その要旨は、「明治の弱小な資本主義とは本質的にも違っている今日の独占資本が、そのような部落を温存しておかなければならない理屈はさらにない」とし、「わたしは独占資本が自らの意志において部落を解放するであろうなどといっているのではない。要らなくなったということと、解放するということは明らかに別問題」である。

「六〇年一月、モスクワで開かれた八一カ国の共産党労働者党代表者会議の声明は、議会を通じて平和的に革命を進めることの出来るとの趣旨を発表した。わたくし（奈良本―引用者注）もまた、部落の解放はそれの一歩前の問題であるだけに、今日の行政闘争の効果的な推進によって、十分達成される段階に立ち至ったと考えて差支えない」と断言し、「それは一種の構造改革論でもある」としました。さらに、「部落解放の途上にみえている可能性の追求は、もっともっと真剣にかつ具体的に考えて考えぬかなければなるまい。必然性の思想の上にあぐらをかいて安心していては、今日の時勢に遅れる」と警鐘を鳴らし、行政闘争強化の必要性を強調すると同時に、「その予算が融和主義者たちの手で自由に処理されて行く危険性が十分にあるのであるから、それを如何にして公正の場所におくかということがわれわれの問題となってくる」との重要な課題提起もおこないました。奈良本論文は、ひじょうに短文の「試論」であり、説明が不十分で誤解されるような箇所も多々ありますが、当時の日本共産党主導による「六〇年綱領」の基調を全面否定したものでした。

さて、奈良本が依拠した構造改革論は、「平和共存・反独占民主主義・社会主義への平和的移行」路線でした。イタリアのグラムシやトリアッティを中心に準備され、一九五六年一二月のイタリア共産党第八回大会で採択された「社会主義へのイタリアの道」として示された先進資本主義国における新たな社会主義運動への模索でした。それは、同年二月に開催されたソ連共産党第二〇回大会におけるスターリン批判と平和共存路線の採択を受けたものであり、四月のコミンフォルム解散による国際共産主義運動の多様化を示すものでした。その後、幾多の試練を経ながらイタリア、フランス、スペインなどを中心に、構造改革論はユーロコミュニズム（「暴力革命の放棄」「プロレタリア独裁論の破棄」「党内民主集中制と分派禁止規定の廃止」などが特徴）として進展していきました。とりわけ、フランスなどでは「先進的民主主義」という概念のもとに、根源的な民主主義の観点から現行の社会構造を変革していくことによって「新たな社会体制」を創造することが可能であるとし、一九八〇年代半ばには「社会変革そのものを直接の目標とする闘争」へと戦略課題を設定しました。

日本では、一九六〇年に社会党が構造改革論を実践的プログラムとして公式に採択しましたが、社会主義革命を放棄する修正主義として党内で批判の大論争が起こり、派閥抗争も絡みながら、一九六四年一二月の社会党二四回大会で「日本における社会主義への道」という綱領的文書が採択され、構造改革論は否定されます。

このような背景と展望を持って問題提起された奈良本論文の衝撃は大きな波紋を起こし、ただちに各種の反論がなされました。いわく、奈良本論文は「封建遺制論」「近代化論」「修正主義論」などと論難されました。代表的な反論は井上清（部落問題研究所研究員、歴史学者、京都大学教授、一九一三～二〇〇一）によってなされました。一九六一年五月号の雑誌『部落』所収の「部落問題と労働者階級」です。これが有名な「奈良本・井上論争」です。

井上は一九五〇年代頃から、部落問題の特徴を「三位一体論」（身分・職業・居住が不可分）として説明していました。井上の反論の要旨は「現在独占資本は封建遺制を必要としないということが一般に言えるとしても、部落差別は現実に拡大しているのだから、この二つの事実を矛盾なく説明するためには、現代にある差別の本質をたんなる封建遺制と考えることをやめて、それは現代の独占資本主義の構造そのものがつくり出すものだと考えるほかはありますまい。また事実そういうものであります」。「そして将来も現代独占資本の法則が純粋に貫けば貫くほど部落民の生産における地位は悪化するであろう。差別のぎりぎりの本質はここにあります」としました。一言でいえば、「独占資本は部落差別を強化する」ということです。多くの反対論者も井上の論旨とほぼ同様であり、集中砲火のもとで奈良本「試論」は十分に議論されることなく葬りさられてしまいました。

しかし、「同対審」答申以降の同和行政のもとで進められた同和対策事業が、奈良本が問題提起した方向で進展してきたことを考えれば、構造改革論として提起された奈良本論文は、「もっともっと真剣にかつ具体的に考えて考えぬかなければ」ならないものでした。まさに、部落解放運動のなかで練り上げられてきた行政闘争の論理は、参加・自治・管理をキーワードにしながら「民主主義」の理解を深化させるものであり、構造改革論の真髄と通底する貴重な闘い方であったと見るべきだと思います。

「同対審」答申の評価をめぐる激しい論争は、部落解放同盟第二〇回全国大会での大きな路線転換となって決着しました。すなわち、第一五回全国大会（一九六〇年）以降における運動方針基調の底流となっていた「二つの敵論」「民族民主革命論」路線から決別し、「平和共存」「反独占民主主義」路線へと転換したのです。ある意味で、共産党系の路線から構造改革路線への転換であったとも言えます。部落解放運動の強みは、時々の政党次元での路線論争に関心を持ちつつも、自らの現実の生活現場に密着した課題解決という現実路線を最重要視して、そこから闘いの具体的方向性を導き出してきたことです。その方向性に合致していればそれを容認し、そうでなければ距離を置くというスタンスでした。ドグマ（教条）に現実を当てはめるのではなく、現実から問題・課題を設定し解決策を探る姿勢が必要であり、「三つの命題」として解放理論の確立に心血を注いだ朝田善之助の姿は、それを象徴していました。それは、当時の日本共産党系の人たちに顕著に見られるような現実のさまざまな社会運動から政治変革への具体的な課題をくみ取るのではなく、政党の立場を押しつけながらそれぞれの大衆団体を自らの下部組織化しようとする鼻持ちならない前衛党意識と闘い続けた姿でもありました。ただそれは、やむをえなかったとはいえ部落問題の独自性を強調しすぎることによって、一面で部落第一主義的な排外主義的傾向をともなう危険性とも隣り合わせであったとも言えます。

「（水平運動以来の）必然性の思想にあぐらをかくな」「（同和行政を）公正の場におく」「（部落解放は）構造改革論である」という奈良本理論は、松田喜一の戦前戦後を通じた部落解放運動の「路線」と驚くほど通底しています。そして、それが次第に部落解放同盟の運動方針の基調になっていったのです。

第八章　大阪市同和事業促進協議会という新方式

1　「日常活動を新しいスタイルで」

本章の冒頭に、「日常活動を新しいスタイルで」と題する松田喜一の講演記録を紹介します。これは、一九五八年大津市で開催された部落解放第二回全国青年集会での松田喜一の講演会の要旨です（『解放新聞』第一一四号、一九五八年八月一五日）。松田の講演録はめずらしいですが、実に端的に松田の考え方が語られています。「新しいスタイル」というのは、大阪市同和事業促進協議会（市同促）のことです。

水平運動と今日の違い

われわれの運動は満三六年を迎えたが、水平社時代と今日では運動の性質が変わってきている。この違いをよく考えてみる必要がある。水平社創立の頃は生々しい差別事件が数かぎりなくあった。部落のすべての人びとは、この生々しい差別を経験し、その反動として抵抗運動が起こった。今日のわれわれの運動はそれと根本的に相違し、個々の差別に対し糾弾するのでも個々の差別事件を追う運動でもない。部落民の生活を根本的に立て直し、部落を差別させているところの部落の実態をこの世からなくすところの運動である。したがって水平社時代のように、物の考え方が悪い故に、そういう思想が残っているのだというような単純な考え方のうえに立って運動を進めているのではない。

今日残っている部落差別は、徳川時代につくられたものが残っているがごとき考え方をする者があるが、われわれが今日問題にしているのは、正しくは徳川時代というより、あの明治の「解放令」を起点としている問題である。なぜならば、明治四年の「解放令」というものは、今日の差別を残し、また差別実態と言われるところの部落の経済状態、生活状態をつくったのである。身分職業とも平民と同様というような宣言をわれわれの祖先は喜んだでありましょうけれど、「解放令」とは反対に、われわれの専業だった職業、わずかに与えられていた特権すら奪い取り、新しく発足した資本家に解放したのです。われわれに職業を解放したのではなく、われわれの職業を資本家に与えたのです。ここから問題が起こっているのである。

背負わされた三大義務

さらに一八七四年に土地の私有権を設定したのですが、われわれの祖先は入会権を剝奪され、土地をごまかされ、さらに一八七八年には新しい課税を設定し、われわれにも厳格な義務を課せたのです。その他、兵役、教育の義務も課させられ、これを三大義務と呼んでいますが、このようにして後進的な位置を、あの「解放令」ならびにその他施策によって押し付けられ、一方では何の保護政策も採られなかった。

都市のほうはどうかと言うと、屠殺が部落の特権であった。西浜を例に取ると、西浜では封建時代すでに外国から皮革を輸入をしていた。これもまた特権であったが、明治以来何の保護政策も採らないで資本家育成に力を入れたので、せっかくの皮革の特権も奪われ、資本家のために収奪され、今日ではわずかにその影をとどめるにすぎない。今日、一般業者には皮革を輸入する特権を与え、本来皮革を扱ってきた西浜はそれを得られないのが実情です。

こういう関係と、さらに新しい国民生活に即応して、新しい政治に対応するところの対策が部落におこなわれず、下駄《げた》の修繕、草履づくりをしていったのですが、これが近代的な切り替えができなかったために、都市では職業がなく、農村では土地を持たないという今日の姿ができたのです。

圧迫される部落産業

私は、第二次大戦の当初、靴修繕業者の組合をつくった経験があるが、その時、靴修繕業者は大阪府下に三〇〇〇人、下駄直しは一〇〇〇人おったのです。それらの人びとは現在では失業者の群に入り、失対労働者として職安の窓口に頼らざるをえなくなっています。さらに一部の青年労働者も、機械靴業者とデパートの積極販売のため、部落の業者がひどく圧迫されている関係上、業者が不渡手形を出して潰れつつある状態で、やはり職安の窓口を頼らざるをえないところに追い込まれている。いろいろ難題を乗り越えて工場に就職しても臨時工、社外工というかたちであり、少し暇になると街頭に放り出されてゴロゴロしているというのが部落の都市における実状です。

そこで靴修理業者の協同組合が計画、あるいは靴職工の企業組合が計画されたが、結局は外部の資本力に対抗できず、あるいは社会圧迫に対する力がなくて途中で崩壊してしまった。従来のこういう欠陥を十分考えて、新しいかたちにおける企業の共同化、行商人の共同仕入れなど、技術と労力を提供するという考え方に立った合同化、共同化によって、新しい生活環境をつくり上げるために、政策要求を行政に向かってやるというふうに大阪では考えている。

救済でなく権利要求

この場合、われわれは救済のための金をよこせという要求をやっているのではなく、憲法で明記されているところの生活の保障という市民的権利を要求し、新しく生活を立て直し、村区全体を良くしようというのであります。私たち中央委員の間にもよく話になるが、農村は差別意識が濃厚で部落民も敏感で組織しやすいが、都市では差別観念が薄れていて同盟の組織が育ちにくいという意見がある。こういう論法はまったくおかしいわけです。

この問題を考える時、国民の所得について考えてみなければなりません。一般に国民の所得は伸びているが、部落はどうか。学者などが、部落の収入も増えてきている、差別意識もだんだん弱くなってきていると言われるが、実際は部落の収入は相対的に低下している。差別というものは、目に表れたものだけではない。相対的に悪くなる生活で、差別はなくなりつつあると言えるだろうか。今日の社会は差別を払拭するのではなく差別が集積されていっていると言えるのであります。西浜なんか靴職人の工賃が下げられてきている。ことに近年部落の業者に金融《ママ》してくれなくなり、一方税が過重になりつつある。大阪だけじゃなく奈良でも同様です。とくにＪＩＳマークがもらえないことから販売に不利になっている。

肉販売にしても、自治体が農民保護を名目に枝肉規制をやるというかたちができている。こうなると肉販売をやっているわれわれのきょうだいは大きな打撃を受ける。このような八方ふさがりの状態がわれわれの仕事の問題であります。

共同化の方向

これをいかにして切り抜けるか、私は、生活を消費面と生産面とを運動のなかで解決していかなければならないと考える。大阪では、従来のように公民館や隣保館を建ててもらったり、道路を直してもらうという運動のほかに、部落全体の経済面を立て直す、経済的な面から施設の問題を考えていかなければならない。また安い風呂に入れるというような経済を目的とした浴場の建て方をやめて、自己の経済を立て直すために、民主的な共同組織を考えていくような指導が必要だと思う。仕事の問題、行商の問題、新しく転業するための生業資金の問題、その他の生産的な仕事の導入など、さまざまな問題を行政要求として運動で取り上げていかなければならない。

われわれの運動がこういうふうに転換していくなら、都市の部落に運動が根を下ろせない、団結できないという問題も解決していくと思う。事実、大阪市内には一四の部落があり、いろいろな思想の持ち主もいるが、生活と取り組み仕事の問題と対決していくなかで、一四の部落がわれわれの運動の影響下にあり団結することに成功している。各府県においても、こういう日常闘争を進めるという新しいスタイルで取り組んでいただきたい。

2　大阪市同和事業促進協議会結成の頃

先に大阪府同和事業促進協議会が設立

一九五一年八月一七日、大阪府民生部主催で第一回同和地区中堅青年指導者養成講座が開催され、同和事業を促進させるための組織の必要性が論議されました。同年九月から部落解放委員会大阪府連と大阪府関係者による準備会での検討を経て、同年一二月一日に、浪速区の大国小学校で大阪府同和事業促進協議会（府同促）創立総会が開催されました。初代会長に弁護士の和島岩吉、副会長西尾寿一（北河内郡庭窪町長）、顧問に赤間文三大阪府知事、中井光次大阪市長、栗須喜一郎などを選出、松田喜一も理事に就任しました。

府同促は「同和事業を促進し関係地区の生活安定、生活改善、その他文化の向上を図る」ことを目的とし、「単位部落代表」と「同和関係市町村長」によって構成し、「本会の趣旨に賛同し協力支援する者を理事会の推薦により賛助会員とする」と定めました。「単位部落代表」とは、部落解放委員会の支部員でなければならないとは定めたわけではありませんが、部落解放委員会の主要な活動家が選ばれていました。石田秀一（浪速）、石田正治（西成）、寺本知《さとる》（豊中）、木下喜代治（水本）、中野次夫《つぐお》（和泉）、卒田《そった》正直《まさなお》（堺）らでした。

大阪でのこうした動きの背景には、一九五一年一〇月の部落解放全国委員会第七回大会で行政闘争方針が提起されたことがありました。そして同年一〇月には、京都でオール・ロマンス闘争が取り組まれ、一九五二年四月には和歌山県で西川県議の差別発言に抗議して県下一斉に同盟休校に突入する大闘争があり、一九五二年六月には広島県の吉和中学校教育差別事件もありました。この三つの事件が、差別事件を個人責任から社会的責任への追及へと発展させることで、戦後の部落解放運動の行政闘争方式を確立していく新たな闘い方の契機となりました。ただ、オール・ロマンス事件の小説『特殊部落』は部落差別だけでなく、民族差別との複合的差別事件であり、部落解放同盟の「糾弾要綱」はこれを欠落させたもので、現代においてはその見直しが論議されています。

前述の一九五一年八月の第一回同和地区中堅青年指導者養成講座で講師を務めた盛田《もりた》嘉徳《よしのり》は次のように語っています。「ちょうど、行政闘争による保障の獲得運動が、京都ではオールロマンス事件をきっかけに起こりました。それには京都との色々な具体的な背景や事情から起こったわけで、京都としての特色があります。大阪では、いささか事情や、内容を異にしながらも、やはり行政闘争を幅広く展開しようとし、一九五一年に同和事業促進協議会を結成し、一面では話し合いをし、他面では闘うという二本立ての形態（同促と府連）をとるようになりました」（盛田嘉徳「戦後大阪の解放運動史」『部落解放』第三四号、一九七二年一二月）。

府同促が結成されたのは、まだ少額でしたが同和予算が組まれ、同和事業の執行にあたって、部落解放運動団体とは別に協議機関が必要であったからでした。しかし、結成当時はもう少しニュアンスが違っていて、部落解放運動団体がすぐにはすべての部落に広がらないなかで、府同促が仲立ちして行政交渉、行政闘争を起こしたいという寺本知や和島岩吉ら関係者の思惑があったと思われます。実際、寺本知は「これ（府同促結成）はあくまで解放運動の一環としての行政闘争にほかならなかった。そして、行政促進の具体策として、恒常的な連絡機関をつくろうということから、協議会への設立準備会に数名選出された」（寺本知「大阪の行政闘争と府同促について」『部落解放』第四八号、一九七三年一二月）と述べています。

大阪の部落実態調査を手がける

府同促が最初に手がけたのは、大阪府下各部落の実態調査でした。一回目は一九五二年一〇月から一一月にかけて、大阪市内一二地区と、堺、貝塚、泉佐野、南中通村、鳴滝《なるたき》村、淡輪《たんのわ》村、多奈川町、矢田村、布忍《ぬのせ》村、埴生《はにう》村、道明寺《どうみょうじ》町、富田林町、八尾西郡《にしごおり》、西能勢《にしのせ》村、歌垣村、東郷《とうごう》村、豊中市、池田市、東能勢《ひがしのせ》村、吹田市、茨木市、富田町、豊川村を全理事が手分けして回り、府下三三地区の請願書としてまとめ、同年一一月一三日付で大阪府に提出しました。請願書には、差別の実態と緊急の要求項目が具体的に書かれ、環境改善なかでも住宅、上下水道の整備や生業資金、不就学対策などが顕著でした。府同促は、一九五四年一〇月、一九五五年八月にも大阪府に請願書を提出しました。また、一九五三年二月と一九五五年八月には、府同促と部落解放委員会大阪府連による請願運動完遂大会も開催しました。

寺本知は「私は一人で三島、豊能地区を担当したが、なにぶん寒中であり、豊中市の水道部のボロ自動車を借り出して出かけた。調査ははかどらず数ヶ月を要し、苦心の末ようやく請願書をまとめた。まことに簡潔なものであるが、これを見ると私は感無量であり、今も雪のちらつく山村部落が目に彷彿とする」（寺本知『魂の糧』解放出版社、一九九七年）と回想しています。

直後の部落解放委員会大阪府連の一九五三年度議案書は、府同促による実態調査をもとに、部落の現状を詳しく記述することができ、「五百万円に足りなかった同和予算を五倍に近い一四〇〇余万円迄引き上げることに成功した」が、これは「同促協を通じて多大の成果を挙げた事を認めねばならない」と述べています。しかし、この府同促の請願運動について、「他府県に比し一つの差別事件を契機とした盛り上がりでなく正面から請願運動を打ち出した。何時でも闘える道を示したが、その反面大衆的な盛り上がりに於ける弱さが今日露呈している」と、京都のオール・ロマンス闘争などを意識した厳しい見解も示されました。

行政関係者との「腹蔵なき」同和事業懇談会

一九五一年六月一八日に、浪速地区の公民館設置および浪速診療所設置などの生活改善要求を仲立ちした部落解放委員会大阪府連（栗須喜一郎委員長）は、要望書を提出しました。市側がその回答をした折、ヒロポン中毒など教育環境を重視した大阪市教育委員会は、市の関係者も交えて、同和事業に関する懇談会を開催しています。このなかで、「腹蔵なく」意見を出してもらいたいということで、行政側から意見が出されました。

まず市会議員が口火を切りました。「私の経験から言って、そういった問題（部落差別）があったことも知らなければ、そういった言葉すら耳にしていません」と「腹蔵なく」無知を語りました。教育委員会の職員も発言します。「新しい民主教育をまじめに推進さえしていけば、同和教育もその運動に強化されて解決していくのではないかと考えています。この目的を達成するために、学校教育のあらゆる機関において、自然に無理のないように民主教育を推進していきたい」。これが、当時の教育行政の考え方でした。続いて民生局の職員が「我々民生に関する限り絶対にそういった差別観はもっておりませんが」と切り出して、注目すべき発言をしています。「例えば一部に地域においては、何かを呼びかけても応じてくれないということがあります。そのため敬遠主義をとり溝が深まったようになる。むしろ呼びかけた場合、応えていただきたい」。そして、部落解放委員会の要望書にふれて「今度もこういうふうに盛んに取り上げると、かえって寝ている子を起こすようになる。これまで知らなかった子どもがその問題を知って考えるようになるんじゃないかという見方もある」と、寝た子を起こすなと主張しています。

これに反論し松田喜一は「皆さんのお話からすると、差別観念は観念として独立しているから、放っておいたら自然に解消される、現在の社会においては、すでに観念すら薄らぎつつあるという考えが出来上がっているんじゃないかと思います。観念というものは、必ずしも独立して存在しているのではなく、薄らぎつつあるものでもなく、普遍的に社会の間に生きた反民主主義的観念として存在している」と見解を述べています。そして「我々は、大阪市政のなかに、そういう考え方でやっておられるところに、部落が現実の状態で放置されており、それが差別観念の裏付けをしているという関係が存在しているということを申し上げている」と、大阪市政の問題点に鋭く切り込みました。

この会合には、朝田善之助が「栄町代表」の一人として参加し発言もしています。「もし皆さんが自分は差別していないと言われるなら、差別はどこにあるかと私は聞きたい。差別観念は観念として社会的に存在しているのではなく、社会的適合性のない弱さが差別観念の生まれる大きな原因になっている。問題の本質は、大阪市の行政の停滞にある、具体的に言えば、部落が経済的、政治的、教育的、衛生的な弱さを集中的にもっておるからこういう問題が生じるのです」。朝田、松田の論客が核心的な議論を展開しています。

この懇談会のやりとりに、当時の大阪市側の「腹蔵のない」認識が披瀝《ひれき》されましたが、部落問題の認識についての決定的な相違そのものが、戦後の大阪市の同和行政の重要な出発の議論となったようです。

大阪市立南中学校差別事件の衝撃

一九五二年五月下旬、大阪市立南中学校で生徒間の差別事件が起こりました。差別された生徒の親は、もともと近江八幡《おうみはちまん》市の部落出身で、大阪にまで来て子どもが差別されたことにショックを受け、部落解放委員会に相談しました。松田喜一は、この大阪市立南中学校差別事件に対して、大阪市教育委員長宛に同和教育を推進する質問書を提出しましたが、この事件と府同促の結成が機になり大阪市独自の同和事業促進の機関の設立が検討され、大阪市同和事業促進協議会（市同促）創立への導火線になりました。

『そくしん』（第二九号、一九六二年二月一七日）で住田利雄はこう書いています。「一九五二年、南中学に差別事件が発生するやそれの解決に、市当局と交渉を持ったのが松田喜一氏や石田、大西、北野氏に京都より朝田、三木氏を加えた解放同盟の関西の中心メンバーである。この事件がキッカケとなって大阪市同和事業促進協議会が発足したのである」。

また、事件について『解放新聞』（第四三号、一九五二年六月二〇日）はこう報じています。「事件の発端はこうだ。五月中旬南中学二年生松岡君は数人の同級生から「ヨツ」だと差別された。だが松岡君は生まれた時から市内に住んでいて自分が部落民であることを知らなかった。だから単なるいたずらだと考え「俺がヨツならお前はヤツだ」とやりあっていたが、あまり毎日繰り返されるので家で聞いたところ、初めて差別だということがわかった」と事実経過を報じました。そして、事実を知った部落解放委員会大阪府連が五月二〇日学校長、ＰＴＡ会長に抗議した模様を伝えています。校長は「この問題の扱いについては確信がないので内輪の話ですませたい」と対応しました。またＰＴＡ会長は「松岡とは心やすいから辛抱してもらう」との態度でした。「憤慨した府連は徹底的に闘うと通告、差別教育の元凶大阪市教委にも攻撃のハッパをかけ、六項目からなる質問書を出して回答を迫ったが、彼らは月並みな回答でごまかそうとした」と報じました。

市同促結成五周年にあたっての座談会で、「処で一つ市同促結成当時を思い出してみたいと思います」と前置きして、松田喜一はこの時のようすを回想しています。「戦後ひんぴん（ママ）と差別事件がおこりまして、私は当時部落解放全国委員会の中央委員として、全国各地をよく飛び回りました。そして差別事件を明らかにすると共に糾弾に行きました。ところが一九五二年に入って、和歌山県の西川県議の差別事件で繁忙にしておりましたさなかに、出身地、大阪市内の南中学校事件が発生して、実際とまどいましたが、私は地元でこのような差別事件がおきたことはただならぬことだとして、当時栗須さん、大西伝次郎、北野実、石田秀一、奈良嘉一君あたりと協議して、同年六月頃でしたか、大阪市、教育委員会、市会あて、南中学校事件を追及すると共に大阪市政糾弾に起ったわけです。それと共に市内の全部落にでかけて行って、南中学校事件の真相発表をし、パンフレットを配布して差別行政と斗う運動を発表せしめた。あの時には大阪市長あて部落についての考え方を文書でもって質問した処同年七月、市民生局から市立労働会館で大阪市同和事業懇談会を開きたいから関係者の参集を願いたいとのことで、当時大阪府連の幹部と本部の朝田善之助、三木一平君、それに和歌山大学の南助教授にも来てもらった」。

これに対して、座談会で対談した大阪市民生局の中谷俶昌《よしまさ》は、「当時、行政機関は占領軍の命令で、地区改善事業（同和事業）に関する行政を戦後はやってはならないとのことで、戦後市例規から削除されていた時だった」と語っています。松田喜一は「そう、別枠で同和事業を取上げることは、一般施策の上で、かえって部落を明確にするようなものだ、という意見に対して、それは臭いものに蓋をする式で、部落問題を別枠で取上げて施策しても決しておかしくない、と反論した」。中谷俶昌は、「そうでした。南中学校事件の真相から寝た子を起こすな起せとね。貴方に北野さんの理論家がやれば、今はおらない石田秀一さんや石田正治さん、奈良嘉一さん、紅一点の福井初枝さんも具体例をあげてやっていましたね。栗須さんはなかなか代表の重鎮と言ったところで、むしろ仲に入って話を進めておられた」（『そくしん』第一五号、一九五八年二月一日）。

大阪市同和事業懇談会の「寝た子を起こすな」論争

ここで出てくる「大阪市同和事業懇談会」は、一九五二年七月のことで、大阪市立労働会館で開催されましたが、歴史的に意味深い会合だったと想像されます。

一つは、松田喜一らの態度の根本は差別糾弾であり、とくに「寝た子を起こすな」をめぐる攻防だったようです。滋賀県から大阪市に移り住んだ部落出身の家族は、結局、身元を曝《あば》かれ差別された。これが実態だと抗議したのでした。西成の福井初枝なども、そのつもりで参加し実態を訴えたのだと思います。

もう一つは、同和予算の市政への位置づけでした。松田喜一は、「市が同和予算を組めば我々には了解されても他からは差別だと云われはしないかと云う心配があったようで、同和予算とはっきりせずに事業をやってゆけば良いと思っていたが、我々は反駁《はんばく》した。結果、北神民生局長は、よくわかった、今年は追加予算で同和予算を取るようにすると言い切って懇談会は終わった」と回想しています。一つの画期となったやりとりでした。

さらにもう一つは、松田喜一は、朝田善之助と三木一平を招聘《しょうへい》しています。これは、事件の被害者が大阪に移り住んだ滋賀の部落民だったこともあったのでしょうが、差別事件を行政闘争に発展させ、行政との関係のあり方にまで深めたいという思惑もあって、この点での朝田の見識に期待したのだと思われます。

松田喜一の市同促づくりは、①「寝た子を起こすな」との「闘争宣言」から始まった。②部落問題を民主化に埋没させる大阪市政は差別行政になってしまうと見抜いて行動した。③朝田善之助とも相談して戦略的（行政闘争を全国化する）に動こうとしていたようです。

松田喜一は、この大阪市立労働会館での大阪同和事業懇談会の後、市内の地区に呼びかけ、浪速区役所の二階会議室で何回も集会をやったようです。そこで市同促結成準備に没頭しました。そして、ようやく結成大会を開いたのが、一九五三年二月一〇日でした。「当日の議案書作成には北野実君と私の二人が中心となってつくりました」と回想しています（『そくしん』第一五号、一九五八年二月一日）。一九五一年六月から約二年の助走期間があったわけです。役員は、会長和島岩吉、副会長栗須喜一郎、清谷市太郎、中井利之祐、常任理事に西成区の松田喜一と福井由数《よしかず》、東淀川区の西岡義雄、旭区の北野実、理事は永田勇（西成区）、山田見三（浪速区）、松本嘉治、森仙太郎、塚本甚三郎（東淀川区）、中西顕證（大淀区）、森川小市、中達義信（旭区）、鍛治由松（東住吉区）、会計石田秀（浪速区）、中谷俶昌、監査山田義美（北区）、塚本彦三郎（東淀川区）でした。松田喜一は、当初、盛田嘉徳を会長に推挙しましたが固辞され、和島岩吉が大阪府、大阪市の同促会長を兼務することになりました。

山田義美と松田喜一の同促論

一九五三年二月一〇日に結成された市同促は、さっそく同年九月から機関紙『促進』（一九五六年一月から『そくしん』に改題）を発行しています。「寝た子を起こす」「民主的に解消する大阪市政を糾す」意味で機関紙はとても重要だったのです。

『促進』第一号（一九五三年九月一五日）では、西成で浴場建設の運動が始まったことを報じています。「西成地区協議会では経済更生会（会長松田喜一氏）を中心に地域の社会福祉に貢献しているが、この程共同浴場を建設するための運動が西成区鶴見橋以北から浪速区栄町一帯の町々に起こり九月四日午後七時、浪速区栄町文化会館に於て世話人会が開かれた。そこで決定した事項は、共同浴場利用者組合を結成し、各隣組毎に責任者を選出して、毎月一口五円貯金を実施し浴場建設の資金をつくること。この浴場が建設すれば大人五円程度で利用せしめることである」。

『促進』第二号（一九五三年一〇月）には、この年台風による大水害が起こり、部落解放委員会和歌山県連が、部落差別が被害を甚大にした大水害と闘ったことを受けて、松田喜一のコメントが掲載されていて興味深いです。「部落の地名は山端、崖、河原、川畔と呼ばれる如く、水害には最も危険な所に置かれている。大阪市でも、淀川、大和川、木津川、十三間堀川の堤か川寄りに部落が集結しており、今度の台風では一時避難した所が多かった。津守、栄町、三開町の人達も栄小学校や文化会館に避難してきた」。災害が差別によって人災になると、これからの行政闘争の進路を示していて意味深です。そして、「和歌山の災害に際して解放委員会や我が促進協議会はいち早く医療班を送り、多数の衣料、食料、義捐金《ぎえん》を送って被災地の部落のきょうだいを勇気づけた。災害の場合は政府や役所の対策は極めて手間取るし、救援の方法が事務的で傷ついた被災者には冷たくさえ感じられる場合が多い。この時、同じ立場にある同志から手が伸べられた時、如何に嬉しく心強く感ずることか。大阪府下でも豊能郡の山間部や高槻、茨木で数ヶ所の部落が水害でまたやられている。これにも早急に救援の手を打たねばならぬ」。行政任せではなく部落の取り組みが重要だと呼びかけました。

『促進』第六号（一九五四年五月）では、「本年の同和事業促進は如何にすべきか」と題して、大阪市関係者と市同促役員による懇談会の模様が掲載されています。主な出席者は、大阪市が小泉福祉課長、河村生活係長、中谷俶昌担当課員など、市同促からは、和島岩吉会長、栗須喜一郎、清谷市太郎副会長、常任理事の松田喜一、北野実、理事では日之出、生江《いくえ》、栄町、三開《さんびらき》、中津浜通、舟場の六地区でした。市同促結成間もない頃の関係者の認識がバラバラだったことがよくわかる記事です。

一九五二年度から大阪市の同和事業予算が組まれ、一九五三年度は八〇〇万円、一九五四年度は八五〇万円となっていましたが、松田喜一は「補助金によって施設をつくっても適切に事業がなされないと部落の発展に寄与しない」と現状のたち遅れを指摘し、「一九五四年度は市に予算があるとしても協議会が確固たる方針を立て地区の熱意を示さなければ疑念を抱かすのみである」と当時の市同促の意思を形成している各部落の有力者の責任を求めました。これに応えて北野実は、「私見だが協議会は上部だけの組織で下部組織がない、このため地域住民に知られていない」と厳しい意見を述べています。中谷俶昌は「青少年の指導を第一としたい。中津では一〇人すら寄る場所がないなど、場所をなんとかしてもらいたい」と述べ、栗須喜一郎は「青少年対策と生活改善は切り離せない。この点は一九五四年度は協議会として力を入れるべきだ」と述べています。松田は「解放委員会が運動をやり市に予算を計上せしめた。それが運営には下部である地元で同和事業促進に努力しなければ施設の運営にも困難が生じ宝の持ち腐れとなり協議会の主旨が無になってしまう」と述べました。

しかし、舟場の山田義美の意見は少し異なりました。「協議会は自主的に向上を計り環境改善をなすべきだ。とすれば、解放委員会の主旨が協議会に同一視され矛盾すると考えるがどうか」と運動団体との関係に疑問を挟み松田の見解を問うています。松田は「解放委員会は差別を解放するために闘っているのであり、同和事業促進協議会も同一目的である」と返します。続けて山田は「差別事件は過去にはあったが、栄町の如く一般人が混住している。そこに同和を打ち出すことはかえって解放に障害となるのではないか」と踏み込んで反論します。北野は「それは第三者側の批判にしかみえない。部落は気の毒だからやっているのだという考え方は今日も未だ一歩も出ていない。基本的な組織体として一番強いのは解放委員会だと思う」と山田に異議を挟みます。山田は引っ込みません。「同和事業の運営と解放委員会の運営について違いもある。解放委員会は政治的に作られたもので、同和事業は党色はないものと考えている」とかなり核心をついた見解を述べています。松田は「解放委員会は部落の自主的団体であり、部落解放の大きな裏付の団体で、同和事業はその内の限られた活動だ。イデオロギーはあるが共産党でも社会党でも自由党でもない。同和事業は一定の限られた事業をする任務を持っている」と説明します。いよいよ山田は結論を求めます。「同和事業の本当の主旨は自主的な方針で行うべきだと考えるが、松田氏はどう考えられるか」。それに対し松田は「賛成だ。八〇〇万円の予算を一〇〇〇万円の価値にするのが必要だ。予算が足らなければ要求するが、その為には部落は施設を十二分に活用し、自己の自営をもって向上させる責任がある」。これで松田と山田は合意したかと思いきや、山田は「各地区の実情は違う。その中に部落の解放や同和の運動をやると他の地区の人と区別されいつまでも差別が残る。そうなると同一地区においては同和と言えば自分は関係ないということで分別される」と自論にこだわります。松田は「施設においても部落だけでなく共有して一般にも利用されるべき。解放委員会は同和事業を押し付けでやっていない」と返しました。

舟場の山田義美は市同促に後向きなわけではありませんでした。続けて、こんな議論が闘わされています。行政側の河村が「大阪市の婦人会で一番だらしないのが同和事業促進協議会だ。会合をやっても集まらないでは市側の関心も薄れる」と、厳しめの意見を述べます。山田は「意見は会合でどしどし言うべき、他力的考えではいけない」と相槌《あいづち》を打ちます。吉岡（所属が不明です）が「具体案として不熱心な地域は予算を削減することにしてはどうか」と極論を言い出すと、日之出の中田善政が反論して「そうではなく熱心でないなら呼びかける、理解のないなら理解を求めるべきだ。日之出は南方《みなみかた》からこのような話があって大阪市全体として運動すべきであると今日に来た。日之出は会合は三名しか来なかったが、遊園地を作ってもらったら七九人ほどになった。このように事実によって理解され、広がっている」と意見を述べています。山田は「無関心な地区に施設を建て協議会を認識させることで組織が強固になる」と市同促の強化を主張しています。中谷が「この際地区協議会組織を作れば、住民の認識も広がり、活発な歯車となるのでは」と議論を引き取ると、池田（この人も所属が不明です）が「現在でも地区協議会ができている所もあるので、地区を輪番で委員会を開催したらどうか」と述べます。さらに山田は「地区の状勢によって協議会の理事定数を増員したらどうか」と提案し、座長役の栗須が「地区輪番の役員会開催は決議します」と締めくくりました。

口之出地区の中田善政はのちに市同促副会長も務めました。舟場地区の山田義美も、のちに短期間ですが市同促会長も務めています。結成当時の市同促理事や活動者の間では、部落問題の捉え方や部落解放運動の評価もまちまちであるばかりでなく、市同促理事が各部落の代表だけで構成されているのに、その大阪市内の部落に部落解放委員会の支部はほとんどなかったという現実がありました。議論は、松田喜一や北野実ら少数の部落解放運動精通者が助言しながら引っぱっていくというものでした。この事情は、部落解放運動精通者が役員に多く選出されていた府同促とは違うものでした。しかし、意見の異なる各部落の代表が遠慮なく議論を闘わせるようすは、市同促は「運動団体」として出発していたことを再発見させるものでした。

中田善政と松田喜一の接点

日之出部落の中田善政が、日之出が市同促に参加するまでの興味深い回想を残しています（『解放新聞大阪版』第三八七号、一九七九年一二月三日）。

「同促への参加の呼びかけは、その前の年からありました。松田喜一さんやら大阪市の係長さんやらやってこられた頃は、この辺りはすっかり焼け野原で、わたしらのところは部落産業というのがなくて、材木屋だとか履物の直し屋が四、五〇人もいましたかね。戦後すぐに、松田さんが経済更生会という運動をやられてましたが、「上のもんがええこととして、下のもんがだしにされる」という評判が直し屋の中でたってでね。それでわたしらも同促のいきかたを一年間ながめておったわけですな」。松田喜一の「悪い噂」は日之出部落にも伝わっていたようです。

その後、中田の父親と松田の接点を語っています。「戦前のことですが、わたしのムラでは徴兵検査が済むと三年間はムラの消防団に入らんといかんかったんです。わたしの親父（中田亀蔵）が消防団長をしとった時に、奈良で水平社と国粋会の出入りがありましたんや。消防団は一二一人でしたが二一人をムラに残して、親父ら一〇〇人は松田喜一さんらと合流して奈良に「いのちほりに」いったと、こういうわけですな。松田さんがいうには「あんたは、そういう親父の息子や。親父は部落の解放のためにいのちまでほりにいったんや。その息子やのに、運動にそっぽむくのはおかしいやないか」と、そういうわけですな」と、松田から「説教」されたようです。

中田善政の記憶が呼び起こされます。「わたしらの聞いた話では、淀川の橋という橋には警官が出ててね。長柄橋、城東貨物線、十三大橋は全部封鎖してしまいよった。そやから夜間にね、みんな船で淀川を渡ったと聞いています。そこから国鉄の湊町の駅まで歩いて関西線に乗って奈良まで行ったんでしょうな。ここらは百姓しよってちょっと大きい家は用水路で荷物運ぶような船持ってましたからな。そら、北大阪水平社あげて奈良に行ったわけですな。飛鳥にね中井利之助さんちゅうて、にかわ屋やっておられて、そこで決別式いうんでっか、別れの盃交わしたいうんです。ヤクザの出入りみたいにね、畳裏返して、電気消して、百目ロウソクつけて、二の膳つけて、日之出、飛鳥、南方から奈良へ出かけていく者たちを接待したいうんです。うちのお爺さんが親父つかまえてね、「このアホンだらが、そんなことでいのちほりに行くんか」というたのをうろ覚えにおぼえてます」。水平社から続く「水路」があったのです。

舟場部落の変遷について

さて、戦前の経済更生会でも紹介した舟場部落の戦後の変遷について記述しておきます。

まず、『促進』では、中谷俶昌（当時大阪市民生局生活係長）が「同和地区巡り」を連載していますが、第一号では北区舟場町を取材しています。「船場《ママ》町は道本町の一部を含め二七〇世帯約一四〇〇名。町民の八〇％まで皮革製造、小売、材料を扱う職業に従事している」「今日、青年会（会員四〇〇名）、少年団（約三〇名）、婦人会（約五〇名）等の団体を組織して郷風の向上、智徳の涵養と啓発に格段の努力されているのも大正二年地区改善の目的をもって結成された矯風青年会（会長山田義美氏）が中心に常に意気と熱をもって奮闘せられる結果であると伺える」。「この町の住民が恵まれている一つは大阪市から船場《ママ》浴場（俗称昭和湯）の委託を受けて経営し、大人三円、中人二円、少人一円で利用せしめていることで、この売上から町の福祉事業を積極的に運営している。だが、よりよい町とするため現在、大正一二年頃地方改善費補助で建設された会館が昭和三年都市計画により道路拡張のため廃止となったものが今日に至るも称名寺を使用するしか方法がなく、だが寺も数百年の歴史を持つ宝物であるだけに注意が必要であり、会館建設が今日最も望まれている様だ」。

　融和事業によって環境改善などが取り組まれ、個人事業者が多くを占めた舟場部落は、大空襲によって、済美《せいび》小学校の北部街区、称名寺周辺の街区、「内鮮《ママ》協和会」周辺の街区がかろうじて焼失を免れましたが、その周囲は完全に灰燼《かいじん》と化しました。五〇年代の人口は約四〇〇人で戦前の半数に減少し、戸数は三分の一程度になりました。「地区の特異性は北の繁華街に近接し一般と混住しており、地区としての特殊性は著しく減少しつつある」と記述され（大阪市民生局『大阪市同和地区改善事業概要』一九五八年）、市内の他の部落に比して、事業主（経営者）層の厚さ、比較的高い学歴、安定した世帯別生計費などによって、同和事業に依存せずともある程度、自立可能な世帯が多数を占めていました（大阪市同和事業促進協議会『大阪市同和地区実態調査』、一九六六年）。そこに、戦前結成された財団法人矯風青年会が市同促の舟場地区協議会（山田義美会長、会員数四四五人・八五世帯）として活動していました。

しかし、前述『促進』第六号での山田義美の発言にあるように、一九五〇年代後半からの西成などの住宅闘争の最中でも、舟場部落では他の部落の行政交渉と一線を画しました。そして「役所の人を口ぎたなく罵倒するにはやめてもらいたい」（泉岡孝・舟場選出市同促理事）という意見が多数を占め、改善事業を推進しつつも、「舟場地区住民は同和事業一本で進んで行く」と、部落解放運動は「絶対否定しない」が必ずしも積極的に与《くみ》しないことを共同体の了解事項としていきました。そして、六〇年代初頭には矯風会を構成する人びとを中心に地区協議会を事実上解体するという顚末《てんまつ》にいたりました（『そくしん』第三七号、一九六二年一一月三〇日）。

3　全町的協議会をつくれ

「三団体共闘」

一九五五年一二月一七日、市同促理事会が北区舟場の称名寺で開かれました。この席上で一九五六年度大阪市同和事業施設補助予算編成の協議をおこない、翌一八日に各地区より三七人の代表者が集まり、北神民生局長に要望しました。

ところが、この席上で重大な告発がありました。席上、日之出地区の代表者が発言しています。「戦前六七〇戸を有したが、戦災で現在では九〇戸で、その他は壕舎生活をする者や、ブタ小舎（ママ）の様な人間が住むに適さない仮小屋生活者が七〇世帯もおり、しかも水道水源地が地区の足元にありながら、一軒の水道施設もなく、ボーフラが遊泳する手造りの井戸水を呑んで生活している」と惨状を訴えたのです。そして、日之出、飛鳥、南方の三部落が特別戦災復興都市計画から除外されていると、差別取り扱いを怒りを込めて訴えました。

地区からの訴えを受けた市同促の動きは素早いものでした。翌月一九五六年一月二四日、大阪府連と府同促共同主催の協議が大阪市立浪速市民館で開催されました。主催者ではなかった市同促も参加していました。その場で、松田喜一は「日之出地区に於いて、住宅建設要求が打ち出されている。これは最も重要な闘争であり、全戦災地区の住宅補償闘争の統一化を図り一大闘争に発展せしめなければならない」と重大な問題提起をおこないました。そして、市同促も含めた「三団体による住宅闘争委員会を組織されたい」と提案したのです（『そくしん』第九号、一九五六年一月二七日）。松田のなかでは「三団体」が部落解放運動団体だったのです。したがって、この三団体共闘による戦災部落の住宅補償闘争は、松田喜一が思い描いていた戦後部落解放運動再建のモデル的な闘いだったと思われます。

この会合で、①戦災部落に対する住宅補償、②大阪府同和予算の継続、③大阪府同和問題審議会への市同促関係者の参加などの要望を決め、住宅対策、同和事業、浴場対策の三委員会を設置しました。この後、西成、日之出、矢田などの歴史的な住宅闘争が展開されることになります。「西成から住宅闘争が始まった」という通説は間違いではありませんが、正確ではありません。一九五五年一二月一七日の舟場での市同促理事会、その場での日之出部落の告発から始まったと言うべきかもしれません。

一九五六年一月から機関紙『促進』は『そくしん』に改題し、ガリ版からタブロイド版に変わりました。「主張」で常務理事の北野実が市同促の組織強化について論じています。

「創立当初は、同和事業という組織の意義すら理解できる地区が少なく、只種々の施設補助を貰うための仲介機関で、任しておけば良いという安易な考え方の地区が多かった。従って市同促協は単なる登録の機関に過ぎないと考えられていた。最も、そうした考え方を生じせしめる組織自体のあり方と事務活動に批判さるべきものがあったことを自己批判せねばならない」「地区より市同促協へ新しい批判がある。それは、市同促協は縦の組織だけで、地区と地区の交流が行われておらず、他地区の動きすら知らされないので横の組織を確立せよという声であり、これは喜ぶべき発展である」として、①地区間に共通する諸要求を闘うための特別委員会組織、②地区間の同じ目的の事業施設の相互連絡機関の確立（浴場、医療施設、共同作業所または内職斡旋《あっせん》所）を述べています（『そくしん』第九号、一九五六年一月二七日）。

共同浴場の連合組織と民主的管理

さて、北野実が前述の「主張」で書いた「同一目的の事業施設の相互連絡機関」ですが、さっそく、これは府同促が中心になって「大阪府同和地区共同浴場連合会」を結成したことを『そくしん』第一〇号（一九五六年三月一五日）が伝えています。結成は同年四月です。大阪市の部落では、舟場の昭和湯が財団法人矯風青年会によって運営されていましたが、加島、南方、生江の浴場は大阪市民共済会が大阪市より経営委託を受けていました。市同促は、一九五五年から一九五六年にかけて市との折衝をおこない、これを部落の地元経営にするように求め、ようやく合意が得られ、随時他地区の浴場も地元経営に移行していきました。

また、トラコーマ診療所の全地区設置も再三要望されています。大阪府医療機関連絡協議会も結成され、診療事業の共同化が図られ、保育事業でも懇談会が開かれたりしています。また、一九五六年度から大阪市は新規事業として、部落の高校在学者に育英資金を給付する制度を開始しました。

西成の文化温泉は、西成共同浴場利用者組合で地元経営していましたが、経営に悪戦苦闘していたこと、松田喜一は「理想主義」を反省し経営改革に挑戦していたことは前述しました。耳原の成功例はありましたが、大阪市の各地区でも浴場経営は厳しいものだったようです。福井由数はこの頃、府下の部落の共同浴場の経営者の集まりに参加していましたが、「どこも悩みは同じですな。個人に営業を請け負わすとよい風呂が望まれないし、直接経営すると損得を無視せねばならないことになります。又多少利益があっても、それをどういうところに使うかについて問題があるようです」と感想を述べています。また、「この間西成区の浴場組合の集会にも出まして、その経営状態について聞いたんですが、相当みんな苦労しているらしいです。こんど大阪市の水道料が値上げされたことが大きくこたえるらしいです。浴場組合は共同して値上げに反対することを決議し、水道料を供託して不払い同盟を起すとかで、僕らも共に闘ってくれといっていました」と述べています。一般の浴場組合との連携については、市同促として何回か会合を持っています。戦後すぐ焼土と化した大都市大阪の復興に、大衆浴場は焦眉の課題で、大阪市は部落だけでなく、一般地区でも公有地の貸与や建設費補助などを実施していましたが、戦後一〇年も経つと追加融資など財政負担も大きくなっていました。

松田喜一は「いままで経営は運動として考えられ、運動は個人の犠牲によって進められてきています。之では永つづきもしなければ、合理的な運営もできないのは当然であって、我々モット科学性をもった経営家にならねばだめだよ」と述べています（座談会「部落施設の民主的運営について」『部落』第七四号、一九五六年三月）。

この時期、共同浴場というのは各部落に共通する大きな課題でしたし、戦前からの経験がある地区もありました。この課題で、行政に要望も提案もやり、住民の参加も促し、さらに経営にも踏み込み、それを地域横断的に交流し連携していたことは、経営健全化に苦戦していたことも含めて、当時の府同促、市同促が民主的管理において、高いレベルにあったものの、苦闘もしていたことを感じさせるものでした。

大阪市同和事業促進協議会五周年に衝撃的な「松田提案」

一九五七年一月二五日付の『そくしん』(第一三号)は、「全町的協議会を作れ—みんなの工夫と創意を結集する」という松田喜一の文章が掲載されました。この文章は衝撃的です。

「協議会の運動の真の目的は同じ立場にあるものが、一致協力して創意工夫をこらし、自らの力で差別の原因となり、対象となっておる惨めな生活を立て直し明朗な町づくりをやることによって、その基本的人権を守ることにある」と、市同促は「町づくり」をやる組織だとはっきり言っています。

次に、「建設された施設は総て、民主的に運営され総ての人々の生活の改善と、自覚を高めていくことに役立たなければならぬ。またその組織は総ての人々の参加と協力の下に運営され経営されねばならぬ」と、「民主的運営」が施設の趨勢《すうせい》を決めると言い切っています。しかし、現実は「自己暴露になるが、ありていにいえば、我が協議会は地区における少数幹部の連絡協議機関であって、全ての人々の団体になっていない。従って建設された施設もまた一部の幹部が責任を負わされ運営しているだけで、地区の大衆は全く責任なく、その運営に関係ない場合が多い」と、幹部請負の地区協議会では意味がないと断じています。さらに、「一切が少数の幹部グループの請負で、施設は大衆のものではなく、ただ幹部の善意で恩恵が施されておるこうしたやり方は地区の人々を自覚させるどころか、かえって安易な生活にならし、ねむらせるだけで乞食根性《ママ》と分取り根性をつくり上げる結果となってはいないだろうか」と、厳しく戒めています。

そして、これが松田の市同促論の真骨頂だと言わんばかりに「我々の事業や運動は、みんなが力を合わせ、自分の力で障壁をとりのけ、みんなで工夫をこらし、立ち上がる人づくり、町づくりの運動である」と宣言しています。行政への要求も「当局に対してもみんなで力を合わせて立ち上がることを援助する市政や行政の実現を要求して運動をしておるのである」と、核心は「立ちあがり」への支援だと言っています。そして、「こうした点で我が協議会のあり方自身また再検討する必要がある。単なる幹部の連絡、協議に終始しておる機関ではいけないのではないか」と、スタート間もない市同促なのに、そのあり方を再検討すると言い切っています。

さらに、松田喜一は、重大な方針を提案しています。「協議会は五七年度の当初予算の大幅増額を計画し助成金等も増額を要求しているが、従来の団体のあり方を変更しその性格を改め地区の大衆を結集し全町的協議会を作る事業に重点を置くべきだと考える」と、予算より組織が先だと踏み込みます。

そして、いよいよ結語です。「そのために協議会は単なる協議機関ではなく、直接事業を行い、既存の施設を綜合連絡せしめ、その事業を援助し指導するとともに、青少年、婦人を啓発すること、仕事がなくて困ってる人々、零細な事業者達に力づける諸々の事業を行なって行くことによって、それぞれの事業や行事を通じて地区の人々を年齢別、性別、業種別、階層別に組織し、これ等をさらに全町的に統合して、全町的協議会を作り、全ての創意と工夫を結集して町づくりと新しい生活運動に発展、指導する役割を果たすために準備されなければならぬ」。「協議機関」ではない「事業機関」であり、「町づくり団体だ」という方針です。

そして、「協議会は第五周年を記念する事業として、協議会を市内一五地区の大衆の生活の上に組替えられねばならぬ」。「この事業こそ部落問題を解決する基本的方向である。当局もまた協議会を正しく指導援助するために町づくりと新しい生活運動を引き出すために団体助成の上で充分なる配慮を希うものである」と、部落問題解決は「町づくり」にあると明言しているのです。そのために、市同促は「全町的協議会」へと脱皮し、行政はその町づくり、新しい生活運動を引き出す「団体助成」を検討すべきだと提言しています。

この問題提起は、一九五七年四月二五日の大阪市立労働会館で開催された市同促第五回総会で正式に提案されました。しかし、総会の提案より、この新年の挨拶のほうが端的で明快なものでした。この「松田提案」は、松田喜一自身相当に熟慮したものだったと思われます。

ところでこの時期、松田喜一は市同促事務局長という役職を離れ「参与」に就き、しばらくして「書記長」というちょっと唐突な役職に就いています。この後、松田喜一は大阪府会議員選挙に立候補しますので、その関係だったのでしょうか、それだけだったのでしょうか。

「松田提案」を受けて、各部落に同和事業促進地区協議会（地区協）が次々と設置されていきます。松田の地元西成は、広域で広範だったために遅れました。一九六一年八月二二日、松向寺において、西成地区の日赤奉仕団の連合会長、各団長、役員ならびに部落解放同盟役員ら一〇〇〇人が集まって、松田喜一の「現在に地域協議会を拡大し、実質的に全地区の区民を統合したようなものに改組しよう」との提案で準備委員会を設置して、翌年一一月二〇日、同和事業西成地区協議会が結成されました。一九六四年二月一〇日の総会時点での役員は、会長杉原義春、副会長松田喜一、伊藤高重、市村康司、小野省三、上田金一郎、会計細川愛之助、米田宗治、会計監査米沢友一、玉利袈裟助、生業資金部長吉田信太郎、住宅対策部長大谷義雄、衛生対策部長松本清一、浴場対策部長吉岡弥市、厚生対策部長正木留吉、教育対策部長岡田繁治、青少年対策部長西田昭一、事務局長森本利一、次長此上芳一、相談役石本淳一、益谷寿、顧問伊藤清、島田甚七となっていました。

牛活立て直し運動の提唱

市同促は、「松田提案」と同じ年の暮れの一九五七年の『そくしん』（第一四号、一九五七年一二月三〇日）で「総ての人々が参加する生活立直し運動を拡げよ」との文章を掲載し、文化温泉建設運動における協同組合方式や住宅要求期成同盟や、浪速区の診療所建設運動を念頭に、各地区の施設運営における生活協同組合方式の導入を提唱しました。「全町的協議会」という「新しい革袋（組織）」と、「生活立て直し運動」という「新しい酒（運動）」が提唱されたのです。

「あり体に云って今日まで我々がやって来た事業や運動のやり方は民主主義時代に適応した新しいやり方でも方法でもない。それは戦前の融和団体のやって来た方針を踏襲しているもので、別に誇るべきものではない。なぜかというと現在の事業は部落内の有志や幹部の善意に基づく慈善事業であって、大衆の自覚と解放意欲によって起こされた自主的な民主運動として工夫されていないからである」と手厳しく指摘します。

「大衆こそ敏感で事業に期待をかけ、我々の動きを常に見守っている。しかし、如何に大衆が関心を持ち、期待をしていたからといって、その事業に関与せしめ、大衆を運営に加える方式が、運動や事業の上で工夫されず、その埒外に置いて放ってあるようでは、傍観者たらざるを得ない。我々にとってこのことこそ肝要なことで、よく考えるべき点である」と核心を突いています。

そして、「町づくりと生活の立直しは総ての人々の参加と、その民主的運営の上に仕組まなければならぬ」として、「協議会が提唱した生活協同組合方式は、今、浪速区や西成区で採り入れられ、組織化の準備が進められている。生活協同組合の運動方式とその運営方式を、部落改善運動に採り入れることによってより効果的なものにしていかねばならぬ」としています。

「幸にして各々地区には利用すべき種々の施設を持ちそれを経営している。これを糾合し合理的に運営していくなら力強いものになる。更に法人格を持ち、組合員大衆の権利、義務の関係を確立することによって大衆の利益を確保し、組合は対外的信用を確立することが出来る」と、法人化も含めて具体的に述べています。

最後に、「従来の運動は有志や幹部だけで出来る事業であり、大衆には難しいものとされてきた。生活協同組合の運動こそ台所をあづかる婦人の手で出来る安易な仕事である。先づこの運動こそ来年は総ての地区で実現しようではないか」と呼びかけました（『そくしん』第一四号、一九五七年一二月三〇日）。

「台所をあづかる婦人……」は今では不適切な表現ですが、それはともかく、組合員の参加なくして協同組合はないことに着目し、全町的協議会を構成する要求別、階層別の協同組合のような全員参加型組織を提唱しました。五六年に浪速、西成の共同施設として建設した芦原診療所は、五八年、生協法人浪速医療生活協同組合を結成し、経営を移行しました。芦原病院が竣工《しゅんこう》するのは一九六三年一〇月になります。五八年七月には大阪市同和地区青年協議会が発足し、会長西岡智《さとる》、副会長大賀正行、書記岡田繁治、会計桜本忠夫（西成）、理事前田悦男（住吉）、木下啓一（両国）、監査役戸田政義（矢田）、北本宏（西成）を選出しました。また、五八年度から市同促は、「従来に理事二名以外に、地区から女性の理事一名を選出することになったことは、遅きに失する感なきにしもあらずだが、市同促協としてはヒットだと思う」（『そくしん』第一六号、一九五八年九月一日）と住田利雄は記しています。西成からは連続ではないですが、一九六五年までに福井初枝や村畑花子が理事に選出されています。

また、零細業者の協同化、「生業の立て直し」「生活の立て直し」に従来より設置されている生業資金制度ではなく、「生活立て直し」運動の資金として新しく「経済更生資金」制度の設置を要求し、一〇〇〇万円の枠を獲得し、この制度は五九年度から実施の運びとなりました（松田喜一「新年の雑感」『そくしん』第一七号、一九五九年一月三〇日）。名称は「同和生業資金」として一九五九年度からスタートした新制度は、「とくに大阪市においては矢田地区が三年前より大衆的な運動を展開、団体が責任をもち、三四〇万円の貸出に成功、共同互助百％の返還率、高利貸しの利子の大幅低下、権利意識の高揚等種々の成果を挙げ、日之出地区の運動、同促の積年の努力が大阪市政の上で取り上げられた」もので、「一般の生業資金制度は、抵当物権、保証人問題などでちょうど公営住宅が部落民にとって一定所得を有しないため、申込資格がなく高嶺の花の存在であるが如く、一般生業資金の網の目から漏れていた」が、これを改善し、「従来の環境改善事業から部落大衆の生活経済向上のために一歩大きく踏み出したものとして評価される」ものでした（『そくしん』第二一号、一九六〇年一〇月一日）。この新制度の説明会は、一九六〇年七月中旬の中之島中央公会堂から始まり、各地区で連続的におこなわれました。

失敗を生かした松田喜一の大転換

松田喜一にとって、日本国憲法（一九四七年）、世界人権宣言（一九四八年）頃から一九五七年頃までの一〇年は、いわば戦後民主主義を部落解放運動に進取した一〇年だったのではないか、そう思わせる一連の重大決意を象徴するのが「全町的協議会を作れ」「総ての人々が参加する生活立直し運動を拡げよ」という『そくしん』の二つの文章でした。

前の文書は松田喜一記名、後ろの文章は無記名ですが、なかなかの逸文です。書いたのは松田喜一でしょう。いや、ひょっとすると北野実でしょうか、いや住田利雄かもしれません。住田利雄は

「五三年夏頃住吉区役所で松田喜一先生と戦後初めて会った」そうで、その後一九五六年四月に市同促理事となり、一九五七年四月から市同促常務理事に就いており、『そくしん』には「住田生」の文章が多数あります。何より松田の連日の「深夜の電話」の相手であったそうで、松田の意を最も多く聴き取った人です（住田利雄『「下駄直し」の記』解放出版社、一九八六年）。

この本を書き始めた最初、松田喜一はけっして演説もうまくなく、文章もあまり書かない、得意としない人だと考えていました。ところが西成の住宅闘争の「陳情書」を見て、それは間違っていたと反省しました。そしてこの『そくしん』の二つの文章を見て、今度は激しい衝撃を受けました。何度も読み返したくなる見事な文章です。

「民主主義時代に適応した新しいやり方」が、差別をなくし個人を尊重した「生活立て直し運動」で、「自主的な民主運動として工夫」されたものが、「大衆を運営に加える」協同組合方式を基礎にした全町的協議会、これが、水平運動、部落改善運動を反省しつつ引き継ぎ、戦後民主主義の一〇年から進取したものでした。これをもって、市同促結成五年にして、大転換するということでした。ここには、松田喜一の戦後の経済更生会の「失敗」の反省をもとにした「民主主義の会得」がありました。

4　部落解放同盟大阪府連合会との論争

部落解放同盟全国大会の松田批判はなぜ

一九五九年一二月八〜九日の部落解放同盟第一四回全国大会が開かれました。ところが、その議案書「行政闘争のあり方」のなかに見逃すことができないような記述がありました。

「大阪の運動は、解放同盟によって展開されたのではなく、同和促進協議会によってすすめられた。そのけっか、運動の幅は広くなったが、融和主義的な偏向がつよまり、幹部は官僚化し、目的意識的に部落の完全解放をめざした闘いがくまれなかった。このため、予算闘争は同促協、差別事件は解放同盟と分業化し、いかなる闘争が組まれても、要求闘争は改良主義のワクを一歩も出なかった。しかしながら個々の支部では、大衆の要求を率直に取り上げ、差別行政反対闘争として発展させていく努力がつづけられた」と記述されたのです。

続けて、多様な要求闘争が発展しつつも「同促協のもつ融和主義的な理論と闘い方が、なお、全体的には、部落の活動家と大衆を害していた」「西成においても、住宅闘争が活発に闘われたにもかかわらず、大衆集会・動員・宣伝その他あらゆる活動を通じて、大衆に部落問題を正しく理解させ意識を高める努力が弱かったために、結果的に経済主義的におちいる傾向をおかした」とまで批判されました。これは、市同促方式と松田喜一に対する全面的な批判と言えるものでした。

この全国大会方針は、西成の住宅闘争などの活動への、故意とさえ思える「誤認報告」が下敷きになっています。この頃、西成支部書記長を経験しながら中央本部に専従していた中西義雄の「誤認報告」なのでしょうか。それだけではなく、同促協への誤解、無理解というより「決めつけ」が感じられました。こちらは朝田善之助の「決めつけ」だったのでしょうか。下書きは中西義雄が書き、朝田善之助が承認した、松田批判というより松田攻撃だと思われます。

それにしても、すでに『そくしん』紙上や各種会議で、市同促の「全町的協議会」や「生活立て直し運動」が提唱されていたにもかかわらず、中央本部の認識との「落差」には驚かされます。

西成の「ジプシー部落」での不法占拠と言われた地域住民の葛藤や、その後の住宅闘争の始まりの過程に立ち会ったのは、松田喜一や岡田繁治、吉田信太郎であり、また福井由数や永田勇、途中参加した中西義雄らでした。朝田善之助の側近であった田中三郎も少し遠巻きに立ち会っていたと思います。しかし、同じ場面に立っていても、松田と中西には違う風景に見えていた気がします。松田は、「不法占拠」の住民が、立ち退き反対から住宅要求期成同盟へと成長していく「路上談義」の様を、大衆の成長として半ば驚きを持って見ていました。そしてそれを市同促という「新しいスタイル」の運動へと発展させる構想を持っていました。一方、中西は、デモや集会のような民主化への大衆の立ち上がりに、わが意を得たりと興奮していたように思えます。二人の微妙な感覚の違いが、間もなく亀裂となって広がっていくことになります。私見が混じるかもしれませんが、中西の「民主化」と松田の「民主化」には、戦後民主主義への向き合い方に違いがあった気がします。当時の日本の社会運動では、中西のほうが多数派で、松田の思考は少数だったようです。ただ、誤解されたら困るので記述しておくと、一九六〇年安保闘争が盛り上がった一九五九年の頃、「ロッキードより住宅を建てよ」と御堂筋デモが繰り返され、大阪府連は連日五〇〇〜二〇〇〇人の動員を誇り、その中心は圧倒的に矢田支部と西成支部で、デモの先頭はいつも松田喜一でした。

若い力の台頭と同促協・松田喜一批判

一方、当時、一九五六年から市同促事務局長であった松田喜一らと、一九五九年頃から次第に大衆闘争として発展し力量を付けてきた大阪府連の若い活動家、大賀正行、上田卓三《たくみ》、西岡智、泉海《せんかい》節一《せつかず》らとの間にも、同和事業の推進と同促協の役割をめぐる論争、確執が起こり始めていました。大阪府連の若い活動家に強い影響を与えていたのは、部落解放同盟の常任中央委員であった京都府連の朝田善之助の解放理論と行政闘争論だった、という図式になるのでしょうか。

一九五七年七月、香川県小豆島で部落解放第一回全国青年集会がありました。大賀正行は回想しています。「一九五四年保育所、一九五五年公民館、一九五六年日之出湯買収補助金、一九五七年日之出診療所用地確保、一九五八年改良住宅六〇戸建設と、よくも毎年獲得したものだ。今にして思えば、中田善政氏ら地区役員の大変な努力と功績だった。しかし、私や北井君らにはその非民主的運営もあって、それらの成果も逆にこんなものでごまかせるなと地区役員批判の対象になっていった」。そんな折に、「中田善政氏から費用はこちらが持つから北井君と二人で参加せよと要請され小豆島へ向かったが、「青年集会は私らに大きなインパクトを与えた」。その後の一一月、全国青年集会に参加した西岡智、戸田政義（矢田）、大賀、北井浩一（日之出）、岡田繁治（西成）と上田卓三（日之出）、京都の藤谷義兼（本部オルグ）らが桃谷の同和会館に集まりました。「一泊泊まりの激しい議論のすえ、いつの日にか大阪の運動と組織を統一して全国一にしてみせる」と「青年同志の誓いを盟約した」。「その後の大阪の運動と事業の大きな前進と成果はここから始まった」。

そうした興奮とともに、大賀たちは、北井浩一から聞く京都、朝田善之助の運動に刺激を受け、松田喜一らの「やり方はなまぬるい、融和主義だ」との批判を持つようになり、「青年たちが結集した府連派（桃谷）対同促協派（上六）の対立となっていった。私自身も京都に煽られたこともあって、水平社の闘士だった松田喜一も「麒麟《きりん》も老いては駑馬《どば》に劣る」といって同促協打倒論をぶって」いました。西成支部では、岡田繁治も吉田信太郎も松田喜一を信奉はしていましたが、同促協批判は大賀らと同調していたようです。市同促の事業分配のようすを、「一二匹の鯉が一つの麩《ふ》をうばいあっている姿にたとえたのは岡田繁治氏（当時支部長）だった」と大賀は回想しています。また、「全国青年集会で煽られたこともあって西成に岡田さん、矢田の西岡さん、戸田さんも含めて同促協批判をするわけ。そうそう、吉田信太郎さんもしていた」とも振り返っています。

こうして、大阪府連からの市同促批判が始まったのが一九五七年からでした。つまり、大賀や上田、西岡など大阪府連の若い活動家が「大阪の運動と組織を統一して全国一にしてみせる」と誓い合ってからでした。それから五年後、『そくしん』（第二九号、一九六二年二月一七日）「同促協とは何か?」は、「近県でも古い歴史を持ちながら最も弱体と言われた大阪府連が、全国的にも認められるようになった」。「こうした強力な組織になるまでには、大阪府、大阪市の同促協の果たした役割は決して見逃せないものである」と評しています。書いたのは住田利雄です。

当時大阪府連の書記長だった西岡智もこう回顧しています。「朝善は理論の朝田、煽動の名人。松田喜一さんは地域に根を下ろし、地域を変え、行政を変える、地域の主人公になれという路線、構造改革路線。大阪の若者は京都の朝善に魅力を感じて松田喜一さんを融和主義と決めつけた一時期があったが、やがて実践の中で松田喜一さんの偉大さもわかるようになった。行政闘争をやると、必ず腐敗は生まれるんですよ。だから、いかにして大衆を主人公にするかということが重要なんです」（西岡智『荊冠の志操』柘植書房新社、二〇〇七年）。思わず膝を叩いてしまうような的確で良い話ですが、五七年頃からの数年間は、大阪府連書記長の西岡智をして、「松田喜一は融和主義者」と「誤解」していたのです。その「風潮」の過程で、松田喜一と中西義雄の確執があり、朝田善之助の大阪の同促協批判があり、西岡、大賀、上田ら大阪府連若手の松田批判があり、当時の大阪府連大会方針に露呈する「階級闘争強調」があったのでした。

「これが民主主義だ」住田利雄の反論

こうした部落解放同盟側からの批判に対して、市同促理事の住田利雄は、機関紙『そくしん』で反論の記事を連載していきました。この住田の精力的な活動には目を見はります。

住田はまず「同促協は市の同和事業が正しく推進されるよう我々の意見を述べる機関」と府同促

にも市同促にも通底している組織の目的を簡潔に述べます。続いて「決して市の官庁の機関ではなく我々が構成している機関である」という府同促とは少し経過を異にする「市同促は住民代表で構成」していることを「充分理解していただきたい」と念押ししています。住田自身が住吉地区代表として、あるいは前述した中田善政も日之出代表として、それぞれ市同促の加盟に躊躇《ちゅうちょ》したこともあり、また検討もした経過があり、外から市同促を見ていると見間違う点だと注意しています。

住田は続いて、①「同促協に入って居れば解放同盟なんか入らなくともよい」という見解、②「同促協は解放同盟の下部組織だ」という見解、③「理論の進んだ人の中には同促協は融和団体だと決めつけて、同促協に入っておれば解放同盟なんかどうでもよいと云う人達を攻撃している」という三つの間違った見解があると現状を憂いています。

そして、「解同と同促はどこが違う」かと言えば、「解同は部落差別をなくするための団体で、部落民ではなくても綱領規約に賛成すれば入れる」とし、「同促は同和事業に関係する組織で、同和地区でないものは入れない」と、簡潔な区別を説明しています。そして、ここからが住田の主訴ですが、「部落の人々一人一人が解同を支えている足である」とし、「同促は部落の一人一人が直接の足ではない」と言い切ります。そして、「部落の全部の人たちが、それぞれ作っている団体の代表で構成された地区協議会が同促を支えている足である」と「全町的協議会」の意味を説明しています。そして、「同促には足があるが解同には足がない、だから解同には人が集まらない」とよく聞くが、「これは反対である」として、「解同は個々人が会員であるホントの大衆団体であるから足がある。個人は自分の意志によって各種団体に入ることができる、これが民主主義だ」と締めくくっています。「これが民主主義だ」というところに住田の真骨頂があり、たぶん松田喜一も膝を打ったことだと想像します（『そくしん』第二六号、一九六四年九月一〇日）。

ちょっと話は戻りますが、市同促のブレーンとして論争に立った住田利雄と松田喜一の出会いについて補足しておきます。最初の出会いは、住田が靴直しをしていた一九四八年頃でした。二度目は一九五三年、住田はこの年から部落問題にかかわるようになりました。きっかけは、町会副会長として共同浴場の改築の資金調達を検討していたら、浅香部落が同促協から金をもらったと教えられ、連絡したら松田喜一、吉岡弥市が来てくれた。「私は、部落々々いうのは寝た子を起こすようなものでいかんというようなことをいい、二時間ほど議論したんですが意見が合いません。栗須（喜一郎）さんは、金のために市同促入るのはいかんとずいぶん反対しました。松田さんは、住田は固い、金はとっても解放運動はせんと言っていたそうです。私が松田さんと議論したのはこれで二回目でした。自分の思ってることを言ったわけですが、どうも松田さんに議論で勝ったような気がしなかったですね。それで部落問題の本を買って読んだりして、私の考え方がどんどん変わっていきました」（『解放新聞大阪版』第三三五号、一九七八年一一月六日）と率直に述べています。

大賀正行・松田喜一論争は終わらない

一九六三年九月二一～二二日、和歌山県白浜で市同促主催の大阪市同和地区幹部研修会が開催されました。『そくしん』（第四二号、一九六三年一〇月二一日）に「同和行政はいかにあるべきか、核心をついた二日目の討議」の見出しで討議の内容が紹介されています。

まず事務局長の松田喜一が問題提起します。「同促協は生業資金、奨学資金を通じ、部落問題解決に希望を持たせてきた。こうした運動家の努力の結果の影に安易につこうとする地区大衆があって、一部運動家にまかせきるというようなことも出来《しゅったい》。同促協は解放同盟の綱領に従って活動しているにもかかわらず、活動の方法に疑惑の目を向けさすこともあり、運動の発展につれて矛盾も出て来ている」と率直に市同促の欠点を述べ、「本日はその矛盾の根を掘り起こし、皆で討議をして、今後の同促協の指針にしたい」と切り出しました。

各地区から意見が出ます。川本（矢田）は「地区協議会が、地区で請負主義に陥っている、そこに同促協の問題点がある」。松田慶一（浪速）は「同促の請負が問題、大衆のニードを全部取り上げているか。同促は二重行政になっていないか。行政はまず調査からというがその調査が基準になっていない。問題は多種多様で山積している」。

その後、松田と大賀の核心を突いた論争が始まります。大賀（日之出）は「こんな質問のやり方は解同と同促が対立している方向で取られるじゃないか」。それに対し松田は「同促協と解同が対立していると考えることは同促協の性格を理解していない者からの考え方である。同促協は解同の運動方針から決してはみ出してはいない」と前置きして、「地区が一つにまとまってこそ行政も対処しやすい。施設予算の実施も、生業資金の正しい利用も、地区が一つにまとまっていなければ所期の目的を達し得られない」と諭しています。続いて、河合（矢田）は「こんな問題はすべて役所に責任がある。ある者が行くとその者が気にいるように返事をする。また別の者が行くと別の返答を出す。これが地区を混乱さす基になっている」。福井初枝（西成）も「ナニワ奨学金に問題がある。金額も低いし、支給方法にも問題がある。折角資金を受けようとする者もやめてしまうという事例がある」と大賀を援護します。

さらに、松田と大賀の論争は続きます。大賀は「松田さんは地区を一つにまとめようと言われたが、要求の違うものがまとまるだろうか。トーフ屋と植木屋が一緒になるか。同促協がいう地区は一本になれということに問題がある。同促、解同という問題が起こって来たのは、生業資金や住宅問題が起こってからではないか」と反論します。松田は「同促協の理解が薄いように思う」と注意します。その後「大衆の要求を同促がやるのではない。要求闘争は解同がやること。同促は大衆に要求を抑えたり調整する機関でもない。要求は無制限にあると言う、しかしだからといって、何でもかんでも要求せよということでもない。どんな要求で部落を解放するという点では一致するはず。同促は部落解放の行政をより良く発展させる為に、要求が正しいか、正しくないかを指導する役割を果たしているのだ」。これは大賀には異論がありました。大賀は「解同の指導で要求を行政に持って行くのに対し、同促は協力しようとしない。解同の運動協力に努力しないのはなぜか」と現実は松田の言うようにはなっていないと迫ります。「市へ要求を出しても同促協を通じて持ってこいということがおかしい。同促協は請負しているのではないか。要求は一人であっても受け付けるのが行政ではないか。同促協は統一をいうが要求者の意思を認めて統一するのか。両方とも泣きやまして統一するのか。後方なら問題である」。ここは大賀の市同促批判の核心点でした。

さて、松田と大賀の論争は佳境に入っていきます。「大賀君が言うことは要求者別組織のことだと思う」として一致点を示しつつ、「同促協はどこから要求が出ようが正しい要求なら、おさえたりなきやましたりしたことはない。要求はそのまま行政へ突き上げている。また市が同和予算を之だけ組んだから、各地区はこれで辛抱せよというような請負をしたことはない」と大賀に反論します。「同和予算の額を同促協で増額できると思うところに問題がある。定まった額をどのように執行するかを決定するのが行政であるが、その前に無駄な争いのないように協議するのが地区の民主的団体の代表、その団体の代表が協議する場、それが同促協である。同促協はその名の示す通り協議機関である」と説明します。そして、「要求者団体は同促協の基幹となるのである」と論争の根幹を指摘します。さらに松田は「同和問題では生活の立直しが大切である。隣保館ができたから同和事業ができるというのではない。意識ある人々の指導と大衆の認識が一つになってこそ隣保事業の正しい成果が得られるのである」と要求者団体への部落解放同盟と市同促双方からの援助と指導が重要だと締めくくりました。行政側の中谷仮昌が「市民館（隣保館）が地区にできても従来の市民館事業で行うとは考えられない。地域のニードを重視して適当な行政の打つ手をおこないたい。その為に同促協の協力を求めたい」と補足的な意見を述べています。大賀も「地元の意見を聞く場合、地元に適切な人があればいいが、そんな人がない場合が問題になる。良い面もあるが悪い面もあることを考えられたい。民主的な人選びというがそこに問題がある」と、注文を付けながら目線が同じ方向を向いていることを確認しています。

長文の引用で、ほぼ要約なしに記載しました。松田喜一と大賀正行の、抽象的な言い回しがまったくない、澱《よど》みない論争が生き生きと再現されていると思ったからです。

頑固に譲らず

部落解放同盟と市同促の論争はまだまだ続きます。一九六四年九月一三日、滋賀県彦根市で市同促第四回地区班長会議が開催されました。ここでは市同促の理事に就任していた大賀正行から、①同促協は市の協力機関か、運動団体か、②地域団体の利益は良いが個人に利益関係にタッチするな、③指導とは何を指導するのか、④個々の要望を犯すことは違反だ、⑤解同がヘゲモニーを取ることが望ましいと言うが同促協の性格に問題がある、⑥西成の子ども会指導にも問題がある、との厳しい質問がなされました。松田喜一は「同促協は市に協力もする。しかしそれが全部ではない。運動もし、事業もする、指導も啓発もする団体だ。只大阪市の行政地域に限るという制限がある。個人の利益にタッチするなというが部落問題は個人に関係あっても地域の問題である、という理解ができないからそんな意見が出るのだ。個々の事情を犯すということも同じだ。西成の子ども会に関しては事情を知ったうえで発言されたい」と反論しました。

「それが全部じゃない」というところが、市同促を結成した松田の心情を表しているように思われます。結成から一〇余年、市同促は同和事業執行の「第三者機関」としての役割を増していました。大賀が代表するように部落解放同盟の力量も高くなっていました。松田は、この章の冒頭で紹介したように、市同促を「新しいスタイル」の運動体と構想していました。はじめから「第三者機関」とだけ構想してはいなかったと想像します。しかし、松田が市同促で実践した要求者組織とか全町的協議会とか生活の立て直しとか、大阪府連がこれを進取して成長していくことで、「第三者機関」の役割に収斂《しゅうれん》されていったと思われます。その過程での解同vs同促論争だったのでしょう。後述しますが、住田利雄は松田喜一は「全然ゆずらなかった」と回想していますが、松田は「新しいスタイル」の部落解放運動を思い描くことに頑固だったのだと思います。

さて、こうした対立の解消のために、一九六四年末から一九六五年初頭にかけて、市同促の住田利雄会長、武村喜代美副会長、松田喜一事務局長、松田慶一会計と、大阪府連の西岡智書記長、米沢政雄中執、福井由数、大賀正行両執行委員という最高メンバーによる三回の非公式懇談会が持たれました。また、大阪府連は市内ブロックのオルグを大賀執行委員に入れ替えるとともに松田事務局長の進言もあって市内ブロックの支部長会議を持って検討を重ねました。そして、一九六五年二月六日に大阪府連と大阪市の交渉がおこなわれ、ここに、書記長の西岡智と執行委員の大賀正行、泉海節一、福井由数とともに、市同促役員の住田利雄が住吉支部長、松田喜一が西成支部長、武村喜代美が浪速支部長として出席しました。このちょっと異例の顔ぶれは、三回の非公式懇談会と市内ブロック支部長会議を踏まえて、大阪府連と市同促が対立しつつも共同歩調を歩み始めたことを示すものでした。

振り返れば、この日は松田喜一死去の二日前でした。その後、五月一〇日に市同促第一回地区会長会議がおこなわれ、「行政要求については、同促協と解放同盟とが分裂してやるのではなく、統一し、力を合わせてやっていくべきだ」などの確認が徹底されることになりました。

本書は、松田喜一の生涯を題材にしたものですから、市同促と松田喜一に関する記述はここまでです。大阪府連と市同促は、厳しい論争に終止符を打ち、急速に関係を修復しました。そして市同促はすべての地区に協議会を設置し、要求別、階層別の組織を整備しながら発展していきました。とくに、一九六五年に「同対審」答申が出て、一九六九年に同和対策事業特別措置法が制定されると、次々と事業が実施され、同促協方式がその受け皿となって役割を果たしていきました。松田喜一もわが意を得たりと喜んでくれたと思います。一方、関係修復で大阪府連の運動も一気に活発化し、絶頂期を迎えていきました。その後、逆に運動が強くなったぶん、市同促の役割がマンネリ化していく傾向もあらわれたり、同和対策審議会答申の評価をめぐって、日本共産党が介入し、運動団体に分裂が生じ、同促協方式は一時混乱しますが、大阪府連と市同促の連携でこれを克服していきました。これらのことには、本書は立ち入りません。

5　松田喜一の遺志を引き継いで

松田喜一死す

一九六五年二月八日、松田喜一は突然亡くなりました。死因は急性脳溢血《のういっけつ》、享年六六歳でした。文化温泉の二階の自宅で発見したのは、吉岡弥市と松田慶一（松田後継の市同促事務局長）と北島政波（元西成支部執行委員）でした。三人は松田が市同促理事会に欠席したことが気になって、合鍵でドアを開けて部屋に入ると、ガスストーブが倒れ、布団から半身を乗り出し、うつ伏せに倒れている松田喜一を発見しました。

前日、松田喜一は、住田利雄に連れられた高校生グループ「どんぐり友の会」の地区見学を案内し、夜は、文化温泉で西成支部婦人部の活動家と四方山話《よもやまばなし》に花を咲かせていました。まったくの突然の死でした。「七日の日曜日、朝一〇時天王寺駅で待ち合わせて、松田さんが西成を案内してくれた。私は、その状況を写真に撮ってまわったが、それが松田さんの最後の姿であった」と住田利雄は回想しています。「婦人部の班集会を終えて、私や五人程が帰りを待っておりました。松田さんは九時過ぎに帰ってこられました。この日は部屋のガスストーブがいやに何回も消えました。松田のおっちゃんは「おれにもしものことがあったら、お前に弔辞を読んでもらうがなあ」と言われたので、「おっちゃん、なんてこといいはるの? お嫁さんもらいはるとき祝辞を私に読ませてね」と言い返しました。私たちも皆笑いながら、大声で「おやすみ」と声をかけて文化温泉を出ました」。当時の西成支部婦人部長の下川文子は語っていました。

告別式は二月一〇日、文化温泉でしめやかにとりおこなわれました。また、三月二日には、開公園で部落解放同盟葬が営まれました。葬儀委員長は松本治一郎でした。

つい一週間前の逸話

松田喜一は急死でした。盛田嘉徳が死の一週間前のことを回想しています。

その頃、松田は文化温泉の二階で自炊していました。阿部野橋あたりで松田と遭遇した盛田は、酒を誘われ、最初は断ったのですが、その日の松田はいつになくしきりに誘ってきて、半ば無理やり文化温泉に連れていかれたのだそうです。「浴場の外壁にそうた階段を上がると大広間があり、その横の板戸をあけると、六畳ばかりの部屋と、廊下のようなところのスミに流し台と水道がありました。そこが松田さんの住居でした」。「廊下と部屋の間にある二枚の障子には紙がまったくなく、桟《さん》ばかりで、そこに何枚かの布巾がかけてありました。あきれて私は立ったままでそれを眺めていると、松田さんが笑いながら「この方が万事便利なんですねん。上は茶碗を拭く布巾、中は御膳などを拭く布巾、下のは雑巾ですわ」と説明しながら、ガスストーブに火をつけました。道具らしいものはテレビがあるだけで、あとは鍋とやかん、茶碗、湯呑みに皿、なんとも貧寒としたものでした」と盛田は語っています。

盛田と松田が殺風景な部屋に腰を下ろすと、松田慶一がやってきました。鍋に関東炊きを買ってきていました。酒をやかんに注いで、ストーブで関東炊きを温めながら、三人の酒盛りが始まりました。話は大いにはずみました。「ストーブの火が小さくなってくると、松田さんは、いきなりストーブを平手でパンと叩くのです」。「何せ古いもんで、棄てるというからもろうてきたんやが、ときどきサボろうとするので殴らにゃ働きませんわい」と松田は平気な顔だったそうです。盛田は危ないと注意したそうですが、「酒もはいっているので聞き流しになってしまいました」。

それから一週間ほどして、一九六五年二月八日に松田喜一は亡くなりました（『解放新聞大阪版』第四三五号、一九八〇年一二月一日）。

運命の部落解放同盟西成支部大会と日本共産党との対決

一九六五年三月二〇日、部落解放同盟西成支部の支部大会が召集されました。時間は遅く、午後八時、会場は鶴見橋中学校でした。大会は松田喜一の霊に黙祷《もくとう》を献《ささ》げた後、①低家賃公営住宅の大量建設、②悪臭と非衛生的環境の解消、③診療所と保育所の建設、④就職差別撤廃、技能修得補助金の獲得、⑤生業資金の拡充、⑥第二阪神国道建設にともなう強制立退反対、⑦婦人部、青年部の活動強化、⑧松本治一郎全国委員長当選をめざし、六月参議院選挙を闘う、⑨分裂活動を排し、支部の統一と団結を保持し、一千名の支部をつくりあげよう、との運動方針を決定しました。前述したように、一九六三年の四月の地方選挙で、大阪市会（松田）と大阪府議会（福井）で違うとはいえ、西成支部は別々の選挙運動をおこない、女性組織もむすび会と社友会に分裂し、以来、西成支部では福井、中西らとの対立が続いていました。⑨はその状態の解消を主張していました。

大会の焦点は役員選挙でした。支部長は福井由数と吉田信太郎、書記長は中西義雄と岡田繁治の対決選挙で、結果は吉田、岡田が四分の三を得票し、福井、中西を大きく引き離して当選しました。執行委員選挙は信任投票で以下の役員が信任されました。支部長吉田信太郎、副支部長木村輝夫、上田金一郎、書記長岡田繁治、会計此上芳一《このがみよしかず》、会計監査枇杷《びわ》清信、森田茂、執行委員西田昭一、井村清信、吉岡弥市、大谷義雄、前田政波《まさなみ》、清水秀次郎、松村茂、山田正人、伊藤孝行、松本清一、加藤信夫、松田次男。支部大会が終了したのは午前〇時でした。

実は大会前、分裂を危惧して大阪府連による仲介もあったそうですが、福井、中西らは自信があったらしく受け入れなかったようです。来賓《らいひん》として出席した日本共産党の四方棄五郎は祝辞まで用意していたそうです。福井や中西は、最後まで松田喜一の市同促方式を見誤っていたようです。松田が撒《ま》いた全町的協議会の種は西成支部を育て続けていたのです。松田訃報と反乱を聞きつけて静かに動いたのでしょう。それが圧倒的な票差に現れていました。この大会から半年後の六五年八月「同対審」答申が出され、中西や福井は中央役員として「答申は毒まんじゅう」と反対し、部落解放同盟組織は分裂的状態に陥るのですから、不遜な言い方ですが、西成支部大会で二人が不信任となったことは大きな意味を持つことになりました。

その後の同年五月二二日夜、長橋市民館で西成支部婦人部第二回大会が開催されました。「会場正面には「部落の完全解放を婦人の手で」と大書されたスローガン、その下には、赤青黄など色とりどりの風せんで飾られた荊冠旗、左側にはいまはなき松田喜一先生が写真の中から、おだやかな視線を婦人たちにそそいでいました」（『そくしん』第五七号、一九六五年五月三一日）。大会には二〇〇人近い参加者が募り、部長下川文子、副部長松村玲子、福井初枝、会計村畑花子、会計監査村尾つる江、島千代里、書記毛利きよ子、松田昌美の新役員が信任されました。

この大会後も日本共産党系の人たちは、出城第一住宅近くに生活と健康を守る会の事務所を設置し、生業資金の借り出しを市同促―地区協の窓口とは別枠で認めよと迫りましたがはねつけられ、吉田信太郎支部長に暴行を加えたこともありました。

福井由数と中西義雄のこと

本書に何度も登場する福井由数は、少年水平社から松田喜一死去まで、西成では一番長く松田とともに活動してきた西成の部落解放運動の功労者でしたが、松田の死後、袂《たもと》を分かつことになってしまいました。戦前の一九二八年、三・一五事件直後から一時期運動を離れていましたが、戦前の経済更生会にも参加していて、その経験から、戦後の経済更生会の再開を松田に提案したと思われます。以来、義弟の永田勇とともに松田に付き従い、大阪靴商工組合、宿泊所反対運動、文化温泉、住宅闘争などの中心におり、六〇年安保闘争や三池闘争現地にも派遣されたり、西成靴工組合などに参画しました。福井初枝も一緒に闘った女性活動家でした。大阪府連や中央役員も務め、市同促でも永田勇とともに理事を務めました。

しかし、戦後早く日本共産党に復党した福井は、一九六三年の府議選に日本共産党公認で立候補し、支部内では不協和音が生じ始めました。しかし、福井が松田喜一を批判した形跡は松田生前にはありませんでした。それが、前述したように『部落』第二八九号（一九七二年七月）の「大阪・西成における部落解放運動―福井由数さん」という取材記事に、突如「松田は転向していた」と述懐したのです。「答申」をめぐる論争の後ですから、「党に言わされた」感のある記事でした。福井は、市同促の理事にも就いていたこともありました。この時も市同促を批判したこともありませんでした。

中西義雄は、一九五七年からの住宅闘争にも、一九五九年の松田選挙にもかかわり、一時期西成支部書記長でした。田中三郎が西成時代の中西について語っていたことを渡辺俊雄が紹介しています。「当時、米沢・城前といった共産党のメンバーが府同促の事務局にいた。ところが、このメンバーが全然動かなかった。運動に参加してこない。共産党の大阪府委員会で西成・矢田など（の共産党員が）大衆運動に参加してこないということで、自己批判書を書かされるといったこともあった。中西義雄、青木某なども一緒に松田選挙を手伝い、特に中西は西成の運動を活性化させる意味で、貴重な四八戸のうちに一戸に住まわせたが、けっきょく大衆から反発を受けて逃げ出してしまった」（渡辺俊雄「戦後の部落解放運動史」、「大阪の部落史」編纂委員会編『新修・大阪の部落史』〈下巻〉、一九九六年）。

中西も大阪府連や中央本部、府同促の役員も歴任しましたが、在任中は、部落解放同盟第一四回全国大会での松田、西成支部の「批判的レポート」以外は、松田や同促協方式を批判していません。中西も、松田喜一の死後、「同対審」答申の評価をめぐって、日本共産党が部落解放同盟と対立してから、突如松田批判を展開し始めたのでした。

住田利雄の回想

松田喜一の死後、部落解放同盟と市同促の対立は急速に解消に向かいました。後年、住田利雄は、大阪府連と市同促の論争について率直に語り、『「下駄直し」の記』に収録しています。

「大阪の同和事業促進協議会の、いちばんの中心は、なんといっても松田喜一さんですね。ところが京都の朝田善之助さんの考えは、まあ、きっちりと言えないけれども、だいたいマルクス主義と同じでね。純粋な左翼方針から同促協方式が批判された。大賀（正行）君なんかも、全部、この思想だった。その中でも、行動的だったのが、いま部落解放同盟大阪府連の委員長の上田（卓三）君だったわけだな。それで一九五八年に、桃谷に同和会館ができて、活動の中心になっていたのが、みんな共産党員でしょう？　米沢正雄君にしても、城前久和君にしても、それから福井由数君にしても共産党ばっかりでしょ？　これが朝田思想と一致するわけやね。つまり、京都方式で大阪の解放運動がやられていく。大阪府の同促協も、だいたい、その方針でやっていくから、大阪市の同促協だけが、全然ちがうというわけで、解放運動と市同促協とが、どうしても、うまくいかない。これが、一九五七年あたりから、ずっと長いこと続くわけや。このあいだ、もちろん、市同促協のほうにも、考えのたらんところがあったわけですけどもね。松田はんが生きてるあいだは、松田はんは全然ゆずらないし、おまえら、小せがれが、なにを言うてるんだという気持ちをもっているから、正面きって議論しようというものもない。その松田はんが、一九六五年の二月に死んでしまいますけどね。それ以前から、松田はんと僕と連絡とりあって、市同促のことは、すべてやっていたわけやね。だから僕にたいしては、西岡智君も大賀君も、正面きっては議論をふっかけてこないんですね」

「ふと思うんですけどね、松田はんが死ななんで、生きていたら大阪の運動は、その後どうなっていたかと思うことがあるんですよ。松田はんの同促協方式という考え方は、経済更生会の自分の経験から出てきたものでしょうね。じつは、松田はんは、戦後のそれを失敗したんですね。だから、こんどは、その失敗さえなおしていけばいいと。経済更生会でお金を借りても返さないということが、よくありました。借りるというのは名目だけで、返さなくてもええのや、返すほうがおかしい、金を返せないのが部落問題やないかというような考え方が強かったんですね。しっかりと部落解放運動の理論がはいってなかったんだな。松本委員長は、同促協方式というのを、はっきり知らなかったけどね。しかし、それが、いちばん正しい、朝田さんのやり方は正しくないと、私には、はっきり言ってましたね。だから松田はんは、中央本部が副委員長をおいた第一五回大会（一九六〇年）から、ずっと副委員長になってるでしょう？ もし松田はんが、ずっと生きておったら、松田はんが中央の委員長になってたでしょうね、僕は、そう思いますね」

大賀正行による和解への論点整理

大阪府連（市内ブロック）と市同促の対立論争は一九六五年二月、松田喜一が急逝したこと、同年八月に「同対審」答申が出されたことを契機にして、急速に和解の方向が模索されていきました。大阪府連市内ブロックから大賀、市同促から住田が代表となって、一九六六年の市同促第一四回総会で整理がなされましたが、これを理論的に仕上げたのが一九六八年の第一六回総会の事業方針でした。これで、両者の対立がなぜ起こるのかという原因やその背景が明らかにされ、長年の対立に終止符が打たれるとともにこれまでの同促協論に決着を付けました。その要点は次のようなものでした。

①市同促はもともと出発において部落解放委員会（当時）の要求と指導によってつくられ、戦前のような融和団体にしないということであったが、それが一種の融和団体視され批判されたのは結

局大阪市内の部落解放運動の弱さであった。当時大阪市内においては西成地区を除いて大衆的な部落解放同盟の支部がなかった事情が、市同促の名で行政交渉をおこなったり大衆動員をかけたりました地区協をいわば支部に見立てて部落解放同盟の大会や諸集会に参加させたということが、同促協を一種の運動団体のように現象させた。

②また市同促に結集したのは地区の役員層であり彼らのボス的支配に対する地区大衆の反発を同盟支部が吸収したこと。また住宅、仕事、教育といった要求を通じて地区貧困者層を結集していったという事情が部落解放同盟を一種の貧困者同盟視させ階級対立的な地区内抗争を生み出し、ボス層を支えていると見立てて、市同促批判や松田氏批判につながっていった。

③各地区に支部が結成され市内ブロックが形成されるようになった段階で、市同促のあり方を整理し改革するべきであったが、それが遅れた。と同時に全国的にも同和予算や事業の配分執行にかかわるルールが未確立で岡山県方式、京都府方式、大阪府方式と言われるように理論的な違いがあったことも対立を助長した（本書に所収の大賀正行「大阪市同和事業促進協議会五〇年の歴史と大阪市人権協会への移行」二〇〇二年一一月二九日より要約）。

松田喜一の見果てぬ夢

大賀正行は、見事に市同促の「第三者機関」としての役割と部落解放同盟の連携のありようをまとめました。住田利雄もこれに全面的に賛意を表明しました。松田喜一は死去していますが、同じく賛意を表明し、一時的にせよ混乱が生じていたことが整理され、同促協方式が整理されたことを喜んでいたと思います。

しかし、あくまで松田喜一個人を題材にしている本書は、念のために、松田本人になり代わったつもりで、松田喜一の市同促設立への「初心」と、志半ばで倒れた松田の「見果てぬ夢」を想像してみたいと思います。

松田喜一は、市同促に、①焼土の街からの部落解放「運動団体」、②同和事業の円滑な推進のための「第三者機関」、③将来のための部落の「まちづくり団体」という「三つの役割」を思い描いていたと思います。

まず、松田喜一は、市同促を戦後の「新しいスタイル」の運動体と考えていました（一九五八年、部落解放第二回全国青年集会での講演）。そして、大阪市立南中学校事件で「寝た子を起こすな」と闘い、戦後民主化による行政の部落問題一般解消と闘い、市同促設立へたどり着きました。運動体としての市同促のあるべき姿を象徴的に現したのが、一九五五年一二月一七日の日之出部落の告発から始まる戦災部落への住宅補償闘争の三団体共闘（部落解放同盟、府同促、市同促）でした。しかしこの役割は、市同促の「全町的協議会」を土台に部落解放同盟が大衆的な影響力を高めていく過程で、主導権争いになった時期も経て、その役割を終えていきました。

次に、第三者機関としての市同促の役割は、最初は舟場など多様な考え方が存在していた地区間の意思形成で揉《も》まれ、その後は部落解放同盟の活動家との論争も含む議論、検討によって整理されていきました。そして、松田死後、「同対審」答申と特別措置法制定以後の同和行政のなかで完結していきました。その成果は大きく、市同促、松田喜一の功績を象徴することになりました。

しかし、一九五七年の松田喜一の新年の所感は、「全町的協議会」と「生活立て直し」運動への転換、もっと端的に言えば、当時の「町づくり」、いまで言えば「まちづくり」でした。これは、一九七〇年代以降の要求者組合や部落解放総合計画づくり、西成地区の九〇年代からのまちづくり運動などで実現されていきました。しかしながら、松田喜一が綴《つづ》った「みんなが力を合わせ、自分の力で障壁をとりのけ、みんなで工夫をこらし、たちあがる人づくり、町づくり」という目標は、まだ「見果てぬ夢」のままなのではないかと思えてなりません。

おわりに

1　歴史を継承して

松田喜一の死後、時代も部落解放運動も、大きく動いていきました。

一九六五年八月に同和対策審議会答申が出され、部落問題は国の責務で国民的課題と位置づけられました。一九六九年七月には同和対策事業特別措置法が施行され、その後名称を変えながら二〇〇二年三月まで法律は継続しました。

ところが、部落解放同盟内の日本共産党系勢力は、この同和対策審議会答申を厳しく批判して（「毒まんじゅう論」）影響力を失い、一九六九年三月の矢田教育差別事件を契機にして部落解放同盟と公然と敵対し、七〇年六月に部落解放同盟正常化全国連絡会議（正常化連）を結成、その後一九七六年三月に全国部落解放運動連合会（全解連）、二〇〇四年四月には全国地域人権運動総連合（人権連）へと改組し、カンパニア組織として一九七五年九月に結成された国民融合をめざす部落問題全国会議（国民融合全国会議）とともに、日本共産党と密接に連携することになりました。

部落解放運動の最大勢力として日本社会に対して影響力が大きく、全国水平社の歴史と伝統を継承していると自負している部落解放同盟は、高度経済成長における部落の構造的な変化を背景として、差別糾弾闘争を軸として生活擁護闘争、行政闘争などを展開しました。これを通して部落解放運動は、部落内で根強かった「寝た子を起こすな」意識を克服し、部落民を組織して主体性と自主性を発揮するようになりました。

このような部落解放運動の発展にしたがって、部落の呼称は「未解放部落」から「被差別部落」へと次第に変化していきました。そして、部落解放同盟は都府県によって差異はあるものの、基本的には日本社会党から社会民主党、民主党を経て今日の立憲民主党にいたる、社会民主主義もしくは中道的な政党と連携するようになりました。

そして、一九六三年五月に埼玉県で起こった殺人事件に端を発して、一九六九年から本格化した狭山差別裁判闘争、労働組合や被差別マイノリティなどと連携した一九七五年からの反差別共同闘争、それに差別事件の糾弾闘争を契機として、企業や宗教団体など多様な社会的勢力と連携することになりました。この時期は、戦後の部落解放運動が最も大きく発展し社会的影響力を発揮した時期と評価されるものでした。

しかし、高度経済成長と同和行政の進展によって、部落の生活が改善されるという成果を生み出したものの、社会からは「逆差別」と呼ばれるバックラッシュ的な意識が部落に向けられ、部落解放運動のなかには行政施策に依存する傾向が表れるようになりました。また行政施策を求めて部落解放運動を詐称する「エセ同和行為」が跋扈《ばっこ》して部落解放運動に弊害をもたらし、部落解放同盟内には不法に利益を得るという一連の不祥事も生じるなど、厳しい状況に直面するようになりました。

一九七〇年代から近現代部落史研究が大きく発展し、とりわけ水平運動史研究においては、社会主義だけでなく多様な思想が検討され、全国水平社の戦争協力と法的消滅にいたる過程についても解明が進みました。また、一九八八年一月に部落解放同盟を中心として結成された反差別国際運動（ＩＭＡＤＲ）による国外の多様な被差別マイノリティとの国際連帯と相まって、部落解放同盟としても歴史的な総括が求められました。そして、水平運動史に関しては、部落解放同盟は敗戦五〇周年の一九九五年八月に全国水平社の戦争協力を公式に認めて反省し、これまでの天皇制に対し反対する姿勢とともに、部落解放運動を日本の人権確立と民主主義実現を結びつけて展開するようになりました。本研究会の発足も、こうした研究の発展と、戦争協力への反省がひとつの契機となりました。

二〇〇〇年前後から、グローバル化にともなって日本と世界に新自由主義と国家主義が席巻し、新しい貧困と困難によって社会的格差が激化し、排外主義的差別扇動が横行するようになりました。このような新しい危機的状況を打破するため、部落解放同盟は従来の社会主義による展望から革新的市民主義による展望へと転換し、全国水平社以来の差別糾弾闘争と共同闘争を基本とした社会運動的な部落解放運動を堅持しつつも、反貧困の福祉運動、地域社会でのまちづくり運動など、市民主義的な新しい人権運動にも力を注ぐようになりました。部落解放同盟西成支部も「部落解放運動の総合的展開」や「住民参加型まちづくり運動」を提唱し実践していきました。

折しも二〇一六年に「障害者差別解消推進法」、「ヘイトスピーチ解消推進法」、「部落差別解消推進法」、二〇一九年には「アイヌ施策推進法」が制定され、人権政策が具体化するようになりました。また、女性や在日朝鮮人、在日外国人、沖縄の人びと、ハンセン病患者・回復者、性的少数者、公害被害者、薬害被害者などに対する差別も注目されてきました。二〇二一年七月からの東京オリンピックでは、大会組織委員長の女性差別発言、大会関係演出家の女性の容姿への侮辱、作曲家による障がい者への迫害と暴行、演出担当者の反ユダヤ主義的動画の配信などの問題が惹起《じゃっき》しました。二〇二一年になって、与野党協議によって性的少数者に対する理解を促進させるために法律上程が検討されてきましたが、自民党総務会は「上程は不可能」と決定しました。また、二〇二一年六月には最高裁が、選択的夫婦別姓は必ずしも民法に違反しないとする決定を下すなど、人権に反する動向も顕著となっています。法務省が本来的に部落など存在しないというかの如き見解を発表しましたが、これに対しても厳しい批判が巻き起こっています。二〇二〇年からの新型コロナウイルスの感染症でも、感染者や家族、医療関係者に対する偏見や差別が顕在化しました。

西成においても、一九八〇年代後半から、障がい者や在日朝鮮人、釜ヶ崎住民などとの共同闘争への関心が高まってきました。部落差別が多様な被差別マイノリティに対する差別と重層的かつ複合的に連鎖していることを踏まえると、現代部落解放運動は被差別マイノリティとの連携を強化し、全国水平社が創立の理念として掲げた人間主義と部落民アイデンティティを継承して、自由と平等に基づく人権の確立と民主主義社会の実現のため、日本社会を変革に導くことが問われることになりました。

2　社会運動が果たす役割

近代日本社会において水平運動は、労働運動や農民運動などとともに有力な社会運動でしたが、それぞれは成立や基盤など多様な面において独自性を持っていました。労働運動は主として労働者によって組織され、職場を拠点に賃金や労働条件をめぐって資本家と向き合いました。農民運動は主として農村の小作人によって組織され、小作料の減免をめぐって地主と対峙《たいじ》しました。それに対し水平運動は、個別の部落を基礎単位として部落民を結集させて、部落差別からの解放を実現していこうとする運動でした。しかし実のところ部落解放という場合、その前提となる部落差別が何を意味するのかということについては大問題でした。部落差別とは侮辱、排除、迫害などの総体を意味し、これと相まって部落の貧困化は社会問題としての部落問題を形成し、これらの行為、意識、慣習、実態、制度などの分野で発現するだけに、水平運動が部落解放とは何を意味するかと定義することについては、試行錯誤を繰り返さざるをえず、立場の違いも関係して多様な解釈が成立する余地がありました。

水平運動の基本的闘争形態は差別糾弾闘争と生活擁護闘争であり、それと関連して労働運動や農民運動などとの共同闘争を展開しました。また水平運動は社会主義運動としての内実を持つ無産政党に参加した政治闘争と部落改善を求めるための政府および地方行政に対する闘い、さらには差別を受けているという共通性から国外の被差別マイノリティとの国際連帯への進出など、多様な闘争形態と取り組みを展開しました。

同時代において水平運動と労働運動や農民運動を区別する最大の特徴は、水平運動が独自的に闘った差別糾弾闘争でした。差別糾弾とは差別した者や社会的な差別現象に対する抗議、異議申し立てを意味しましたが、差別する者は個人から権力側に立つ者まで存在し、差別事象も地域社会から制度にいたるまで位相が異なるなど、その実相は実に多様でした。

また差別を受けている部落民自身が自主的に結集しているのが水平運動であったとしても、その部落民という存在は一様ではありませんでした。階級関係という観点から見ると、部落民には生活に困難を抱える労働者や農民だけでなく、比較的に裕福な中小零細の資本家や商工業者も含まれました。それに対応して、政治的には革新的立場から社会主義運動や労働運動、農民運動などと連携する者だけでなく、保守的立場から権力と融和運動とも連携しようとする者までもが存在し、これらが部落民というアイデンティティを土台にして水平運動に参加しました。

ところで、資本主義を基盤とする近代社会では、貧困をはじめとする多様な社会矛盾が噴出し、これを前提とする支配権力による政治と政策は、多様な社会矛盾に対処できない事態となりました。これに対して、多様な社会矛盾によって被害を受ける人びと、これに同調する多くの人びとは、同志を糾合して自主的な組織を結成して団体行動を起こし、多様な社会矛盾を社会問題と認識して社会に広く訴え、さらに政府などに解決を求めて独自の運動を展開しました。これが、労働運動、農民運動、水平運動などを軸とした社会運動の成立であり、政治的な解決が必要な場合は各段階での選挙において議員を生み出し、議会での闘いに臨みました。

本書は、『詳伝 松田喜一』として綴《つづ》ってきました。水平運動時代に松田喜一がかかわった全国水平社青年同盟や皮革争議、無産政治運動、さらに経済更生会運動などは、ひとり松田喜一によってのみ担われたものではありません。しかし、松田喜一が戦前、すぐれた水平運動、社会運動のオルガナイザーであったことは詳細に追いかけてきたつもりです。時代のなかの松田喜一のポジショニングをどれほど補足できたでしょうか。

こうした日本の社会運動は、戦後においては、多様な職場における労働運動の再建を軸にして成立し、日米安保体制に起因した米軍基地反対運動、東西冷戦を背景にした核廃絶などの平和運動、教育の国家管理に反対する勤務評定反対運動、それに戦後民主主義に対応した文化運動と女性運動などの社会運動が展開されました。一九六〇年の安保闘争はその頂点を形成しましたが、これらの社会運動は主として日本社会党や日本共産党など革新勢力によって担われました。

本書は、戦後の焼土の街から、松田喜一が成したユニークな住民運動、社会運動を描いてきたつもりですが、戦後民主主義を闘い取らんとしたその営みを記録することができたでしょうか。

しかし、高度経済成長は日本社会を構造的に変化させ、革新勢力の影響力を減退させるとともに、地域に生活を基盤とした革新自治体運動、市民を主体としたベトナム反戦運動、学生運動、沖縄での米軍基地反対運動、反公害運動、消費者運動、生活協同組合運動、反原発運動、教育運動、福祉運動、環境運動、反貧困運動など、独自の課題を追求する多様な社会運動があいついで生み出されました。これら多くの社会運動は、もはや既成の革新勢力を基盤とすることは極めて少なく、新しい主体と形態による広がりを持った住民運動、市民運動として展開されたことに特徴がありました。

さらに近年では、脱工業化社会を認識した「新しい社会運動」の影響を受けて、女性を中心としたフェミニズム運動、環境にかかわるエコロジー運動なども活性化しました。そして、グローバル化と社会の高度化を背景として、新しい主体として登場した国際協力を基本とする非政府組織（NGO）や社会貢献を基本とする非営利市民組織（NPO）などを拠点とした運動、市民が参加するボランティア組織による運動なども、大きく広がってきました。さらに現在では、全体としての社会運動は多様化の一途をたどり、ソーシャル・ネットワーキング・サービス（SNS）と結びつきながら、新たな展開と展望を模索している段階にあります。

このような社会運動の歴史的経過のなかに、部落民、在日コリアン、アイヌ民族、ウチナーンチュ（沖縄の人びと）、障がい者、女性、性的少数者（LGBTQ）、公害被害者、薬害被害者、ハンセン病回復者など、多様な被差別マイノリティ自身による差別に対する抗議、異議申し立ての運動も位置づけられます。とりわけ、部落民自身による部落解放運動は、全国水平社創立の理念を継承しながらも、歴史的段階に規定された革新勢力、住民運動、市民運動、「新しい社会運動」の影響も受けて、その課題と運動において形態と方法などを大きく変容させつつあります。

国際社会を背景とした国家と政治、地域社会を基盤とした市民社会と生活という二つの相対的に自立した領域が厳然として存在しますが、この二つの領域を結び付けて社会矛盾と社会問題を提起して解決を展望しようとするのが、まさに多様な社会運動の役割として注目されています。全国水平社による水平運動と、今日の部落解放運動とは歴史的位相を異にしていますが、社会運動が果たす役割を考えるに際して、冷静な歴史的検討によって多くの示唆と教訓を導き出せると思います。

全国水平社が正面から向き合ったのは、まさしく部落差別でした。部落差別は近代天皇制による身分的秩序のもとで、部落民に対する侮辱、排除、迫害として顕在化し、資本主義の発展による部落の貧困化と相まって、解決を要すべき社会問題として認識されるにいたりました。そして部落差別は、日本の多様な被差別マイノリティに対する差別と重層的かつ複合的に連鎖してきました。このような部落差別は時期によって若干の変容を受けつつも、その基本的な性格が現代社会においても大きく変容しているわけではありません。

日本固有の社会的差別としての部落差別は、民主主義、自由、平等、人権などに逆行する解決すべき重要な社会問題として、近代社会になってから注目されるようになりました。全国水平社創立から今日まで展開されている部落解放運動が部落差別と向き合うかぎり、部落差別とは何であり、なぜ存在するのかという問題は、古くて新しい重要な課題であり続けているのです。

3　部落解放同盟西成支部のかぎりなき前進

松田喜一の死去（一九六六年）から五七年が経過しました。松田が死去したしばらくのちに、部落解放同盟西成支部は「松田記念館を創る」と約束しました。その約束を果たせていないことがずっと気がかりでした。記念館にはなりませんでしたが、このたび、やっと『詳伝 松田喜一』をまとめることができました。半世紀以上も経ってしまいました。

松田喜一没後の半世紀を松田の軌跡からの連続性で描くために、一九九三年に西成支部は『焼土の街から―西成の部落解放運動史』を著しました。これはひとつの区切りで、「松田後」のいわば前編でした。そして、その年、西成支部は、後編を予兆させる重要な短文を発表しました。それが、「四〇周年を迎えての西成支部の決意（通称「四つの決意」）」（一九九三年二月二八日、西成支部結成四〇周年記念集会で発表）でした。そして、それから五年後に、『変身、五年の軌跡―西成の部落解放運動』（一九九八年七月）を著し、「四つの決意」を検証しました。

「四つの決意」の第一の決意は、部落解放基本法制定へ、国策樹立闘争を再現する三〇年に一度の大闘争を一九九六年に起こすということでした。部落解放基本法は、その制定によって部落解放がただちに実現するものではありませんが、少なくとも法による差別解消の「最高段階」を表すものでした。西成支部は、その法の制定を掲げた部落解放同盟中央本部と大阪府連への信頼を高め、固く結集して総力を挙げると決意したのです。残念ながら法制定はなりませんでした。しかし、西成支部は、「西成区民人権宣言」（西成区人権啓発推進会、一九九五年一一月一六日）を発し、「格差ではなく差別と闘う」との基本精神を明確にし、一〇〇項目の具体的要求を明示した「部落解放新要求白書」（一九九七年六月一五日、西成支部第三二回大会決定）を発表し、体制を再構築しました。

第二の決意は、「二一世紀に西成を住民主体のまちづくりの発信基地にする」ということでした。これは、部落解放同盟中央本部の上杉佐一郎委員長の「再び同和（特別）対策は求めない」という運動の大転換の呼びかけに共感した西成支部の決意を表しました。一九九二年からすでに、同和対策によらない老朽密集市街地開発事業でのまちづくり運動に舵《かじ》を切っていた西成支部は、大阪市との議論を経て「西成地区総合計画」（一九九六年五月）を策定し、「西成地区まちづくり委員会」も結成しました（一九九四年七月二五日）。西成支部は、「部落解放」と「民主主義」を表裏の関係としてしっかりと目標を定めていたのです。しかし、このまちづくりという民主主義のための闘いは、当初大きな盛り上がりを示しましたが、この社会（資本主義）の矛盾とその改革（都市行政改革など）議論に遭遇し、螺旋《らせん》階段のような一進一退を歩まざるをえませんでした。

第三の決意は、「西成の水平運動で部落解放運動の社会貢献を推進する」ということでした。一九八〇年代末以後、西成地区の障がい者運動は、強い衝撃とともに、大きく盛り上がりました。少数民族との交流やバリアフリーのまちづくり視察とも相まって大いに視野を広げました。一九九五年一月一七日の阪神大震災では、西成から多数のボランティアが馳《は》せ参じ、並行して、西成公園での野宿者問題と向き合い、以降、西成支部は釜ヶ崎のまちづくりにも積極的に参加していきました。また、国籍条項撤廃や人権白書づくりを通して在日コリアンとの共生を検証し続けました。この「決意」もまた前進と後退を繰り返しました。しかし、西成支部が「部落解放」と「人権」の相互作用を部落解放運動の「基本スタイル」として揺るぎないものにすることができたことは画期的でした。

第四の決意は、「部落解放を実現する支部への変身」でした。西成支部は、意図して少し大仰《おおぎょう》に、「部落解放運動は部落解放同盟の専売特許ではない」と発言し、「部落解放運動の総合的展開」を運動方針化しました。実際、財団法人や医療法人、社会福祉法人、株式会社など社会的起業（事業体）を次々と創設し意欲的に動きました。本書を発表する現局面は、反転攻勢の段階にありますが、松田喜一が闘った皮革市場や戦後復興の陣地戦を想起しながら、地域生活市場の陣地戦として、四半世紀を刻んできたのです。もちろん、この分野も、西成区の下町の急激な人口減や、解放会館（人権文化センター）など諸施設の廃館などの困難に直面しましたが、民設置民運営の隣保館建設など目標を諦めることはありませんでした。そして、当初は無謀とも危ぶまれた社会的起業関係法人もすでに四半世紀持続し、あってあたりまえの地域風景となってきました。

さて、この「おわりに」もいよいよ締めとなり、最後の決意の表明となります。「四つの決意」から三〇年、松田喜一没後五七年を振り返って、一番の決意は、戦争と差別との対峙《たいじ》です。松田や水平社の「戦争協力」は揺るがし難い事実でした。本書は、そうなってしまった歴史の経緯と、それでも、苛烈な現実から再出発した先人の歩みを重ね合わせることで、再び戦争の危機、排外主義と差別主義の台頭に敢然と立ち向かう部落解放運動の姿を思い描いていただく一助になりえたでしょうか。

二番目の決意は、部落解放基本法の制定です。もちろん法の名称にこだわるものではありませんが、松田喜一たち先人の奮闘を引き継いで、法制定が遠い未来ではない目標として、しかも日本社会の悲願であると再認識させえたでしょうか。

三番目の決意は、民主主義を引き継いでいくということです。本書はいくたびか「陣地戦」という用語を意図的に使い、民主主義は闘い取るものであり、松田の遺《のこ》した言葉ですが、民主主義は「賽《さい》の河原に石を積むようなもの」であり、そして部落解放運動は、地域、社会に民主主義となって「溶けて」いくものと記録したつもりですが、共感されたでしょうか。

没後から五七年も経ったのですから、遅すぎたかもしれませんが、松田喜一の詳伝は、遺しておきたい、遺さねばならないものでした。

参考文献（五〇音順）

秋定嘉和『近代日本の水平運動と融和運動』解放出版社、二〇〇六年
朝治武「部落解放大阪青年同盟史論」（『大阪人権博物館紀要』第一号、一九九七年）
朝治武「赤穂松茸山入会権闘争の歴史的意味―部落委員会活動との関係を通して」（『研究紀要』第一二号、ひょうご部落解放・人権研究所、二〇〇六年三月）
朝治武『アジア・太平洋戦争と全国水平社』解放出版社、二〇〇八年
朝治武「高度経済成長前期における部落解放運動の歴史的位置―大阪の矢田・日之出地区を中心として」（『部落史研究』第二号、全国部落史研究会、二〇一七年）
朝治武『全国水平社 1922-1942―差別と解放の苦悩』筑摩書房、二〇二二年
朝治武・黒川みどり・内田龍史編『戦時・戦後の部落問題』〈講座 近現代日本の部落問題 第二巻〉解放出版社、二〇二二年
新井磯次『北中皮革争議史』同和通信出版部、一九五九年
荒木傳『大阪の寺・近代こぼれ話』東方出版、一九九二年
磯前順一・吉村智博・浅居明彦監修『〈シリーズ宗教と差別 第三巻〉差別の地域史―渡辺村からみた日本社会』法藏館、二〇二三年
運動史研究会編『運動史研究』第一〇号、三一書房、一九八二年
大賀喜子編『ごめん！ 聞いてごめんな―みやらけの人々の聞き取り』解放出版社、二〇二二年
大串夏身「全水大阪と労働運動―関西労働組合総連盟の歴史から」（『部落解放研究』第二八号、一九八二年一月）
大串夏身「一九三〇年代の全国水平社と労働組合運動」（部落解放研究所編『水平社運動史論』解放出版社、一九八六年）
大阪人権博物館編『近現代の部落問題と山本政夫』解放出版社、二〇〇九年

「大阪の部落史」編纂委員会編『新修大阪の部落史』下巻、解放出版社、一九九六年
沖浦和光『部落史の先駆者・高橋貞樹―青春の光芒』筑摩書房、二〇一五年
小野義彦『「昭和史」を生きて―人民戦線から安保まで』三一書房、一九八五年
加島部落史研究会編刊『あゝ解放の旗高く』一九八三年
鎌田慧『ドキュメント 水平をもとめて―皮革の仕事と被差別部落』解放出版社、二〇一六年
河内水平社創立六十周年記念誌編集委員会編刊『最後のひとりの立場に―河内水平社の歴史』、一九八三年
北原泰作『賤民の後裔―わが屈辱と抵抗の半生』筑摩書房、一九七四年
木村京太郎『水平社運動の思い出』〈上・下〉、部落問題研究所、一九六八年、一九七三年
桐村彰郎「社会主義者の部落認識と水平運動―一九二〇年代を中心に」（部落解放研究所編『水平社運動史論』解放出版社、一九八六年）
黒川伊織『戦争・革命の東アジアと日本のコミュニスト―一九二〇-一九七〇年』有志舎、二〇二〇年
黒川みどり・藤野豊編『近現代部落史―再編される差別の構造』有志舎、二〇〇九年
齋藤勇『日本共産主義青年運動史』三一書房、一九八〇年
坂市巌「育ち行く雑草」（『部落問題文芸・作品選集』第二七・二八巻、世界文庫、一九七六年）
志賀義雄『日本共産党史覚え書』田畑書店、一九七五年
志賀志那人研究会代表・右田紀久惠編『志賀志那人 思想と実践―都市福祉のパイオニア』和泉書院、二〇〇六年
杉原薫・玉井金五編『大正 大阪 スラム―もうひとつの日本近代史』新評論、一九八七年
住田利雄『「下駄直し」の記』解放出版社、一九八六年
谷元昭信『冬枯れの光景―部落解放運動への黙示的考察』〈上・下〉、解放出版社、二〇一七年
谷元昭信『戦後の部落解放運動―その検証と再考』解放出版社、二〇二三年
田村賢一「大阪府富田林市・富田地区の歴史概観」（『部落解放研究』第二一〇号、二〇一九年三月）
椿繁夫『水脈遠く―五十年風雪の道』新時代社、一九八三年

寺本知『魂の糧』解放出版社、一九九七年
富田林市人権協議会編刊『富田地区の歴史概観―宗門改帳の分析を中心として』、二〇二〇年
中北浩爾『日本共産党―「革命」を夢見た一〇〇年』中央公論新社、二〇二二年
中西義雄『部落解放運動の歴史と理論』部落問題研究所、一九七四年
中村福治『戦時下抵抗運動と『青年の環』』部落問題研究所、一九八六年
「浪速部落の形成発展史」部落解放浪速地区総合一〇ヶ年計画推進委員会編刊『差別をなくする運動の前進のために』一九七四年
「浪速部落の歴史」編纂委員会編『渡辺・西浜・浪速―浪速部落の歴史』解放出版社、一九九七年
西岡智『荊冠の志操』柘植書房新社、二〇〇七年
野間宏「被差別部落は変ったか」(『野間宏全集』第一三巻、筑摩書房、一九七〇年)
野間宏『青年の環』第五巻、河出書房、一九七一年
原全五『大阪の工場街から―私の労働運動史』柘植書房、一九八一年
皮革産業沿革史編纂委員会編『皮革産業沿革史』〈下巻〉、東京皮革青年会、一九八九年
藤野豊・黒川みどり『人間に光あれ―日本近代史のなかの水平社』六花出版、二〇二二年
部落解放同盟大阪府連合会・大阪市同和事業促進協議会編刊『松田喜一―その思想と事業』、一九七五年
部落解放同盟大阪府連合会住吉支部創立六〇周年記念事業実行委員会編『住吉部落の歴史と解放運動の歩み』部落解放同盟大阪府連合会住吉支部、二〇一六年
部落解放同盟西成支部編刊『焼土の街から―西成の部落解放運動史』、一九九三年
部落解放同盟西成支部編刊『人生山河―吉田信太郎さんの歩んだ道』
部落解放同盟西成支部編刊『変身 五年の軌跡―西成の部落解放運動』、一九九八年
部落解放同盟西成支部編刊『新たな挑戦 変身五年の軌跡から一〇年―西成の部落解放運動』、二〇〇八年
部落解放同盟矢田支部編『矢田・戦後部落解放運動史1』矢田同和教育推進協議会、一九八〇年

部落解放浪速地区総合一〇ヶ年計画推進委員会編刊『差別をなくする運動の前進のために』、一九七四年
部落問題研究所編『中西義雄部落問題著作集』〈部落問題の歴史的研究〉第一巻、部落問題研究所、一九八四年
水内俊雄・加藤政洋・大城直樹『モダン都市の系譜―地図から読み解く社会と空間』ナカニシヤ出版、二〇〇八年
道場親信「戦後の社会運動」（大津透・桜井英治・藤井讓治・吉田裕・李成市『岩波講座 日本歴史』〈近現代5〉第一九巻、岩波書店、二〇一五年）
山口県人権啓発センター編『入門 山口の部落解放志』解放出版社、二〇二一年
山下隆章「高松地方裁判所検事局差別事件／闘争日誌」（『水平社博物館研究紀要』第二三号、二〇二〇年）
山辺健太郎『社会主義運動半生記』岩波書店、一九七六年
山本正美『山本正美裁判関係記録・論文集―真説「三十二年テーゼ」前後』新泉社、一九九八年
山六会編刊『濁流を悠々と―山田六左衛門とその時代』、一九八一年
吉村智博『近代大阪の部落と寄せ場―都市の周縁社会史』明石書店、二〇一二年
吉村智博『近代大阪の都市周縁社会―市民・公共・差別』近現代資料刊行会、二〇二二年
渡部徹・飛鳥井雅道編『日本社会主義運動史論』三一書房、一九七三年
渡部徹『大阪水平社運動史』解放出版社、一九九三年
渡辺俊雄『現代史のなかの部落問題』解放出版社、一九八八年
渡辺俊雄『いま、部落史がおもしろい』解放出版社、一九九七年

史料集・復刻版（五〇音順）

大阪社会運動協会編『大阪社会労働運動史』〈戦前編・上〉第一巻、有斐閣、一九八六年
大阪社会運動協会編『大阪社会労働運動史』〈戦前編・下〉第二巻、有斐閣、一九八九年
大阪社会運動協会編『大阪社会労働運動史』〈戦後編〉第三巻、有斐閣、一九八七年

大阪市同和事業促進協議会機関紙『促進』（一九五六年一月から『そくしん』に改題）
大阪市同和事業促進西成地区協議会機関紙『西成そくしん』
大阪市同和問題研究室編刊『大阪市同和事業史』、一九六八年
大阪日本実業商工会編刊『日本実業商工名鑑』、一九三九年
大阪の部落史委員会編『大阪の部落史』第一〇巻、解放出版社、二〇〇九年
解放新聞社『解放新聞』
解放新聞社大阪支局『解放新聞大阪版』
荊冠友の会『荊冠の友』
全国水平社機関紙『水平新聞』
全国水平社青年同盟機関紙『選民』
中央融和事業協会機関紙『融和時報』
内務省警保局『水平運動状況』、一九二一年
日本共産党機関紙『無産者新聞』
日本社会運動通信社『社会運動通信』
部落解放委員会大阪府連合会『部落解放委員会大阪府連合会 大会議案書』
部落解放研究所編『部落問題事典』解放出版社、一九八六年
部落解放・人権研究所『部落問題・人権事典』解放出版社、二〇〇一年
部落解放同盟大阪府連合会『部落解放同盟大阪府連合会 大会議案書』
『山本正美治安維持法裁判陳述集』刊行委員会編『山本正美裁判関係記録・論文集』新泉社、一九九八年
労働農民党機関紙『労働農民新聞』
渡部徹・秋定嘉和編『部落問題・水平運動資料集成』第一・二巻、三一書房、一九七三・一九七四年
渡部徹監修『初期水平運動資料集』全五巻、不二出版、一九八九年

松田喜一関係年表

1889年 2月20日	松田喜一、奈良県磯城郡二階堂村（現・天理市）嘉幡に生まれる、父、中本勇蔵、母、松田小ウノ、生まれてすぐ大阪市南区木津北島町（のちの栄町4丁目）へ移る
1906年 4月	木津第二尋常小学校入学
	今宮村の屠場が屠畜法改正にともない村営屠場となる
1910年	木津第二尋常小学校5年生中途で、家庭の事情により退学、以後、難波の煙草専売局職工、森川硝子工場職工、日本電球株式会社認試験部職工となる
1911年 6月15日	私立有隣尋常小学校開校、4年次に編入学
1913年 3月26日	有隣尋常小学校の一期生として卒業、その後、西浜町の合阪皮革製造所など、西浜町方面の皮革工場を転々とする
1918年 8月	皮革職、靴職人などの青年労働者とともに西浜で社会主義グループをつくる
1920年	この頃上京、堺利彦、高橋貞樹らと知り合う
12月9日	日本社会主義同盟が結成され、松田喜一も加入
1921年 7月	佐野学「特殊部落民解放論」を発表（『解放』）
1922年 2月3日	大阪印刷労働組合の三田村四郎か太田博の紹介で西光万吉と会い、全国水平社創立の相談を受ける
2月20日	大阪市平野の恵浄寺で部落解放大講演会
2月21日	大阪中之島中央公会堂で大日本平等会の同胞差別撤廃大会に参加
3月3日	全国水平社創立大会に参加
7月22日	西浜で水平社宣伝演説会
8月5日	大阪市天王寺公会堂で大阪府水平社創立大会、西浜水平社の創立大会も同日開催
11月6日	今宮水平社創立

12月1日	大阪朝鮮労働総同盟創立大会
12月6日	関西朝鮮人連盟創立
1923年	
2月27日	全国水平社第2回大会準備委員会
3月2～3日	全国水平社第2回大会
3月17日	西浜水平社青年同盟創立
4月2日	木津水平社創立
6月5日	日本共産党に対する弾圧事件で日本共産党解党
9月1日	関東大震災
9月6日	福田村事件が起こる（千葉県野田市）
9月9日	難波水平社創立
11月1日	全国水平社青年同盟、大阪府下で数十人が初会合、5人の創立委員を選ぶ
12月1日	大阪府南河内郡向野の糸若柳子宅で、全国水平社青年同盟結成総会、中央委員長に選ばれる
1924年	
2月15日	『選民』第1号発行、全国水平社青年同盟西浜支部、宣伝隊を組織し、夜店で路傍演説『選民』を販売
3月3日	全国水平社第3回大会
3月5日	全国水平社青年同盟西浜支部、天王寺公会堂で演説会を主催
4月27日	天王寺公会堂で、対米問題全国水平社臨時大会
6月15日	天王寺公会堂での木津水平社主催の、対米問題演説会
6月16日	全国青年同盟宣伝部、大阪府下城北村荒生水平社へ出張
6月18日	全国水平社青年同盟、大阪府下中河内郡意岐部村荒本へ出張
6月20日	大阪府水平社委員会が開催
6月21日	全国水平社青年同盟、中央委員会を開催
6月21日	全国水平社青年同盟西浜支部講習会
6月29日	全国水平社青年同盟、顧問弁護士徳田球一と座談会を開催
6月30日	全国水平社青年同盟西浜支部に、GMクラブ結成
7月1日	全国水平社青年同盟宣伝部、三重県に出張
夏	姫路を訪れ、新井磯次に会う、夜、庄田水平社の集会に出席、全国水平社青年同盟の行動綱領を説明
7月6日	全国水平社青年同盟、定例中央委員会

7月16日	全国水平社青年同盟大阪府連合会の宣伝部、大阪府の各水平社訪問
7月17日	西浜GMクラブ例会、中央委員3名出席
7月21日	大阪西浜夏祭、編集部および支部員総出で『選民』を販売
7月24日	全国水平社青年同盟西浜支部が定期講習会を開催
7月29日	調査部の成績不良につき、大阪府水平社に臨時調査部委員会
8月2日	大阪府水平社の教育部委員会、舳松で開催
8月12日	全国水平社青年同盟西浜支部、座談会開催、栗須七郎が講演
8月20日	全国水平社青年同盟西浜支部GMクラブが謄写版雑誌『木の芽立』発行を協議
8月20日	大阪府が泉北郡舳松支部で最初の巡回講演会
8月31日	全国水平社青年同盟中央委員会、調査の問題を協議
9月3日	全国水平社青年同盟、選民デーを催す
9月6日	全国水平社青年同盟西浜支部定期講習会
9月7日	国際無産者デー、GMクラブではこの日を祝うため茶話会、西光万吉が講師、全国水平社青年同盟舳松支部も座談会
9月8日	全国水平社青年同盟中央委員会
9月15日	大阪府水平社委員会が開催され、松田喜一は規約起草委員に就任
10月1日	大阪府水平社大会で、執行委員に選ばれる
10月1日	遠島哲男スパイ事件発覚
10月7日	全国水平社青年同盟西浜支部、定例中央委員会開催
10月20日	全国水平社青年同盟西浜支部、原籐七方で第3回講習会、講師は泉野利喜蔵
10月28日	全国水平社青年同盟中央委員会開催、情報部の設置、選民社は岸野重春方に移転
11月20日	全国水平社青年同盟、定例中央委員会
11月21日	大阪府水平社の機関紙『水平線』創刊
	高橋貞樹『特殊部落一千年史』を出版
1925年	
1月1日	全国水平社青年同盟西浜支部、選民デーを挙行
1月3日	全国水平社青年同盟、第16回中央委員会、全国水平社の組織に対する青年同盟の具体案の件などを検討
1月16日	全国水平社青年同盟西浜支部、カール・リープク

	ネヒト会を開催
1月21日	全国水平社青年同盟西浜支部、レーニン祭を挙行
1月24日	全国水平社青年同盟第17回中央委員会
1月27日	香蓑小学校差別事件、1月30～31日、加島両町で町民大会
3月3日	大阪府水平社第4回大会
3月8日	全国水平社青年同盟中央委員会
3月10日	全国水平社、舟場において全国府県委員長会議
3月11日	全国水平社西浜連合会の維持会員を募集発会式
4月	全国水平社青年同盟、本部を浪速区栄町に移転
4月11日	大阪府水平社西浜連合会、維持会員を募集することに成功し、実質的発会式を挙行
4月23日	全国水平社第4回大会準備委員会、於・梅田舟場町
4月30日	水国闘争事件、大阪控訴院判決
5月1日	大阪メーデーに、全国水平社青年同盟から100人が参加、『選民』を販売
5月6日	全国水平社幹部親睦会
5月6日	政治研究会大阪評議会結成
5月7～8日	全国水平社第4回大会、松本治一郎が委員長に就任、この頃から職を辞し水平運動に専念
5月15日	全国水平社自由青年連盟結成
5月31日	西浜共同工場で大阪市議選に合わせてボイコット戦術
6月	全国水平社青年同盟西浜支部、刷新第1回会合
6月1日	大阪市会議員選挙
6月11日	大阪府水平社代議員会
7月2日	両国水平社創立大会に参加
7月7日	全国水平社中央委員会に出席、組織部員となる
8月	大阪一般労働組合結成
8月10日	無産政党組織準備委員会発足
9月	全日本無産青年同盟を組織する、機関紙『青年大衆』の編集人となる、松田喜一、常任中央委員
9月18日	全国水平社青年同盟、大阪中央公会堂で第2回大会、全国水平社青年同盟を解散、全日本無産青年同盟準備会を設置、全国水平社無産者同盟が結成され、松田喜一が中央委員会議長に選ばれる
11月6日	大阪一般労働組合が松本製靴で職工が争議（西浜初の労働争議）
11月	大阪一般労働組合が鶴橋方面の刷子工で東支部を結成、鶴橋支部と改称

1926年	
1月7日	全国水平社無産者同盟新免班第3回座談会に出席
1月16日	福岡連隊差別事件
2月25日	全国水平社第3回中央委員会
3月	労働農民党結成
3月15日	大阪府水平社代表会開催
4月4日	大阪府水平社第5回大会開催
5月	浜松の日本楽器争議支援、差別事件糾弾のため、朝田善之助と2人で現地に入る
5月2〜3日	全国水平社第5回大会で綱領改正について発言
6月11日	大阪府水平社代表者会開催
7月15日	大阪一般労働組合第2回大会、執行委員に就任
8月	川上村在郷軍人会差別事件で北井正一が不当逮捕
8月1日	全日本無産青年同盟創立大会開催
8月5日	全国水平社第1回中央委員会
8月23日	福井県水平社演説会に栗須七郎とともに弁士として立つ
9月1日	全国水平社青年連盟が全国水平社解放連盟に改称

9月15日	全日本無産青年同盟中央常任執行委員会
10月4日	国領伍一郎、鍋山貞親、栗木一夫とも労働組合統一運動の意義および任務について討議
10月10日	全九州水平社連合会執行委員会、「水平社無産者同盟除外についての質問書」提出
10月22日	全国水平社労農党支持連盟創立大会
11月15日	「福岡連隊爆破陰謀事件」容疑で、松本治一郎や本部理事の15人検挙
12月4日	労働農民党大阪府連南大阪支部が発会
12月6日	社会民衆党結成
1927年	
1月	国領伍一郎の推薦で日本共産党に入党（組織名、清川）
2月頃	国領伍一郎、栗木一夫と会合
2月11日	水平社暴圧反対関西協議会結成
5月	岸野重春、合法政党の労農党に加入し大阪府連常任委員
6月6日	「福岡連隊爆破陰謀事件」について、福岡地裁判決
7月28日	三重県津刑務所差別事件
9月15日	津刑務所長差別糾弾の「全三重県特殊部落民大会」演説会、松田喜一登壇に警官中止命令で紛糾

9月25日	大阪府議会選挙
10月	松田喜一、日本共産党全国水平社総本部フラクション・ビューローに属す
11月1日	栄連合衛生組合評議員選挙に立候補し、最高得票で当選
11月19日	北原泰作による天皇直訴事件
1928年	
1月25日	全国水平社第1回中央委員会で、理事・政治部専門委員に選出
2月20日	第1回普通選挙が実施
3月15日	三・一五事件、全国水平社事務所で、木村京太郎とともに逮捕され、芦原警察署へ送られる
5月26〜27日	全国水平社第7回大会、2日目に暴漢の乱入を口実に解散させられ不成立
7月15日	全国水平社府県代表者会議が開催
12月10日	大阪皮革工組合創立
1929年	
2月	松田喜一が懲役4年の判決を受け収監
11月4日	全国水平社第8回大会
12月	皮革労友会結成

1930年	世界大恐慌によって、皮革業大打撃を受ける
5月	関西労働組合総連盟結成
7月6日	全国水平社大阪府連合会大会
12月5日	全国水平社第9回大会
1931年	北中皮革争議起こる
12月9日	全国水平社第10回大会、「解消意見」出される
1932年	
1月24日	北中皮革争議和解
12月	阪南労働自助会結成
12月	高松結婚差別裁判事件起こる
1933年	
1月16日	大阪皮革労働組合結成
3月1日	中塩製革商会で争議
3月3日	全国水平社第11回大会
5月12日	満4年の刑期を終えて出獄
5月17日	全国水平社京都府連合会田中・七条支部開催の「松田喜一および松本治一郎歓迎茶話会」に出席
5月25日	全国水平社第2回中央委員会を傍聴、「松田喜一君歓迎に関する件」の緊急動議、満場一致決定

7月3日	全国水平社中央常任委員会、「差別裁判を取り消せ」で闘うべしと提案
7月17日	栄第一小学校で高松結婚差別裁判事件真相発表大講演会
7月17日	西成区長が西成区南開に製靴共同作業場の設置を要望
8月	高松差別裁判糾弾闘争全国部落代表者会議
8月21日	中津署差別暴行事件、栄町第一小学校で、差別裁判大阪地方部落代表者会議
8月23日	大阪地方部落代表者会議の決定にもとづき、労農弁護士団と大阪控訴院検事および控訴院長と会見
8月28日	高松差別裁判糾弾闘争全国部落代表者会議で、深川武とともに副議長を務める
8月29日	高松差別裁判糾弾闘争全国委員会第1回全国委員会で、常任全国委員に選ばれる
8月30日	全国水平社第1回常任委員会
9月1日	中津署差別事件につき、中津署で署長と会見、以後9月6日の解決まで闘争を指導
10月9日	天王寺公会堂でひらかれた請願隊歓迎演説会で司会を務める

10月18日	大阪府警に検束される
1934年	
1月12日	全国水平社第3回中央委員会・第2回高松結婚差別裁判糾弾闘争全国委員会で、大阪地方情勢報告
1月14日	大崎皮革争議起こる
1月25日	豊能郡東郷村長糾弾闘争
2月1日	全国水平社大阪府連合会委員会
2月24日	大阪皮革労働組合西浜の皮革工場代表者会議を招集するも警察の介入で流会
3月7日	全国水平社大阪府連合会執行委員会
3月22日	大阪府中河内郡長瀬村の浦田組差別糾弾闘争の指導に入る
4月3日	全国水平社大阪府連各支部代表者会議で、大会までの暫定的な委員長に選出
4月13～14日	全国水平社第12回大会
4月29日	木戸村長差別糾弾闘争委員会本部を設置
5月13日	大阪府豊能郡東郷村村長糾弾運動で、誠意の披瀝、融和主旨普及のパンフレット1万部配布で解決させる

5月15日	全国水平社大阪府連合会大会で議長を務めるとともに、執行委員長に選出
7月1日	『部落委員会活動に就いて』発表される
10月	兵庫県・松茸山入会権闘争を指導、10月30日に真相報告集会
10月21〜24日	新興キネマ太秦撮影所で抗議、この頃『女人曼荼羅』についても全国水平社が抗議
10月31日	日活糾弾闘争
11月8日	兵庫県氷上郡幸世村役場で、警察署長の斡旋により、幸世村差別事件を解決
11月	西郡支部、診療所設立要求闘争
11月23日	佐藤中将差別事件起こる
12月下旬	佐藤中将糾弾闘争オルグについて、全農三重県連事務所に藤本忠良を訪ねる
12月31日	徳島県日和佐町議差別事件について、全国水平社総本部、松田喜一を現地に派遣
1936年	
1月20日	全国水平社第2回中央委員会に朝田善之助の代理として出席、佐藤中将糾弾の調査委員に選出される

1月25日	佐藤中将差別事件につき、全国水平社糾弾委員として佐藤中将を糾弾、1月26日には陸軍大臣、内務大臣に抗議
2月25日	朝田善之助と、佐藤中将差別事件で大阪憲兵隊を訪問、差別撤廃座談会を確約
4月5日	全国水平社岡山県連合会拡大委員会終了後の記念大演説会に弁士として立つ
5月4〜5日	全国水平社第13回大会で、「歓迎の辞」を述べる
5月5日	全国水平社第1回中央委員会で、佐藤中将問題対策委員会委員に選出される
5月25日	全国水平社大阪府連合会執行委員会の議長を務め、秋の府会議員選挙の立候補者に推される
5月26日	全国水平社矢田村富田支部診療所設置委員会主催のトラホーム治療に関する座談会に出席
5月31日	全国水平社大阪府連合会西成支部（高畑久五郎支部長）結成大会
7月1日	全国水平社大阪府連合会常任委員会で、座長を務める
7月28日	全国水平社大阪府連合会大会の議長を務め、執行委員長に再選される

8月20日	全国水平社第2回中央委員会で、松本強二事件対策委員に選ばれる
9月25日	大阪府議会選挙に浪速区から立候補、627票で落選
11月2日	高橋貞樹死去
12月11日	今宮署巡査差別暴行事件
12月18日	高知県赤岡駐在所巡査差別事件について、全国水平社本部から派遣され、差別撤廃善処の約束を得て、一応解決
12月25日	東京放送局（現ＮＨＫ）差別放送
	大阪地方労農無産団体協議会結成
	全国水平社矢田支部、全額国庫負担の無料診療所を矢田村に要求（松田も同席）
1936年	
1月2日	徳島県那賀郡板野尋常小学校訓導、近藤太郎差別発言糾弾闘争委員会支援のため、現地に入る
1月21日	差別放送事件対策栄連合住民代表者会議
3月17日	全国水平社大阪阪南地区書記局会議に出席
4月13日	「講座『中江兆民』放送者邑井貞吉」糾弾のため、放送局側代表と会見
4月24日	岡山県農林技手差別事件

4月26日	松本治一郎が無産議員招待会を開き、社会大衆党と労農無産協議会の対立の解消に努める
5月	西今宮託児所、南開に開設
5月	岡山県農林技手糾弾応援のため、岡山へ入る、以後、解決まで活躍する
5月16日	大阪地方無産団体協議会「民衆戦線樹立の提唱」を発表
8月6日	大阪府小阪の昭和座での小阪衛生組合差別事件糾弾演説会に弁士として立つ
11月8日	全国水平社北大阪地区協議会の結成式に出席し、大阪府連委員長として祝辞を述べる
1937年	
3月3日	全国水平社第14回大会、常任中央委員に選出
6月1日	大阪市会選挙、西成区から立候補、527票で落選
7月4日	松本治一郎方での、時局対策懇談会に出席
7月7日	日中戦争に突入（盧溝橋事件）
7月16日	三重県朝熊区入会権問題に関する特別委員会を応援
9月7日	東京で時局懇談会に出席
9月11日	全国水平社拡大中央委員会「非常時における全

	国水平運動」方針を決定
10月26日	旭区生江町経済更生委員会発足
12月	人民戦線事件
1938年	
1月8日	西成皮革工組合幹部との座談会で、「大日本青年党との連携」の決意を表明、約150人を入団させ、皮革工分団結成
2月7日	全国水平社第2回中央委員会で、本部報告をするとともに、運動方針を説明
2月9日	西浜皮革労働団（皮革工分団）発会式兼皇軍慰問団報告大演説会（栄第一小学校）
3月12日	全国水平社大阪府連合会執行委員会
6月15日	全国水平社拡大中央委員会、天皇制を意味する「国体」を本義とすると宣言する
7月	皮革製品販売価格取締規制など皮革の使用制限に関する法令が公布
7月	物品販売価格取締規則制定
8月	松田喜一が浪速区経済更生会を結成、会長に就任
10月	大阪府協同経済更生連合会創立総会、この後に西成経済更生会結成
11月23日	全国水平社第15回大会
1939年	
2月25日	大和会発足
4月11日	浪速区経済更生会第2回総会
6月9日	東淀川区経済更生会結成
10月9日	価格等統制令制定
	住吉町経済更生会結成
11月17日	朝田善之助、北原泰作、野崎清二との4人で部落解放運動の存続方法を合宿討議
1940年	
4月3日	部落厚生皇民運動全国協議会準備会開催
4月30日	西成経済更生会第3回総会
8月4日	全国水平社緊急拡大中央委員会で、部落厚生皇民運動に走った野崎清二、朝田善之助、上田音市らとともに除名される
8月23日	部落厚生皇民運動全国協議会第1回全国会議開催
8月28日	全国水平社第16回大会
11月2日	全国水平社全国代表者会議で、「全国水平社解消の決意を有す」と決議
11月3日	大和報告運動発足
12月9日	部落厚生皇民運動全国協議会解散
1941年	

1月	「融和事業新体制要綱」発表
3月4日	大阪靴更生組合結成
4月	反戦運動をおこなったとの嫌疑のもとに未決監に収容
6月	中央融和事業協会が財団法人同和奉公会に改組
7月10日	松本治一郎が日本新興革統制株式会社設立
12月9日	日本靴修繕業組合連合会の第1回結成準備会
1942年	
4月14日	共産主義的活動をおこなっていたとの嫌疑で治安維持法違反で検挙
4月19日	起訴猶予で釈放
1943年	
3月23日	中之島公会堂での同和奉公会大阪支会に支会理事として出席
5月7日	日本靴修繕業組合連合会結成
7月30日	大日本食肉技術員連合会結成
12月21日	言論出版集会結社等臨時取締法施行
1944年	
2月8日	西成区の屠場において大日本食肉技術員連合会の大会開催
1945年	

3月13日	大阪大空襲
8月14日	ポツダム宣言受諾、無条件降伏
8月18日	三重県志摩で朝田善之助、野崎清二、上田音市と、戦後の部落解放運動の進め方について話し合い、福岡と連絡をとることを決定
10月	松田喜一、井元麟之、朝田善之助らと部落解放全国委員会の構想を立てる
1946年	
2月19日	全国部落代表者会議
2月20日	部落解放人民大会で部落解放全国委員会を結成、常任全国委員となる
4月27日	人民解放豊中青年同盟結成
8月	露店営業取締規則交付
8月4日	部落解放大阪青年同盟結成
9月5日	豊中市で行政職員による差別事件が発生
9月20日	部落解放近畿地方協議会結成
11月3日	日本国憲法公布
12月15〜17日	部落解放緊急全国大会、常任全国委員から外れる
1947年	
1月	部落解放全国委員会で中央委員に選出される

1月20日	部落解放全国委員会第２回中央委員会で中央委員に就任
2月23日	部落解放全国委員会大阪府連合会（大阪府連）結成
3月１日	皮革産業振興全国協議会結成
3月22～23日	部落解放全国青年同盟結成
4月	参議院選挙
4月20日	二度目の公職追放攻撃に屈せず、松本治一郎、参院選で41万９４９４票を獲得し４位で当選、ほか多数の部落出身議員が当選
5月３日	日本国憲法施行
7月27日	部落解放全国委員会緊急中央委員会
1948年	
1月21日	参議院副議長であった松本治一郎、「かにの横ばい」を拒否
3月	西日本中小製革協議会結成会議
5月９日	部落解放全国委員会第３回大会、松田喜一は新役員に選ばれず
6月11日	大阪府露店営業許可条例公布
7月	大阪府教育委員公選に和島岩吉立候補、次点

11月	大阪市警鈴木警視総監が「露店商禁止命令」
1949年	
1月25日	松本治一郎の公職追放
4月30日	部落解放全国委員会第４回大会、会計監査に選ばれる
7月28日	高畑久五郎ら境川自由労働組合を結成
11月	露天営業禁止命令に反対し、共同闘争委員会を組織し、闘いの先頭に立つ
12月	浪速・西成経済更生会結成
1950年	
4月８日	部落解放全国委員会第５回大会
6月25日	朝鮮戦争ぼっ発
10月	再び露店商禁止反対運動が盛り上がる
1951年	
3月４日	部落解放全国委員会第６回大会、役員に選ばれず
4月	統一地方選挙に大阪府議会選挙に西成区から立候補するも、１８２１票で落選
5月	再び浪速・西成経済更生会が結成され、生業資金融資要求の運動が始まる
6月18日	大阪府連が、要望書を提出
8月６日	松本治一郎の公職追放解除

8月17日	大阪府民生部主催の第1回同和地区中堅青年指導者養成講習会に出席
9月	生業資金第1次借り出し運動
10月10日	部落解放全国委員会第7回大会、役員に選ばれず
11月21〜22日	全日本同和対策協議会結成
12月1日	大阪府同和事業促進協議会（府同促）創立総会
1952年	
2月27日	和歌山西川県議差別事件
3月2〜3日	全国水平社創立30周年記念大会
4月	和歌山県で西川県議の差別発言に抗議して県下一斉に同盟休校
5月20日	大阪市立南中学校差別事件の解決に、大阪市当局と交渉
7月	大阪市同和事業懇談会
8月5日	大阪府連拡大委員会で、アジア・太平洋地域平和会議の委員長に選ばれる
9月15日	経済更生会（松田喜一理事長）、大阪市から生業資金を借りることに成功
10月	京都でオール・ロマンス事件

10月	大阪府同和事業促進協議会（府同促）、大阪府下各部落の実態調査を実施
11月3日	大阪府連大会で委員長、中央委員候補に選ばれる
11月	実態調査をまとめ、府会へ、解放行政を要求する請願書提出
11月21日	浪速・西成経済更生会など、大阪市長宛に「集会所設置に関する要求書」を提出
1953年	
2月	部落解放全国委員会西成支部結成（岡田繁治支部長）
2月	大阪府連、府同対協共催で、部落予算6000万要求貫徹決起大会
2月10日	大阪市同和事業促進協議会（市同促）創立総会、経過報告
2月14日	西成誠友青年会（加藤信夫会長）結成
2月	府同促と大阪府連による請願運動完遂大会
2月26日	大阪府連代表45名が参加して、部落解放全国委員会・近畿ブロック会議
3月21〜22日	部落解放全国委員会第8回大会、統制委員長に

	就任
4月19日	第26回参議院選挙で松本治一郎ら解放委員会推薦候補5人が当選
5月	浪速区栄町に文化会館完成、大阪府連事務所を移転
5月26日	市同促定例総会
9月	浴場建設助成を求める署名運動を展開
9月4日	西成共同浴場建設運動世話人会
9月15日	市同促が機関紙を創刊、編集委員となる
10月20日	『そくしん』第2号に「相次ぐ災害で感じること」を発表
10月20日	大阪府連大会
10月26日	市同促代表として、大阪市会議長宛請願書「トラホーム診療所について」を提出
11月12〜13日	第4回同和事業中堅幹部講習会で、「現在における部落解放問題」について講演
1954年	
3月7日	硫酸事件起こる（奈良県）
3月27日	市同促協第2回定例総会、常任理事を外れる
3月27〜28日	市同促指導者講習会で、後援者側としてあいさつ
4月6日	隣保館を誘致のため、大阪市同和地区受入側代表として、厚生省他で陳情
4月15日	大阪市民政局・市同促共催の懇談会に出席
5月9日	共同浴場建設運動を起こす
5月22〜23日	部落解放全国委員会第9回大会
5月28日	府同促第3回定例総会、常任理事に選出
6月24日	市同促定例総会
6月24日	市同促第1回理事会で協議会推せんの常任理事に選出
6月26日	大阪府連拡大執行委員会
8月6日	四条町差別事件について、町長に抗議
8月21日	部落解放全国委員会第36回拡大中央委員会
11月	市同促、同和予算増額を陳情
11月6日	大阪府連大会で委員長に選ばれる
1955年	
2月4日	大阪市役所に大阪市同和問題研究室設置
2月14日	文開青年団（亀田正巳会長）結成
3月27日	市同促第3回定例総会

4月	出城で大阪市水道局に対して、共同水道設置運動起こる
6月15日	大阪府立浪速市民館竣工
7月	文化温泉営業開始
8月	府同促と大阪府連による請願運動完遂大会
8月17日	同和事業完遂大会
8月27日	部落解放全国委員会第10回全国大会、部落解放同盟と改組、常任中央委員に就任
9月6日	部落解放同盟中央常任委員会で財政部長に選出
9月8日	西成視察中に丸井栄次郎府議が差別発言
9月14日	市同促、同和予算増額を陳情
10月17日	部落解放同盟中央選挙対策会議、委員長に互選で選ばれる
10月23日	部落解放同盟大阪府連合会大会
11月23日	部落解放同盟常任中央委員会
11月25日	読売新聞糾弾闘争
12月7日	第43回中央委員会で、中央選対委員長として、候補者選びについて報告
12月17日	市同促理事会で、大阪市同和事業施設補助予算編成を協議、東淀川3部落から戦災住宅の問題提起

1956年		宿泊所建設反対運動起こる
		大阪市土地区画整理審議委員となる
	1月24日	部落解放同盟大阪府連と府同促共同主催の協議
	2月16〜17日	大阪市同和教育研究会設立
	2月20日	部落解放同盟常任中央委員会、小野市、南光町の各合併にともなう差別事件について討議
	2月26日	市同促、「本市独自予算計上および増額」を陳情
	4月17日	市同促第4回定例総会、書記長に選出
	6月27日	第1回同和教育研究大会
	8月頃	文化温泉を、個人に委託することを決定
	9月15日	『そくしん』編集代表責任者になる
	10月2日	部落解放同盟第11回全国大会、常任中央委員に選出
	12月	大阪府は金属屑の営業を許可制度に決定、反対運動起こる（〜57年）
1957年	1月14日	大阪市に、栗須喜一郎、西岡一雄、西岡智とともに「昭和32年度予算」を陳情
	1月23日	大阪市同和教育研究第2回大会

1月25日	『そくしん』に署名入り論文「全町的協議会作れ みんなが工夫と創意を結集する」を発表
2月21日	浪速区馬渕町で大火事発生
2月28日	金属屑条例可決、部落解放同盟大阪府連抗議大会
4月25日	市同促第5回総会で、書記長に再任される
5月15日	芦原診療所落成
8月	三開地区の数人が立ち退き反対に立ち上がる
10月11日	常任中央委員会
10月16日	栄保育所竣工
10月23日	部落解放同盟大阪府連大会
12月2日	浪速・西成住宅要求期成同盟を結成、大阪市に対して低家賃住宅の建設を要求
12月5日	部落解放同盟第12回全国大会
1958年	
1月	大阪市食肉卸売市場、津守町に開設
1月12日	部落解放国策樹立要請の全国的運動具体化の拡大中央委員会
1月13〜15日	政府各省庁を訪れ、全国代表者会議への出席を約束させるとともに、さらに、各新聞社を訪問、協力を要請
1月24日	部落解放国策樹立要請全国代表者会議
1月24日	部落解放同盟拡大中央委員会で、「部落解放国策要請全国会議」について説明
1月25日	部落解放国策樹立全国代表者会議での決議文を持参し、各省抗議
2月	日本社会党大阪府連の「部落問題解決政策要綱」運動方針案特別委員会委員に選ばれる
2月5日	大阪府同和会館が開設、府同促が運営
2月20日	市同促結成5周年記念大会
3月28日	浪速・西成部落解放婦人集会開催
4月	部落解放大阪婦人集会
4月1日	市同促、厚生省に陳情
4月6日	常任中央委員会で、選挙対策特別委員会委員長に選出
4月28日	浪速市民館保育園の竣工
5月4〜5日	部落解放第3回全国婦人集会
5月5日	部落解放同盟中央本部選挙対策特別委員会推せん候補を決定
5月7日	市同促第6回定例総会、書記長に再選

5月11日	浪速・西成住宅要求期成同盟第2回総会、新会長に選ばれる
7月27日	大阪市同和地区青年協議会結成
8月1日	部落解放第2回全国青年集会で、問題提起をかねて講演
9月	西成地区の女性組織「むすび会」結成
9月24〜25日	部落解放同盟第13回全国大会
11月1日	部落解放同盟大阪府連青年部結成準備会結成
12月	全国部落代表者会議で建設省に低家賃公営住宅建設予算を要求
12月8日	市同促臨時総会
12月15日	部落解放同盟第2回中央選挙対策委員会
1959年	
1月	大阪市民政局に、入居者・家賃・管理など、要望事項書を提出
2月5〜6日	部落解放同盟中央選挙対策委員会に、常任中央委員として出席
2月8日	大阪府会議員選挙に立候補を宣言していたが、市同促理事会で、全員一致で推すことの決定
2月22日	部落解放同盟大阪府連第7回大会、委員長を退任、卒田正直が委員長に就任
2月24日	解放行政確立要請大阪会議を開き、大阪府に本格的な同和行政の確立を迫る
3月	松之宮小学校で低家賃住宅完成祝賀大会を開催
3月20日	西成、大阪市営出城第一住宅が完成
4月23日	大阪府議会選挙西成区に立候補し、4053票で落選
5月6日	西成、出城第一住宅の入居開始
5月28日	市同促第7回定例総会、書記長に再任
6月2日	第5回参議院選挙で松本治一郎当選
7月26日	浪速・西成住宅要求期成同盟第3回総会
8月	文化温泉で夏季学校が始まる
8月	日之出、西成などによる市内ブロック教育闘争を指導
8月8日	部落解放第3回全国青年集会に、第3分科会「青年の仕事の問題」助言者として参加
9月18日	市同促臨時総会
10日13日	常任中央委員会で伊勢湾台風の救援復興の闘いについて、現地派遣調査
11月14日	第9次大阪教研集会に市同促から参加

11月10日	第11回全国同和教育研究大会に参加
11月23日	常任中央委員会
11月25日	市同促、両国地区懇談会に、理事として出席
11月26日	市同促、地区懇談会に出席
12月8〜9日	部落解放同盟第14回全国大会、開会あいさつ、大会方針書に市同促および西成支部批判
12月26日	部落解放同盟大阪府連が「ロッキードより住宅を建てよ」を掲げて御堂筋デモ
1960年	出城・三開子ども会結成
1月14日	差別行政撤廃・安保改定阻止大会
1月23〜24日	市同促の地区活動家研修会に書記長として出席
1月24日	部落解放同盟第2回中央委員会
3月6日	部落解放同盟大阪府連第8回大会、再び委員長に就任
3月13日	部落解放同盟大阪府連第2回大阪婦人集会で、大阪府連委員長としてあいさつ
3月26〜27日	部落解放第5回全国婦人集会に、助言者として参加
4月6日	第3回綱領審議委員会
4月28日	市同促第8回総会、事務局長に再任
5月3日	緊急常任中央委員会、三池第2労働組合差別事件糾弾方針を討議
5月10日	全日本同和会結成
6月1日	出城第2住宅の入居開始
6月4日	安保粉砕、岸内閣打倒・国会解散要求六・四統一行動に、大阪府連15支部の先頭に立ちデモ行進
6月9日	部落解放同盟拡大中央委員会で、運動方針起草委員に選ばれる
7月3日	部落解放同盟常任中央委員会
7月29日	部落問題研究所第9回夏期講座に、市同促から参加
8月13日	同和対策審議会設置法成立
8月20日	市同促の同和生業資金加島地区説明会に、本部側として出席し、一般生業資金と同和生業資金の違いを説明
8月21日	市同促の同和生業資金住吉地区説明会に出席
8月27日	部落解放第4回全国青年集会で、常任中央委員会を代表してあいさつ

8月29日	大阪府連主催の差別糾弾暴力追放部落代表者会議で、中央本部副委員長としてあいさつ
9月10～11日	部落解放同盟第15回全国大会、綱領改正し初代副委員長に選ばれる
9月17日	部落解放同盟大阪府連対府交渉に参加
10月1日	『そくしん』第21号から第25号まで発行人
10月6日	市同促と府教委、福祉防災課との懇談会に出席
10月14日	市同促と、府建築部との住宅建設についての話し合いに出席
10月15日	市同促・日之出地区協議会結成のため出席
10月15日	南方部落役員懇談会に出席
10月18日	市同促と大阪府教委との懇談会に出席
12月8日	市同促の生業資金要求交渉で、代表団として、民政局長と交渉
12月10日	部落解放運動40周年記念祭の実行副委員長に選ばれる
12月	部落解放同盟が中国へ派遣する代表団の1人に決まる
1961年	
1月29日	部落解放同盟第4回中央委員会で、第16回全国大会における方針起草委員に選ばれる
2月23日	部落解放同盟常任中央委員会の訪中団結団式
3月2～3日	部落解放同盟第16回全国大会で、副委員長に再選
3月3日	全国水平社創立30周年記念祭
3月13日	西成支部主催訪中歓送会が開かれ、激励される
3月25日	部落解放同盟第1回訪中団の団長として、50日間の訪中に出発
5月13日	市同促定例第9回総会、事務局長に再任
5月28日	部落解放同盟大阪府連第9回大会、委員長に留任
6月2日	市同促臨時総会
8月5日	第5回部落解放全国集会で、副委員長としてあいさつ
8月12日	釜ヶ崎事件と部落行政について、部落解放同盟大阪府連執行部とともに、高田府知事と会見し、委員長として発言
9月10日	『そくしん』第26号に、事務局長として「請願運動をみんなの力で成功させよう」を発表
10月10日	部落解放要求貫徹国民大会で、議長団に選ばれる
10月28日	大阪府連執行委員会で、「大阪市大差別事件」に

	対する方針討議
11月20日	同和事業西成地区協議会結成、副会長に就任
12月1日	中国文化友好代表団・部落解放同盟歓迎集会で、歓迎のあいさつ
1962年	
1月11日	部落解放同盟大阪府連執行委員会
1月13日	部落解放同盟常任中央委員会
1月15日	『そくしん』第26号に「多様な行政要求を」を発表
2月1日	大阪総評主催、自治体要求獲得大阪府民集会の議長団の1人を務める
2月2日	大阪府部落代表者会議
2月8日	大阪府連主催、行政要求部落民大会で、大阪府連委員長としてあいさつ
2月10日	第5回中央委員会で、参議院選挙対策について、昨夜の常任中央委員会報告
3月2日	部落解放同盟全国代表者会議を開き、副委員長としてあいさつ
3月3日	部落解放同盟第17回全国大会で、副委員長に選ばれる
3月10日	市同促・婦人協議会に、事務局長として出席
3月21日	部落解放同盟第1回中央執行委員会

3月25日	部落解放同盟大阪府連第10回大会で、委員長を降任、卒田正直が委員長に再任
4月21日	市同促第10回総会で、事務局長に選ばれる
5月17日	市同促、第1回協議委員会で、専門部方針について提案
5月12日	部落解放同盟第2回中央委員会、参議院選挙闘争方針を検討
6月8日	第1回自治体職員部落問題研修会
7月7日	西成北開住宅の入居開始
8月11日	西成、住宅祝賀会、北開住宅竣工式
10月22日	要求貫徹をめざす秋季中央行動
10月22〜23日	部落解放要求貫徹全国代表者会議
11月6日	西成地区協議会「改組」結成総会
11月20日	同和事業西成地区協議会を全地区的規模で結成、副会長に就任
12月19日	市同促10周年懇談会
1963年	
2月11日	市同促10周年記念大会で、事務局長として開会のあいさつ
2月26日	最賃制確立、失対打ち切り反対・部落解放要求貫

	徹・社会保障拡充要求関西決起大会で議長団を務める
2月28日〜3月1日	部落解放同盟第18回全国大会で副委員長に再選
4月17日	大阪市会選挙に立候補するも、５４０９票で落選
5月8日	西成隣保館付設落成式
5月11日	市同促第11回総会で事務局長に就任
5月19日	部落解放同盟大阪府連第11回大会で顧問に選ばれる
5月23日	埼玉県警、石川一雄を不当逮捕
6月	西成、津守東住宅の入居開始
6月5日	第2回自治体職員部落問題研修会に市同促事務局長として参加
6月13日	浦和地検、石川一雄を殺人、強盗容疑で起訴
9月21日	市同促主催の大阪市同和地区幹部研修会
10月25日	芦原病院開設落成式
12月10日	長橋市民館地鎮祭
1964年	
1月12日	部落解放同盟第7回中央執行委員会で第19回全国大会について討議、運動方針起草委員に選ばれる
2月5日	部落解放同盟第17回中央執行委員会で、信太山自衛隊差別事件に対する全国闘争委員会の委員となる
2月10日	市同促西成地区協議会総会で副会長に就任
3月3〜4日	部落解放同盟第19回全国大会で副委員長に再選されず
3月5日	大阪市地区改善対策審議会第1回会合
3月11日	浦和地裁、石川一雄被告に死刑判決
3月13日	同和地区成人講座、婦人リーダー講習会に助言者として参加
4月25日	市同促第12回総会で経過報告をおこない、事務局長に選ばれる
5月1日	西成支部婦人部結成
5月18日	市同促、対市交渉
6月4日	第3回近畿自治体職員部落問題研修会
6月7日	部落解放同盟大阪府連第12回大会
6月9日	市同促西成地区協の、教育懇談会に出席
7月9日	部落解放同盟浪速支部婦人部再建の集いで、あいさつ

7月19日	西成子ども会第5周年記念
7月31 〜8月1日	第13回全国部落解放講座に参加
8月10日	市同促協役員懇談会
8月23日	部落解放第1回子ども集会
8月26日	部落解放同盟、同促協懇談会
9月11日	大阪市生活指導員会議
9月13日	市同促第4回地区長会議に参加
9月19日	長橋市民館落成式
9月21 〜22日	市民館職員、同促協懇談会、同和地区幹部研修会、第2日シンポジウム「同和行政はいかにあるべきか」で問題提起
10月6日	大阪市地区改善対策審議会第2回委員会に出席し、専門部会設置にともない、環境部会となる
10月19日	部落解放要求貫徹大阪府下総決起集会で、議長団に選ばれる
10月27日	部落解放要求貫徹全国代表者会議
11月14日	大阪市地区改善対策審議会が発足し、学識経験者委員として選ばれる
12月8日	市同促・理事と地区会長合同会議に出席

12月13日	市同促、生活困窮者年末対策について、対民生局交渉
12月15日	部落解放同盟拡大中央委員会
1965年	
1月17日	成人の日を祝う西成地区青年の集いで、西成支部長として、乾杯の音頭をとる
1月30日	浪速地区住宅要求者新年会で、住宅闘争の意義を説明
2月6日	部落解放同盟大阪府連対市交渉に、西成支部長として出席
2月7日	住吉の高校生グループ「どんぐり友の会」に、西成地区案内、部落問題と不良住宅について説明する、文化温泉2階で死去
2月10日	告別式、喪主は弟・松田雪重
3月2日	部落解放同盟葬、葬儀委員長は松本治一郎

水平社一〇〇年の時空を超えて

『なび』コラム「いい湯かげん」より

ここに掲載するのは、株式会社ナイスが発行する月刊タウン誌『なび』に連載（二〇二二年三月～二三年一月）されたコラム「いい湯かげん――水平社一〇〇年の時空を超えて」を集編したものです。

水平社の序曲

全国水平社が創設されたのは一九二二年三月三日、今年で一〇〇年目になります。そこでいつまでかかるかわかりませんが、本連載『いい湯かげん』でも一〇〇年の時を超えてみたいと思います。まずは戦前編から。歴史の案内人は、西成の部落解放運動の父、松田喜一です。

この連載ではその時々で歴史の舞台となった場所の現在の写真を掲載していきます。第一回は恵《え》浄《じょう》寺《じ》、大阪市平野区平野市町にある浄土真宗本願寺派のお寺です。全国水平社創立の動きが大阪に伝わってきたのは一九二二年一月の頃で、二月二〇日に部落解放大講演会がこの平野の恵浄寺で開かれたのです。恵浄寺で講演会を主宰したのは青十字社の木本凡人《ぼんじん》、天王寺公園の近くで正露丸を製造販売しながら社会運動を支援した人です。

遡って、一八七七年。西南戦争で博愛社という民間救護団体が「傷ついた兵士はもはや兵士ではない、人間である」と無差別で看病にあたりました。創設者は大阪北浜の適塾の緒方洪庵に学んだ佐野常民《つねたみ》です。博愛社はその後一八八七年に名称を変えて「日本赤十字社」となり、現在に至ります。これに擬《なぞら》えて自らの組織を「青十字社」としたのは、木本の大阪人らしい機知だったのでしょう。翌二月二一日には中之島公会堂で同胞差別撤廃大会が開かれますが、松田喜一や同じ西浜の石田正治らが全水創立大会のビラを撒き、会場は水平社宣伝の場と化しました。私体験ですが、一九九二年に映画『橋のない川』のロケでこの中之島公会堂の大会が再現され、ボクもエキストラとして参加しました。ロケ弁も美味かったですが、二階から撒かれた大量のビラが宙を舞うシーンには感動しました。

にしなり隣保館からなら恵浄寺まで徒歩で約二時間、松田喜一や開《ひらき》、出城の幾人かの先達が、興奮を抑えながら往路、帰路を歩く様を思い浮かべながら、ボクも同じ二月に歩いてみました。とても寒かったです。

恵浄寺（大阪市平野区）

さて、松田喜一の幼少期は後に書きますので、ここでは働き始めの頃から。一二歳で難波の煙草専売局の職工になったものの森川硝子、日本電球など職を変わりながら有隣尋常小学校（最近まで人権博物館があった処）の夜学部に通いました。その後も西浜の合阪皮革製造所をはじめ、皮革工場を転々としました。

松田喜一は最初、水平運動より先に社会主義運動に参加しました。一九二〇年に「日本社会主義同盟」ができたからです。一九一〇年の大逆事件という一大冤罪事件が起こって幸徳秋水や高木顕明らが処刑されてしまい、社会主義運動はほぼ壊滅してしまいます。しかし一九一七年のロシア革命の報が伝わると、再び活気づいて社会主義者が再結集し同盟が結成されたのです。水平社宣言で有名な西光万吉や、大阪からは木本凡人や大阪の社会運動の草分け的存在の逸見直蔵なども参加しました。しかし、翌年五月には結社禁止処分を受けて日本社会主義同盟は解散させられてしまいました。松田喜一二一歳の時でした。

時空を戻して一〇〇年後のいま。ロシアがウクライナを侵略したとのニュースが飛び込んできました。ボクは真っ先に、プーチンが民主運動を弾圧してきたこと、習近平が香港の民主運動を弾圧したことを思い浮かべました。民衆を抑圧し、社会運動を弾圧する先には戦争がある、それは歴史の教訓です。

西浜水平社と青年同盟

歴史の旅の連載は今回で二回目。全国水平社創立大会はあまりに有名ですから、身近な水平社を辿ります。

大阪府水平社ができたのは全国水平社創立から五カ月後の一九二二年八月五日です。会場は天王寺公会堂で、いまは動物園になっています。この頃、松田喜一はもう運動の中心人物になっていて、同じ西浜の大先輩栗須七郎や同輩の中川誠三らと共に創立大会を手掛けました。大会は一五〇〇人で盛況でした。その晩は一心寺近くで打ち上げでした。その様子を奈良から来た木村京太郎はこう書き残しています。「大阪の人たちは、髪を長く伸ばし、黒いルパシカ（ロシアの民族衣装）を着て、革命歌を歌った。何ものもおそれないその元気な行動に、私ははじめビックリしていたが、その後いつの間にか、同じように着物をルパシカに、草履を靴にはきかえ、髪を伸ばして、赤旗やインターを歌うようになっていた」。粋ですね、これが水平社ファッションだったのでしょうか。

西浜には水平社が四つできます。西浜水平社（浪速区栄町）、今宮水平社（西成区北開町）、木津水平社（浪速区鴎町）、難波水平社（浪速区小田町）で、同一部落に四つもできたのは、西浜が広かったことと、関西各地の部落から職を求めて多くの人が転入してきていたからでしょう、縁故の水平社ですね。これに少壮水平社と水平社青年同盟を加えた六つで西浜連合水平社を名乗り活動しました。今回の舞台写真「西浜水平社の発祥之地」記念碑は、JR今宮駅近くの浪速東三公園の一角にあります。

水平社創立から一年後の一九二三年一二月一日に、埴生村（今の羽曳野市）の糸若柳子《りゅうこ》宅で全国水平社青年同盟が結成されました。松田喜一は委員長に就任しました。今で言えば解放同盟府連青年部みたいなものかと言うと、それがなかなか力を持っていて、瞬く間に全国に組織が広がりました。

　青年同盟の理論的指導者は、高橋貞樹という一九歳で『特殊部落一千年史』を書いた傑物です。高橋は小宮山富恵と結婚し堺の舳松《へのまつ》に住んでいて、青年を集めて毎週のようにマルクス主義など学習会をやりました。英語やドイツ語を読めたので、原本も使った最先端を行く講義だったようです。松田喜一もついて行くのが大変だったでしょう。

「西浜水平社の発祥之地」記念碑

　この青年同盟は、一九二五年九月に第二回大会を開くと、早くも「全水無産者同盟」に改称してしまいます。「無産者」というのは「労働者など」という意味です。一九二六年八月には全日本無産青年同盟も創立され、大阪青年同盟も結成されました。一気呵成です。

　現在でもよく「ダラ幹」って役員批判を聴きます。この言葉はこの当時に東京からやってきたのですが、大阪では、返す言葉で「アオネン同盟」って青年達に反駁したそうです。それぐらい松田喜一ら大阪の「アオネン同盟」は、理論もあり行動力もある「出る杭」でした。水平社内でも大いに期待もされましたが、激しい言動は誤解もされ、煙たがれもしました。また特高警察には、危険人物としてマークされ続けました。

　時空を戻して一〇〇年後のいま。斎藤幸平という高橋貞樹みたいな若い学者が颯爽とデビューしてきて、「資本主義は地球をダメにする」とエコ社会主義を唱えています。いまや橋下徹さんも真っ青な現代の「出る杭」です。さて、一〇〇年前の松田喜一の方はこの先どう動いていったのか、時空の旅はこれからがスリリングです。

皮革労組そして西成支部

前号で触れた、西浜に六つの水平社があった頃、実は、西浜の皮革関連工場に労組ができて、水平社と一緒に活動しました。これまでほとんど史実化されていませんので、今回と次回で紹介します。

水平社役員で青年同盟委員長の松田喜一は、一九二六年から二八年まで大阪一般労組の常任委員も務めました。この頃、地元では幾つもの争議が起こっています——現在も操業している共和ゴム、現在はニトリになっている場所にあった帝国鋼管、南開の伊東琺瑯《ほうろう》、鶴見橋の大平工業、今宮の大阪製鋲、皮革産業では松本製靴、岩崎皮革など。

圧巻は栄町の爪屋の争議でした。福井由数さんの証言によると、労組は賃金前借り制改善、水平社は会社の排煙の是正を求めて共闘しました。大阪一般労組は皮革工を集めて「西浜支部」を作りました。生野区でも「鶴橋支部」が作られました。当時、鶴橋近辺は朝鮮人が集住し、多くはブラシ工場に日々作業場を借りる請負労働者だったのです。この大阪一般労組は、松田喜一の逮捕と同じ理由（次々回で書きます）で一九二八年三月に解散させられてしまいました。

大阪一般労組西浜支部の後を継いだのが、皮革労友会（一九二九年結成）と大阪皮革労組（一九三三年結成）でした。大阪皮革労組は一九三三年一月一六日浪速区栄町六丁目の浪速市民会館で結成大会を開催しました。会場正面の釣りビラには「物価は上った給料を上げろ！戦争予算を止めて、失業手当を出せ！首切り・賃下げ給料反対！解雇、退職手当を即時制定しろ！民族的封建的差別撤廃！閑散期の生活を保障しろ！」。しかし帝国主義戦争反対の決議は、集会に立会っていた官憲によって不許可とされました。

皮革労組は翌年に、出城の朝鮮人組合である阪南労働自助会と合併し、一〇〇〇人近い日朝皮革労働者の組合になりました。戦時下にあって、民族差別と部落差別に反対して組織統一までやったのですから立派です。組合長は水平社大阪府連の北井正一。松本製靴、小林製靴、中塩製革、戎製革、大崎皮革、澤井製靴などで争議がありました。北中皮革（姫路市）の争議を支援するため、西浜にある社長宅へのデモを決行したこともありました。

実は、この皮革労組の影響を思わせるのが、一九三五年五月三一日、今宮尋常小学校（旧西成解放会館の場所）で結成された全国水平社西成支部、我が祖先です。今回の舞台写真は、水平社西成支部結成大会があった場所、旧解放会館取り壊し直前の部落解放同盟西成支部の玄関です。支部長は高畑久五郎、役員は北井正一、中崎実、安井木一郎、野沢利津平、竹内真佐夫、関口松太郎、中田正次、中村磨一、置本平一、原田喜三郎。

当時の週刊紙には「四月二七日西成区中開四丁目の北井氏宅で準備会を重ね、支部結成を見た。西浜に密接し特殊的型態を持つ西成支部は、久金属容器製作所（今も北津守にある）のストライキに際し、事務所を開放して争議団本部に当て、ビラ貼り、基金の募集等に応援した。支部ニュースで『吾々は一般勤労無産大衆との共同闘争によってこそ真に生活の向上も得られ、解放もそれなくしては駄目だ』と叫んでいる」とあります。「特殊的型態」とは、西浜部落が拡張したことで部落外にも広がり、そこに水平社を組織した珍しい例という意味です。

旧解放会館にあった部落解放同盟西成支部

時空を戻して一〇〇年後のいま。「ひょっとしてお爺ちゃんかも」「この会社聞いたことある」などの情報をお持ちの方、何でもいいので、ぜひご連絡ください。次回は、大崎皮革の漉師《すきし》(※)たちの西浜ゼネストのドキュメント、初公開です。

大崎皮革の大争議

さて、今号は、これまで歴史に埋もれてしまっていた西浜最大の大崎皮革争議のミニドキュメントです。

一九三四年一月一四日、浪速区栄町四丁目第

※漉師：厚みを調整するために革素材を水平に分割する「漉割《すきわり》」作業に従事する職人のこと。

二共同工場二〇号の大崎皮革工場（従業員一九名）で、漉師《すきし》(※)前田政吉の解雇事案が発生しました。西浜の漉師の親睦団体・愛和会の反応は早く、大阪皮革労組の協力を得て、二一日には会社との交渉に出向きました。ところが、興奮した工場主が焼きゴテで交渉団の成川義男の前額部を殴りつけ、成川が近くの大野病院にかつぎ込まれる騒ぎになりました。

漉師らは一糸乱れず、翌朝には二二工場九〇名の一斉にストライキに突入します。直ちに、谷本政太郎を団長に、行動隊、糧食隊、対策委員、交渉委員、伝令からなる争議団を結成しました。北井正一、椿繁夫ら総連盟、大阪皮革労組も組織を挙げた支援態勢を構えました。

争議団は翌二三日夜、①前田政吉の復職、②健康保険加入、③解雇手当・退職手当の制定、④閑散期の生活保障、⑤便所・脱衣所・食堂の設置、⑥職工雇入に対しては愛和会に相談する事など、九項目要求を提出。二三日夜、真相報告発表演説会を開催（五〇〇名参加）、二四日には支援の糧食米を搬《はこ》ぶにあたっての米挽きデモを実施、西浜は騒然となりました。西浜の町内会からも醤油、味噌、炭など寄付が次々に寄せられました。

仲買人原藤七（吉岡弥市夫人の父親）らが調停に入ったものの物別れに終わり、争議は月を越して長期化。愛和会は結束の乱れを警戒して、東成区森小路の全国農民組合本部に一時籠城して闘い続けました。

一方、経営側の同業組合は、争議の長期化で作業が停止しまったため、和歌山に皮を運び込んで漉作業をなんとか再開しようとしましたが、和歌山の漉師たちは愛和会に同情して作業を拒否。困った同業組合も大崎皮革の説得に乗り出しました。

その間、大阪皮革労組と水平社大阪府連は未組織工場に働きかけ、次々と組織を拡大していきました。ついに、前代未聞の「西浜皮革ゼネスト」に突入せんと、一月二二日、二二の皮革工場、一三の製靴工場の工場代表者会議を招集しました。会議場には続々と工場代表者が詰めかけましたが、そこに、「この会議は左翼の会合の疑いあり」との理由で乱入した大阪府特高課と芦原署特高係が、一七名の活動家を検束してしまい、「ゼネスト」は中断します。

しかし争議団は屈せず、五月に再交渉の場が整います。が、情報源の『社会運動通信』の記事はここでストップ。最期の顛末は、残念ながら不明のままです。前回で書いたように、翌三四年には皮革労組は朝鮮人労組との統一を成して存続していますから、勝利的決着を見たと推測します。そして、この争議から凡そ三年後の一九三七年、松田喜一は西浜の皮革業者を集めて経済更生会を結成、さらに一九四一年には靴修理業者三〇〇〇人からなる大阪靴更生組合を結成するのです。

漉割の作業所はこの界隈だけでもこの２軒に

時空を戻して一〇〇年後のいま。現代の識者の中には、松田のこうした活動を見て、皮革争議とは趣を異にし、融和事業に転じたと評する方もいます。ボクは、皮革労組から靴修理業者組合へと、戦時下にあって連綿と続く皮革産業を巡る「資本主義vs西浜部落」の「陣地戦」だったと思っていますが、ちょっと難しいので、連載を読み進めていただきながら、一緒に考えていきましょう。

松田喜一逮捕

松田喜一が治安維持法違反で逮捕されたのは、一九二八年三月一五日でした。有名な三・一五事件で、日本共産党員及びシンパと睨まれた人々が全国一斉に検挙された大弾圧でした。『蟹工船』の小林多喜二は、この事件での拷問を小説にし、後に、その拷問で殺されました。個人だけでなく、大阪一般労組や労農党という団体も強制的に解散させられてしまいました。実は、この事件を期に、治安維持法に死刑が追加され、さらに共産党員以外にも広く適用されるようになり、日本史上最大の恐怖政治が本格化していったのです。

この日、松田喜一は、「浪速区栄町四丁目二二番の、国鉄今宮駅の北踏切りを西へ二〇〇米、古い

1933年ごろの全国水平社総本部。この写真は『社会運動通信』第1071号（1933年6月5日発行）にも掲載されていて、人物は松田喜一とされている。故松本龍蔵

長屋の一角、木造二階建ての茅屋」の全国水平社本部を住まいとしており、寝込みを襲われました。そして、二九年二月、懲役四年の判決を受けました。

一緒に逮捕された木村京太郎が語る取調べの時の逸話が凄いです。「松田君も同じく拷問をうけた。松田君は一々抵抗するものだから、刑事も持て余し、『ドエッタはしぶとい』という罵言を吐いた。松田君はいきなり前にあったいぶし用の火鉢を持ち上げ、『さあもう一ぺんいってみろ』と仁王さんのように立上った。さすがのゴロツキ刑事も顔をまっ青にして『アヤマル、アヤマル』と平身低頭三拝九拝、他の刑事達も寄ってたかってなだめた」。

松田喜一は、一九三三年五月一二日に出獄しました。今回の写真は風景ではなく、出獄の日の松田喜一にしました。その後、休む間もなく、全国各地で起こる差別事件糾弾闘争を指揮しました。香川県の高松差別裁判、兵庫の松茸山入会権事件、岡山県の周匝《すさい》村事件、大阪の東郷村長（現在の豊能町）事件、大阪の佐藤陸軍中将事件など、まさに東奔西走でした。

松田喜一の差別糾弾の指揮にははっきりした主張がありました。差別事件の背景にある封建社会以来の部落民排除の仕組みを糺《ただ》し、子ども達の同盟休校など、国民の義務を返上、拒否してでも闘うというものでした。また、高松差別裁判においては、水平社は最初「ファッショ裁判粉砕」がスローガンでしたが、松田喜一は「差別裁判を取り消せ」に変えさせました。それによって、ファシズムが迫る時勢にあっても、戦前では最大の部落

ぐるみの運動を実現しました。狭山事件で「差別裁判を取り消せ」となったのは、この時の教訓がありました。

拷問から死刑まである恐怖政治という一方の局面と、拘束中でも軍人とでも差別糾弾を闘うというもう一方の闘争場面、この時代のこの対比は、前号の皮革産業を巡る資本主義vs部落の「陣地戦」に通じるものだったのではないか。

一〇〇年の時空を戻して、いま。前回・今回で書いた「陣地戦」ですが、オセロの黒と白を陣地と想像してください。戦争という黒の進出と、抵抗する民衆の白、白が黒にひっくり返るとどうなるか。日本の侵略戦争は、総力戦、国民総動員と言って、「兵力」だけでなく、白を黒に一変させる「民力」の攻防戦でもあったのです。さて、現代の日本社会、また西成地域で、白の陣地、「人権の陣地」は増えているのか、侵食されてはいないか。ちゃんと考えてみたいものです。

松田喜一、選挙を闘う

今回は、戦前の松田喜一が立候補した府議選、市議選の二回の選挙についてです。

まず、一九三五年の大阪府議選浪速区からの立候補です。この頃、大阪では、無産団体協議会が、府議選で統一候補を出そうと協議し、松田喜一が推されました。前回府議選東成区での小岩井浄弁護士の獄中当選の再来をめざしたのです。結果は六二七票で惨敗でした。全国水平社の機関紙『水平新聞』は、西浜には三五〇〇票もあるのに（この時代は男子だけの選挙権）、惨敗したのは深刻だと総括しました。

落選しても松田喜一は、社会大衆党（社大党）に無産団体が合流する反ファッショ統一戦線を作ろうと奔走しました。市電従（現在の大交労組）の松田長左衛門らと共に上京して、対立する両者を説得しました。しかし、無産団体は「社大党は右傾化している」と反発し、社大党側も門戸を閉し、統一戦線は叶いませんでした。

それでも、一九三七年、松田喜一は、今度は大阪市議選に西成区（定数七）から無産団体推薦で立候補しました。浪速区（定数五）では候補者を一人に絞って栗須喜一郎が社大党から立候補し当

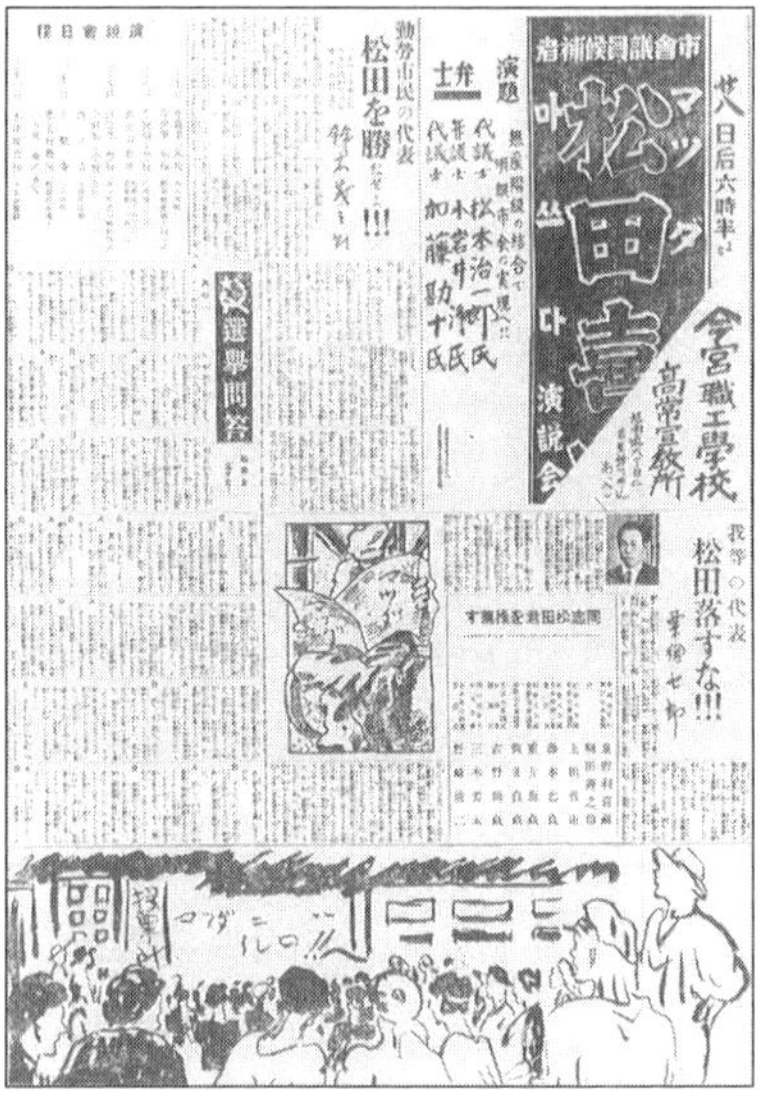

大阪市議選の時の選挙ポスター（1937 年）

選しました。西成区では社大党系から四人が立候補し、うち二人が当選し松田は落選しました。栗須三〇五九票、松田喜一五二七票は「西浜部落票」の少なくとも過半以上を獲得していると想像させます。松田喜一の戦略は「栗須必勝」シフトだったのかもしれません。また、皮革労組を指導した後、社大党市議候補に転じた椿繁夫も、港区で当選しています。今回の舞台写真は、この時の選挙ポスターです。「ファシズム反対、無産戦線の統一」と旗色鮮明です。ハングル文字は当時朝鮮人も選挙権があったからです。

この年の七月は、日本が中国への侵略戦争に突入する歴史の分岐点でした。松田喜一は戦争とファシズムに反対し、懸命に統一戦線を試みながらも敗退しました。大阪市議会も、社大党二二議席の躍進で、与野党拮抗しますが、侵略戦争突入で社大党も戦争協力に転じ、やがて、任期途中で市議会の政党はすべて解党し、翼賛議会になってしまいます。そして、松田選挙と同じ九月に、全国水平社は重大な転換をします。「非常時の全国水平運動」というもので、日中戦争への態度を「棚上げ」して、部落の生活擁護に邁進するということでした。

得票だけ見ると惨敗の松田選挙ですが、ファシズムを止めようとしていました。「たられば」ですが、反ファッショ統一戦線が成功していたら、福岡で松本治一郎が参院に踏み止まったように、栗須喜一郎、椿繁夫と松田喜一が揃って市議会にいたら、と考えてしまいます。

時空を一〇〇年戻して、いま。参院選での野党共闘の敗北と、それまでの野党の議論の経緯は残念です。水平社は何故戦争に最後まで反対できなかったのか、解明されていませんが、統一戦線は検証テーマの一つで、戦前の松田選挙を再評価してみました。次回は、もう一つの検証テーマ、水平社と融和団体の関係のあり方について、松田喜一の対応を振り返りたいと思います。

戦時下の松田喜一の活動

今回は、戦時下にあって松田喜一が、経済更生会や日本靴修繕業組合連合会という団体を作り、並行して部落厚生皇民運動に参画したものの失敗し、全国水平社から除名されるまでの約七年、いや、戦後も続く約二〇年の苦闘の個人史です。

一九三七年日中戦争に突入すると、日本は完全な戦時体制のもと統制経済になりました。軍靴以外の靴は作れず、国交断絶のため原皮も入ってきません。やむなく西浜の職人たちは靴製造から靴修繕に転じます。その数大阪で三千人、全国では一万二千人。しかし革資材も統制団体による登録制になります。靴以外の皮革産業も操業不能に陥ると、元々蓄えのない部落民は一気に窮乏し、戦時下でも格差は広がります。政府は事情に精通し戦争に協力的な融和団体を探しますが、大阪は融和団体が弱小で水平運動が強く、都合のよい窓口団体はありませんでした。

松田喜一は葛藤のすえ決断します。一九三八年、靴修繕職人と働き口のない住民を組織して経済更生会を結成しました。その組織は全国に広がり、四二年には日本靴修繕業組合連合会の結成に至ります。松田は瞬く間に万を超える靴修繕職人と失業部落民を掌握しました。軍部や政府は、松田を危険分子と警戒し検挙もしますが、その手腕に頼らざるをえません。

これが部落厚生皇民運動（一九四〇年）に参画した松田の活動です。「部落民を見殺しにして何が総動員か」と戦時下で部落問題解決を迫る松田に、他の道は見つかりませんでした。それは、戦争協力である一方で、「極限の解放運動」でもあったのです。無念だったでしょうが、自分が憲兵に引っ張られれば命の保証もなく、置き去りになった部落大衆は軍に弱腰な融和団体の支配下に落ちます。もちろん、侵略という戦争の本質を見抜けなかったのは痛恨の極みでした。しかし、「選択不能の

戦時下の全国水平社中央委員会（1938年2月7日）。右側の和服姿が松田喜一、火鉢の前の髭をたくわえた人物が松本治一郎、その左が朝田善之助。『写真記録 部落解放運動史』（解放出版社、2022年）から

道」を駆け抜けた水平運動と松田喜一を全否定することはできません。

既号で書いたように、三五年には出城や津守に住む皮革労働者らによって水平社西成支部が結成されますが、津守には既に融和団体がありました。両者は、西成区経済更生会に糾合されるかのように、「水（平運動）融（和運動）」一体で戦時下を生きたのです。これが後の「同促協」の下敷きとなります。

さて、西浜を焼き尽くした大空襲で浪速区分は全焼し西成区分は半焼しました。松田は、空襲の二日後には軍の被服工廠から入手した革屑を修繕業者に回します。敗戦後は露店商禁止反対の大立回りを演じ、さらに「ジプシー部落」と呼ばれた出城のバラックから生き抜くためのゲリラ戦を指揮、文化温泉、住宅闘争へと導き、今日の西成の運動の礎を築きます。「ジプシー」は差別呼称ですが、松田は出城の流浪の被差別民をそう表現しました。

〝もはや戦後ではない〟一九五五年、日本の復興期に部落解放運動が蘇ります。この年にようやく西成で「戦争が終わった」とボクは思います。部落解放運動の再生こそが、戦争に代わる民主主義の発露だったと思うからです。

水平社一〇〇年の時空を超えて、いま。戦時下の松田喜一の行動は評価が分かれています。松田と水平社は戦争に屈服し協力もしました。しかし、敢えてそうすることで部落の生活を守ろうとし、敗戦後なお一〇年も戦争と向き合い続けた史実を、脳裏に刻んでおこうと思います。今回の舞台写真は、戦時下の水平運動を議論する福岡、松本治一

郎宅での和服姿の松田喜一です。

同時多発の住宅闘争

西成の住宅闘争にはいくつかの背景がありました。一つめは、戦災復興の差別です。敗戦から一〇年経って、一九五五年の日本は「もはや戦後ではない」と言われましたが、西成地区はバラック住宅が「不法占拠」する悲惨を極める状況で、格差は歴然。戦後どころかまだ戦争禍でした。

二つめは、大都市の貧困です。バラックと不法占拠は西成だけでなく大阪市各所に散在し、とくに環状線の外側に集中し、そこには社会的差別が重複していました。五七年二月二一日、最大のバラックがあった浪速区馬渕町で六三三世帯が罹災する大火事が発生しました。恵美小学校講堂の緊急避難所では、被災者と校区住民の間で緊張が極度に高まり、校区住民側は同盟休校も辞さずと身構え、被災者は別の避難所に移りました。この一帯は戦前からのスラム地区でした。

バラックスラムの一群は大正区小林町にもありました。湿地帯に約一五〇〇世帯が住み着き、その三割が沖縄出身者だったので、沖縄の言葉で「窪地」を意味する「クブングヮー」と呼ばれていました。消防車も入れないどころか、火事を消すことも不可能な危険地帯でした。また、五八年頃、新聞や映画や小説で「アパッチ族」と蔑称されたのが、森之宮の大阪砲兵工廠跡地に近い在日朝鮮人のバラックスラム住民たちでした。「アパッチ族」は生活の糧を求めて、鉄屑などを掘り起こし売買し、警察との激しいバトル戦を繰り広げました。そして、バラックスラム群のもう一つが、前号で書いた西成区出城五丁目の蔑称「ジプシー部落」。住民たちは戦災放浪民として生活し、闘いました。

三つめの背景は、部落解放運動の再興です。松田喜一は四七年の部落解放全国委員会結成に参画し、五二年には西成支部を結成。五五年に部落解放同盟と名称変更しました。また、五二年には大阪市同和事業促進協議会（市同促）を結成しました。この市同促と府同促、解放委員会の三団体は、新大阪駅近くの日之出地区の人々の告発をきっかけに、一九五六年「戦災部落住宅補償闘争宣言」

出城第二住宅（1962 年ごろ）

をしました。

さらに五七年、国道43号線拡張による立退命令に対して、住宅要求を掲げた歴史的な西成住宅闘争が始まりました。「不法占拠は戦災と差別行政の結果」と糾弾し、住民一人ひとりが民主主義を求める大闘争となったのです。西成だけではない、同時多発の住宅闘争だったのです。

水平社一〇〇年の時空を超えて、いま。西成区出城を、新大阪、大正区小林、浪速区馬渕町、森之宮などと一つの線でつなぎ、さらに、闇市時代の露天での露店商廃止反対闘争をつないでみます。そうすると、敗戦の焼土から民主主義を闘い取らんとした松田喜一は、大阪市復興に尽くした無数の名もなき「市井の人々」のリーダーだったことがわかります。後世のボク達も誇らしくなります。今回の舞台写真は、住宅闘争の成果で建設された出城第二住宅（一九六二年ごろ）の風景です。

露天商禁止反対運動

前号の住宅闘争と時系列が前後しますが、松田喜一は、一九四七年から五一年頃、露店商禁止反対運動を指揮しています。

「バラック」とともに敗戦直後の大阪を象徴していたのが「闇市」と「露店」でした。それは大変な時代でした。今回の舞台写真は、映画『名もなく貧しく美しく』（監督：松山善三、一九六一年公開）から、露店で靴磨きをする聾唖の夫婦。演じるは小林桂樹と高峰秀子です。松田喜一が組織したのは、御堂筋や駅前の露店靴修繕業者で、そのほとんどが部落のひとでした。

廃墟と化した大阪で露店が仕事場になったのは当然のことで、GHQや行政、警察も、乱暴に排除はできませんでした。しかし、無許可営業では困りますし、無法集団の暴力的な支配は治安を脅かしていました。松田喜一は強制排除には断固たる態度で臨みましたが、交渉には柔軟でした。その方策のひとつは、新規の露店は認めず、現在の業者を登録して許可証を出すこと、もうひとつは、移転費用と移転場所の保障を求めることでした。

強制排除に対しては、露店商禁止反対同盟を結成して闘い、一時は淀屋橋から御堂筋まで通行止めになってしまうほどの盛り上がりをみせました。移転費用と移転先保障については、松田は戦前の経済更生会運動を復活させ、それを受皿にしようとしました。

映画『名もなく貧しく美しく』（1961 年）の一場面
出典：東宝

許可証発行にあたっては、大阪府は露店商許可条例を制定したのですが、「公共の福祉」に反する場合は許可を取り消すという条項を定め、本籍や前職の記載も求めました。「公共の福祉」は、GHQの占領が終わるや、日本政府が持ち込んだ「新たな秩序」でした。典型的なのが「らい予防法」（一九五二年）で、条文に盛り込んだ「公共の福祉」を以て隔離を正当化しようとし、問題の解決を遅らせました。

部落問題もまた、「新たな秩序」に組み込まれていきました。露店商に「本籍・前職」を書かせようとしたのはその表れでした。「公共の福祉」は一見「戦後民主化」のようでありながら、よくよく考えると「新たな排除」でした。松田喜一は、その排除や身元表記に抵抗しつつ、移転保障や仕事場確保などの現実的な方策を求めて、露店現場で仁王立ちになって闘い、皮革産業と部落民の生活を守ろうとしたのです。

水平社一〇〇年の時空を超えて、いま。二〇〇〇年代の同和対策法終結とともに、部落問題は解決したかのようにふるまう行政も現れたのは、周知の通りです。それは、「戦後民主化」で部落問題が自然に解決するかのようにふるまった戦後早々の時代とよく似ていました。松田喜一は、露店現場やバラック住居でのゲリラ戦のような攻防から、部落問題への方策を熟考し、それが「同促方式」へとつながっていくのです。戦後の同和対策はかんたんに実現したのではありませんでした。松田喜一は、戦後の同和対策に知恵を出した人でした。その過程を、次回から紹介したいと思います。

まちづくりを提唱

このシリーズもいよいよ最終回となりました。

一九五一年六月、松田喜一は浪速地区の公民館と診療所設置を求めて要望書を出しました。当時、青少年のヒロポン中毒とその被害は深刻な状況で、かれらの生活改善のための施設を求めたのです。大阪市教育委員会も「腹蔵のない」懇談会を持ちたいと松田喜一らに声をかけました。そこで、市の幹部は考えを述べたのですが、「民主教育さえやっていけば同和教育になる」とか、「(施設をつくれば)かえって寝た子を起こすのではないか」とかいうもので、松田喜一は激しく反論しました。最終的にこの要望は文化会館と芦原病院の建設として実現しました。

翌五二年五月には大阪市立南中学校で、「お前の家はヨツだ」と子どもが差別される事件が起こりました。被害を受けた子の親は滋賀県出身で、大阪に行けば部落という身元を隠せるはずと思っていましたので、強いショックを受けました。この事件が起こった二カ月後の七月、大阪市同和事業懇談会が開かれ、ここで松田らは腰を据えて「寝た子を起こす」か否かの論争を展開しました。市の幹部は「同和予算と言わずに事業をやるのが良い」と論を張りましたが、松田らはこれを説得し、ついに市も認めました。

この二年がかりの「寝た子論」をめぐる論争の末、五三年二月に大阪市同和事業促進協議会(市同促)が結成されました。松田喜一は、戦後の「寝た子を起こすな」意識が相当に根強いこと、また、このままでは「戦後民主化」は部落問題を素通りしてしまうことを痛感し、そこに戦前の水平社運動を持ち込んでも、空回りしてしまうだけだと心配していました。そこで、熟考の末、松田は市同促を結成して「新しいスタイルの運動」を定義したのです。

しかし、問題は簡単ではありませんでした。当時部落の中には、戦後復興で都市化が進み、部落の形態が様変わりし始めていることに幻想を持つ人もいました。松田の偉いのは、そんな人たちも市同促に参画させたことでしたが、同和行政のあり方をめぐって合意を形成していくには、部落の中でも大変な努力を要しました。

松田は、市同促に「運動団体」「事業団体」「まちづくり団体」という三つの役割を構想していました。次第に「運動」は解放同盟、「事業」は市同促と役割を分担して、車の両輪のような関係になりました。そこで、松田は、いよいよ部落に「全町的協議会」というまちづくり組織を広め、「生活の立て直し」と名づけ民主的権利を実現していこうと奔走しました。松田の「運動」「事業」「まちづくり」の三位一体論は、いま考えても先見がありましたが、当時は「新手の融和主義」ではないかとの誤解もあって松田は苦労したようです。そして、松田は、同対審答申をみることなく一九六六年に亡くなりました。

晩年の松田喜一（1965 年）

水平社一〇〇年の時空を超えて、いま。松田が構想した「まちづくり」は、その後、解放同盟府連や西成支部によって引き継がれましたが、紆余曲折を経てもまだ進行形です。

今回の舞台写真は、シリーズ最終回にふさわしい晩年のベレー帽姿の松田喜一です。近く彼の人生をより詳しく述べた『詳伝 松田喜一』が発刊されますので、ご期待ください。

了

インタビュー

大賀正行・喜子夫妻が語る松田喜一

大賀正行
大賀喜子

聞き手＝谷元昭信・寺本良弘・冨田一幸・前田朋章（五〇音順）

（二〇二二年二月一六日／大阪コロナホテル）

「松田喜一」を語る大賀正行さん
2022 年 2 月 16 日　大阪コロナホテル

二〇二二年二月一日に、部落解放同盟大阪府連合会西成支部の有志で「西成・松田喜一研究会」を立ち上げ、最初の活動として、松田喜一についての大賀正行・喜子夫妻から聞き取りをすることを決めた。

聞き取りは、二月一六日午後三時から大阪コロナホテルの会議室で実施された。西成支部からは、寺本良弘支部長をはじめ谷元昭信、冨田一幸、前田朋章が出席した。

当初二時間を予定していたが、結局三時間におよぶ熱のこもった貴重な話を聞かせていただくことができた。

本書では、聞き取ったすべてを紙面に記載したかったが、紙幅の関係や繊細な内容も多々あるために、ご両人が直接に要約していただいた内容にとどめざるを得なかった。

以下、その要約と関係資料として「大阪市同和事業促進協議会五〇年の歴史と大阪市人権協会への移行」（大賀正行執筆／二〇〇二年一一月二九日）を掲載する。

——それでは、西成・松田喜一研究会を始めます。本来であればもっと多くの人に参加して開催したいところですが、本日は人数を絞って開催させていただきたいと思います。

二〇二三年は西成支部結成七〇年にあたり、水平社一〇〇年というと少しあつかましいので、この一年間できっちり勉強してちょっとしたものをまとめたいと思い、戦前編は今、いろんな資料を集めているところです、戦後編は大賀正行さんをメインにして、まず、貴重な話をうかがわせていただき、それに肉付けさせていただきたいと思います。

大賀喜子さんには、後半に来ていただいてお話を聞きたいと思います。

大賀正行　——松田喜一さんとの出会い（要約）

（1）一九五四（昭和二九）年八月一三日、私と幼なじみの北井浩一さんとで創立した日之出少年会（のちの日之出子ども会）のとき、松田喜一さんが来ひんとして来られたのが、事の始まりだった。

私は子どもの宿題を教えたり、楽しい話をしたり、子どもの居場所をつくりたいと思って始めたが、北井さんは父親（北井悦治）がかかわっていたので、大阪市同和事業促進協議会（通称・市同促）のことを詳しく知っていた。私が住む日之出（大阪市東淀川区）では、中田善政さん、北井悦治さんらは、日之出のボス的存在であった。私ら青年が反抗していたこのボス連中とちゃらちゃらしている松田喜一さんは、私らの敵のように見えた。

北井浩一さんに誘われて市同促の集会に出て、部落解放同盟があること、市同促とは車の両輪であることを知らされた。北井浩一さんは、立命館大学に進学したので、京都市田中の朝田善之助さんが主宰している「朝田学校」のことを伝えてくれた。

ここから、私のなかに、部落解放同盟とは何か、市同促とは何か、「朝田学校」とは何か、その関係はという理論的テーマが生まれた。これが、私のライフワークとなり、別資「大阪市同和事業促進協議会五〇年の歴史と大阪市人権協会への移行」となった。その大阪市人権協会も数年後、解散となり、むなしい気持ちになったが、この文書は、大阪の運動史でもあり、貴重な財産として保存しておいて欲しい。

（2）私の知った松田喜一さんは、私らの敵と見え、後日、松田さんが戦前の全国水平社の闘士だったと知らされたが、次のような疑問も芽生えた。

①なぜ松田喜一さんは、自分の経歴や経験を私らに、一言もしゃべらなかったのか。

②松田さんの弟（松田雪重）は、飛田の歓楽街の博徒の親分だった。あの大賀のようなチンピラ、いてしまえと言われたらどうなっていただろうか。松田喜一さんは、まったくその素振りもなかった。

（3）松田喜一さんは、一九六五年二月に、西成の文化温泉の二階で、ガス中毒で亡くなられた。八月に内閣同和対策審議会答申が出る半年前だった。松田さんが亡くなられて、私のなかに、松田さんとのやり取りがいっぱい思い出されてきた。「市同促があったから、お前らが出てきたのとちがうか」とか、「お前らみたいのが出てくるのを待っていたんや」とか。

（4）「麒麟《きりん》も老いては駑馬《どば》に劣る」「朝田学校の方が上や」と、〝帆《ほ》げた〟を上げたことを恥じた。

（5）京都の方では、「朝田教育財団」をつくり、「朝田善之助記念館」もできている。しかし、松田喜一さんにはそれがない。これは自分たちの大きな責任やなあと思っていた。水平社創立一〇〇年を機に、西成支部が「西成・松田喜一研究会」を立ち上げてくれたことを、私はものすごく嬉《うれ》しく思っている。

（6）西成の松田喜一研究会という組織は、一つの核となって、大阪の部落解放運動、同時に日本の社会運動を変えていくというふうに、研究会の意義づけをして欲しい。

（7）当時の松田喜一さんを知っている関係者が亡くなられていき、私一人だけとなっているので、いろいろと思い出しながら話していきたい。

――本書、巻末資料（四六九頁）の「大阪市同和事業促進協議会五〇年の歴史と大阪市人権協会への移行」に沿って説明、および松田喜一さんの葬儀の写真（次頁）を参照し語られた――

大賀喜子　――私と松田のおっちゃん（要約）

（1）私は、一九五九年四月に大阪市立大学（現・大阪公立大学）文学部に入学しました。安保反対闘争の真っ最中であり、市大は当時、「赤の大学」と呼ばれ、先生方も、講義を中断し、御堂筋などへ安保反対のデモを呼びかけ、授業はなく、毎日が「岸を倒せ、安保反対！」の闘いに巻き込まれていました。当時、女性の進学率は低く、「女は学問をしたら婚期が遅れる」と反対され、それを説得しての進学でした。比較的に多い文学部でも一〇〇人中二四人でした。先輩たちは女子学生が二〇人を超えたことを喜び、歓迎会を開いてくれました。そして、「女性史研究会」へ入部するように誘われました。

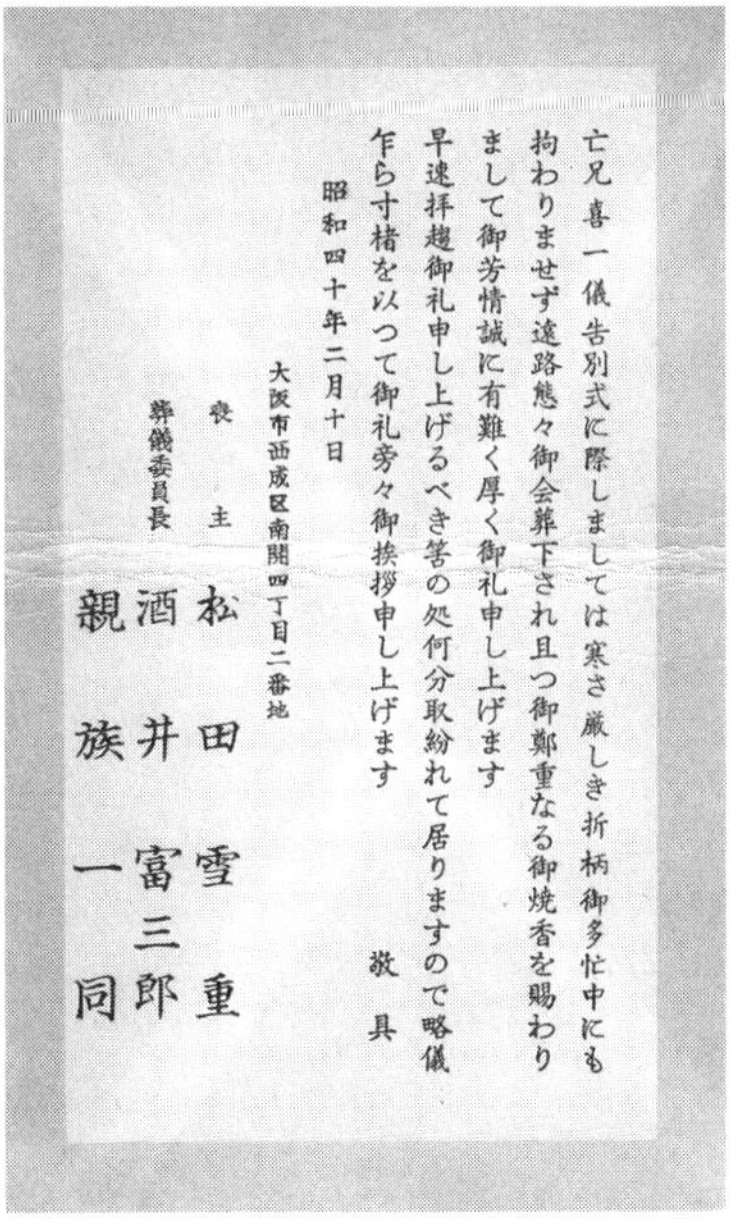

亡兄喜一儀告別式に際しましては寒さ厳しき折柄御多忙中にも
拘わりませず遠路態々御会葬下され且つ御鄭重なる御焼香を賜わり
まして御芳情誠に有難く厚く御礼申し上げます
早速拝趨御礼申し上げるべき筈の処何分取紛れて居りますので略儀
乍ら寸楮を以つて御礼旁々御挨拶申し上げます
敬具

昭和四十年二月十日

大阪市西成区南開四丁目二番地

喪主　松田雪重

葬儀委員長　酒井富三郎

親族一同

写真右上から「松田喜一部落解放同盟葬（1965年2月10日）」、写真右中「同盟葬に参列する、前列左から松本治一郎（部落解放同盟中央執行委員長、参議院議員）、西風勲（社青同初代委員長）、田中織之進（部落解放同盟和中央本部書記長、衆議院議員）」、写真右下「あいさつする松本治一郎委員長」、写真左下「同盟葬に参列する人びと」、左上「告別式会葬礼状」、喪主は弟・雪重

写真撮影：大賀正行

私は、女性差別に理不尽さを感じていましたので入部しました。一九五九年秋、先輩に勧められて、「第一回学生部落問題研究会全国ゼミナール」に参加しました。ここで私は、部落解放同盟という運動団体があること、大賀正行という人物が部落問題研究会をつくろうとしていることを知らされ、ぜひ市大につくるようにと、オルグされました。

（2）翌年の一九六〇年七月上旬、安保条約反対闘争終了後、部落問題研究会を大賀正行とともに設立することになったわけです。そこから、松田のおっちゃん（松田喜一さん）との接点ができました。桃谷（大阪市）にあった同和会館でしばしばお会いしました。当時は、大学生と部落解放同盟の運動家、幹部の人びととの距離は近く、フレンドリーな関係でした。ビラやチラシ、冊子は、学生たちが頼まれて、ガリ切りをし、謄写版や輪転機を回して印刷し、集会などの記録は学生が記録係をし、冊子にしたもので、とても重宝され、身近な関係でした。

松田さんは、寡黙で、とつとつと自分の意見を述べられ、いつもベレー帽をかぶり、買い物かごを持っておられました。私たちは、「松田のおっちゃん」「松田さん」と呼んでいました。水平社時代からの闘士、すごい人とは聞いていましたが、私たち学生に自分からその茨の闘いを語るタイプではありませんでした。私たちが語りかけ、その体験をもっと聞けばよかったと、現在はとても後悔しています。

（3）私が、松田喜一さんの人情味あふれる運動家であると知ったのは、部落解放運動史上有名な「奈良硫酸事件」の当事者に会ったときです。その方から、松田喜一さんへの感謝の言葉を聞きました。「自分が今あるのは松田喜一さんのおかげ、事件の後、何年も経って、やっと自分の気持ちの整理もでき、感謝の気持ちを伝えようと訪ねたときは、松田喜一さんは、すでに亡くなられていた」と。

（4）私が中学一年生の末、私の誕生日の日、一九五四年三月七日に奈良硫酸事件が起こりました。翌日の『朝日新聞』夕刊は、「女教師、愛人に硫酸を投げる」との見出しで、センセーショナルな記事を書きました。私は、この当事者の女性を、母を通じて知っていたのです。母は記事を見て、部落差別による結婚差別と私に言いました。その事件は、私が大阪市立大学で部落問題研究会の創立に参加することにつながったのです。

（5）市大卒業後、大賀正行と結婚して日之出地区の住民になった私に、ムラのおばちゃんたちが、硫酸事件の当事者が地域の中島中学校の先生をしていたことを教えてくれました。私が大阪府立四條畷《しじょうなわて》高校に転勤したとき、同僚から思いがけなく当事者の消息を聞きました。ずっと、松田喜一さんのお近くに住まれていたことがわかりました。

私は、意を決して訪ねました。それで、新聞記事の報道以外のさまざまなことも知りました。「日之出や飛鳥、南方のムラのお母さん方に暖かい声をかけていただいた。「先生、お茶のんでから、学校へ行き。どうせ、うちの子ら、あんまり勉強好きでないから、遅れてもいいやん」。このことが、生きていてもいい、教員を続けてもいいという気持ちになった」と、松田喜一さんの心のこもった取り組みに感謝されていました。

（6）その話を聞いた後、芦原橋の部落解放センターに勤務していた女性たちから、毎年、松田喜一さんの銅像の前に、松田喜一さんの命日に、花が供えられているということを聞きました。硫酸事件の当事者から松田喜一さんへの感謝の言葉を聞いたときに、部落解放運動家のあるべき見本、お手本を見た思いがしま

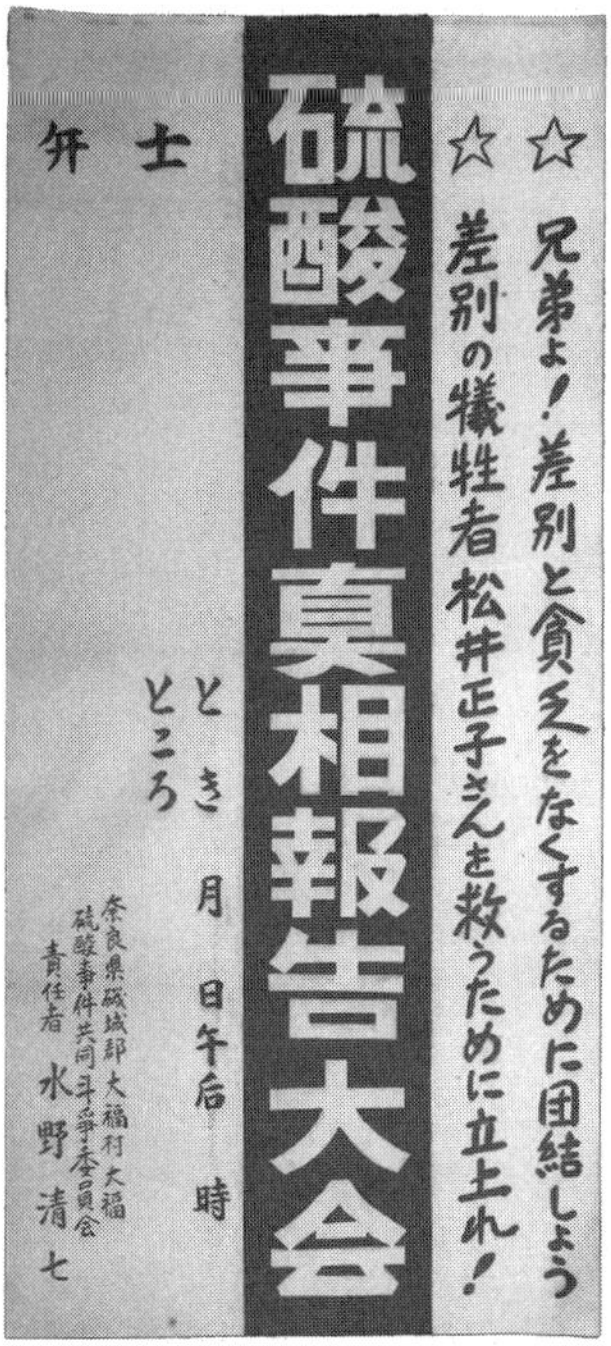

硫酸事件真相報告大会のポスター
（1954 年）水平社博物館蔵

芦原橋（大阪市）の部落解放センター（当時）の前に立っていた松田喜一の銅像（右）、左は松本治一郎の銅像

した。そして、「ベレー帽のおっちゃん」に、生きておられるときにお話を聞かなかったことが痛恨の思いです（被差別部落の昔話制作実行委員会編著・岡島礼子絵『おはなしおかわり――大阪の被差別部落の民話』の「ベレー帽のおっちゃん」参照、解放出版社）。

資料

大阪市同和事業促進協議会五〇年の歴史と大阪市人権協会への移行

大阪市人権協会相談役　大賀正行

（二〇〇二年一一月二九日）

一　市同促協との出会い

私と大阪市同和事業促進協議会（市同促協）との出会いは、一九五四年の夏。私が大阪府立北野高校二年の時で、まだ一七歳になる直前だった。はや、あれから四八年となる。親友の北井浩一君の父親（北井悦治氏）が今日でいう（市同促協の）地区協議会の副会長であった関係で、市同促協というものができて、わが日之出地区（大阪市東淀川区）にも連絡オルグが入ってきたということや、市同促協に加盟すれば地域改善の事業がもらえるといったことなど、北井君経由で知った。しかし、当時の私は「それがどうした」という態度で部落解放運動があることも、同和事業が始まったことなども全く無知無関心だった。

私はこの年の八月に北井君ともう二人の高校生の協力のもと、日之出少年会（現・日之出子ども会）を結成したが、私の動機は全く別のところにあった。しかし、北井君の父親や会長格の中田善政氏の後押しで、八月一三日の結成式は大阪市民生局の小泉福祉課長（同和事業担当）や同促協の代表らが参列する大げさなものになった。私は十分にその意義がわからないままに出会った市同促協は、やがて私を部落解放運動に導き、学校の先生か天文学者になりたいと考えていた私の人生を大きく変えていくとは夢にも思わなかった。その後市同促協主催の青少年集会や研修会にさしたる自覚のないままに参加するなか、故松田喜一氏（当時、事務局長）や故住田利雄氏、故吉田信太郎氏そして西岡智氏をはじめ、多くの人々との出会いが始まった。

二　当時の部落の実態と市同促協

戦後の部落の実態はどこも似たようなものだったが、特にわが日之出地区は空襲で丸焼けになったこともあってまさに「これが人間の住むところか」と部落解放要求貫徹請願全国大行進隊長として、日之出に入ってこられた故上杉佐一郎氏（元部落解放同盟中央執行委員長）の言葉にすべてがいいつくされていた。部落問題は決して貧困や住環境の悪さでいいつくせるものではないが、まずはこの実態的差別が突出していた。私自身、六畳一間に家族六人が住むトタン葺《ぶ》きのバラックで共同ポンプ（井戸）、共同便所、ハエ、蚊、悪臭、雨漏りに悩まされ、勉強机もないなかで暮らしていた。しかし、それが部落差別の結果であり、原因ともなっていることや、戦後民主行政といいながら部落を素通りしていく差別行政にあることを、私も地区住民も全くの無認識であった。いやそれどころか逆に「寝た子を起こすな」式の考えで部落解放全国委員会（当時）のオルグが来ても、よけいなことするなと反発さえしていた。

こうした状況のもとでどう部落解放運動を再建し、地区を改善し、地区住民に部落解放への自覚をもたせていくか、松田氏はじめ市同促協の大きな課題であった。私が初めて参加した部落解放同盟大阪府連合会第六回大会（一九五七年一〇月）の活動方針書によれば、当時大衆的な（部落解放同盟の）支部を確立しているところは、わずか三地区、他はまさに点と線の状態で西岡氏の矢田にも私の日之出にも支部はなかった。松田氏らは地区改善予算をテコに部落に入り、有力者との関係をつけて、諸集会や一泊研修会に参加させるなかで、「寝た子を起こすな」式の考えを克服していくという方針をとった。子ども集会、青年集会、婦人（女性）集会などを企画して、部落差別がなお根深くあることを認識させ部落解放運動への自覚と参加をうながしていくことに日夜奮闘していた。私らの子ども会の結成が大げさなものになったのも、部落解放運動に導きたいとのこうした期待があったからに他ならない。

しかし、当時の同和予算はまさに「雀《すずめ》の涙」といわれる貧弱なものであり、市行政の所管は民生局の福祉課（のちに社会課ができる）の同和係が担当で中谷俶昌主査（東区長で退職）一人が奮闘しているというありさまであった。部長や局長は私らには雲の上の存在だった。また、地区改善事業は「一年一地区一事業」といわれ、つまり一年間に一つの地区に一つの事業がなされるだけで、いやそれも事業が決定されるのはすべての地区ではない。当たる地区とあぶれる地区がある。たとえば保育所建設予算は三地区だけとか、共同便所の設置は今年四地区とか、さらに全額補助じゃなく一部地区負担が必要だった。それでもわが田に水をひくように、この貧弱な事業をどのようにしてぶんどってくるかが地区役員の腕の見せどころだった。予算配分の会議や理事会は紛糾し、時にはつかみあいのケンカになることもあった。そのくせ、予算の配分に直接関係のない総会などは午前中こそ席はうまっているが、午後になると三分の一はどこかへ消えて松田氏らを嘆かわしていた。これが当時の市同促協の姿であったことも記しておきたい。

そんななか、私の日之出地区には、一九五四年度保育所（市立じゃなく民営で保母二人）、一九五五年度公民館（実は専従者なしの小さな集会所）、一九五六年度日之出湯買収補助金、一九五七年度日之出診療所用地確保、一九五八年度2DKの改良住宅六〇戸建築、よくも毎年獲得したものだ。今にして思えば、中田善政氏らの地区役員の大変な努力と功績であった。しかし、私や北井君らにはその非民主的な運営もあって、それらの成果も逆にこんなものでごまかされるなと地区役員批判の対象になっていった。

三　部落解放全国青年集会と同志の誓い

一九五六年四月、私は大阪市立大学、北井浩一君は京都の立命館大学へ進学した。当時の立命館大学と故朝田善之助氏（元部落解放同盟中央執行委員長）の田中支部（京都市）とは目と鼻の先。北井君が立命館大学へ行ったことが彼と朝田氏の出会いとなり、そしていわば彼の手引きによって行政闘争主導の第二期の新しい運動の波が大阪にやってくることとなり、矢田支部、日之出支部の結成へと向かわせ、一九五九年のあの歴史的な市内ブロック教育闘争を巻き起こすこととなる（北井君のこの役割を今日では知る人が少なくなったと思うので歴史の証言として記しておきたい。彼は今、病に倒れリハビリに専念している）。一九五五年の部落解放全国委員会第一〇回全国大会で部落解放同盟となり、大衆的な部落解放運動の新しい波が大きなうねりになろうとするまさにそのときに私と北井君は大学生となり、はやくも第一一回全国大会（中之島中央公会堂で開催）に参加となった。当時は代議員証も傍聴券も関係のない、まさに組織なき組織で誰でも来れる人は参加できた。私はまだ支部員でもなければ代議員でもないのに分科会で発言していた。実に自由できょうだい（兄弟姉妹）的な暖かい空気がそこにあった。

翌一九五七年七月小豆島での部落解放全国青年集会（全青）は新しい部落解放運動の時代が来たことを全国の青年にアピールするために開かれた。中田善政氏から費用はこちらの方でもつから北井君と二人で参加するように要請され、小豆島へ観光に行けるうれしさが先行するような状態であった私らに、青年集会は大きなインパクトを与えた。

さらに少々私事になるが、八月に大学の友人K君の母親から受けた差別発言、九月に巻き起こった町名地番変更にからむ隣接地区からの差別事件（隣接地区の一部分が日之出地区と同じ町名になることに反対）、そして一〇月には大阪府連第六回大会参加。二〇歳になったばかりの私に次々と大事件があらわれた。そして一一月、全青に参加した岡田繁治（西成・二八歳）、西岡智（矢田・二六歳）、戸田正義（矢田・二五歳当日欠席）、大賀正行（日之出・二〇歳）、北井浩一（日之出・一九歳）、全青に不参加だったが上田卓三（日之出・一九歳）、本部オルグの藤谷義兼（京都・二四歳）らが大阪環状線桃谷駅近くにあった解放会館（当時、同和会館）に集まった。二二日夜から二三日未明にかけて泊まり込んでのはげしい議論のすえ、遠い将来ではない、いつの日にか、大阪の運動と組織を全国一にしてみせるとの大阪青年同志の誓いを盟約した。まず、京都の運動に追いつき追い越して、全国の運動をリードする、そんな時代をつくろうという大きな夢をふくらませた。その後の大阪の運動と事業の大きな躍進と成果はここから始まったと言っても過言ではない。全国水平社を創立した西光万吉氏や阪本清一郎氏らもかくばかりであったであろうとの思いをよせて私らはあつく熱く燃えていた。

四　大衆的な部落解放運動のひろがりと同促協批判

先にふれた大阪府連第六回大会は戦後一〇年の大阪の運動を総括し、府同促協、市同促協を生み出し、同和事業を再開させたことの成果を評価しながらも、部落解放同盟の独自活動が弱くなり「ひさしを貸して母屋をとられた」姿になっていることを嘆き、また一九五六年末大阪府が突如出してきた金属屑営業条例に対して寝屋川市国守地区や矢田地区を中心として反対運動が巻き起こったにもかかわらず、これを十分に指導できなかった大阪府連のふがいなさに対してもきびしく自己批判するものであった。また同促協活動では地区の役員層（悪くいえば保守的ボス層）の結集となり彼らの部落支配の力を強め、その恩恵のもとで大衆を依存させ、ねむりこませる結果となっている。これは一種の融和運動ではないか。部落のおっちゃん、おばちゃんといった層が立ちあがってくるような運動にしなくてはいけないというものであった。私ら青年同志は「そうだ」「そうだ」とはげしく共鳴した。また一年一地区一事業で、それもはずれる年もあるといったことでは、部落解放にいったい何年かけるのだ。当時の市同促協の姿を一二匹の鯉が一つの麩《ふ》をうばいあっている姿にたとえたのは、西成の岡田繁治氏（当時、支部長）だった。

北井君から京都の報告を聞くたびに大衆運動の力によって教育予算を獲得し、改良住宅を建てさせていく姿にものすごく刺激され、あこがれた。ここから私ら青年の目には今にして思えば「親の苦労子知らず」だが、松田喜一氏や日之出では中田善政氏らのやり方はなまぬるい融和主義だと批判の目をもつようになった。やがてこれは私ら青年が結集した府連派（桃谷）対松田、住田氏らの同促協派（上六）の対立となっていった。私自身も京都の運動に煽《あお》られたこともあって、水平社の闘士だった松田喜一も「麒麟《きりん》も老いては駑馬《どば》に劣る」といって同促協打倒論をぶって生意気な口をたたいていた。こんな私らに対し、いつの時だったか、松田氏は「お前たちは同促協打倒というけれど、同促協があったから打倒をいうお前らが出てきたんちゃうか。もっというたらお前らみたいなのが出てくるのを待っとったんや」と言われた。松田さんは著作も論文もほとんど残していない。しかし、松田さんに食ってかかって論争したおかげで、私の頭のなかに時々松田氏の語録がはっと出てくる。「お前らみたいなのが出てくるのを待っとったんや」というこの言葉は、松田氏は決して融和主義者でも老いぼれた駑馬でもないことに気づかせた。

大阪府連第六回大会と時同じくして浪速筋の開通にともなう土地の立ち退き問題から、浪速・西成住宅要求期成同盟が結成された。矢田では生業資金や世帯厚生資金獲得闘争が切っておとされ、日之出では町名地番変更差別事件の糾弾闘争と子ども会活動を通しての教科書や学費獲得闘争が準備された。私は単に松田氏や同促協を批判する評論家ではダメで、自分の足もとで支部をつくり実際に大衆運動を起こし実践することの大切さに気づいた。矢田の西岡氏も同じ思いであった。そして一九五九年九月、朝田氏らの指導のもと、あの歴史的な「市内ブロック教育闘争」となって燃え上がった。西成・浪速・矢田・日之出に住吉・加島が加わった。一九六〇年には生江支部が生まれ七支部の市内ブロックがまず大衆化した。また、一九六〇年九月に起こった八尾西郡差別事件をへて市内ブロックの経験と成果（住宅、生活、教育、仕事の要求実現）が府内各地にもちこまれ、支部が生まれ大衆的な大阪府連が確立していった。その先頭に、上田卓三氏、故泉海節氏（矢田）らが立っていた。大阪府連第六回大会方針が実践され運動が急速に大衆化していくなかで、一九六五年八月の内閣同和対策審議会答申（同対審答申）を迎えることとなった。そして翌六六年一〇月には大阪市同和対策部、一二月大阪府同和対策室が設置され、続いて一九六九年同和対策事業特別措置法が制定され同和事業の飛躍の時代を迎えることとなる。

五　同促協論の整理と同促協改革（第一次改革）

大阪府連（市内ブロック）と市同促協の対立論争は一九六五年二月、松田喜一氏が急逝されたことへの反省と八月の同対審答申によって運動と事業にとって好都合な時代にのりおくれないためにも急速に和解の方向が模索された。市内ブロックから大賀、市同促協から住田氏が代表となって、一九六六年の市同促第一四回総会で整理がなされたが、これを理論的に仕上げたのが一九六八年の第一六回総会の事業方針である（第一六回総会事業方針参照）。また両者の対立がなぜ起こるのかという原因やその背景が明らかにされ、長年の対立に終止符が打たれるとともにこれまでの同促協論に決着をつけた。

その要点は次のようなものである。

（1）市同促協はもともと出発において部落解放大阪委員会（当時）の要求と指導によってつくられ、戦前のような融和団体にしないということであったが、それが一種の融和団体視され批判されたのは、結局大阪市内の部落解放運動の弱さであった。当時大阪市内においては西成地区を除いて大衆的な部落解放同盟の支部がなかった事情が、市同促協の名で行政交渉を行ったり大衆動員をかけたり、また地区協をいわば支部にみたてて部落解放同盟の大会や諸集会に参加させたということが、同促協を一種の運動団体のように現象させた。

（2）また市同促協に結集したのは地区の役員層であり彼らのボス的支配に対する地区大衆の反発を同盟支部が吸収したこと。また住宅、仕事、教育といった要求を通じて地区貧困者層を結集していったという事情が、部落解放同盟を一種の貧困者同盟視させ階級対立的な地区内抗争を生み出し、ボス層を支えているとみたてて、市同促協批判や松田氏批判につながっていった。

（3）各地区に支部が結成され市内ブロックが形成されるようになった段階で、市同促協のありかたを整理し改革するべきであったが、それが遅れた。と同時に全国的にも同和予算や事業の配分執行にかかわるルールが未確立で、岡山県方式、京都府方式、大阪府方式と言われるように理論的な違いがあったことにも対立を助長した（『部落解放』第二一七号（一九八四年八月）大賀論文「大阪の「同促協」方式について―「窓口問題」の解決と部落解放同盟の質的発展をめぐって」参照）。

第一次同促協改革で確認された要点は次の通りであった。

部落の完全解放をめざして闘う組織は、水平社以来の歴史と伝統をもつ部落解放同盟であること。同和問題の解決をその責務として積極的に施策を行うのは大阪市行政であること。市同促協はいわばその間に入って市行政に協力し、同和事業を恩恵的な融和事業にならないように実施する機関として位置づけられた。これにより、長年の「同促協とはなにか、部落解放同盟との関係はどうあるべきか」という論議に決着をつけた。同促協は運動体と行政と間に立ついわば、第三セクターであると同時に運動体とは車の両輪のごとくであらねばならないと位置づけが明確にされたのである。創立満一五年目のことであった。しかしその後の経過は運動体のイニシアチブが前面に出て、市同促協と地区協は、その「窓口一本化」は堅持したものの、市内ブロックと市行政の交渉結果に対する単なる事務処理機関のように形骸化していったこともまた事実として記しておかなければならない。しかし次に見る「窓口問題」の発生は再び市同促協の存在とその意義を浮上させることとなった。

六　「窓口問題」と同促協改革（第二次改革）

同対審答申の評価をめぐる論争によってくすぶっていた部落解放同盟内の対立が、一九六九年に発生した矢田教育差別事件の対応の違いによって組織分裂にまで発展し、一九七〇年部落解放同盟正常化全国連絡会議（現・全国部落解放運動連合会）が生まれた。一九六〇年に生まれた全日本同和会も含めて運動体が複数になるという現実から、同和事業の執行についていわゆる「窓口問題」が発生した。これまで個人給付的事業の受給に際しては、部落解放同盟が指導する各種要求者組合に所属するものに限定して対処するとの、いわゆる「窓口一本化」方式がとられていたが、それを市同促協も追認して事務処理を行うということで支障なく執行されていたが、別組織が生まれたために、「窓口一本化」反対という新たな紛争に悩まされることとなった。

なぜ部落解放同盟が指導する要求者組合に所属しなければ受給できないのか、どうして市同促協（地区協）経由でなければならないのか、行政が直接個人に支給せよ、こうした声が大きくなり、これを拒否する行政に対しては裁判に訴えるといった法廷闘争となった。

同じような「窓口一本化」反対裁判が全国各地区で次々と起こされた。そうした紛争対立の頂点は一九七四年の公営住宅入居をめぐるいわゆる「羽曳野《はびきの》闘争」であった。大阪市内ではいわゆる「浪速窓口裁判」となって争われた。その結果は、行政の公平性（形式性）の名のもとに行政側の敗訴の連続となって「窓口一本化」はくずれていった。その結果、運動体の組織ごとにまたは直接に事業が執行され、地区住民が分断され、自主活動が排除されていくこととなる。こうしたなかで、この不幸を断固防ぐためには運動体ではない機関に一本化することの必要性を訴えた大阪の同促協方式について、大阪高裁はその意義を認めるという画期的な判決を出した。「浪速窓口裁判」は最高裁まで持ち込まれることとなったが、一九八〇年同促協方式で和解ということで処理されることとなった。すなわちこうした一連の出来事を通して再び同促協のあり方を問い直し、同和事業（特に個人給付的事業）の執行をめぐるルールの確立について大きな改革を行う必要性が生まれた。

第二次同促協改革、その根幹は「運動と事業の分離」の確立であった。事業の執行を運動体にゆだねていると、それが唯一の場合はうまくいくが、複数になればたちまち「窓口問題」が起こる。運動体間の対立によって同和事業の執行が遅滞したり左右されてはならない。しかし、そのことを理由として行政の主体性の名のもとで得手勝手の上からの直接支給は、再び融和事業のあやまちを生み出すおそれがある。同和施策は地区住民のニーズに合致し、その自覚と自立を生み出すよう、真に同和問題の解決に資するものでなければならない。このためには同和事業執行に関する第三セクター的な機関が必要となる。幸い大阪には府・市とも同促協という機関があり、これを改革整備することこそ「窓口問題」解決の答えであるということで、同促協方式が再認識されることとなった。一方運動体の方でも「羽曳野闘争」や「浪速窓口裁判」の教訓を通して運動と事業の分離の必要性が認識され、それはまた要求の実現をテコに組織を拡大していく方式の限界や問題点も認識されるなか、運動の新しい方向、質的転換となっていくことが自覚された。一九八三年五月の大阪府連第三〇回大会方針による「運動と事業」の分離の決定は、一九五七年一〇月の第六回大会方針につぐ歴史的決定となった。今日振り返ってみれば、第三期の部落解放運動への出発はここに始まったといえよう。そして従来の支部要求者組合を、地区要求者組合へと規約改正をもって名称を変更し、「支部の指導と援助を受ける」との条項を削除した。さらに運動体の執行部役員は同促協の執行部役員を兼任しないという役職の分離まで断行することとなった。

これを受けて市同促協は組織改革と事業執行のルールづくりなどについて市行政との協議を徹底的に行うなか、一九九〇年五月、第三八回定例総会決定文書を採決したのである。

一九六八年五月の第一次改革から二二年目のことである。

その要点は（第三八回総会決定文書参照）、

（1）運動と事業の分離の原則にもとづき現行地区協を抜本的に改革し、新しい地区協をつくること。すなわち議会制民主主義のルールをもとに地区の総意がはかられるような協議員の選出と役員会の選出方法を定めること。

（2）個人給付の申し込みから受給に関するルール（要綱）を整備し、地区協において公募すること。

（3）支部要求者組合を地区要求者組合に変更し、事業の執行に際してはこれを活用して受給者の会とすること。また受給者集会を義務づけること。

まさに議会制民主主義のルールを適応し、地区住民一人一人を主人公として、地区住民の総意を代表する民主的な地区協議会の確立とここに同和施策執行の窓口を一本化することが同促協方式の真髄であることが確認されたのである。しかし実践として改革は、スムーズに進んだわけではない。特に役職分離は人材がいないとか、再び支部と地区協の対立関係をもたらさないかとか、激しい議論を押して進められた。一方いかに改革を進めようが同促協方式そのものを認めない抵抗勢力の執拗《しつよう》な反対運動によって国会にまで持ち込まれ、故西尾正也大阪市長を困らせた。一九九四年六月の国会において、この同促協方式は「大阪における一つの地方自治である」との大内啓伍厚生大臣（当時）の谷畑孝参議院議員（当時）の質問に対する答弁がなされ、「窓口問題」は最終的に決着となった。

以上、見てきたように市同促協五〇年の歴史は市同促協とは何かという答えを求めての歴史でもあった。日之出少年会結成とともに出会った市同促協と同促協論は、私自身を悩まし苦しめながらとうとうライフワークとなった。

同促協論に関する私の諸論文や発言は決して机の上の空論によって生まれたものではない。実践の場での激しいやりとり、いわば修羅場をくぐりぬけたなかから生まれたものであり、また大賀個人の考えというよりは、松田喜一氏、住田利雄氏、吉田信太郎氏あるいは府同促協会長であった寺本知氏らの諸先輩、あるいは西岡智氏、上田卓三氏、向井正氏、山中多美男氏ら同僚同士の知恵を結集した大阪の運動と実践の集約でもある。また表面には出ないが阪口英一氏（元同対部次長・助役）や山田武氏（元同対部長・環境事業局長）、南元秀弥氏（元同対部長・消防局長）に代表される多くの行政関係者の示唆と協力のたまものでもあった。

市同促協五〇年の歴史を閉じるにあたり、関係者に深く謝意を表したいと思う。

七　市同促協から市人権協会への移行（第三次改革）

市同促協は五〇年の歴史において二度の大改革を行い、大阪市の同和事業の執行と同和問題の解決に向けて多大の貢献をしてきたが、その歴史を閉じ人権協会へと移行する時代に入った。いわば三回目の大改革に着手したといえる。形式的に見れば市同促協は消えていくわけだが、同和問題の解決こそ目的であるという視点に立てば市同促協は手段であり、情勢や条件が変わればそれにふさわしい対応をとることは当然である。人権協会への移行はあくまでも同和問題の解決にとってこれが最もふさわしいこれからのあり方であるということが確認されなければいけない。しかしまた、単なる名称の変更や、同和が人権に変わって生き残りをはかったというようなことであってはならない。一九九六年の地域改善対策協議会意見具申が「同和問題を人権問題という本質から捉え、解決に向けて努力する必要がある。」と指摘し「同和問題は過去の課題ではない。この問題の解決に向けた今後の取組みを人権にかかわるあらゆる問題の解決につなげていくという、広がりをもった現実の課題である。」「これまでの成果を土台とし、従来の取組みの反省を踏まえ、未来に向けた新たな方向性を見極めるべき時に差しかかっていると言えよう。」と述べているように、まさにこの新たな方向性を見極めるなかで生まれてきたのが市人権協会である。市同促協の五〇年間の取り組みを正しく総括して、その成果や欠陥に学び蓄積されたノウハウを生かしながら、新しい時代に見合った方向へ転換していくということである。今、世界も日本も、政治、経済、社会、文化、あらゆる面において構造的な大改革をとげねばならない時代に入っている。こうしたなかで部落解放運動も同和行政も同和教育も従来のままであることは許されない。

今年三月末をもって「特別措置法」時代は終結したが、同和問題は完全に解決したわけではない。特別措置法に基づく同和地区指定はなくなったが、歴史的、社会的に差別されてきた部落は消えたわけではない。「特別措置法」は地区指定された同和地区の改善には大きな成果を上げたが、周辺地域との分断を生み「逆差別」的認識を拡大するという弊害も見忘れてはならない。また同和問題の解決は同和地区の改善のみによって実現するのではなく、周辺地域との交流と一体化のもと、高い人権意識に基づく豊かな人間関係の形成のなかで実現されていくものであり、そして一人一人の個人の自立と人権が真に尊重される平和で豊かな社会の形成こそ部落解放と同和問題解決の保障であると考えるならば、同和地区の改善から地域社会（小学校区から中学校区へ）の改善へ、まさに人権のまちづくりと進むことは必然である。

その任務は、

①地域住民の自立支援機能
②人権尊重のまちづくり支援機能
③地域交流や人権文化創造支援機能
④地域保健福祉のネットワーク機能
⑤人権教育・啓発及び人権相談のネットワーク機能
⑥ボランティア、ＮＰＯ諸団体や企業のネットワーク機能
⑦人権や福祉にたずさわる人材育成機能
⑧地域住民の実態把握と調査・研究機能

今日のところは以上のような任務が確認されているが、具体的実践のなかで新しい課題や矛盾が生まれ、さらなる改善が必要となっていくであろう。市同促協第三次改革は中本順一市人権協会理事長、松岡徹大阪府連委員長ら新しいリーダーによって具体化がなされていくと思うが、その要点を次に記したい。

要点

（1）人権協会への移行はこれまでの市同促協が担ってきた諸活動を引き継ぐことから始まるが、従来の「行政が実施する同和事業について、協力しかつ促進する機関」から、人権施策の「受注と実施機関」への転換を図っていくこと。また同和問題だけでなく他の人権問題にも翼を広げていくこと。そして自主的な個々の運動体との連帯のもと、着実に改革を実現し人権行政の創造と推進に貢献する先進的な公益法人となっていくこと。

（2）二〇〇〇年末に成立した「人権教育・啓発推進法」や「人権教育のための国連一〇年後期行動計画」に基づいて人権教育・啓発を積極的に推進していくセンターとしての役割を担うこと。このため既存の市人権啓発推進協議会はじめ各種の啓発教育機関・組織との調整及びネットワークづくりを確立すること。また近く成立が見込まれる人権擁護法に基づいて各種の人権施策が講じられようとしているが、まずは市人権行政基本方針に基づいて人権相談の総合窓口と人権相談ネットワークを確立していくこと。

（3）人権施策を不特定多数の市民を対象とする事業と特定個人を対象とする施策だけではなく、人権の地域施策があるということの認識である。ここから、従来の地区協議会を周辺地域（まずは小学校区から中学校区へ）に拡大したいわば地域協議会を確立することの必要性が生まれる。また同和地区周辺に限定せず、外国人居住者が多く住んでいる地域とか人権施策を必要とする地域など、その自立的要求を前提として、市内各地にいわば人権施策推進地域とか人権のまちづくりのモデル地域を指定し、重点的に人権施策を実施するという行政の確立が求められる。そのなかに、これまでの同和行政や市同促協のノウハウを生かしていくということ。

最後に、日本国憲法第九七条が「この憲法が日本国民に保障する基本的人権は、人類の多年にわたる自由獲得の努力の成果であつて」と述べているように、人権は与えられるものではなく、人々の努力によって、かちとられていくものであり、あわせて国連人権教育一〇年が提唱しているように、差別文化とたたかい、人権文化を創造し、地球の隅々に人権文化の花を咲かせる視点を踏まえた人権協会として発展していくことを期待し本稿の結びとしたい。

あとがき

一九三三年一月の大阪皮革労組（北井正一組合長）結成時に常任書記に就任した李鐘錫について、新しい事実がわかりました。①李鐘錫は、大阪朝鮮労働組合が日本共産党の指導を受けて一九二八年一二月二五日に結成された最左翼の日本労働組合全国協議会（全協）に合体したとき、朝鮮労働組合から全協日本化学労働組合大阪支部オルグとなり、大阪朝鮮労働組合幹部だった朴永根らとともに一九三二年一二月一五日に、西成区北開二丁目の黄享基宅で阪南労働自助会結成準備会を開催しています（『特高月報』一九三三年一月分）。②李鐘錫はまた、それ以前、大阪朝鮮労働組合の戎皮革工場分会に所属しており、一九三二年九月の同工場の争議にもかかわっていたのではと推測されます。③李鐘錫の関与は不明ですが、大阪朝鮮労働組合西成支部は、その二年前の一九三〇年一月二六日の執行委員会で「大阪皮革労組」創立を協議し、同年四月七日に創立を宣言しています。この「大阪皮革労組」は北井正一らの同名組織とは別物で、阪南労働自助会の前身組織だったと思われます。④そして李鐘錫は、一九三二年一二月の阪南労働自助会結成に参加しただけでなく、翌月の一九三三年一月一四日の大阪皮革労組結成で常任書記に就任しました。日朝両皮革労組に深くかかわっていたのです。さらに、両組合は一九三四年四月に大阪一般化学労働組合皮革支部連として組織統一されるのです。朝鮮労働組合についての研究不足で、抜け落ちた史実でした。松田喜一が先駆け、李鐘錫と北井正一たちが活躍した西浜皮革労働運動など、本書は研究途上のものとして発刊にいたりました。

本書の編者である部落解放同盟西成支部には、『焼土の街から―西成の部落解放運動史』（一九九三年）という通史がすでに存在しています。また、松田喜一は、戦前の水平運動、戦後の部落解放運動において、地元の西浜、西成だけでなく、大阪段階、全国レベルでも幅広く活動しましたが、それぞれに通史が存在します。それらと本書は相当部分重複しています。しかし、松田喜一の出生から家族のこと、共産主義者としての活動、皮革労働運動や皮革産業をめぐる戦前、戦後の攻防戦、差別糾弾闘争に奔走した足跡、戦争協力とその反省、大阪市同和事業促進協議会に託した松田の構想など、埋もれたままの史実もありました。

二〇二二年は全国水平社一〇〇年ということもありましたが、時期を逸することを心配し、この際、松田喜一の詳伝を可能な限り記録しておきたいとの思いで、「西成・松田喜一研究会」を企画し、本書の編纂を思い立ちました。研究会は二〇二二年二月から二三年一月まで、合計一一回開催しました。また、財団法人ヒューマンライツ協会（寺本良弘理事長）は、民設置民運営の「にしなり隣保館ゆ〜とあい」の社会調査事業として位置づけ、この研究会に参画しました。

本書編集にあたった「西成・松田喜一研究会」は、寺本良弘が代表、前田朋章が事務局を務めました。本書の草稿は冨田一幸が執筆し、朝治武、谷元昭信が監修・助言にあたりました。草稿の下敷きとなった松田昌美さんの聴き取りは寺本、前田が担当し、地図・写真は前田、年表は山村裕太が担当し、寺嶋公典、西田吉志、田岡秀朋も事務局を担いました。大賀正行、大賀喜子さんには執筆、写真提供など格段の協力をいただきました。さらに、田村賢一、浅居明彦、割石忠典さんには研究会での報告などご協力をいただき、赤井隆史、友永健三、水内俊雄、摺木利幸さんに助言をいただきました。最後に、松原圭さんには編集実務全般にわたり大変なご苦労をかけました。

その昔、西成支部の執行委員もしてくれた人が、おつれあいの葬儀でこんな挨拶をしてくれました。「わたしたち夫婦は、たんぽぽの種が飛び散るように西成に飛んできて、靴職で働き、団地に住み、縁あって部落解放運動に参加し、ひとの世話もしました。いい人生でした」。松田喜一も奈良の部落から飛んできて、西成で花となった無数の人びとのなかの一人でした。『詳伝 松田喜一』と言いながら、いったい本書にはいかほどの人、あるいは無名の人びとが登場したのでしょう。誰かが本書のページを開いてくれたら、無数のたんぽぽの種が飛び散ってくれるのではないかと夢想しています。

部落解放同盟西成支部

二〇二三年二月

詳伝　松田喜一

2023年2月25日　初版第1刷発行

編集・発行　部落解放同盟西成支部
大阪市西成区出城2-5-9 パークコート1階 〒557-0024
電話 06-6561-8800　FAX 06-6562-1221

発　売　株式会社 解放出版社
大阪市港区波除4-1-37 HRCビル3階 〒552-0001
電話 06-6581-8542　FAX 06-6581-8552
東京事務所
東京都文京区本郷1-28-36 鳳明ビル102A 〒113-0033
電話 03-5213-4771　FAX 03-5123-4777
郵便振替 00900-4-75417　HP https://www.kaihou-s.com/

装　丁　米谷 豪

印　刷　モリモト印刷株式会社

ISBN978-4-7592-4415-1　NDC210　486P　21cm
定価はカバーに表示しています。落丁・乱丁はおとりかえいたします。

障害などの理由で印刷媒体による本書のご利用が困難な方へ

本書の内容を、点訳データ、音読データ、拡大写本データなどに複製することを認めます。ただし、営利を目的とする場合はこのかぎりではありません。

また、本書をご購入いただいた方のうち、障害などのために本書を読めない方に、テキストデータを提供いたします。

ご希望の方は、下記のテキストデータ引換券（コピー不可）を同封し、住所、氏名、メールアドレス、電話番号をご記入のうえ、下記までお申し込みください。メールの添付ファイルでテキストデータを送ります。

なお、データはテキストのみで、写真などは含まれません。

第三者への貸与、配信、ネット上での公開などは著作権法で禁止されていますのでご留意をお願いいたします。

あて先
〒552-0001 大阪市港区波除4-1-37 HRCビル3F 解放出版社
『詳伝 松田喜一』テキストデータ係

テキストデータ引換券
『詳伝 松田喜一』
4415